INVERSÃO SEXUAL

Havelock Ellis

INVERSÃO SEXUAL

Havelock Ellis

(tradução da 3ª edição de 1927)

Tradução de João Máximo e Luís Chainho

INDEX ebooks
2013

Havelock Ellis

Ficha técnica
Título original: *Studies in the Psychology of Sex, vol. 2: Sexual Inversion, 3rd editio, 1927*
Autor: Havelock Ellis

Título em português: Inversão Sexual (edição integral)
Tradução e revisão: João Máximo e Luís Chainho
Versão 1.01 de 23 de junho de 2023
1.ª edição

INDEX ebooks
www.indexebooks.com
Lisboa, Portugal

ISBN: 978-989-97764-4-9

Índice

Havelock Ellis

PREFÁCIO À TERCEIRA EDIÇÃO

O Professor Wilhelm Ostwald afirmou que o problema da homossexualidade é um problema que nos foi legado pela Idade Média que, durante 500 anos, tratou os invertidos da mesma forma que tratou os hereges e as bruxas. Refletir desta forma sobre o assunto é enfatizar a sua componente social e humanitária, em detrimento do seu significado biológico e psicológico.

É, sem dúvida, a componente humana da questão da inversão, ao invés da sua importância científica, importante como esta é, que é a principal responsável pela notável atividade que tem rodeado o estudo da homossexualidade nos últimos anos.

O resultado foi que, devido à enorme quantidade de trabalho de investigação neste campo durante os 14 anos que decorreram desde a publicação da última edição deste Estudo, a preparação de uma nova edição do livro tem sido uma tarefa longa e profunda. Praticamente todas as páginas foram reescritas ou enriquecidas e o Índice de Autores consultados mais que duplicou. As partes originais do livro foram ainda mais alteradas; foram acrescentados dezasseis novos Casos selecionados de entre os que estão na minha posse pelo seu caráter variado, típico e completo.

Estas extensas adições ao volume obrigaram a vários cortes. Muitos dos Casos mais curtos e menos instrutivos contidos em edições anteriores foram agora omitidos, bem como três Apêndices que deixaram de ter interesse suficiente para manter. A fim de evitar um aumento incomportável do tamanho deste volume, já bastante maior do que em edições anteriores, um novo estudo sobre Eonismo e sobre a inversão sexo-estética, será incluído no volume V onde, talvez, o seu lugar seja tão apropriado como aqui.

Havelock Ellis

PREFÁCIO À PRIMEIRA EDIÇÃO

Não era minha intenção publicar um estudo sobre uma manifestação anormal do instinto sexual antes de discutir as suas manifestações normais. Aconteceu, porém, que esta parte do meu trabalho foi terminada primeiro e, porque assim consigo ganhar mais tempo para desenvolver a parte central do meu estudo, não lamento esta alteração do plano.

Inicialmente não tencionava dedicar um volume completo à inversão sexual. Talvez estivesse inclinado a evitar o assunto como sendo desagradável, um assunto que não seria sensato aprofundar. Mas acabei por perceber que várias pessoas por quem eu sentia respeito e admiração eram sujeitos congénitos desta anormalidade. Simultaneamente, compreendi que em Inglaterra, mais do que em qualquer outro país, a lei e a opinião pública se haviam aliado para impor uma pesada punição e um severo estigma social sobre as manifestações de um instinto que frequentemente é percebido como natural e normal por quem o possui.

Fiquei convencido, portanto, que esta matéria estava particularmente necessitada de elucidação e discussão.

Não pode haver dúvida de que existe um grande nível de ignorância em relação à inversão sexual. Conheço médicos, com muitos anos de experiência, que afirmam que nunca se depararam com um único caso. Aliás, podemos recordar-nos que há quinze anos o número total de casos publicados na literatura científica era pouco superior ao número de casos de britânicos que eu havia estudado e que, antes dos meus primeiros casos terem sido publicados, nem um único caso britânico, exceto os relacionados com asilo mental ou prisão, tinha sido registado. Provavelmente, apenas um reduzido número de pessoas estarão conscientes de que a inversão do instinto sexual para pessoas do mesmo sexo poderá ser considerada inata, da mesma forma que qualquer outro instinto sexual o é.

E muito poucos, realmente, não ficariam surpreendidos ao tomar conhecimento de uma eventual lista de nomes de homens e mulheres sexualmente invertidos que são, presentemente, famosos e respeitados na Igreja, no Estado, na Sociedade, na Arte ou nas Letras. Não poderíamos afirmar convictamente que todas estas pessoas nasceram sexualmente invertidos, mas na maioria a tendência de inversão parece ser instintiva e manifestou-se muito cedo. Contudo, e em qualquer caso, é preciso compreender que neste volume não tratamos de assuntos pertinentes a asilos de loucos ou à prisão. Estamos interessados em indivíduos livres, alguns sofrendo intensamente devido à sua disposição anormal mas, fora isso, comportando-se como membros ordinários da sociedade. Nalguns casos, estamos interessados em indivíduos cujos ideais morais ou artísticos influenciaram decisivamente os seus concidadãos que ignoram a predisposição peculiar que moldou fortemente esses ideais.

Estou em dívida para com vários amigos pelas notas, comentários e correspondência sobre este assunto, em especial a um, a que me refiro como "Z.", e a outro, como "Q.", que obtiveram um número considerável de casos confiáveis e que também me têm fornecido um grande número de valiosas notas; a Josiah Flynt (cujos artigos sobre vagabundos nas revistas *Atlantic Monthly* e *Harper Magazine* têm atraído vasta atenção) por um apêndice sobre a homossexualidade entre os vagabundos; aos Drs. Kiernan, Lydston e Talbot pelo seu auxílio com várias anotações ao texto; e à Dra. K., uma médica norte-americana, que gentilmente me ajudou na obtenção de casos e que também providenciou um apêndice. Os outros agradecimentos são mencionados no próprio texto.

Todos os trechos do livro que são de interesse médico ou médico-legal, incluindo a maioria dos casos apresentados, têm sido publicados nos três últimos anos nas revistas *Alienist and Neurologist, Journal of Mental Science, Centralblatt für Nervenheilkunde, Medico-legal Journal* e *Archivo delle Psicopatie Sessuale*. Os casos, tal como aparecem no presente volume, foram ligeiramente condensados, mas nada de genuíno interesse psicológico foi omisso. Porque se registou algum atraso na publicação da edição em inglês desta obra, uma tradução alemã pelo meu amigo, Dr. Hans Kurella, editor da *Centralblatt für Nervenheilkunde*, já apareceu (1896) na *Bibliothek für Sozialwissenschaft*. A edição alemã contém alguns temas que acabaram por ser omissos da edição inglesa por serem considerados de menor importância; por outro lado, muito foi acrescentado à edição em inglês e o texto final foi objeto de cuidadosa revisão.

Tenho apenas a acrescentar que, se pode parecer que ignorei indevidamente os casos e argumentos apresentados por outros autores isso não é, de forma alguma, porque quero menorizar o valioso trabalho realizado pelos meus antecessores neste campo. É apenas porque não foi meu objetivo divulgar os resultados já obtidos, mas apenas apresentar os meus resultados. Se não fosse capaz de apresentar novos fatos e, talvez, uma nova interpretação, não se justificaria a minha abordagem à questão da inversão sexual.

Havelock Ellis

Havelock Ellis

CONTEÚDO

CAPÍTULO I. INTRODUÇÃO

A homossexualidade entre animais - Entre as raças inferiores de seres humanos — Os albaneses - Os gregos - Os esquimós - As tribos do noroeste dos Estados Unidos - A homossexualidade entre soldados na Europa - A indiferença frequentemente manifestada pelas classes sociais mais baixas na Europa - Inversão sexual em Roma - A homossexualidade nas prisões - Entre homens de intelecto excecional e líderes morais - Muret - Miguel Ângelo - Winkelmann - Homossexualidade na história inglesa - Walt Whitman - Verlaine - Teoria climática da homossexualidade de Burton - O fator racial - A prevalência atual da homossexualidade.

CAPÍTULO II. O ESTUDO DA INVERSÃO SEXUAL.

Westphal - Hössli - Casper - Ulrichs - Krafft-Ebing - Moll - Féré - Kiernan - Lydston - Raffalovich - Edward Carpenter - Hirschfeld.

CAPÍTULO III. INVERSÃO SEXUAL NOS HOMENS.

Estado relativamente indiferenciado do impulso sexual no início da vida — A perspetiva freudiana - Homossexualidade nas escolas - A questão da homossexualidade adquirida - Inversão latente - Inversão atrasada - Bissexualidade — A questão da honestidade do invertido - Casos.

CAPÍTULO IV. INVERSÃO SEXUAL NAS MULHERES.

Prevalência da inversão sexual entre as mulheres - Entre as mulheres talentosas - Entre as raças inferiores - Homossexualidade temporária nas escolas, etc - Casos - Caraterísticas físicas e psíquicas das mulheres invertidas - O desenvolvimento moderno da homossexualidade entre as mulheres.

CAPÍTULO I. INTRODUÇÃO

A homossexualidade entre animais - Entre as raças inferiores de seres humanos - Os albaneses - Os gregos - Os esquimós - As tribos do noroeste dos Estados Unidos - A homossexualidade entre soldados na Europa - A indiferença frequentemente manifestada pelas classes sociais mais baixas na Europa - Inversão sexual em Roma - A homossexualidade nas prisões - Entre homens de intelecto excepcional e líderes morais - Muret - Miguel Ângelo - Winkelmann - Homossexualidade na história inglesa - Walt Whitman - Verlaine - Teoria climática da homossexualidade de Burton - O fator racial - A prevalência atual da homossexualidade.

Inversão sexual, como aqui a entendemos, significa impulso sexual orientado para pessoas do mesmo sexo devido a uma alteração constitutiva congénita. É, portanto, um termo mais restrito do que homossexualidade já que esta inclui todos os tipos de atração sexual entre pessoas do mesmo sexo mesmo quando, aparentemente, causada pela ausência fortuita do objeto natural de desejo sexual, um fenómeno frequente em todos os povos humanos e entre a maioria dos animais superiores. O conceito de inversão sexual só foi reconhecido nos últimos anos; anteriormente não era, em geral, diferenciado de homossexualidade e a homossexualidade era vista como um costume nacional, um vício individual ou um simples episódio de manifestações graves de insanidade[1]. Devemos também

---

[1] Tomando todas as suas formas *"en bloc"*, como são designadas pela polícia, o homossexualismo aparenta proporções formidáveis. Assim, em França, a partir dos documentos oficiais que passaram pelo seu escritório ao longo de 10 anos (1860-1870), M.Carlier compilou uma lista de 6.342 pederastas identificados formalmente pela polícia; 2.049 parisienses, 3.709 de outras

distinguir a inversão sexual, bem como todas as outras formas da homossexualidade, de um outro tipo de inversão que permanece geralmente heterossexual, ou seja normal, no que respeita ao impulso sexual. Este outro tipo de inversão leva o sujeito a sentir-se como se fosse do sexo oposto e a adotar, na medida do possível, os gostos, hábitos e a forma de vestir dos sujeitos do outro sexo, embora o impulso sexual permaneça normal. Denomino esta condição de inversão-sexo-estética ou Eonismo.

A nomenclatura desta importante forma de perversão sexual, o objeto desta obra, é extremamente variada e a maioria dos investigadores não consegue decidir qual deverá adotar, qual a mais exata e simultaneamente a mais neutra.

O primeiro neste campo, em tempos modernos, foi Ulrichs que já em 1862 usou a denominação uraniano (*uranier*), com base no famoso mito de *O Banquete* de Platão. Mais tarde, germanizou este termo para uranista (*urning* no masculino e *Urningin* no feminino) e referiu-se à condição em si mesma como *urningtum*. Inventou também uma série de outros termos inter-relacionados a partir da mesma base. Alguns destes termos tiveram uma difusão considerável, mas são demasiado rebuscados e polémicos para assegurar aceitação universal. Quando utilizadas noutras línguas, que não o alemão, nunca deverão ser usadas as formas germanizadas; é algo incorreto utilizar o termo uranista; uraniano é a forma mais correta.

Na Alemanha, a primeira designação aceite pelas autoridades científicas reconhecidas foi sensibilidade sexual contrária (*Konträre Sexualempfindung*). Foi concebido por Westphal, em 1869, e usado por Krafft-Ebing e por Moll. Embora aceite pelas primeiras autoridades nesta matéria, por ser visto como um termo neutro e vagamente descritivo, é um pouco estranho, tendo deixado de ser utilizado na Alemanha e nunca tendo chegado a ser usado correntemente fora da Alemanha. Tem vindo a ser amplamente substituído pelo termo homossexualidade. Esta palavra foi criada também em1869 por um desconhecido médico húngaro, Benkert, que usava o

---

regiões francesas e 584 estrangeiros. Destes, 3.432, ou seja, mais de metade, não foram condenados por qualquer ilegalidade.

pseudónimo Kertbeny, mas inicialmente não atraiu nenhuma atenção. Tem, filologicamente, a desvantagem de ser uma palavra bastarda, uma mistura de elementos gregos e latinos, mas o seu significado, atração sexual pelo mesmo sexo, é bastante claro e definitivo, ao mesmo tempo que está livre de qualquer associação de natureza favorável ou desfavorável. (Edward Carpenter propôs corrigir esta etimologia bastarda, transformando-a em homogénico; contudo, esta nova palavra poderia ser entendida não apenas como "para o mesmo sexo" mas também "da mesma espécie", significado que, aliás, já possui atualmente em alemão).

Pela sua origem clássica, o termo homossexual tem a vantagem adicional de ser facilmente traduzível em muitas línguas. Presentemente, é o termo genérico mais difundido para designar as ocorrências que aqui estudamos e foi escolhido por Hirschfeld, atualmente a principal autoridade nesta área, para título do seu trabalho enciclopédico, *Die Homosexualität.*

Inversão Sexual (em francês *inversion sexuelle* e em italiano *inversione sessuale*) é o termo que foi usado inicialmente sobretudo em França e na Itália, desde que Charcot e Magnan, em 1882, publicaram os seus casos desta anomalia em *Archives de Neurologie.* Já havia sido empregue em Itália por Tamassia na *Revista Sperimentale di Freniatria*, em 1878. Não consegui descobrir quando foi utilizada pela primeira vez a expressão "inversão sexual". Possivelmente apareceu pela primeira vez em língua inglesa, pois muito antes do artigo de Charcot e Magnan, eu já havia notado que, num comentário anónimo ao primeiro artigo de Westphal no *Journal of Mental Science* (então editado pelo Dr. Maudsley) de outubro de 1871, a expressão *"Conträre Sexualempfindung"* havia sido traduzida como inclinação sexual invertida. Tanto quanto sei, a expressão "inversão sexual" foi usada, como sendo a mais adequada, pela primeira vez em inglês por J. A. Symonds, em 1883, no seu ensaio *A Problem in Greek Ethics*, numa edição privada de autor. Mais tarde, em 1897, a mesma expressão foi adotada, segundo creio, pela primeira vez numa edição pública em inglês, neste mesmo livro.

Não é necessário referir aqui todas as outras designações que foram sendo propostas (está disponível uma discussão sobre nomenclatura no primeiro capítulo da obra de Hirschfeld, *Die Homosexualität,* e num artigo de Schouten, *Sexual-Probleme*, de dezembro de 1912, são feitas diversas considerações sobre alguns termos especiais). Será adequado mencionar que a antiga designação teológica e jurídica sodomia é ainda hoje a mais popular para esta perversão, mas está a ficar mais associada ao ato físico de coito *per anum*, mesmo quando heterossexual, e já se refere muito pouco a uma predisposição sexual. Esta expressão, sodomia, teve a sua origem na história (narrada no Génesis, cap. XIX) dos visitantes de Ló, com quem os homens naturais de Sodoma queriam ter relações sexuais, e na subsequente destruição de Sodoma e Gomorra. Este episódio constitui uma base suficientemente boa para o uso do termo, embora os judeus não considerem que tenha sido sodomia o pecado de Sodoma, mas sim a falta de hospitalidade e de compaixão pelos pobres (J. Preuss, *Biblisch-Talmudische Medizin*, pp. 579-81) e os teólogos cristãos, tanto católicos como protestantes (ver, por ex., *Jahrbuch für sexuelle Zwischenstufen*, vol. IV, p. 199 e Hirschfeld, *Homosexualität*, p. 742), argumentam que a destruição das Cidades da Planície não foi devida à homossexualidade dos seus habitantes mas aos seus outros pecados. Na Alemanha, o termo sodomia tem sido muito utilizado para denotar bestialidade ou relação sexual com animais, mas esta utilização deste termo é completamente injustificada. Em inglês há um outro termo de uso geral, *buggery*, com o mesmo significado que sodomia. *Bugger* (em francês, *bougre*) é uma corruptela de *Bulgar*, em referência aos antigos hereges búlgaros a quem foi atribuída popularmente a prática desta perversão: os povos de cada país são sempre muito rápidos a associar perversões sexuais aos de outros países, que não o seu.

Os termos adotados no presente volume são inversão sexual e homossexualidade. O primeiro é usado especialmente para indicar que o impulso sexual é orgânica e naturalmente direcionado para indivíduos do mesmo sexo. O segundo é usado mais abrangentemente para descrever as ocorrências gerais de atração sexual entre pessoas do mesmo sexo, mesmo que apenas com caráter ligeiro e temporário. Pode-se admitir que não há nenhuma justificação firme para se fazer este género de distinção entre os dois termos. A distinção entre estes dois tipos de ocorrências é, no entanto, amplamente reconhecida; nesse sentido, Iwan Bloch aplica o termo homossexualidade para a forma congénita e pseudo-homossexualidade para as formas espúrias ou simuladas. Atualmente, as pessoas que se sentem atraídas por ambos os sexos são geralmente designadas como bissexuais, um termo mais adequado do que psico-sexual-hermafrodita, que caiu em desuso. Restam as pessoas normais, que são heterossexuais.

Antes de abordar o estudo da inversão sexual nos casos que podemos investigar com algum grau de precisão científica, será interessante abordar brevemente as ocorrências, ainda pouco ou nada diferenciadas, entre os animais, em vários povos e em diversos períodos históricos.

A homossexualidade entre animais

Entre os animais em estado domesticado ou confinado é fácil encontrar evidência de atração homossexual, causada meramente pela ausência do sexo oposto[2]. Este facto era já conhecido dos antigos; os egípcios usavam como símbolo de homossexualidade duas perdizes macho e Aristóteles comentou que duas pombas se cobrem uma à outra se nenhum macho estiver por perto. Buffon observou muitos exemplos, especialmente entre as aves. Descobriu que se aves do sexo masculino ou feminino de várias espécies, tais como perdizes, galinhas e pombos, estivessem fechadas juntas, rapidamente começavam a copular entre si, os machos mais cedo e mais frequentemente do que as fêmeas. Mais recentemente, Sainte-Claire Deville observou que cães, carneiros e touros, quando isolados, começam por ficar agitados e perigosos e, depois, adquirem um

---

[2] A principal recolha geral de dados (à qual não recorremos aqui), sobre a homossexualidade entre os animais foi feita pelo zoólogo Prof. Karsch, *Päderastie und bei den Tribadie Tieren, Jahrbuch für sexuelle Zwischenstufen*, vol. II. *Tierleben*, de Brehm, também inclui muitos exemplos. Ver também um curto capítulo (cap. XXIX) em *Homosexualität* de Hirschfeld.

estado de permanente excitação sexual, independente das leis do cio, que os leva a tentativas de acasalamento; a presença do sexo oposto restaura imediatamente a normalidade[3]. Bombarda, de Lisboa, afirma que em Portugal se sabe bem que em cada rebanho de touros há quase sempre um touro que está pronto a prestar-se aos caprichos pervertidos dos seus companheiros[4]. Pode observar-se com facilidade como uma vaca no cio excita as outras vacas, impelindo-as a tentar fazer de touro. Lacassagne também observou que frangos e cachorros, etc., antes de acasalarem com os do sexo oposto e mesmo quando em completa liberdade, fazem tentativas hesitantes de cobrir os do seu próprio sexo[5]. Isto, na verdade, juntamente com perversões similares, pode ser observado frequentemente, sobretudo em cachorrinhos que depois se tornam perfeitamente normais. Entre os ratos brancos, que são animais muito sexuais, Steinach descobriu que, quando privados de fêmeas, os machos praticam a homossexualidade, embora apenas com os machos com quem convivem há muito tempo; os ratos mais fracos fazem o papel passivo. Mas quando se introduz uma fêmea, imediatamente se voltam para ela. Embora ocasionalmente sejam indiferentes a sexo, a presença de uma fêmea faz com que deixem de se relacionar com os do seu próprio sexo[6].

Ainda relacionado com a assunção do papel feminino pelos ratos mais fracos, é interessante observar que Féré descobriu que em cópulas homossexuais entre insetos, a fadiga favorece a passividade; nas raras ocasiões em que ocorreram cópulas homossexuais entre besouros *melolonta*, foi o macho que tinha acabado de copular com uma fêmea que desempenhou o papel passivo num encontro com um macho repousado[7].

[3] H. Sainte-Claire Deville, *De l'Internat et son influence sur l'education de la jeunesse*, um artigo lido à *Académie des Sciences Morales et Politiques*, 27 de julho de 1871, e citado por Chevalier, *L'Inversion Sexuelle*, pp. 204-5.

[4] M. Bombarda, *Comptes rendus Congrès Internationale de l'Anthropologie Criminelle*, Amesterdão, p. 212.

[5] Lacassagne, *De la Criminalité chez les Animaux*, *Revue Scientifique*, 1882.

[6] Lacassagne, *De la Criminalité chez les Animaux*, *Revue Scientifique*, 1882.

[7] Féré, *Comptes-rendus Société de Biologie*, 30 de julho de 1898. Podemos talvez relacionar isto com uma observação de E. Selous (*Zoölogist*, maio e setembro

A homossexualidade parece ser especialmente comum entre as aves. Foi entre as aves que a homossexualidade começou por atrair a atenção dos antigos e, desde então, têm sido feitas numerosas e interessantes observações. É por isso que Selous, um minucioso ornitologista, considera que os combatentes (os machos da espécie *machetes pugnax*) sofrem de rejeição devido à relutância sexual das fêmeas e por isso, recorrem muitas vezes à cópula homossexual. Ainda mais notável é que as fêmeas, mesmo na presença de machos, também se cortejam e se cobrem umas às outras[8]. Podemos associar estes comportamentos ao grande desenvolvimento sexual das aves, à dificuldade com que a ereção parece ocorrer nelas e aos seus longos rituais de acasalamento.

O mesmo acontece entre os animais superiores. As macacas, mesmo depois de adultas (como documentado por Moll), exibem comportamentos sexuais umas com as outras, embora seja difícil dizer até que ponto se trata apenas de brincadeiras. O Dr. Seitz, diretor do Jardim Zoológico de Frankfurt, deu a Moll um registo das suas cuidadosas observações de ocorrências homossexuais entre os machos e as fêmeas de vários animais confinados no Jardim (*Antelope cervicapra, Bos Indicus, Capra hircus, Ovis steatopyga*)[9]. Em nenhum destes casos nos deparamos com inversão sexual, mas apenas com redirecionamento acidental do instinto sexual através de um canal anormal; nestes casos o instinto é estimulado por um substituto

---

de 1901) numa ave, o mergulhão-de-crista; após o emparelhamento, o macho agacha-se para a fêmea, que passa a desempenhar o papel de macho com ele; o mesmo se passa com os pombos. Selous sugere que este comportamento é um resquício de hermafroditismo primitivo. Mas podemos salientar que, geralmente, no macho a cópula tende a ser mais esgotante do que na fêmea, facto que poderá favorecer uma inversão de papéis.

[8] E. Selous, *Sexual Selection in Birds, Zoölogist,* fevereiro de 1907, p. 65; ib, maio, p. 169. Entre as aves não é raro encontrar aberrações sexuais; ver, por exemplo, A. Heim, *Sexuelle Verirrungen bei Vögeln in den Tropen, Sexual-Probleme,* abril de 1913.

[9] Ver Moll, *Untersuchungen über die Libido Sexualis,* 1898, Bd. I, pp. 369, 374-5. Para um resumo dos factos sobre a homossexualidade nos animais ver F. Karsch, *Päderastie und Tribadie bei den Tieren auf Grund der Literatur, Jahrbuch für sexuelle Zwischenstufen,* Bd. II, 1899, pp.126-154

aproximado ou apenas por uma excitação emocional difusa, na ausência do objeto normal do desejo sexual.

É provável que se possam encontrar casos de inversão sexual verdadeira entre os animais, em que a gratificação sexual é procurada preferencialmente junto dos do mesmo sexo, embora raramente tenham sido feitas observações ou registos nesse sentido. Esta prática foi registada primeiramente por Muccioli, uma autoridade italiana em pombos, que observou práticas invertidas entre pombos-correio belgas, mesmo quando na presença de muitos exemplares do sexo oposto[10]. Neste caso parece tratar-se de verdadeira inversão, ainda que não seja claro se estes pássaros também se sentem atraídos pelo sexo oposto. As aves desta família parecem ser especialmente susceptíveis de perversão sexual. Por isso, M. J. Bailly-Maitre, um columbófilo com profundos conhecimentos e um observador atento, escreveu a Girard indicando que *"eles são criaturas estranhas nos seus hábitos e costumes e iludem o observador mais persistente. Não existe animal mais depravado. O acasalamento entre machos e, mais frequentemente, entre fêmeas, ocorre muitas vezes nas aves de pouca idade: com menos de dois anos. Tenho tido vários casais de pombos formados por espécimes do mesmo sexo que, durante vários meses, se comportaram como se o seu acasalamento fosse natural. Em alguns casos, aconteceu entre aves jovens do mesmo ninho, que se comportaram como um verdadeiro casal, embora ambos fossem do sexo masculino. Para os acasalar reprodutivamente tive de os separar e fechar individualmente, durante alguns dias, com uma fêmea"*[11]. Também no Jardim Zoológico de Berlim se tem observado que, ocasionalmente, dois pássaros do mesmo sexo se ligam um ao outro e assim permanecem, apesar dos repetidos avanços de indivíduos do sexo oposto. Isto ocorreu, por exemplo, no caso de dois machos de gansos egípcios que assim se emparelharam e sempre se mantiveram juntos, afastando vigorosamente qualquer fêmea que se aproximasse. Da mesma forma se emparelhou um macho de pato australiano *Sheldrake* com um macho de outra espécie[12].

---

[10] Muccioli, *Degenerazione e Criminalità nei Colombi*, *Archivio di Psichiatria*, 1893, p. 40.

[11] *L'Intermédiare des Biologistes*, 20 de novembro de 1897.

[12] R. I. Pocock, *Field*, 25 de outubro de 1913.

Entre as aves em geral, a sexualidade invertida parece ser acompanhada do desenvolvimento de características sexuais secundárias do sexo oposto. Um criador de aves de capoeira descreveu uma galinha (de raça *Dorking* colorida) a cantar como um galo, apenas em tom um pouco mais áspero, como o dos frangos, e com uma crista enorme, maior que a dos machos. Esta ave copulava habitualmente com as outras galinhas. Mas, em simultâneo, desde muito cedo começou a pôr ovos com regularidade e gerou *"belas galinhas"*[13]. Entre os patos também tem sido ocasionalmente observado que a fêmea assume tanto a plumagem do sexo masculino como as suas tendências sexuais. É provável que tais observações se multipliquem no futuro e que a inversão sexual, em sentido estrito, seja mais comum entre os animais do que presentemente parece ser.

Entre as raças inferiores de seres humanos

Têm sido encontrados vestígios de práticas homossexuais, às vezes em grande escala, entre todas as grandes divisões da raça humana. Seria possível coligir um considerável conjunto de provas que o documentasse[14]. No entanto, infelizmente, os viajantes e outros de cujas observações dependemos têm revelado tanta timidez na abordagem deste tema e ignoram de tal forma os principais pontos a investigar que é muito difícil descobrir a inversão sexual, em sentido estrito, entre os povos primitivos e indígenas. Os viajantes têm falado vagamente de crimes contra a natureza sem definir precisamente qual a relação em causa e sem inquirir até que ponto se poderia identificar qualquer impulso congénito.

Analisando estas ocorrências na generalidade, tal como foram documentadas entre diversos povos primitivos e indígenas, somos obrigados a reconhecer que há, aparentemente, um instinto generalizado que impele os homens para relações homossexuais e que, por vezes, embora muito excepcionalmente, este instinto foi utilizado e desenvolvido para obtenção de vantagens sociais.

[13] R. S. Rutherford, *Crowing Hens, Poultry*, 26 de janeiro de 1896.

[14] O que já foi minuciosamente feito pelo Prof. F. Karsch-Haack num grande tomo, *Das Gleichgeschlechtliche Leben der Naturvölker*, 1911. Um estudo anterior e mais curto do mesmo autor, foi publicado no *Jahrbuch Für sexuelle Zwischenstufen*, Bd. III, 1901.

Contudo, de um modo geral, a relação sexual não natural (sodomia) tem sido considerada como uma ofensa anti-social e é punida, por vezes, com as penas mais graves. Neste caso estão, por exemplo, o México antigo, o Peru, os persas, a China e os hebreus e maometanos.

É possível encontrar vestígios de homossexualidade, com ou sem aprovação implícita, mesmo nos primórdios históricos. A sua existência na Assíria e na Babilónia é sugerida pelo *Codex Hamurabi* e por inscrições que não se lhe referem favoravelmente[15]. No que respeita ao Egito, sabemos por um papiro Fayum, encontrado por Flinders Petrie, traduzido por Griffiths e analisado por Oefele[16], que há mais de quatro mil anos as práticas homossexuais já eram tão antigas que eram atribuídas aos deuses Hórus e Seth. Os egípcios admiravam muito a beleza masculina e, aparentemente, nunca consideraram a homossexualidade como punível, nem sequer censurável. É notável, também, que as mulheres egípcias eram, por vezes, muito viris, sendo que Hirschfeld afirmou que os tipos sexuais intermédios existiam em grande proporção entre os egípcios[17].

Os albaneses

Poderíamos ser tentados a considerar que as práticas homossexuais seriam encorajadas sempre que era necessário limitar o crescimento da população. Aristóteles indica que assim se passava em Creta, onde a lei as permitia para esse fim. E o Professor Haddon disse-me que no Estreito de Torres a sodomia era recomendada pelos nativos com esse fundamento[18]. No entanto, globalmente, não parece existir evidência suficiente que aponte para a utilização desta prática.

A tendência homossexual parece ter florescido principalmente entre guerreiros e povos belicosos. Durante a guerra, longe das mulheres, o

---

[15] Ver um tratamento breve e deveras inconclusivo desta questão por Bruns Meissner, *Assyriologische Studien*, IV, *Mitteilungen der Vorderasiatischen Gesellschaft*, 1907.

[16] *Monatshefte für praktische Dermatologie*, Bd. XXIX, 1899, p. 409.

[17] Hirschfeld, *Die Homosexualität*, p. 739.

[18] Beardmore observa ainda que a sodomia é "*regularmente tolerada*" na Nova Guiné por este motivo. (*Journal of the Anthropological Institute*, maio de 1890, p. 464.)

instinto homossexual tende a acentuar-se. Floresceu, por exemplo, entre os cartagineses e os normandos, bem como entre os guerreiros dóricos, citas, tártaros e celtas[19]. Na ausência de sentimentos morais contrários, o instinto homossexual foi cultivado e idealizado como uma virtude militar, em parte porque neutralizava o desejo de regresso ao lar e à afável influência feminina, mas também porque parecia ser fonte inspiradora de heroísmo e de um superior *esprit de corps*. No lamento de David por Jónatas deparamos com uma imagem de amizade íntima, *"mais que o amor das mulheres"* (2 Samuel 1:26), entre camaradas de armas de um povo guerreiro e cruel. A amizade entre os guerreiros da Nova Caledónia era indubitavelmente homossexual, embora não seja possível confirmar a existência de relações sexuais, e era reconhecida e regulamentada. A fraternidade militar envolvendo pederastia, de acordo com Foley[20], era mais sagrada do que a fraternidade entre irmãos. Para além disso, temos um exemplo num povo europeu moderno do mesmo tipo de relações homossexuais toleradas - os albaneses.

Hahn, nos seus *Albanische Studien* (1854, p. 166), afirma que os homens novos, entre os 16 e os 24 anos, seduzem rapazes entre os 12 e os 17 anos. Os albaneses *gege* casam aos 24 ou 25 anos de idade e é então que, geralmente mas nem sempre, abandonam o seu jovem namorado. A seguinte passagem é apresentada por Hahn como sendo uma descrição real que lhe foi feita por um *gege*: *"O sentimento do amante pelo rapaz é puro como a luz do sol. Coloca o amado ao nível de um santo. É a maior paixão e a mais sublime de que um coração humano é capaz. A visão de um belo jovem desperta o espanto no amante e abre a porta do seu coração para o prazer que a contemplação da sua beleza proporciona. O amor possui-o tão completamente que todos os seus pensamentos e sentimentos se esgotam nele. Quando se encontra na presença do seu amado, fica absorvido a olhar para ele. Ausente, não pensa em mais nada a não ser nele. Se o amado aparece inesperadamente, fica aturdido, cora e empalidece, alternadamente. O seu coração bate rapidamente e impede-o de respirar. Só tem olhos e ouvidos para o seu amado. Evita tocar-lhe com*

---

[19] Foi-me dito por médicos na Índia que é especialmente comum entre os *sikhs*, a melhor raça de soldados da Índia.

[20] Foley, *Bulletin Société d'Anthropologie de Paris*, 9 de outubro de 1879.

a mão, só o beija na testa, canta versos em seu louvor, como nunca o fará a uma mulher". Um destes poemas de amor de albaneses *gege* diz: "*O sol, quando nasce pela manhã, é como tu, rapaz, quando estás perto de mim. Quando os teus olhos escuros me olham, a minha cabeça enlouquece."*

Devemos acrescentar que o Prof. Weigand, que conhecia bem os albaneses, garantiu a Bethe (*Rheinisches Museum für Philologie*, de 1907, p. 475) que as relações descritas por Hahn são sexuais, embora temperadas por idealismo. Um estudioso alemão que também viajou pela Albânia há alguns anos, garantiu a Nacke (*Jahrbuch für sexuelle Zwischenstufen*, vol. IX, 1908, p. 327) que confirmava plenamente as afirmações de Hahn e que, embora fosse difícil falar com certeza, duvidava que essas relações fossem puramente espirituais. Embora mais frequentes entre os muçulmanos, estas relações também existem entre os cristãos e recebem a bênção da igreja local. Frequentemente ocorrem cenas de ciúme, observa o mesmo autor, e chega a haver assassinatos nas disputas por rapazes.

Pode mencionar-se aqui que entre os *tschuktsches, kamchadals* e seus aliados (de acordo com uma revista antropológica russa, citada em *Sexual-Probleme*, janeiro de 1913, p. 41) existem casamentos homossexuais entre homens e, ocasionalmente, entre mulheres, consagrados em ritos próprios e aceites abertamente.

Os gregos

É possível que os albaneses pertencessem à mesma cepa que deu origem aos gregos dóricos e às tradições mais importantes e melhor conhecidas de homossexualidade socialmente tolerada, que são as da Grécia durante o seu período de maior vigor militar, ético e intelectual. Neste caso, como nos casos mencionados antes, a tendência homossexual era frequentemente considerada como sendo benéfica, o que fazia com que fosse tolerada ou mesmo promovida como uma virtude. Plutarco reafirmou a velha crença grega de que os beócios, os lacedemónios e os cretenses tinham os guerreiros mais bélicos porque eram os mais fortes no amor; pensava-se que um exército composto por casais de amantes homossexuais seria invencível. Parecem ter sido os dóricos a introduzir na Grécia a *paiderastia* (a designação grega para esta forma particular de homossexualidade). Os dóricos, um povo vigoroso das montanhas do noroeste (uma região que inclui a atual Albânia) invadiram a Grécia e ocuparam todo o seu território continental, as suas ilhas e as colónias da Ásia Menor, tornando-se a raça dominante. A homossexualidade já era conhecida antes, mas foram os dóricos que a tornaram respeitável. Homero nunca chega a mencioná-la e não era considerada legítima entre os eólios nem entre os jónicos. Bethe, que escreveu um valioso estudo sobre a *paiderastia* dórica, afirma que os dóricos admitiam um certo tipo de casamento homossexual e que até tinham uma espécie de "casamento-juvenil" por captura que de acordo com os vestígios da prática, segundo Bethe, já era um costume generalizado entre os dóricos antes da invasão da Grécia. Tais uniões recebiam mesmo alguma consagração religiosa. Não ter um amante era, aliás, vergonhoso para qualquer jovem nobre de Creta: indicava um caráter duvidoso. Através da *paiderastia* os homens ensinavam as suas virtudes aos jovens que amavam, implantando-as, por assim dizer, pelo ato da relação sexual.

Posteriormente, a *paiderastia* passou a ser mais associada na Grécia ao atletismo do que à guerra e foi elevada e intelectualizada pela poesia e pela filosofia. É seguro afirmar que tanto Ésquilo como Sófocles cultivaram o amor por rapazes e a sua representação idealizada nos diálogos de Platão associou fortemente o nome deste filósofo à homossexualidade; no diálogo *Cármides* deparamo-nos com um relato delicioso sobre o jovem que lhe dá o nome e sobre as emoções que ele excita. Mas, desde os primeiros diálogos, Platão só condicionalmente aprova o lado sexual da *paiderastia*, tendo-a condenado completamente no diálogo final, *Leis*[21].

> Os estágios iniciais da *paiderastia* grega foram investigados de forma muito interessante por Bethe, *Die Dorische Knabenliebe, Rheinisches Museum für Philologie*, 1907. O ensaio de J. A. Symonds sobre os aspetos mais tardios da *paiderastia*, sobretudo como espelhados pela literatura grega, *A Problem in Greek Ethics*, foi incluído na edição prévia em alemão do presente estudo, mas ainda não teve publicação em inglês

---

[21] Ver, por exemplo, O. Kiefer, *Plato's Stellung zu Homosexualität, Jahrbuch für sexuelle Zwischenstufen*, vol. VII.

(apesar de ter sido publicado em edição de autor em 1883, numa edição de doze cópias e, depois disso, numa outra edição não autorizada). A *paiderastia* na poesia grega tem sido também estudada por Paul Brandt, *Jahrbuch für sexuelle Zwischenstufen*, vols. VIII e IX (1906 e 1907) e por Otto Knapp (*Anthropophyteia*, vol. III, pp. 254-260), que procura evidenciar o lado sensual da *paiderastia*. Por outro lado, Licht, trabalhando um pouco na mesma linha de Bethe (*Zeitschrift für Sexualwissenschaft*, agosto de 1908), analisa o elemento ético da *paiderastia*, aponta a sua influência moral benéfica e argumenta que, em grande medida, foi por esse motivo que foi considerada sagrada. Licht publicou ainda um estudo informado sobre a *paiderastia* na comédia ática (*Anthropophyteia*, vol. vii, 1910) e observou que *"sem paiderastia a comédia grega é inimaginável"*. A *paiderastia* na antologia grega foi profundamente explorada por P. Stephanus (*Jahrbuch für sexuelle Zwischenstufen*, vol. IX, 1908, p. 213). Kiefer, que investigou a possível homossexualidade de Sócrates (O. Kiefer, *Socrates und die Homosexualität, Jahrbuch für sexuelle Zwischenstufen*, vol. IX, 1908), concluiu que ele era bissexual, mas que os seus impulsos sexuais haviam sido sublimados. Podemos acrescentar que muitos resultados de investigações recentes sobre a *paiderastia* foram resumidos por Hirschfeld, *Die Homosexualität*, pp. 747-788 e por Edward Carpenter, *Intermediate Types Among Primitive Folk*, 1914, parte II; ver também Bloch, *Die Prostitution*, vol. I, p. 232 e segs., e *Der Ursprung der Syphilis*, vol. II, p. 564.

Os únicos indícios de homossexualidade *pederasta* fora da Grécia, revelando um alto grau de ternura e de sentimento estético, só podem ser encontrados na literatura persa e árabe após a época dos abássidas, embora esta prática fosse proibida pelo Alcorão[22].

Em Constantinopla, como alguns invertidos alemães que vivem na cidade contaram a Nacke, a homossexualidade é generalizada, sendo

---

[22] Bethe, op. cit., p. 440. No entanto, também no Japão antigo (antes da revolução de 1868), de acordo com F. S. Krauss (*Das Geschlechtsleben der Japaner*, cap. XIII, 1911), as relações homossexuais entre os cavaleiros e os seus pajens eram semelhantes às da Grécia antiga.

que os turcos mais cultos mantêm relações tanto com rapazes como com mulheres, embora poucos sejam exclusivamente homossexuais, pelo que podemos atribuir o seu comportamento, em grande medida, aos costumes e tradições. Os adultos raramente têm relações homossexuais entre si; geralmente um dos parceiros é um rapaz jovem, com idade entre os 12 e 18 anos. Estes hábitos entre as classes mais refinadas fazem lembrar a antiga *paiderastia* grega, no entanto neste caso, a prostituição homossexual comum é predominante. É especialmente tolerada nos banhos públicos que abundam em Constantinopla e estão frequentemente abertos toda a noite. Os empregados destes estabelecimentos são jovens que quase não precisam que lhes peçam para satisfazer os seus clientes, sendo o prazer obtido, normalmente, por masturbação mútua ou não, conforme o desejado. A prática, embora pouco comentada, é realizada quase abertamente e a chantagem é desconhecida[23]. No entanto, na Nova Turquia, como é indicado por Adler Bey, a prostituição homossexual quase desapareceu[24].

Há evidência abundante que demonstra que as práticas homossexuais existem e têm existido desde há muito tempo em muitas partes do mundo, fora da Europa, mesmo quando não subordinadas a qualquer fim obviamente social ou moral. Até que ponto estão associadas à inversão congénita é, geralmente, questionável.

Na China, por exemplo, existem casas especialmente dedicadas à prostituição masculina, embora menos numerosas do que as dedicadas à prostituição feminina porque a homossexualidade não parece ser comum na China (a prevalência que verificamos entre os chineses fora da China poderá ser explicada pela ausência de mulheres) e ocorre sobretudo no norte do país[25]. Quando um

---

[23] *Archiv für Kriminal-Anthropologie*, 1906, p. 106.

[24] *Zeitschrift für Sexualwissenschaft*, 1914, Heft 2, p. 73.

[25] Entre os *sarts* do Turquestão, diz-se que uma classe de prostitutos homossexuais bem treinados e educados, semelhantes aos da China e de muitas regiões do norte da Ásia e partilhando o mesmo nome de *batsha*, é especialmente comum devido à escassez de mulheres provocada pela poligamia e pela ignorância e rudeza das mulheres. Pensa-se que os *batsha* tenham chegado ao Turquestão vindos da Pérsia. (Herman, *Die Päderastie bei den Sarten, Sexual-Probleme*, junho de 1911.) Isto parece sugerir que a Pérsia

homem rico dá uma festa, contrata mulheres para animar a refeição com música e canções e contrata rapazes para servir à mesa e para divertir os convidados com a sua conversa animada. Os rapazes são cuidadosamente formados para esta ocupação, recebendo uma excelente educação e as suas qualidades mentais são mais valorizadas do que os seus atrativos físicos. A educação das mulheres é menos cuidada e são menos estimadas. Após a refeição, os rapazes recebem geralmente uma considerável recompensa. Sobre o que se passa para além disto, os chineses pouco revelam. Parece que destas relações nasce muitas vezes uma verdadeira e profunda afeição, inicialmente platónica, mas que acaba por se tornar física, o que não é um problema grave aos olhos dos chineses. Nos romances chineses dedicados ao amor masculino, muitas vezes de grande qualidade literária, podemos encontrar a descrição de todos os preliminares e êxtases normais do amor, ao passo que a consumação da união física é sucintamente mencionada. Contudo, na China a lei pode ser invocada para penalizar os comportamentos contra a natureza, mesmo quando por consentimento mútuo; o castigo é cem vergastadas com bambu e um mês de prisão; se houver violência a pena é a decapitação, mas não sei até que ponto a lei é cumprida. Tudo o que se relaciona com a homossexualidade, de acordo com Matignon, é feito na China com muito mais compostura e contenção do que na Europa e o autor acredita que se devem louvar os chineses porque, ao contrário dos europeus, nunca praticam relações sexuais não naturais com as mulheres. O seu relato sobre os costumes dos chineses confirma as observações anteriores de Morache e ele salienta que a homossexualidade na China, não sendo muito comentada, também não é aviltada. Matignon regista alguma informação interessante sobre os prostitutos que são, aparentemente, vendidos pelos seus pais (às vezes são-lhes roubados) por volta dos 4 anos para serem educados e submetidos a um treino físico especial que inclui massagem dos glúteos, para favorecer o seu desenvolvimento, dilatação do ânus e depilação (prática que não é comum, no entanto, entre as chinesas). Simultaneamente, ensinam-lhes música, canto, desenho e a arte da poesia. Na China, os

---

pode ter sido um centro geral de difusão deste tipo de homossexualidade refinada pelo norte da Ásia.

empregados de restaurantes sabem sempre onde encontrar estes jovens cavalheiros quando são necessários para animar alguma festa de homens ricos. São normalmente acompanhados por um tutor e, de um modo geral, nada de muito sério acontece nestes eventos pois eles sabem muito bem quanto valem e nem sempre há dinheiro suficiente para comprar os seus dispendiosos favores sexuais. São muito efeminados, vestem-se e perfumam-se luxuosamente e raramente se deslocam a pé. Também há, no entanto, prostitutos de nível mais baixo[26].

A homossexualidade é facilmente detetável na Índia. Dubois refere-se a casas dedicadas à prostituição masculina, com homens vestidos como mulher e imitando os seus modos[27]. Burton, no *Terminal Essay* sobre a sua tradução das *Mil e Uma Noites* afirma que, quando Sir Charles Napier, em 1845, conquistou e anexou Sind, foram encontrados três bordéis de eunucos e de rapazes na pequena cidade de Karachi e diz que recebeu indicações para os visitar e descrever. No entanto, a aversão à homossexualidade parece ser comum entre os hindus. No Afeganistão, a homossexualidade é aceite mais generalizadamente e Burton afirmou que *"cada caravana é acompanhada por um certo número de moços e rapazes, vestidos quase como mulheres, com olhos pintados com* kohl *e as maçãs do rosto com* rouge, *longos cabelos e os dedos das mãos e dos pés tingidos de hena, montando camelos em luxuosas cestas"*.

Os esquimós

Se nos voltarmos para o Novo Mundo, descobrimos que entre os indígenas americanos, desde os esquimós no Alasca, aos índios do Brasil e até mais para sul, têm sido observados hábitos homossexuais com muita frequência. Estes hábitos são tratados por vezes com dignidade, outras vezes com indiferença, outras com desprezo, mas

---

[26] Morache, art. *Chine, Dictionnaire Encyclopédique des Sciences Médicales*; Matignon, *La Péderastie en Chine, Archives d'Anthropologie Criminelle*, janeiro de 1899; Von der Choven, resumido em *Archives de Neurologie*, março de 1907; Scié-Ton-Fa, *L'Homosexualité en Chine, Revue de l'Hypnotisme*, abril de 1909.

[27] *Moeurs des Peuples de l'Inde*, 1825, vol. I, Parte II, cap. XII. Em Lahore e Lucknow, tal como citado por Burton, Daville descreve *"homens vestidos como mulheres, com madeixas de cabelo esvoaçando sob coroas de flores, imitando o andar e os gestos femininos, a voz e a fala, olhando de soslaio os seus admiradores com toda a manha coquete das bayaderes"*.

são sempre aparentemente tolerados. Apesar de existirem diferenças de zona para zona, estes costumes têm todos, geralmente, muito em comum. A melhor descrição primitiva que fui capaz de encontrar é a de Langsdorff[28] e diz respeito aos aleutas de *Oonalashka*, no Alasca: *"Os rapazes, quando são muito bonitos"*, diz ele, *"são criados, muitas vezes, inteiramente como as raparigas e instruídos nas artes que as mulheres utilizam para agradar aos homens; os seus pelos da barba são cuidadosamente arrancados logo que começam a despontar e os seus queixos são tatuados como os das mulheres; usam ornamentos de contas de vidro nas pernas e braços, cortam e prendem o cabelo da mesma maneira que as mulheres e oferecem-se aos homens como concubinas. Esta prática chocante, não natural e imoral, existe aqui desde os tempos mais remotos; não se conhecem quaisquer medidas, até agora, para as reprimir e restringir; estes homens são conhecidos como 'schopans'"*.

Entre os *konyagas*, Langsdorff descobriu que este hábito é muito mais comum do que entre os aleutas; salienta que embora as mães criem alguns dos seus filhos desta forma, continuam a parecer-lhes muito afeiçoadas. Lisiansky, quase em simultâneo, diz-nos: *"De todos os costumes destes ilhéus, o mais revoltante é o dos homens chamados* schoopans, *que vivem com outros homens e fazem as vezes de mulheres. São criados desde a sua infância com as mulheres e aprendem todas as artes femininas. Assumem tão bem os comportamentos e as formas de vestir das mulheres que um forasteiro seria naturalmente levado a tomá-los pelo que não são. Essa prática detestável foi outrora tão prevalente que ter um destes monstros a viver em casa era considerado boa sorte; está, no entanto, a perder terreno de dia para dia"*[29]. Cita um caso em que um padre só não casou dois homens porque, por acaso, um intérprete acabado de chegar lhe explicou o que estava prestes a fazer.

No entanto, esta prática tem-se mantido bastante comum, ao que parece, entre os esquimós do Alasca, mesmo em tempos recentes. Neste sentido, o Dr. Engelmann mencionou-me que havia sido informado por pessoas que viveram no Alasca, sobretudo perto de *Point Barrow*, que se chegam a encontrar em cada uma destas pequenas comunidades até 5 destes indivíduos (considerados pelos forasteiros que desconhecem o hábito como "hermafroditas").

---

[28] *Voyages and Travels*, 1814, part II, p. 47.

[29] A. Lisiansky, *Voyage, etc.*, Londres, 1814, p. 1899.

Davydoff afirma que tal como citado por Holmberg[30], um menino é escolhido para ser um *schopan* por ter aparência de menina. Este ponto é de algum interesse porque sugere que o *schopan* não é efeminado exclusivamente por sugestão ou associação, mas é feminino provavelmente por constituição inata.

Na Louisiana, Flórida, Iucatão, etc., existem ou existiram costumes algo semelhantes. No Brasil, há homens que se vestem como mulheres e se dedicam, exclusivamente, a ocupações femininas; não são muito bem vistos[31]. Chamam-lhes *cudinas*, ou seja, circuncidados. Entre os índios *pueblo* do Novo México estes indivíduos são chamados de *mujerados* (supostamente, uma corruptela de *mujeriego*) e são os principais agentes passivos nas cerimónias homossexuais desses povos. Diz-se que os efeminam intencionalmente desde muito jovens com muita masturbação e constante equitação[32].

As tribos do noroeste dos Estados Unidos

Podem-se encontrar invertidos sexuais entre todas as tribos do noroeste dos Estados Unidos. Estes invertidos são apelidados de *boté* ("não homem, não mulher") pelos montana e de *burdash* ("meio homem, meio mulher") pelos índios *washington*. Os *boté* foram cuidadosamente estudados pelo Dr. A. B. Holder[33]. Holder constatou que os *boté* usam vestidos de mulher e que falam e se comportam como mulheres. A forma de vestir e os modos femininos são assumidos logo na infância, mas não ocorrem práticas sexuais antes da puberdade. Estas consistem na prática de *fellatio* pelo *boté* que, provavelmente, atinge o orgasmo em simultâneo. O *boté* não é um pederasta, embora a pederastia ocorra entre estes índios. Holder examinou *boté* esplêndidos fisicamente, atraentes e de perfeita saúde. Com muita relutância, concordou fazer exames meticulosos aos seus órgãos sexuais, concluindo que eram completamente normais,

---

[30] *Ethnographische Skizzen*, 1855, p. 121.

[31] C. F. P. von Martius, *Zur Ethnographie Amerika's*, Leipzig, 1867, Bd. I, p. 74. No antigo México, Bernal Diaz escreveu: *"Erant quase omnes sodomia commaculati, et adolescentes multi, muliebriter vestiti, ibant publice, cibum quarentes ab isto diabolico et abominabili labore"*.

[32] Hammond, *Sexual Impotence*, pp. 163-174.

[33] *New York Medical Journal*, 7 de dezembro de 1889

embora talvez mais pequenos do que o seu *physique* faria supor, talvez porque nunca tivessem sido usados em relações sexuais com mulheres. Ao remover as suas roupas, este *boté* juntou as coxas timidamente, como uma mulher, de forma a ocultar completamente os órgãos genitais; Holder indica que as suas coxas tinham curvas *"realmente, ou para os meus olhos"*, femininas. Ouviu um *boté "suplicar a um índio do sexo masculino para aceitar as suas carícias"* e indicou que *"um rapazinho, internado na escola da Agência, era encontrado com frequência sub-repticiamente vestido com roupas de mulher. Foi punido mas, por fim, escapou da escola e tornou-se um boté, vocação que desde então tem mantido"*.

No Tahiti, no início do século XIX, Turnbull[34] descobriu que *"há um conjunto de homens neste país cuja profissão declarada é tal abominação que a louvável delicadeza da nossa linguagem não vai permitir que a mencionemos. São chamados pelos nativos de mahoos; assumem o traje, a atitude e os costumes das mulheres e todos afetam as fantásticas excentricidades e garridices da mais vaidosa das fêmeas. Associam-se sobretudo com mulheres, que tentam conquistar a sua companhia. Com modos de mulheres, adoptam as suas ocupações peculiares, tecendo panos, gorros e esteiras e são tão completamente dessexuados que, se não tivesse sido alertado, só pensaria neles como verdadeiras mulheres. Acrescento, com alguma satisfação que o encorajamento desta abominação está confinado quase exclusivamente aos chefes"*.

Entre os *sakalaves* de Madagáscar existem rapazes denominados *sekatra*, como descreveu Lasnet, que aparentemente são escolhidos desde a infância pela sua aparência frágil ou delicada e que são educados como raparigas. Vivem como as mulheres e têm relações sexuais com homens, com ou sem sodomia, pagando aos homens que os satisfazem[35].

Entre a população negra de Zanzibar, algumas formas da homossexualidade que se julgam congénitas (o mesmo se aplica a algumas formas adquiridas) são consideradas bastante comuns. Pensa-se que a sua existência se deve à influência árabe. Os homens congenitamente invertidos não mostram, logo desde a infância, nenhuma aptidão para as ocupações masculinas e, pelo contrário, são atraídos pelos afazeres femininos. Ao crescerem, passam a vestir

---

[34] J. Turnbull, *A Voyage Round the World in the Year 1800*, etc., 1813, p. 382.

[35] *Annales d'Hygiène et de Médecine Coloniale*, 1899, p. 494.

roupa de mulher, arranjam o cabelo à moda feminina e comportam-se inteiramente como mulheres. Apenas convivem com mulheres e com prostitutos e obtêm satisfação sexual por pederastia passiva ou por simulação do coito. A sua aparência assemelha-se à dos prostitutos normais, muito comuns em Zanzibar, mas é de notar que os nativos os olham de maneira diferente. Os prostitutos são olhados com desprezo, ao passo que os outros, sendo como são *"por vontade de Deus"*, são tolerados[36].

Pode encontrar-se homossexualidade em diversas zonas de África: casos de *effeminatio* e de sodomia passiva têm sido relatados em Unyamwezi e no Uganda; entre os bangala do Congo superior, a sodomia entre homens é muito comum, especialmente quando estão longe de casa, em cidades estranhas ou em acampamentos de pescadores (no entanto, se um homem bangala tiver relações *per anum* com uma mulher pode ser condenado à morte)[37].

Como já mencionado antes, entre os papuas, nalgumas zonas da Nova Guiné, diz-se que a homossexualidade é bem aceite e que se recorre a ela por conveniência e, talvez, por razões malthusianas[38]. Mas em Rigo, na Nova Guiné Britânica, onde não se pratica habitualmente a sodomia, o Dr. Seligmann, que integrou a Expedição Antropológica de Cambridge ao Estreito de Torres, fez algumas

---

[36] Oskar Baumann, *Conträre Sexual-Erscheinungen bei die Neger-Bevölkerung Zanzibars, Zeitschrift für Ethnologie*, 1899, Heft 6, p. 668.

[37] Rev. J. H. Weeks, *Journal Anthropological Institute*, 1909, p. 449. Fui informado por um correspondente médico nos Estados Unidos que a inversão é ocorre muito frequentemente entre os negros norte-americanos. *"Tenho boas razões para acreditar"*, escreve ele, *"que é muito mais frequente entre eles do que entre os brancos de qualquer estado. Se considerarmos a inversão como um castigo da 'civilização', isto é notável. No entanto, talvez o negro, 'proporcionalmente ao seu potencial', seja muito mais civilizado do que nós; em qualquer caso, a civilização foi-lhe imposta e não adquirida através dos prolongados sofrimentos da evolução. Regra geral, os invertidos de cor preferem homens brancos, mas não são avessos aos homens da sua própria raça. Creio que 10 por cento dos negros dos Estados Unidos são sexualmente invertidos"*.

[38] Entre os papuas da Nova Guiné Alemã, em que as mulheres são muito poderosas, o casamento é tardio e os jovens rapazes são obrigados a viver separados em casas comunais, isolados das mulheres. Aqui, diz Moskowski (*Zeitschrift für Ethnologie*, 1911, Heft 2, p. 339), realizam-se abertamente orgias homossexuais.

observações muito importantes sobre vários homens e mulheres que pareciam, sem dúvida, ser casos de inversão sexual congénita com algum grau de inversão estética e, mesmo, com algumas modificações anatómicas[39]. Devemos salientar que estas pessoas pertencem a um povo primitivo, não contaminado pelo contato com as raças brancas e que vive ainda, praticamente, na Idade da Pedra.

Finalmente, entre outros povos aliados primitivos, os australianos, parece que a homossexualidade está bem estabelecida nos costumes tribais há longo tempo. Entre os nativos de Kimberley, na Austrália Ocidental (que não são, de forma nenhuma, inferiores; são rápidos e inteligentes, com especial aptidão para aprender línguas e música), quando não é possível conseguir uma esposa para um jovem, este recebe por cônjuge um menino com idade entre os 5 e os 10 anos (a idade em que os meninos têm a sua iniciação masculina). A natureza exata das relações entre o menino-cônjuge e o seu protetor não é clara; existe, sem dúvida, uma ligação mas os nativos repudiam a sodomia com horror e desprezo[40].

A homossexualidade na Austrália pode ser melhor entendida pela suposição de Spencer e Gillen de que a cirurgia denominada *mika* (subincisão uretral), uma hipospadia artificial, tem como objetivo relações sexuais homossexuais. Klaatsch argumentou pela origem homossexual da *mika* com base em informações que recebeu de missionários em Niol-Niol, na costa noroeste. Um homem sujeito a esta subincisão comporta-se como uma mulher para os rapazes que ainda não foram operados, que realizam o coito na abertura da incisão. Ambos informaram Klaatsch, em 1906, que em Boulia, no Queensland, se diz que os homens *"têm uma vulva"*[41].

---

[39] C.G. Seligmann, *Sexual Inversion Among Primitive Races, Alienist and Neurologist*, janeiro de 1902. Numa lenda das Ilhas Salomão Ocidentais, relatado por J. C. Wheeler (*Anthropophyteia*, vol. IX, p. 376) encontramos a história de um homem que queria ser uma mulher e se casou com outro homem e fazia trabalho de mulher.

[40] Hardman, *Habits and Customs of Natives of Kimberley, Western Australia, Proceedings Royal Irish Academy*, 3ª série, vol. I, 1889, p. 73.

[41] Klaatsch, *Some Notes on Scientific Travel Amongst the Black Populations of Tropic Australia*, reunião em Adelaide da *Australian Association for the Advancement of Science*, janeiro de 1907, p. 5.

Todos estes relatos são de considerável interesse, embora na maioria dos casos, haja dúvidas quanto ao seu significado preciso. Alguns, contudo, tal como a descrição de Holder sobre os *boté*, o relato de Baumann sobre os comportamentos homossexuais em Zanzibar e, especialmente, as observações de Seligmann na Nova Guiné Britânica, indicam não só a presença de inversão estética, mas também de uma real inversão sexual congénita. A extensão dos testemunhos será, sem dúvida, muito alargada à medida que o número de investigadores especializados aumentar e as questões principais não forem tão frequentemente negligenciadas.

No seu conjunto, estas evidências demonstram que, entre os povos primitivos e indígenas, as práticas homossexuais são olhadas com considerável indiferença e o verdadeiro invertido, se existir entre eles como sem dúvida existe, passa geralmente despercebido ou pertence a alguma casta sagrada que santifica as suas inclinações exclusivamente homossexuais.

A homossexualidade entre soldados na Europa

Mesmo na **Europa** dos dias de hoje se pode observar uma considerável falta de repugnância pelas práticas homossexuais entre as classes mais baixas. Nesta matéria, tal como o folclore deixa transparecer em tantos outros assuntos, o homem sem cultura dos países civilizados aproxima-se do selvagem. Em Inglaterra, segundo me disseram, os soldados tem pouca ou nenhuma objeção a prostituírem-se a *dândies* que lhes queiram pagar, embora prefiram mulheres para obtenção de prazer sexual; comenta-se que Hyde Park é um centro de prostituição masculina.

> *"Entre as massas trabalhadoras da Inglaterra e da Escócia"*, escreve Q., *"a 'camaradagem' é marcante, embora não muito (como em Itália) autoconsciente. Os amigos beijam-se mutuamente com frequência, embora este hábito pareça variar muito de zona para zona. Geralmente, os homens dormem juntos, sejam ou não companheiros, pelo que facilmente chegam a intimidades. Ocasionalmente, mas não muito frequentemente, estas relações atrasam o casamento por algum tempo ou mesmo por tempo indeterminado e são, nalguns casos, relações muito apaixonadas e românticas. Há aqui e acolá uma boa dose de vulgaridade, sem dúvida, entre as massas; mas não há operários que recorram regularmente (que eu saiba) a prostitutos. Apesar deste tipo de prostituição ser bastante comum*

em Londres, só a conheço superficialmente. Muitos jovens são generosamente 'mantidos' por homens ricos em apartamentos, mas não deixam de estar, é claro, acessíveis a terceiros. Muitos conseguem alojamento desta forma, mas outros apenas conseguem escassa retribuição, tal como as mulheres, para dizer a verdade. As fileiras dos prostitutos são consideravelmente reforçadas por rapazes de coro e por um grande número de soldados-raso. Alguns dos quartéis (nomeadamente Knightsbridge) são grandes fontes de prostituição. Nas noites de verão, Hyde Park e os arredores de Albert Gate estão cheios de guardas, fardados ou não, em animado comércio e sem grande discrição. Nestes casos, por vezes, não se trata de mais do que uma conversa num banco de jardim mais escondido ou de uma bebida num bar; por vezes, recorre-se a um quarto nalguma pensão conhecida ou a um ou dois hotéis que se prestam a este tipo de negócio. Em qualquer caso, isto representa um complemento ambicionado ao soldo de um 'Tommy Atkins'". E o Sr. Raffalovich, descrevendo Londres, observa: *"O número de soldados que se prostituem é maior do que imaginamos. Não é exagero dizer que nalguns regimentos a presunção vai no sentido da venalidade da maioria dos homens".* Nesta matéria, é interessante notar que existe um entendimento perfeito entre os soldados e os polícias, com quem os primeiros podem sempre contar para ajuda e aconselhamento. Estou em dívida com meu correspondente "Z." pelas seguintes notas: *"Os soldados não são menos procurados em França do que em Inglaterra ou na Alemanha e existem casas especiais para prostituição militar tanto em Paris como nas outras cidades com aquartelamentos militares. Muitos factos conhecidos sobre o exército francês contribuem para provar que esses hábitos foram adquiridos na Argélia e se espalharam rapidamente por regimentos inteiros. Os factos descritos por Ulrichs sobre a Legião Estrangeira Francesa, referentes ao depoimento de uma testemunha credível, testemunha que havia sido um pático no seu regimento, merecem atenção (Ara Spei, p. 20; Memnon, p. 27). Este homem, que era um alemão, disse a Ulrichs que os soldados espanhóis, franceses e italianos eram os amantes e os suíços e alemães os seus amados* (ver também o relatório do General Brossier, citado por Burton, *Arabian Nights*, vol. X, p. 251). *No romance militar de Lucien Descaves, 'Sous Offs' (Paris, Tresse et Stock, 1890), é dada alguma informação sobre estabelecimentos de prostituição masculina. Consulte as páginas 322, 412 e 417 para uma descrição do bar chamado 'Aux Amis de l'Armée', onde havia algumas empregadas apenas como disfarce, e para informação sobre os seus clientes, em especial, sobre o ajudante de campo Laprévotte. Ulrichs indica que os cadetes e recrutas do exército austríaco recebiam regularmente palestras sobre os vícios homossexuais (Memnon, p. 26). Um soldado que tinha deixado o exército disse a um amigo meu que ele e muitos dos seus camaradas tinham cedido a certas indulgências homossexuais quando estavam isolados em serviço no estrangeiro. Manteve a prática quando regressou a Inglaterra, 'porque as mulheres da sua classe eram pouco atraentes'. O capitão de um navio de guerra inglês disse que ficava sempre mais descansado depois de enviar os seus homens a terra após uma longa viagem por mar porque não sabia até que ponto poderiam chegar se privados de mulheres durante muito tempo'. Posso acrescentar que A. Hamon (La France Sociale et Politique, 1891, pp. 653-55, e também Psychologie Militaire du Professional, capítulo X) fornece informação quanto à prevalência da homossexualidade no exército francês, especialmente na Argélia, que é considerada extremamente comum, embora a maioria esteja livre dela. Citamos um fragmento de uma carta do general Lamoricière (falando do marechal Changarnier): 'En Afrique nous en étions tous, mais lui en est resté ici'".*

A indiferença frequentemente manifestada pelas classes sociais mais baixas na Europa

Esta indiferença coeva é também, sem dúvida, um fator que explica a prevalência da homossexualidade entre os criminosos, embora neste caso devam ser considerados dois fatores adicionais: a anomalia congénita e o isolamento da prisão. Na Rússia, Tarnowsky observa que todos os pederastas afirmam que as pessoas comuns são razoavelmente indiferentes aos seus avanços sexuais, a que chamam "jogos de cavalheiros". Um correspondente refere *"o facto patente a todos os observadores de que, frequentemente, a gente simples do povo não repudia mais as anormalidades do apetite sexual do que as suas manifestações normais"*[42]. Ele sabe de muitos casos em que homens de classe baixa, embora não invertidos, ficaram lisonjeados e agradados com as

---

[42] Outro exemplo disto, segundo me foi dito, é que entre as gentes do povo não há, frequentemente, qualquer oposição à relação sexual com mulheres "per anum".

atenções de homens de classes mais elevadas. E sobre este ponto de vista, o seguinte caso, também mencionado por Tarnowsky, é muito esclarecedor:

> *"Um pervertido em quem confio, disse-me que tinha feito avanços a mais de cem homens no decorrer dos últimos catorze anos e que só uma vez tinha tido uma recusa (neste caso, o homem, mais tarde, ofereceu-se espontaneamente) e apenas uma vez tinha sofrido uma tentativa de extorsão. Na maioria dos casos formaram-se relações de amizade permanentes. Ele admitiu que, posteriormente, procurou estas homens e os ajudou usando as suas influências sociais e algum apoio pecuniário: estabelecendo um negócio para um deles, oferecendo algo a outro para se poder casar e, ainda, encontrando emprego para outros".*

Fui informado que os relacionamentos homossexuais antes do casamento, entre os camponeses na Suíça, não são incomuns e tais relações são desvalorizadas como *dummheiten* ("disparates"). Não duvido que se poderão encontrar costumes semelhantes entre os camponeses de outras regiões da Europa.

Inversão sexual em Roma

Sabe-se da existência de verdadeira inversão sexual na Europa a partir do início da era cristã (embora dificilmente se possa demonstrar o seu carácter congénito), especialmente em dois grupos: o dos homens de excecionais capacidades e o dos criminosos, mas também nos indivíduos neuróticos e degenerados que se encontram não só entre os elementos destes dois grupos, mas para além das fronteiras de ambos.

A homossexualidade, à mistura com várias outras anormalidades e excessos sexuais, parece ter florescido em Roma durante o império e é bem exemplificada na pessoa de muitos dos imperadores[43]. Júlio César, Augusto, Tibério, Calígula, Cláudio, Nero, Galba, Tito, Domiciano, Nerva, Trajano, Adriano, Cómodo e Heliogábalo,

---

[43] Chevalier (*L'Inversion Sexuelle*, pp. 85-106) apresenta uma quantidade considerável de provas sobre a homossexualidade em Roma na época dos imperadores. Ver também Moll, *Konträre Sexualempfindung*, 1899, pp. 56-66 e Hirschfeld, *Homosexualität*, 1913, pp. 789-806. Na literatura, Petrónio descreve bem os aspetos homossexuais da vida romana no tempo de Tibério.

muitos deles homens de grande talento e, na perspetiva dos romanos, de alto valor moral, são acusados, com evidência mais ou menos consistente, de práticas homossexuais. Em Júlio César, o *"marido de todas as mulheres e a mulher de todos os homens"*, como era apelidado satiricamente, o excesso de atividade sexual parece estar a par, como é por vezes comum, com um excesso de atividade intelectual. Foi inicialmente acusado de práticas homossexuais com o rei Nicomedes, durante uma longa estada na Bitínia, acusação que foi várias vezes retomada. César orgulhava-se da sua beleza física e, como alguns invertidos modernos, costumava barbear-se e depilar o seu corpo cuidadosamente para preservar a suavidade da pele. O amor de Adriano pelo seu belo escravo Antínoo é bem conhecido; o seu amor parece ter sido profundo e retribuído e Antínoo ficou imortalizado, em parte pela sua obscura morte romanesca e em parte pela sua diferente e intrigante beleza que serviu de modelo e inspirou inúmeros escultores[44]. Heliogábalo, *"o mais homossexual da pandilha"*, como tem sido chamado, parece ter sido um verdadeiro invertido sexual, de tipo feminino: vestia-se como mulher e era dedicado aos homens que amava[45].

A homossexualidade nas prisões

As práticas homossexuais florescem em qualquer lado e abundam nas prisões; há testemunhos abundantes sobre este ponto. Apenas apresentarei aqui as declarações do Dr. Wey, ex-médico do Reformatório de Elmira, Nova Iorque. *"A sexualidade"*, escreveu o médico numa carta privada, *"é um dos elementos mais problemáticos com os quais temos que lidar. Não tenho dados quanto ao número dos prisioneiros daqui que são sexualmente perversos. Nos meus momentos pessimistas, penso que todos o são; mas a estimativa mais razoável seria provavelmente 80 por cento"*. E, referindo-se à influência sexual que alguns homens têm sobre os outros reclusos, observa que *"há muitos homens com características sugestivas de feminilidade que atraem outros de uma forma que me faz lembrar*

---

[44] J. A. Symonds escreveu um ensaio interessante sobre este assunto; ver também Kiefer, *Jahrbuch f. sex. Zwischenstufen*, vol. VIII, 1906.

[45] Ver L. von Scheffler, *Elagabal, Jahrbuch f. sex. Zwischenstufen*, vol. III, 1901; também Duviquet, *Héliogabale (Mercure de France)*.

uma cadela com cio seguida por uma matilha de cães"[46]. Na prisão de *Sing Sing*, em Nova Iorque, diz-se que 20 por cento dos presos são ativamente homossexuais e que um grande número dos restantes são passivamente homossexuais. Estas relações na prisão nem sempre têm um caráter brutal, indica McMurtrie; por vezes a atração é mais emocional do que física[47].

A vida na prisão desenvolve e facilita a tendência homossexual dos criminosos, mas não podem restar dúvidas de que essa tendência, ou uma tendência para a indiferença sexual ou para a bissexualidade, é uma caraterística fundamental de um número muito grande de criminosos. Também a podemos encontrar, em grande medida, entre os vagabundos e os depravados que, exceto por breves períodos, estão menos familiarizados com a vida na prisão. Sobre este ponto tenho testemunhos interessantes de um observador perspicaz que viveu muito tempo entre os vagabundos em diversos países e, em grande parte, se dedicou ao estudo deles[48].

Entre homens de intelecto excepcional e líderes morais

A evidência de que a homossexualidade é especialmente comum entre homens de excecional intelecto já há muito foi observada por Dante:

> "*In somma sappi, che tutti fur cherci*
> *E litterati grandi, et di gran fama*

---

[46] Enviaram-me a seguinte nota: "*Balzac, em 'Une Dernière Incarnation de Vautrin' descreve os costumes dos 'bagnes' franceses. Dostoiévski, em 'A Vida na Prisão na Sibéria', toca no mesmo assunto. Veja o seu retrato de Sirotkin, p. 52 et seq., p. 120 (edição de J. e R. Maxwell, Londres). Podemos comparar Carlier, 'Les Deux Prostitutions', pp. 300-1, para uma descrição da violência das paixões homossexuais nas prisões francesas. Os conhecedores estão familiarizados com este tema nas prisões inglesas. Bouchard, nas suas 'Confessions', Paris, Liseux, 1881, descreve a cadeia para condenados em Marselha, em 1630*". A homossexualidade entre reincidentes franceses em Saint-Jean-du-Maroni, na Guiana Francesa, foi descrita pelo Dr. Cazanova, *Arch. d'Anth. Crim.*, janeiro de 1906, p. 44. Ver também *Leaves from a Prison Diary*, de Davitt, e *Prison Memoirs of an Anarchist*, de Berkman; também Rebierre, *Joyeux et Demifous*, 1909.

[47] D. McMurtrie, *Chicago Medical Recorder*, janeiro de 1914.

[48] Ver o Apêndice A: *Homossexualidade entre vagabundos* por "*Josiah Flynt*".

D'un medismo peccato al mondo lerci"[49].

Desde então, tem sido frequentemente observada e continua a ser um assunto notável.

Não pode haver a menor dúvida de que capacidades intelectuais e artísticas de elevado valor têm sido frequentemente associadas a índoles sexuais invertidas congenitamente. Entre os próprios invertidos, manifesta-se a tendência, não fundamentada, para supor que muitas pessoas ilustres são homossexuais, por vezes com base apenas em pequenos detalhes de comportamento. No entanto, continua a ser um facto demonstrável que muitas pessoas famosas de vários países, do passado e do presente, são invertidas. Sobre este tema, posso aqui chamar a atenção para as minhas próprias observações sobre este ponto no prefácio. Mantegazza (*Gli Amori degli Uomini*) observa que conhece, no seu círculo social próximo, um *"publicitário francês, um poeta alemão, um estadista italiano e um jurista espanhol, todos homens de gostos requintados e intelecto cultivado"*, que são sexualmente invertidos. Krafft-Ebing, no prefácio da sua obra *Psychopathia Sexualis*, referindo-se a *"inúmeras"* comunicações que tem recebido destes *"enteados da natureza"*, observa que *"a maior parte dos escritores são homens de elevada posição intelectual e social e, frequentemente, emocionalmente sólidos "*. Raffalovich (*Uranisme*, p. 197) refere entre os nomes de invertidos famosos, Alexandre, o Grande, Epaminondas, Virgílio, o grande Condé, o Príncipe Eugène, etc. (a questão da inversão de Virgílio é discutida na *Revista Di Filologia*, de 1890, fasc. 7-9, mas eu não consegui consultar o artigo). Moll, na sua *Berühmte Homosexuelle* (1910, parte da série *Grenzfragen Nerven des-und Seelenlebens*) discute a homossexualidade de um certo número de pessoas eminentes, quase sempre com a cautela e sagacidade que lhe são habituais. Falando da suposta homossexualidade de Wagner observa,

---

[49] *Inferno*, XV (N.T.: *"Sabe, em suma, que clérigos havendo/Todos sido e letrados mui famosos,/Se mancharam num só pecado horrendo."*, traduzido por José Pedro Xavier Pinheiro, 1822-1882). O lugar da homossexualidade na *Divina Comédia* foi brevemente estudado por Undine Freün von Verschuer, *Jahrbuch für sexuelle Zwischenstufen*, Bd. VIII, 1906.

corretamente, que *"o método de afirmar a ocorrência de homossexualidade pela presença de traços femininos deve ser radicalmente rejeitado"*. Mais recentemente, Hirschfeld incluiu na sua grande obra, *Die Homosexualität* (1913, pp. 650-674), duas listas, uma antiga e outra moderna, de personagens históricos famosos alegadamente invertidos, descrevendo brevemente a natureza dos indícios em cada caso. São ao todo cerca de 300 casos. Nem todos, porém, podem ser adequadamente descritos como famosos. Encontrámos na lista 43 nomes de ingleses, dos quais, pelo menos meia dúzia são nobres que foram acusados em processos por homossexualidade, mas que não eram intelectualmente distintos. Existem outros, por sua vez, que são inegavelmente notáveis mas para os quais não existem provas razoáveis de homossexualidade. Neste caso está, por exemplo, Swift, que pode ter sido mentalmente anormal, mas que parece ter sido heterossexual e não homossexual. Fletcher, sobre quem não sabemos nada de definitivo a este respeito, está também incluído, bem como Tennyson, cuja amizade sentimental de adolescente por Arthur Hallam é comparável à de Montaigne por Etienne de la Boétie sendo que, no entanto, Montaigne não figura na lista. Contudo, devemos referir que se alguns dos nomes de ingleses da lista são extremamente polémicos, a lista poderia incluir em vez deles alguns outros que são, sem sombra de dúvida, invertidos.

Julgo que não tem sido muito referido, em grande parte porque a evidência é insuficiente, que entre os líderes morais e as pessoas com fortes instintos de ética, há uma tendência para as formas mais elevadas de sentimento homossexual. Isto pode ser constatado não só entre alguns dos grandes moralistas de antigamente, mas também em homens e mulheres dos nossos dias. A razão para que assim aconteça é bastante evidente. Tal como o amor reprimido de uma mulher ou de um homem tem frequentemente, em pessoas normalmente constituídas, fornecido o impulso para uma atividade filantrópica alargada, da mesma forma, a pessoa que vê os do seu próprio sexo banhados em *glamour* sexual, traz para a sua obra um ardor completamente desconhecido dos indivíduos normalmente constituídos; a moralidade une-se nele ao amor[50]. Não estou, neste momento, preparado para insistir sobre este ponto, mas acho que ninguém que estude compreensivamente as histórias e as experiências dos grandes líderes morais pode deixar de notar, em muitos casos, a presença desse sentimento, mais ou menos sublimado de qualquer manifestação física vulgar.

Se é provável que as pessoas com predisposição homossexual se tornam, por vezes, proeminentes em iniciativas relacionadas com a moral, não há dúvida de que se destacaram na religião. Há muitos anos (em 1885), o etnólogo Elie Reclus, no seu encantador livro *Les Primitifs*[51], descrevendo a questão da homossexualidade na tribo de esquimós *inuit*, insistiu claramente que desde tempos imemoriais tem havido uma associação entre o invertido e o sacerdote e mostrou como essa associação é ilustrada pelos *schupan*s esquimós. Muito mais recentemente, no seu elaborado estudo sobre religiosos, Horneffer discute os traços femininos dos sacerdotes e mostra que o sacerdócio tem sido assumido, em diversos povos, por pessoas de índole sexual anormal e, sobretudo, de índole homossexual. Aos olhos do povo, o não natural é sobrenatural e os anormais surgem muito próximos dos secretos "Poderes do Mundo". As pessoas anormais são, elas próprias, da mesma opinião e consideram-se divinas e, como Horneffer aponta muitas vezes, possuem realmente aptidões especiais[52]. Karsch, no seu *Gleichgeschlechtliche Leben der Naturvölker*

---

[50] Hirschfeld e outros apontaram, com razão, que os invertidos são menos propensos do que as pessoas normais a valorizarem a casta e a posição social. Esta atitude intrinsecamente democrática faz com que seja mais fácil para eles do que para as pessoas comuns atingir o que Cyples denominou de "*êxtase de humanidade*", a atitude emocional, por assim dizer, das almas raras sobre as quais se pode dizer, nas palavras do mesmo escritor, que "*os trapos dos mendigos são dignos dos beijos dos seus lábios decididos pois foram tocados pela humanidade*". Edward Carpenter (*Intermediate Types among Primitive Folk*, p. 83) observa que, frequentemente, os grandes líderes éticos exibem traços femininos e acrescenta: "*Torna-se fácil supor, acerca desses personagens clássicos que antes, provavelmente, teriam sido humanos; esses Apolos, Budas, Dionísios, Osíris e assim por diante; torna-se fácil supor que o seu caráter seria também um pouco bissexual e que, na verdade, isso se deveria em grande parte ao facto de serem dotados de poderes extraordinários e se terem tornado líderes da humanidade*".

[51] Tradução para o inglês, *Primitive Folk*, na série *Contemporary Science*

[52] R. Horneffer, *Der Priester*, 2 vols., 1912. J. G. Frazer, no volume intitulado *Adonis, Attis, Osiris* (pp. 428-435) da terceira edição do seu *Golden Bough*,

(1911), trouxe à tona o alto significado religioso e social das castas de transvestidos, muitas vezes homossexuais, entre os povos primitivos. Na mesma altura, Edward Carpenter, no seu notável livro *Intermediate Types among Primitive Folk* (1914), mostrou com grande perspicácia como se cria uma ligação orgânica entre o temperamento homossexual e poderes psíquicos ou divinatórios fora do vulgar.

Os homens homossexuais não eram bélicos e as mulheres homossexuais não eram caseiras, pelo que canalizaram as suas energias para iniciativas diversas das dos homens e mulheres comuns; tornaram-se promotores de novas atividades. Foi assim que entre eles surgiram não só os inventores, artesãos e professores, mas também os feiticeiros e adivinhos, curandeiros e bruxos, profetas e sacerdotes. Tais pessoas seriam particularmente impelidas à reflexão por compreenderem que eram diferentes dos outros. Tratados com reverência por alguns e com desprezo por outros, seriam compelidos a enfrentar os desafios da sua própria natureza e, indiretamente, os problemas do mundo em geral. Para além disso, sublinha Carpenter, as pessoas em quem a índole masculina e feminina se combinam serão, em muitos casos, pessoas com mentes mais intuitivas e complexas que as dos seus pares e, por isso, com capacidades de adivinhação e profecia de sentido muito real e natural[53].

Esta aptidão dos invertidos para a religião primitiva, para a feitiçaria e para a adivinhação viria a ter desvantagens face ao sentimento popular, mais concretamente quando a magia e as formas primitivas de religião começaram a cair em descrédito. Os invertidos seriam considerados feiticeiros de uma crença falsa e diabólica e seriam atingidos pela ignomínia. Este ponto foi enfatizado por Westermarck, no capítulo esclarecedor sobre homossexualidade da sua grande obra sobre "ideias morais"[54], em que ressalta a importância do facto, à primeira vista aparentemente inexplicável, de que a homossexualidade para a cristandade medieval foi constantemente associada e até confundida com a heresia, como se

---

discute sacerdotes vestidos de mulher e encontra várias explicações para essa tradição.

[53] Edward Carpenter, *Intermediate Types among Primitive Folk*, 1914.

[54] Westermarck, *Origin and Development of Moral Ideas*, vol. II, ch. XLIII.

pode confirmar plenamente pela origem da designação popular para homossexualidade em França e na Inglaterra, que faz referência aos hereges búlgaros. Foi sobretudo como heresia e por puro zelo religioso que, acredita Westermarck, a homossexualidade foi tão violentamente reprovada e tão ferozmente punida.

Muret

Na Europa moderna encontramos os traços mais marcados da presença da verdadeira inversão sexual quando investigamos o Renascimento. A independência intelectual e a forte influência da antiguidade clássica sobre os homens dessa época parecem ter libertado e desenvolvido completamente os impulsos dos indivíduos anormais que, de outra forma, não encontrariam nenhuma forma de expressão e passariam despercebidos[55].

Muret, o humanista, talvez possa ser considerado como um exemplo típico da natureza e destino dos invertidos mais destacados do Renascimento. Nascido em 1526, em Muret (Limousin), no seio de uma família nobre mas empobrecida, tinha um feitio independente e um tanto caprichoso; incapaz de suportar os seus professores, tornou-se autodidata, embora muitas vezes procurasse o aconselhamento de Jules-César Scaliger. Foi universalmente admirado no seu tempo pela sua erudição e eloquência e atualmente ainda é considerado não só um grande latinista e um excelente escritor, mas também um homem notável pela sua excecional inteligência e pela sua cortesia no debate, numa época em que tal qualidade era rara. O seu retrato mostra uma cara um pouco grosseira e rústica, mas inteligente. Conquistou a honra e o respeito generalizado em vida e morreu em 1585, aos 59 anos de idade.

Inicialmente, Muret escreveu poemas eróticos devassos, que parecem ter um fundo de experiência pessoal, dedicados a mulheres. Mas em 1553, vamos encontrá-lo em Châtelet, preso por sodomia e correndo perigo de vida, de tal forma que chegou a pensar parar de comer para se deixar morrer à fome. No entanto, os seus amigos conseguiram

---

55 "*A literatura italiana*", observa Symonds, "*pode apresentar 'Rime Burlesche', 'Hermaphroditus' de Becadelli, os 'Canti Carnascialeschi', os poemas em latim macarrónico de Fidentius e o romance notavelmente franco intitulado 'Alcibiade Fanciullo a Scola'*".

que fosse libertado e que fosse morar para Toulouse. Mas logo no ano seguinte a sua efígie foi queimada nesta cidade, na sequência de uma condenação judicial como huguenote e sodomita que o obrigou a escapar-se de França. Quatro anos depois, teve que fugir de novo, desta vez de Pádua, devido a uma acusação semelhante. Apesar de ter muitos amigos, nenhum deles se indignou contra esta acusação, embora o tivessem ajudado a livrar-se de eventuais castigos. Subsistem muitas dúvidas sobre se Muret era um huguenote e nas suas obras, sempre que se refere à pederastia é para a desaprovar vigorosamente. Mas os seus escritos revelam amizades apaixonadas por homens e não parece ter despendido um mínimo de energia para combater as acusações que, sendo falsas, seriam uma vergonhosa injustiça contra si. Foi depois de se escapar para a Itália e de ter adoecido com uma febre causada pela fadiga e pela exposição ao sol, que se afirma que Muret terá dado a sua famosa réplica ao médico que chegava para o tratar e que havia comentado *"Faciamus experimentum in anima vili"*: *"Vilem animam appellas pro qua Christus non dedignatus est mori"*[56]. Um humanista mais famoso que Muret, o próprio Erasmo, quando jovem, no mosteiro agostiniano de Stein, terá tido uma atração homossexual por um outro monge (mais tarde, prior) a quem dirigiu muitas cartas apaixonadamente afetuosas; o seu afeto parece, no entanto, não ter sido correspondido.[57]

Com a progressão do Renascimento, a homossexualidade parece passar a ser mais proeminente entre as pessoas ilustres. Poliziano foi acusado de pederastia. Aretino foi um pederasta, tal como o Papa Júlio II parece ter sido. Ariosto escreveu, exageradamente, nas suas sátiras"

"Senza quel vizio son pochi umanisti"[58]

Tasso tinha traços de homossexual: a sua constituição era frágil e feminina e era delicadamente emocional e débil fisicamente[59].

---

[56] (N.T.: *"Façamos uma experiência nesta alma vil"*; *"Apelidais de vil uma alma por quem Cristo não se recusou a morrer"*). A vida de Muret foi muito bem contada por C. Dejob, *Marc-Antoine Muret*, 1881.

[57] F. M. Nichols, *Epistles of Erasmus*, vol. I, pp. 44-55.

[58] Burckhardt, *Die Kultur der Renaissance*, vol. II, "Excursus" ci.

[59] F. de Gaudenzi no cap. V do seu *Studio Psico-patologico sopra T. Tasso* (1899) analisa profundamente as tendências homossexuais do poeta.

No entanto, é entre os artistas dessa altura e de épocas posteriores que a homossexualidade pode ser mais facilmente identificada. Leonardo da Vinci, que na sua obra deixa transparecer ideais estranhamente bissexuais, foi suspeito de homossexualidade durante a juventude. Em 1476, quando tinha 24 anos de idade, foi acusado pelos funcionários florentinos responsáveis pelo controlo da moralidade pública, acusações que foram retomadas mais tarde, embora nunca tenham sido fundamentadas. Contudo, existe alguma base para supor que Leonardo esteve preso durante a sua juventude[60]. Ao longo da sua vida, gostava de se rodear de belos jovens e os seus alunos eram mais notáveis pela sua aparência física atraente do que pela sua competência; pelo menos com um deles, Leonardo estabeleceu uma forte ligação, não havendo, pelo contrário, registo de qualquer apego por mulheres. Freud, que estudou Leonardo com a sua argúcia habitual, considera que o seu caráter foi marcado por *"homossexualidade ideal"*[61].

Miguel Ângelo

Miguel Ângelo, um dos expoentes da Renascença, foi sem sombra de dúvida, sexualmente invertido. Os testemunhos deixados pelas suas cartas e poemas, bem como as investigações recentes por diversos estudiosos (Parlagreco, Scheffler, J. A. Symonds, etc.) parecem tornar este ponto inquestionável[62]. Miguel Ângelo pertencia a uma família de 5 irmãos, 4 dos quais nunca se casaram e, tanto quanto se sabe, não deixaram descendentes; o quinto só deixou um herdeiro do sexo masculino. O seu biógrafo descreve-o como *"um homem de peculiar, pouco saudável, temperamento nervoso"*. Era indiferente às mulheres; na realidade, somente numa ocasião, durante a sua longa vida, se destaca a amizade por uma mulher, sendo que, pelo contrário, se deixava impressionar pela beleza dos homens, por quem as suas amizades

---

[60] Herbert P. Horne, *Leonardo da Vinci*, 1903, p. 12.

[61] S. Freud, *Eine Kindheitserinnerung des Leonardo da Vinci*, 1910.

[62] Ver Parlagreco, *Michelangelo Buonarotti*, Nápoles, 1888; Ludwig von Scheffler, *Michelangelo: Ein Renaissance Studie*, 1892; *Archivo di Psichiatria*, vol. XV, Fasc. I, II, p. 129; J. A. Symonds, *Life of Michelangelo*, 1893; Dr. Jur. Numa Praetorius, *Michel Angelo's Urningtum,Jahrbuch für sexuelle Zwischenstufen*, vol. II, 1899, pp, 254-267.

eram ternas e entusiásticas. Ao mesmo tempo, não há razão para supor que manteve qualquer relação física ou passional com homens e até mesmo os seus inimigos raramente, ou nunca, o acusaram disso. Podemos confortavelmente aceitar a avaliação do seu caráter feita por Symonds:

> *"Miguel Ângelo Buonarotti foi um desses homens excepcionais, mas não raros, que nascem com a sua sensibilidade anormalmente desviada dos canais habituais. Não mostrou nenhuma preferência por mulheres e revelou um entusiasmo notável com a beleza dos jovens... Era um homem de temperamento fisicamente gélido, extremamente sensível à beleza do tipo masculino, que habitualmente racionalizava as suas emoções e contemplava os objetos vivos que admirava com agrado, não só pelas suas qualidades pessoais, mas também pelo seu encanto estético"*[63].

Uma personalidade deste tipo não teve, aparentemente, qualquer relevância para as gentes daquela época, pois não valorizavam os sentimentos homossexuais que não resultassem em sodomia. Platão considerava esta atração como um assunto para a metafísica sentimental e só recentemente é que o tema veio novamente a tornar-se foco de interesse e estudo. Teve contudo, sem dúvida, uma influência profunda na arte de Miguel Ângelo, impelindo-o a buscar toda a gama da beleza humana nas formas masculinas, mas apenas a dignidade ou a ternura, divorciadas de qualquer atributo sexual, nas formas femininas. Esta anormalidade profundamente enraizada é, em simultâneo, a chave para a melancolia de Miguel Ângelo e para o mistério da sua arte.

Um contemporâneo de Miguel Ângelo, o pintor Bazzi (1477-1549), também terá sido profundamente invertido e daí a sua alcunha, *Sodoma*. No entanto, como era casado e tinha filhos, é provável que fosse, como se diz atualmente, de índole bissexual. Foi um grande artista que tem sido tratado injustamente, talvez em parte, devido ao preconceito de Vasari, cuja admiração por Miguel Ângelo era quase religiosa, mas que desdenhou *Sodoma* e foi relutante no seu louvor, razão pela qual a sua obra é pouco conhecido fora de Itália e, mesmo aí, de difícil acesso. Imprudente, desequilibrado e excêntrico em vida, *Sodoma* revelou na sua pintura uma suavidade e calidez peculiarmente

---

[63] J. A. Symonds, *Life de Michelangelo*, vol. II, p. 384.

femininas, que aparentemente transparece também no seu autorretrato de Monte Oliveto Maggiore, e um sentimento muito marcado e terno pela beleza masculina, desde que pouco viril[64].

Cellini foi provavelmente homossexual. Foi preso sob a acusação de vício não natural e é suspeitosamente silencioso, na sua autobiografia, sobre a sua prisão[65].

No século XVII, outro escultor notável, conhecido por "Cellini flamengo", Jérôme Duquesnoy (cujo irmão François é ainda mais famoso por ser o autor do *Manneken Pis*, em Bruxelas), foi um invertido. Acusado de ter relações sexuais com um jovem numa capela da Catedral de Gante, onde estava a esculpir um monumento para o bispo, acabou por ser estrangulado e queimado, apesar dos inúmeros pedidos de clemência apresentados, incluindo um do próprio do bispo[66].

Winkelmann

Em tempos já mais recentes, Winkelmann, o impulsionador de um novo renascimento grego e da renovação do interesse moderno pela arte da antiguidade, é alvo de suspeição fundamentada de inversão sexual. As suas cartas endereçadas a amigos do sexo masculino estão cheias de expressões do mais apaixonado amor. A sua morte violenta parece, também, ter sido consequência de uma aventura amorosa com um homem. O assassino era um cozinheiro, um homem totalmente inculto, um criminoso que já havia sido condenado à morte e cujas relações com Winkelmann, pouco antes de o assassinar

---

[64] A vida e a personalidade do pintor Sodoma foram estudadas e os seus quadros copiosamente reproduzidos por Elisár von Kupffer, *Jahrbuch für sexuelle Zwischenstufen*, Bd. IX, 1908, p. 71 e segs., e por R. H. Hobart Cust, *Giovanni Antonio Bazzi*.

[65] Cellini, *Life*, traduzido por J. A. Symonds, introdução, p. xxxv, e p. 448. Queringhi (*La Psiche di B. Cellini*, 1913) argumenta que Cellini não era homossexual.

[66] Ver o interessante relato sobre Duquesnoy por Eekhoud (*Jahrbuch für sexuelle Zwischenstufen*, Bd. II, 1899), um eminente romancista belga que tem sido acusado pelas suas descrições de homossexualidade nos seus romances e contos, *Escal-Vigor* e *Le Cycle Patibulaire* (ver *Jahrbuch für sexuelle Zwischenstufen*, Bd. III, 1901).

e depois roubar, se tinha descoberto serem de natureza íntima[67]. É importante salientar que a inversão sexual está bastantes vezes associada ao estudo da antiguidade. No entanto, não podemos precipitar-nos a concluir que a inversão é provocada pelo estudo da antiguidade e que a abolição do estudo da arte e da literatura grega poderia contribuir, de alguma forma, para a abolição da inversão sexual. O que ocorreu de facto nos casos mais recentes que podemos estudar e, sem sombra de dúvida, nos casos mais antigos, é que os sujeitos da inversão sexual congénita são atraídos pelo estudo da antiguidade grega por nela descobrirem a explicação e a apoteose dos seus próprios impulsos obscuros. Seguramente, este estudo tende a potenciar esses impulsos.

Embora seja particularmente fácil nomear homens talentosos que, com certeza ou com grande probabilidade, foram afetados por tendências homossexuais, estas não são manifestações isoladas. Surgem de um pano de fundo de homossexualidade difusa que é, pelo menos, tão marcado nas sociedades civilizadas como nas selvagens. Podemos facilmente ilustrar este ponto em todos os países. Para aqui será suficiente a referência à França, Alemanha e Inglaterra.

Em França, no século XIII, a Igreja ficou tão impressionada com a prevalência da homossexualidade que reintroduziu a pena de morte

---

[67] Ver *Life of Winkelmann*, de Justi e também *Die Konträre Sexualempfindung* de Molls, 3ª edição, 1899, pp. 122-126. Nesta obra, bem como em *Uranisme et Unisexualité*, de Raffalovich, como também em *Berühmte Homosexuelle*,de Moll, (1910) e *Die Homosexualität*, de Hirschfeld, p. 650 et seq., poderá ser encontrada informação sobre muitos homens eminentes que são, por motivos mais ou menos credíveis, suspeitos de homossexualidade. Outros escritores alemães apresentados como invertidos são Platen, K. P. Moritz e Iffland. Platen era claramente um invertido congénito que procurou, no entanto, a satisfação dos seus impulsos em amizades platónicas; os seus poemas homossexuais e a edição integral do seu diário, recentemente publicada, transformam-no num interessante objeto de estudo; para uma descrição simpática ver Ludwig Frey, *Aus dem Seelenleben des Grafen Platen*, *Jahrbuch für sexuelle Zwischenstufen*, vols. I e VI. Vários reis e potentados foram mencionados neste contexto, incluindo o Sultão Mogol Babur; Henrique III de França; Eduardo II, Guilherme II, Jaime I e Guilherme III de Inglaterra e talvez a Rainha Ana e Jorge III, Frederico, o Grande e seu irmão Heinrich, os Papas Paulo II, Sisto IV e Júlio II, Luís II da Baviera e outros. Os Reis, de facto, parecem particularmente inclinados à homossexualidade.

para a sodomia nos Concílios de Paris (1212) e de Rouen (1214) e afirma-se que apenas por rejeitar os avanços de uma mulher (como ilustrado em *Lai de Lanval*, de Marie de France) os homens podiam ser acusados de sodomitas, o que se acreditava estar associado a heresia[68]. No final do século XIII (cerca de 1294), Alain de Lille foi impelido a escrever um livro, *De Planctu Naturæ*, para chamar a atenção para a prevalência do sentimento homossexual. Lille também associava a sodomia ao distanciamento de um homem em relação às mulheres. *"O homem é transformado em mulher"*, escreve ele, *"mancha a honra masculina, as artes mágicas de Vénus estabelecem nele os dois géneros"*; jovens nobremente belos *"usam os seus martelos de amor para o ofício das bigornas"* e *"muitos beijos ficam por dar nos lábios das donzelas"*. O resultado é que *"as bigornas naturais"*, isto é, as donzelas desprezadas, *"lamentam a ausência dos seus martelos e podem ser vistas, tristemente, a procurá-los"*. Alain de Lille faz-se porta-voz desta demanda[69].

Alguns anos mais tarde, no início do século XIV, a sodomia continuava a ser considerada muito generalizada. Naquela época, estava particularmente associada aos Templários que, ao que se supunha, a haviam trazido do Oriente. Tal suposição, no entanto, não é necessária para justificar a existência de homossexualidade em França. Nem sequer é necessário invocar, num período ligeiramente mais tardio, como é feito com frequência, a origem italiana de Catarina de Médici para explicar a prevalência de práticas homossexuais na sua corte.

Não obstante a sua frequência, a sodomia continuava a ser, por vezes, severamente punida. Assim, em 1586, Dadon, que havia sido Reitor da Universidade de Paris, foi enforcado e depois queimado por molestar uma criança por sodomia[70]. No século XVII, a homossexualidade continuou, entretanto, a florescer e diz-se que a generalidade das omissões nas edições publicadas de *Historiettes* de Tallement des Reaux se refere a sodomia[71].

---

[68] Schultz, *Das Höfische Leben*, Bd. I, cap. XIII.

[69] "De *Planctu Naturæ* foi traduzido por Douglas Moffat, *Yale Studies in English*, n.º XXXVI, 1908.

[70] P. de l'Estoile, *Mémoires-Journaux*, vol. II, p. 326.

[71] Laborde, *Le Palais Mazarin*, p. 128.

Sabemos da proeminência da homossexualidade em França, no início do século XVIII, pelas frequentes referências à mesma nas cartas de Madame, a mãe do Regente, cujo marido era efeminado e provavelmente invertido[72]. Relativamente aos últimos anos deste século, a evidência abunda. Por essa altura, a Bastilha era eficientemente usada como *"asile sureté"* para pessoas anormais (o que até há pouco foi ignorado pelos historiadores) que se determinava perigoso manter em liberdade. Os invertidos cuja conduta se tornara demasiado ofensiva para ser tolerada, eram frequentemente internados na Bastilha que, na verdade, *"abundava em indivíduos homossexuais"* em maior número do que o de qualquer outra classe de pervertidos sexuais. Algumas das infrações que resultavam em prisão na Bastilha mantêm-se atuais. Um desses casos, de grande projeção, ocorreu em 1702 e revelou um sistema organizado de prostituição homossexual. Um dos acusados neste caso era um jovem bonito e bem constituído chamado Lebel, um ex-criado que se fazia passar por homem de classe. Seduzido, quanto tinha 10 anos, por um famoso sodomita chamado Duplessis, ficou desde então à disposição de um certo número de homossexuais, incluindo funcionários públicos, sacerdotes e marqueses. Alguns dos envolvidos neste caso foram queimados vivos, outros suicidaram-se cortando a garganta e outros foram postos em liberdade ou transferidos para o Bicêtre[73]. Também nos últimos anos do século XVIII, constatamos uma outra prática homossexual moderna reconhecida em França, o *rendez-vous* ou ponto de encontro onde os homossexuais podiam encontrar-se sem preocupações[74].

---

[72] Como ela mesma escreve, em 1701 (*Correspondence*, editado por Brunet, vol. I, p. 58): "*os nossos heróis tomam como modelos Hércules, Teseu, Alexandre e César, que tiveram todos eles os seus amantes masculinos. Aqueles que se entregam a este vício e continuam a acreditar nas Sagradas Escrituras, imaginam que foi apenas uma pecado quando ainda havia poucas pessoas no mundo e que agora que a terra está povoada, pode ser encarado como um 'divertissement'. Entre as gentes comuns, na verdade, as acusações deste tipo são, tanto quanto possível, evitadas; mas entre pessoas de qualidade são comentadas abertamente; é considerada uma conversa aceitável pois, desde Sodoma e Gomorra, o Senhor não puniu mais ninguém por tais delitos*".

[73] Serieux e Libert, *La Bastille et ses Prisonniers*, L'Encéphale, setembro de 1911.

[74] Witry, *Notes 'Historiques sur l'Homossexualité en France, Revue de l'Hypnotisme*, janeiro de 1909.

A inversão foi sempre fácil de observar na Alemanha. Amiano Marcelino é testemunha da sua prevalência entre algumas tribos germânicas nos últimos dias do império romano[75]. Na época medieval, como aponta Schultz, as referências à sodomia na Alemanha estavam longe de ser raras. Vários príncipes da casa imperial alemã e de outras famílias principescas da Idade Média foram suspeitos pelas suas amizades íntimas. Mais tarde, foi frequentemente notado o extremo ardor emocional que marcava a amizade entre alemães, mesmo quando não havia suspeita alguma de relação homossexual[76]. O século XVIII, no pleno gozo desse abandono às sensações divulgado por Rousseau, mostrou-se particularmente favorável à expansão da tendência para a amizade sentimental. Deste modo, as tendências realmente invertidas, quando existiam, podiam facilmente emergir e encontrar expressão própria. Isso foi muito bem exemplificado pelo poeta Heinrich von Kleist, que aparenta ser de temperamento bissexual, cujos sentimentos pela donzela com quem se queria casar eram, obviamente, muito mais frios do que os que nutria pelo seu amigo Ernst von Pfuël (que viria a ser Ministro da Guerra prussiano). Em 1805, com 28 anos de idade, Kleist escreveu ao seu amigo,: *"Trazes-me de volta os tempos dos gregos, poderia dormir contigo, querido jovem, tanto a minha alma inteira te abraça. Quando costumavas banhar-te no lago de Thun, eu ficava a admirar com verdadeira ternura feminina a beleza do teu corpo. Serias um bom modelo para artistas"*. Segue-se um entusiástico relato da beleza do seu amigo e do *"ideal grego do amor pelos jovens"* e Kleist conclui: *"Acompanha-me a*

---

[75] No princípio da ocupação teutónica, havia pouco ou nenhum traço de qualquer punição para as práticas homossexuais na Alemanha. Esta, de acordo com Hermann Michaëlis, só apareceu depois que a Igreja aumentou o seu poder entre os godos do oeste; no breviário de Alarico II (506) o sodomita era condenado a ser empalado e, posteriormente, no século VII, por decreto do Rei Chindasvinds, a ser castrado. As capitulares francas do tempo de Carlos Magno adotaram as penitências eclesiásticas. Nos séculos XIII e XIV, a condenação era morte na fogueira; as punições decretadas pelos códigos alemães foram-se tornando muito mais ferozes do que as decretadas pelo Código de Justiniano, pelas quais foram modeladas.

[76] Raffalovich discute a amizade alemã, *Uranisme et Unisexualité*, pp. 157-9. Veja também Birnbaum, *Jahrbuch für sexuelle Zwischenstufen*, Bd. VIII, p. 611, que exemplifica especificamente este tipo de amizade com a correspondência entre os poetas Gleim e Jacobi, que usavam um para o outro a linguagem dos amantes.

Anspach e desfrutemos a doçura da amizade... nunca me casarei, terás que ser esposa e filho para mim"[77].

Durante o século XIX, a Alemanha produziu em todas as classes sociais e em todos os campos de atividade uma longa série de homossexuais famosos ou notórios. Num dos extremos encontramos pessoas da mais alta distinção intelectual, tais como Alexander von Humboldt, sobre quem Nacke, um investigador cauteloso, afirmou que tinha evidências fortes que lhe permitiam considerá-lo invertido[78]. No outro extremo, encontramos gente próspera no ramo comercial e industrial que é obrigada a sair da Alemanha para poder encontrar consolo no ambiente livre e agradável de Capri, de entre os quais F. A. Krupp, o patrão da famosa fábrica de Essen, pode ser considerado o arquétipo[79].

Homossexualidade na história inglesa

Embora em Inglaterra (o mesmo se aplica atualmente aos Estados Unidos) a homossexualidade se manifeste menos abertamente e seja

---

[77] Esta carta pode-se encontrar na obra de Schur, *Heinrich Ernst von Kleist in seinen Briefen*, p. 295. O Dr. J. Sadger escreveu um estudo pathográfico e psicológico sobre Kleist, enfatizando a tensão homossexual, na série *Grenzfragen Des Nerven-und Seelenlebens*.

[78] O irmão não menos ilustre de Alexandre, Wilhelm von Humboldt, embora não homossexual, possuía, segundo a correspondência de uma mulher para ele, *"a alma de uma mulher e o sentimento mais terno para a feminilidade que alguma vez pude encontrar no seu sexo"*; ele próprio admitiu a existência de traços femininos na sua natureza. Spranger (*Wilhelm von Humboldt*, p. 288) diz dele que *"tinha uma sexualidade dupla, sem a qual os píncaros morais da humanidade não podem ser alcançados"*.

[79] Krupp causou um grande escândalo pelo seu comportamento em Capri, onde estava constantemente rodeado por belos jovens da região, tocadores de mandolim e árabes pobres, com quem se relacionava em termos familiares e com quem esbanjava dinheiro. H.D. Davray, uma testemunha ocular de confiança, escreveu *Souvenirs sur M. Krupp à Capri*, *L'Européen*, 29 de novembro de 1902. No entanto, não se chegou definitivamente à conclusão se Krupp possuía um temperamento homossexual plenamente desenvolvido (ver, por ex., *Jahrbuch f. sexuelle Zwischenstufen*, Bd. V, p. 1303 et seq.) Um relato da sua vida em Capri foi publicado no *Vorwärts*, contra quem Krupp, finalmente, intentou uma ação por difamação; mas morreu logo a seguir, ao que parece, pela sua própria mão, e a ação por difamação foi abandonada.

estudada menos exaustivamente, nada indica que seja menos frequente do que na Alemanha. Com efeito a evidência parece apontar até para uma maior prevalência no passado. Nos Penitenciais dos séculos nono e décimo, a *"fornicação natural e sodomia"* apareciam frequentemente juntas e tinham a mesma penitência; sabe-se que os padres e os bispos, bem como os leigos, podiam cair neste pecado, embora os bispos tivessem penitências quase três vezes mais pesadas que as dos leigos. Entre os normandos, a homossexualidade era marcadamente prevalente; a propagação da sodomia em França por volta do século XI é atribuída aos normandos e parece ter-se tornado uma moda, pelo menos na corte. Em Inglaterra, Guilherme II, o Ruivo, foi, sem dúvida, invertido, como mais tarde o foram Eduardo II, Jaime II e talvez, embora mais discretamente, Guilherme III[80].

Ordericus Vitalis, ele próprio meio normando e meio inglês, diz que os normandos se tinham tornado muito efeminados e que, após a morte de Guilherme, o Conquistador, a sodomia era comum tanto em Inglaterra como na Normandia. Por volta de 1120, Guillaume de Nangis, nas suas crónicas sobre a morte dos dois filhos de Henry e dos jovens amigos nobres que os acompanhavam quando o *White Ship* se afundou, declara que quase todos eram considerados sodomitas e Henry of Huntingdon, na sua *History*, considerou a perda do *White Ship* como um julgamento divino da sodomia. Anselmo, escrevendo ao Arcediago William para o informar sobre o recente Conselho de Londres (1102), faz-lhe recomendações sobre como lidar com pessoas que cometeram o pecado da sodomia e dá-lhe instruções para não ser demasiado severo com os que não se aperceberam da gravidade do seu pecado, pois que até agora *"esse pecado tem sido tão público que dificilmente faz alguém corar e, por isso, muitos têm mergulhado nele sem se aperceber da sua gravidade"*[81]. Uma observação tão moderada por uma figura de inquestionável elevação de caráter

---

[80] Madame, a mãe do Regente, nas suas cartas de 12 de outubro, 4 de novembro e 13 de dezembro de 1701, faz repetidamente esta afirmação e sugere que ele foi apoiado pelos ingleses, que vieram nessa época para Paris com o embaixador inglês, Lord Portland. O Rei era assaz indiferente às mulheres.

[81] Anselmo, Epistola LXII, na *Patrologia* de Migne, vol. CLIX, col. 95. John of Salisbury, na sua *Polycrates*, descreve os hábitos homossexuais e efeminados do seu tempo.

revela mais sobre a prevalência da homossexualidade do que inúmeras acusações.

Tal como seria de esperar, em círculos religiosos longe da corte e das cidades, a homossexualidade era encarada com grande horror, embora mesmo assim possamos encontrar provas da sua existência. Nesse sentido, no notável livro *Revelation* do monge de *Evesham*, escrito em inglês em 1196, descobrimos que no pior recanto do Purgatório está confinado um grupo numeroso de sodomitas (incluindo um teólogo sábio, rico e inteligente e um juiz de Direito que o monge conhecia pessoalmente), desconhecendo-se se alguma vez de lá serão retirados; sobre a salvação de outros pecadores nunca o monge de *Evesham* parece ter duvidado tanto como duvidou da salvação dos sodomitas.

A sodomia foi sempre considerada um pecado religioso. Mas o Estatuto de 1533 (25 Henry VIII, c. 6) aumentou-lhe a gravidade para crime; Pollock e Maitland consideram que isto *"é prova quase suficiente de que os tribunais temporais não a puniam e desde há longos anos que ninguém era condenado à morte por isso "*[82]. Contudo, as leis temporais nunca se mostraram muito efetivas na repressão da homossexualidade. Por esta altura, a onda do Renascimento estava a chegar a Inglaterra e aqui, como noutros lugares, trouxe consigo, senão um aumento, pelo menos a reabilitação e, frequentemente, a idealização da homossexualidade[83].

Um eminente humanista e notável pioneiro da literatura dramática, Nicholas Udall, a quem é atribuída a peça *Ralph Roister Doister*, a primeira comédia em inglês, destaca-se inquestionavelmente como viciado em prazeres homossexuais, embora não tenha deixado rasto literário desta sua tendência. Foi um dos primeiros aderentes ao

---

[82] Pollock e Maitland, *History of English Law*, vol. II, p. 556.

[83] Coleridge no seu *Table Talk* (14 de maio de 1833) observou: "*Um homem pode, sob certos estados de sentimento moral, exibir algo merecedor de ser chamado amor por um objeto masculino; um afeto superior à amizade, excluindo completamente o desejo. No tempo de Isabel e de Jaime, parece ter estado muito em moda acalentar tal sentimento. A linguagem usada pelos dois amigos, Musidorus e Pyrocles, em 'Arcadia', é tal que certamente seria impossível usar exceto para mulheres*". Esta passagem de Coleridge é interessante por ser um reconhecimento inglês precoce, por um homem famoso de grande talento, daquilo a que se pode chamar de homossexualidade ideal.

movimento protestante e, quando diretor de *Eton*, ficou conhecido pela sua predileção por infligir castigos corporais aos rapazes. Tusser diz que certa vez recebeu de Udall 53 vergastadas por *"pequenas falhas ou mesmo nenhuma"*. Há aqui evidência de um impulso sexual sádico, pois em 1541 (o ano de *Ralph Roister Doister*) Udall foi acusado de crime contra-natura e confessou a sua culpa perante o Conselho Privado. Foi demitido da função de diretor e preso, mas apenas por um breve período *"e a sua reputação"*, segundo afirma o seu biógrafo moderno, *"não foi permanentemente afetada"*. Manteve o vicariato de *Braintree* e foi muito favorecido por Eduardo VI, que o nomeou para uma prebenda de *Windsor*. A rainha Maria também o agraciou, tornando-o diretor da Escola de *Westminster*[84].

Um poeta lírico de grande qualidade do período Isabelino, cuja obra teve a honra de ser confundida com a de Shakespeare, Richard Barnfield, aparentava a maneira de ser de um invertido. Os poemas dedicados aos seus amigos do sexo masculino têm um caráter tão apaixonado que despertaram protestos mesmo numa era de grande tolerância. Muito pouco se sabe da vida de Barnfield. Nasceu em 1574, publicou o seu primeiro poema, *The Affectionate Shepherd*, aos 20 anos, enquanto ainda estudava na Universidade; foi publicado anonimamente e revelava uma sensibilidade poética muito original e uma grande competência literária; foi dedicado a um jovem sobre quem o poeta declara:

"Se é pecado amar um belo rapaz,
Oh, então que peque eu."

Na sua obra subsequente, *Cynthia* (1595), Barnfield exime-se de qualquer outra intenção expressa no poema, para além da de imitar a segunda écloga de Virgílio. Mas os sonetos deste segundo volume são ainda mais fortemente homossexuais do que o poema anterior, descrevendo como o poeta encontrou, por fim, um rapaz cuja beleza supera a

"do jovem camponês
Que eu nunca poderia conseguir."

Depois dos 31 anos, Barnfield deixou de escrever e, dispondo de uma situação económica confortável, retirou-se para uma bonita

---

[84] Ver relato sobre Udall no *National Dictionary of Biography*.

mansão numa propriedade rural em *Shropshire*, onde viveu por mais 20 anos até morrer, deixando esposa e um filho[85]. Provavelmente, teria disposição bissexual. Como frequentemente acontece nestes casos, o elemento homossexual ter-se-ia desenvolvido muito cedo, sob a influência de uma educação clássica e de amizades universitárias, ao passo que o normal elemento heterossexual só se desenvolveu mais tarde, como pode acontecer aos bissexuais, sob a influência do lado mais comum e prosaico da vida. Contudo, Barnfield só escreveu poesia genuína quando usou a sensibilidade homossexual da sua natureza.

Julga-se que certos contemporâneos de Barnfield, alguns de grande prestígio, tivessem também tendências homossexuais. Marlowe, cujo mais poderoso drama, *Edward II*, retrata as relações do rei com os seus favoritos, é ele mesmo suspeito de homossexualidade. Um delator ignorante acusou-o de ser um livre-pensador, um criminoso e afirmou também que o ouvira dizer que são tolos aqueles que não amam rapazes. Estas acusações foram, sem dúvida, distorcidas pelo seu autor mas parece absolutamente impossível considerá-las apenas invenções de bobo, como o era este delator[86]. Ademais, a obra poética de Marlowe, se não o declara insensível à beleza das mulheres, revela uma sensibilidade especial e peculiar à beleza masculina. Marlowe tinha claramente um prazer irresponsável pelo ilícito e é provável que possuísse temperamento bissexual. Da mesma forma se tem discutido a sexualidade de Shakespeare. Tudo o que se pode afirmar, porém, é que ele dedicou uma longa série de sonetos a um jovem amigo. Estes sonetos estão escritos numa linguagem de

---

[85] *Complete Poems of Richard Barnfield*, 1876, editado por A. B. Grosart e com uma introdução pelo mesmo. Os poemas de Barnfield também foram editados por Arber, na *English Scholar's Library*, em 1883. Arber, que sempre sentiu muito horror pelo anormal, argumenta que a atenção de Barnfield aos temas homossexuais se devia meramente a uma busca de novidades, que era *"na maior parte, nada mais que um divertimento e que tinha pouco de sério ou de pessoal"*. No entanto, os leitores de Barnfield familiarizados com literatura homossexual dificilmente deixarão de reconhecer uma preocupação pessoal nos seus poemas. Esta é também a opinião de Moll no seu *Berühmte Homosexuelle*.

[86] Ver apêndice à minha edição de Marlowe na *Mermaid Series*, na primeira edição. Para um estudo de *Gaveston*, de Marlowe, considerado como *"hermafrodita espiritual"*, ver J. A. Nicklin, *Free Review*, dezembro de 1895.

amante, muito terna e muito nobre. Não parecem indicar nenhuma relação que o escritor considerasse vergonhosa ou que assim fosse considerada socialmente. Além disso, não parecem ilustrar nada mais que um único episódio na vida de um ser humano de grande sensibilidade e de natureza multifacetada[87]. Na obra de Shakespeare não existe mais nenhum indício de instinto homossexual, ao contrário do que acontece por toda a obra de Marlowe, mas existe, isso sim, evidência abundante de atenção constante às mulheres.

Se Shakespeare escapa, assim, à inclusão na lista dos invertidos famosos, não faltam bons motivos para a inclusão do seu grande contemporâneo, Francis Bacon. Aubrey, na sua obra laboriosamente compilada, *Short Lives*, onde transparece uma postura de amizade e admiração por Bacon, declara definitivamente que ele era um pederasta. Aubrey não era mais que um cuidadoso compilador de bisbilhotices frequentemente autênticas, mas Sir Simonds D'Ewes faz uma declaração semelhante na sua *Autobiography*. D'Ewes, cuja família tinha as suas raízes na mesma zona do *Suffolk* de onde provinha a de Bacon, não foi simpático para ele, mas esta sua declaração não pode ser justificada apenas por antipatia. D'Ewes foi um homem probo e honrado, estudioso e, para além disso, um advogado que teve condições para obter esta informação em primeira mão, pois viveu na Chancelaria desde a infância. D'Ewes é muito claro em relação às práticas homossexuais de Bacon com os seus próprios criados, tanto antes como depois de cair em desgraça. Chega a nomear um *"jovem de face muito efeminada"* que era seu *"companheiro de cama e catamita"* e conta que se discutiu se se deveria levar Bacon a julgamento por sodomia. Estas alegações são confirmadas por uma carta da própria mãe de Bacon (publicada em *Life of Bacon*, de Spedding), admoestando-o pelo que tinha ouvido a respeito do seu comportamento com os jovens galeses ao seu serviço, com quem andaria a dormir. É interessante

---

[87] Como Raffalovich acutilantemente assinala, o soneto XX, com a sua referência a *"one thing to my purpose nothing"* (N.T.: "Nada mais acrescento ao meu propósito", na tradução de Thereza Christina Rocque da Motta), é por si só suficiente para mostrar que Shakespeare não era um verdadeiro invertido, pois nesse tempo ele teria apreciado a beleza na virilidade do objeto amado. Os seus sonetos podem razoavelmente ser comparados com o *In Memoriam* de Tennyson, que é impossível descrever como invertido, embora na sua juventude ele tenha nutrido uma ardente amizade por outro jovem, tal como foi o caso de Montaigne na sua juventude.

notar que parece que Bacon se sentia especialmente atraído por galeses, um povo de temperamento vivaz ao contrário de seu; como ilustração podemos citar a sua longa e íntima amizade com o animado Sir Toby Mathew, o seu *alter ego*, um homem de hábitos dissolutos na juventude, embora não tenhamos conhecimento de que fosse homossexual. Bacon tinha muitas amizades masculinas, mas não há nenhuma razão para crer que alguma vez se tivesse apaixonado ou mantido qualquer intimidade carinhosa com uma mulher. As mulheres não desempenharam nenhum papel na sua vida. O seu casamento, de que não resultaram filhos, ocorreu quando ele já tinha uns maduros 46 anos. Foi realizado quase como se de um negócio se tratasse e embora ele sempre se tivesse comportado com a sua esposa com respeitosa formalidade, é provável que a tenha negligenciado e é certo que não ganhou a sua devoção. Sabe-se que na parte final da vida de Bacon, ela se relacionou com o padrinho de casamento, com quem subsequentemente casou. Os escritos de Bacon bem como, poderemos acrescentar também, as suas cartas, não mostram rasto de amor ou de atração por mulheres. Nos seus *Essays* é breve e crítico sobre o casamento, mas copioso e eloquente sobre a Amizade e o seu ensaio sobre a beleza trata exclusivamente da beleza masculina.

Temos provas evidentes do florescimento da homossexualidade em Londres durante a primeira metade do século XVIII, com as mesmas caraterísticas que ainda hoje apresenta em todas as grandes cidades do mundo. Havia uma alcunha muito conhecida, *Mollies*, que se aplicava aos homossexuais, referindo-se obviamente às suas maneiras frequentemente femininas; havia bordéis (*Casas de Mollies*), havia locais públicos especiais para encontros, onde eles iam em busca de aventuras, tal como atualmente. Por volta de 1725 havia uma alameda em *Upper Moorfields* que era muito frequentada por homossexuais. Por essa altura, um detetive contratado pela polícia prestou o seguinte depoimento no *Old Bailey*, "*Eu dei uma volta por lá e encostei-me a uma parede. Passado pouco tempo, o prisioneiro passou por mim, mirou-me e ainda muito perto de mim, virou-se para a parede como se fosse urinar. Depois, a pouco e pouco, foi-se aproximando do sítio onde eu estava, até que finalmente ficou ao meu lado. 'Tá uma bela noite' disse ele. 'Sim' disse eu, 'pois está.'' Depois ele agarrou-me na mão e depois de a apertar e de brincar um pouco com ela, puxou-a para as suas calças*", nessa altura o detetive agarrou o homem pelos órgãos sexuais e não o deixou fugir enquanto a polícia não chegou para o prender.

Na mesma época, Margaret Clap, conhecida por Mãe Clap, tinha uma casa em *Field Lane, Holborn*, que era um famoso bordel de homossexuais. Na sua casa de *Mollies*, a *Mãe Clap* recebia 30 a 40 clientes todas as noites; ao domingo podiam chegar aos 50 pois, como em Berlim e outras cidades da atualidade, essa é a grande noite homossexual. Havia camas em todos os quartos da casa. Dizem-nos que os homens *"se sentavam ao colo uns dos outros, beijando-se de forma lasciva e usando indecentemente as mãos. Depois, levantavam-se, dançavam e faziam cortesias, imitando a voz feminina, 'Oh, por quem sois, cavalheiro', 'Faz favor, cavalheiro', 'Meu caro Senhor', 'Cavalheiro, como posso servi-lo?', 'Juro que vou chorar', 'Você é um diabinho malvado', 'E você é uma carinha laroca', 'Eh, minha querida gatinha', 'Vem, minha linda'. Abraçavam-se, saltavam e brincavam e iam aos pares para os quartos, no mesmo andar, para se 'casarem', como lhe chamavam"*.

Se tivermos em consideração o número de habitantes que tinha à época, ficamos com a impressão geral de que as práticas homossexuais eram mais frequentes em Londres no século XVIII do que o são hoje[88]. Não podemos supor, no entanto, que as leis eram indulgentes e que a sua aplicação era negligente. Com efeito, ocorria precisamente o contrário. A punição para sodomia, quando totalmente consumada, era a morte, pena que era frequentemente aplicada. As relações sexuais homossexuais sem evidência de penetração eram consideradas *"tentativa"* e eram normalmente punidas com pelourinho e uma pesada multa, seguidos de dois anos de prisão. Para além disso, a perseguição policial era mais evidente do que é atualmente como parece sugerir, por exemplo, a história do detetive citada acima.

Manter uma casa de passe para homossexuais era também uma ofensa passível de grave punição. A *Mãe Clap* foi acusada no *Old*

---

[88] Uma cena em *Relapse*, de Vanbrugh, e do capítulo II de *Roderick Random*, de Smollett, que descrevem Lord Strutwell, pode também ser mencionado como evidenciando familiaridade com a inversão. *"No nosso país"*, disse Lord Strutwell a Rawdon, apresentando argumentos familiares aos modernos campeões da homossexualidade, *"vai ganhando terreno decididamente e, com toda a probabilidade, se tornará em pouco tempo um vício mais na moda do que a simples fornicação"*.

Bailey, em 1726, por *"manutenção de uma casa sodomita"*; ela protestou, dizendo que, evidentemente, ela própria não poderia ter tomado parte nessas práticas, mas sem resultados; não conseguiu arrolar testemunhas abonatórias e foi condenada a pagar uma multa, ao pelourinho e a dois anos de prisão. Os processos para este tipo de casos eram tratados de forma prosaica, o que parece confirmar que se tratava de uma infracção comum e que esta classe de delinquentes não era tratada com especial dureza ou espírito de vingança. Sempre que existiam dúvidas sobre os factos, o acusado era geralmente absolvido, mesmo se a generalidade dos testemunhos fosse desfavorável. Se um homem acusado conseguia apresentar testemunhas abonatórias sobre o seu bom caráter, escapava quase sempre. Em 1721, um jovem muito religioso, casado, foi condenado por tentativa de sodomia sobre outros dois jovens com quem dormiu; foi multado, exposto no pelourinho e preso durante dois meses. No ano seguinte, um outro homem foi absolvido num caso semelhante e um outro, de aspeto decente, embora neste caso as provas indicassem que deveria ser culpado de sodomia, foi condenado apenas por tentativa e sentenciado a pelourinho, multa e dois anos de prisão. Em 1723, um professor foi absolvido da acusação de tentativa de sodomia contra um rapaz de 15 anos, seu aluno, por causa da sua boa reputação, embora todas as evidências apontassem para que fosse culpado. Em 1730, um homem foi condenado à morte por sodomia com o seu jovem aprendiz; este foi um caso horrível e teve como testemunha um cirurgião que indicou ter havido laceração do períneo. A homossexualidade de todos os tipos floresceu, como veremos, não obstante a aplicação rigorosa, embora justa, de uma lei muito severa[89].

Em tempos mais recentes, Byron tem sido frequentemente referido como sujeito a afeições homossexuais e eu soube que alguns dos seus poemas, embora nominalmente dedicados a mulheres, foram na realidade inspirados por homens. É certo que Byron expressou emoções muito fortes sobre os seus amigos do sexo masculino. *"Os meus amigos de escola"* escreveu, *"foram, para mim, paixões"*. Mais tarde,

[89] Estas observações sobre a homossexualidade no século XVIII em Londres são baseadas principalmente nos volumes *Select Trials* no Old Bailey, publicado em 1734.

quando se encontrou em Itália com um desses amigos, Lord Clare, ficava nervosamente agitado e sempre que ouvia o seu nome o seu coração sobressaltava-se. Aos 22 anos de idade, desenvolveu uma das suas mais fortes amizades, por um jovem a quem deixaria £7.000 em testamento[90]. Contudo, é provável que no caso de Byron, bem como no de Shakespeare e no da paixão de Tennyson pelo seu jovem amigo Arthur Hallam, bem como no Montaigne por Etienne de la Boétie, as grandes amizades envolvessem um elemento de emoção sexual, mas não devemos estar perante um caso de um impulso homossexual real e definido; a homossexualidade é, aqui, meramente sugerida pelas emoções ardentes e hiperestéticas do poeta[91]. A mesma têmpera emocional pode também, sem dúvida, ser invocada no caso de Goethe, de quem se diz ter escrito elegias que, pelo seu caráter homossexual, ainda permanecem inéditas.

O julgamento homossexual mais famoso dos últimos tempos em Inglaterra foi o de Oscar Wilde, um escritor cuja reputação literária, podemos afirmar, ainda está a aumentar não só em Inglaterra mas no mundo inteiro. Wilde era filho de pais invulgarmente talentosos e algo excêntricos. Estas duas caraterísticas aparecem, em Wilde, intensificadas. Nasceu com uma antipatia congénita pelo lugar-comum, um amor natural pelo paradoxo e uma capacidade invulgar de verter estas caraterísticas em forma literária. Não devemos esquecer-nos de que, apesar desta inclinação natural para o paradoxo, os seus juízos principais sobre a vida e sobre a literatura eram geralmente sólidos e sensatos. O seu ensaio *A alma do homem sob o socialismo* é testemunho da sua conceção de vida ampla e iluminada e

---

[90] Numa Praetorius (*Jahrbuch für sexuelle Zwischenstufen*, Bd. IV, p. 885), que estudou Byron deste ponto de vista, considera que, embora a parte sexual da sua biografia ainda não tenha sido aprofundada, ele tinha, provavelmente, índole bissexual; Raffalovich (*Uranisme et Unisexualité*, p. 309) é da mesma opinião.

[91] Uma atração juvenil deste tipo num poeta é muito bem ilustrada em Dolben, que morreu com a idade de 19 anos. Para além de uma paixão pela poesia grega, nutria uma amizade romântica de intensidade extraordinária, que transbordou para os seus poemas, por um colega de escola um pouco mais velho, que nunca teve consciência da idolatria que despertava. A vida de Dolben tem sido narrada e os seus poemas editados pelo seu amigo, o eminente poeta, Robert Bridges (*The Poems of D. M. Dolben*, editado com Memórias por R. Bridges, 1911).

da sua profunda admiração por Flaubert, pelo seu bom senso e pela solidez do seu gosto literário. Nos seus primeiros anos de vida, Wilde não demonstrou tendências homossexuais; casou e teve filhos. Contudo, logo que começou a superar a extravagância estética da sua adolescência e a adquirir fama e sucesso, desenvolveu o que parecia inicialmente ser apenas um interesse curioso pela inversão sexual. Tal interesse assinala, por vezes, a emergência de um impulso homossexual. Tal foi o caso de Wilde, que acabou por cultivar a companhia de jovens de classe baixa e de caráter duvidoso. Apesar de essa evolução ter ocorrido relativamente tarde na sua vida, temos que ter o cuidado de não classificar a homossexualidade de Wilde como adquirida. Se considerarmos a sua constituição e a sua história, não é difícil supor que as sementes da homossexualidade já estavam presentes numa forma latente desde o início e pode bem ser que a inversão de Wilde fosse igualmente congénita, embora de um tipo a que agora se chama retardada.

Como é hábito em Inglaterra, não foram feitos quaisquer esforços proativos para acusar criminalmente Wilde. Foram os seus próprios atos, como ele mesmo parece ter vagamente antevisto, que lhe trouxeram problemas. Foi preso, julgado, condenado e logo surgiu um clamor geral de abominação a que se juntou, também, o próprio juiz, cuja atitude deixou muito a desejar quando comparada com a maior imparcialidade dos juízes do século XVIII em casos semelhantes. Wilde saiu da prisão, ansioso por recuperar a sua reputação através da qualidade da sua produção literária. Mas deixou *Reading* apenas para entrar numa prisão ainda maior e mais gélida. Rapidamente se apercebeu de que o seu espírito tinha sido ainda mais danificado do que a sua saúde. Acabou por vaguear até Paris, onde pouco depois morreu, escorraçado por quase todos os seus amigos[92].

---

[92] Uma narrativa esclarecida sobre o julgamento de Óscar Wilde foi publicada por Raffalovich no seu *Uranisme et Unisexualité*, pp 241-281; a descrição completa do julgamento foi publicada por Mason. A melhor biografia de Wilde é provavelmente a de Arthur Ransome. O pequeno volume de reminiscências de André Gide, *Oscar Wilde* (também traduzido em inglês) é merecedor de leitura. A homossexualidade de Wilde foi abordada por Numa Praetorius (*Jahrbuch für sexuelle Zwischenstufen*, vol. III, 1901). Um documento esclarecedor, uma parte inédita de *De Profundis*, em que Wilde tentou atirar a culpa do seu infortúnio sobre um amigo, sua *"antiga afeição"* que se transformou, como declara Wilde, em *"repugnância,*

Num autor de primeira grandeza, **Edward** Fitzgerald, a quem devemos a tradução imortal e muito pessoal do *Omar Khayyam*, é fácil reconhecer um elemento de homossexualidade que, aparentemente, nunca alcançou pleno e consciente desenvolvimento. Fitzgerald era uma pessoa excêntrica que, embora rico e próximo de alguns dos mais ilustres homens do seu tempo, nunca esteve em sintonia com o seu meio social. Sentiu-se obrigado a um casamento infeliz com uma mulher por quem nunca sentiu amor e com quem não tinha nada em comum. Todos os seus afetos se dirigiram aos seus amigos homens. Nos primeiros anos de vida foi muito devotado ao seu amigo W. K. Browne, que glorificou em *Euphranor*. *"Para ele, Browne foi simultaneamente Jónatas, Gamaliel, Apolo, o amigo, o mestre, o deus; a sua devoção e admiração não tinham praticamente limites"*[93]. Com a morte prematura de Browne, o coração de Fitzgerald ficou vazio. Em 1859, em *Lowestoft*, Fitzgerald, em carta para a Sra. Browne, escreveu que *"costumava vaguear pela praia durante a noite, suspirando por algum companheiro que me ofereça a mais leve promessa de preenchimento do lugar que ficou deserto no meu coração"*. Foi nessa altura que conheceu *Posh* (Joseph Fletcher), um pescador de 1,83 metros de altura que diziam ser dos maiores do *Suffolk* tanto pela sua corpulência como pelo seu caráter. Em *Posh*, Fitzgerald recordava o seu falecido amigo Browne; contratou-o para capitanear o seu lugre e passou a ser-lhe devotado. *Posh* era, segundo Fitzgerald, *"dos mais belos do tipo saxão, com uma tez 'vif, mâle et flamboyant', olhos azuis, um nariz mais romano que grego e o cabelo completamente ruivo que era alvo de inveja de todas as mulheres. Para além disso, era um homem de grande simplicidade, personalidade, pensamento reto, natureza terna, um cavalheiro feito pelo padrão mais grandioso da Natureza"*, na verdade, o *"melhor homem"* que Fitzgerald já conhecera. *Posh* não era, no entanto, tão absolutamente perfeito como esta descrição parece sugerir e vários desentendimentos surgiram como consequência das diferenças sociais e culturais entre os dois amigos. Estas dificuldades transparecem nalgumas das cartas que ainda subsistem da enorme

---

amargura e desprezo", foi publicado no *Times*, 18 de abril de 1913 e revela claramente um elemento de fraqueza de caráter.

[93] T. Wright, *Life of Edward Fitzgerald*, vol. I, p. 158.

massa de correspondência que Fitzgerald endereçou ao *"meu querido Posh"*[94].

Walt Whitman

Uma grande personalidade de tempos recentes, amplamente reverenciado como o "profeta-poeta" da Democracia[95], Walt Whitman, gerou enorme polémica pela sua atitude favorável à amizade apaixonada, o *"amor viril"* como ele lhe chamou em *Folhas de Erva*. Nas seções *Calamus*, *Drumtaps* e outras, Whitman celebra uma amizade em que o contato físico e um certo tipo de voluptuosa emoção silenciosa são elementos essenciais. A fim de resolver a questão de saber qual o verdadeiro significado de *Calamus*, J. A. Symonds escreveu a Whitman, colocando-lhe francamente a questão. A resposta (escrita de *Camden*, Nova Jersey, em 19 de agosto de 1890) é a única declaração de Whitman acerca da homossexualidade e é, por isso, desejável que fique aqui registada:

> *"As questões sobre 'Calamus', etc., deixam-me completamente estupefato. 'Folhas de Erva' só pode ser corretamente interpretado pelo / no âmbito da sua própria atmosfera e caráter essencial; todas as suas páginas e fragmentos caindo estritamente nesta alçada. Que o 'Calamus' tenha alguma vez permitido a possibilidade do raciocínio que menciona é terrível. Sou compelido a ter esperança de que as suas páginas nunca sejam sequer mencionadas como base para tais inferências mórbidas gratuitas, possibilidade nunca por mim imaginada e não desejada, que eu repudio e me parece condenável."*

---

[94] A maioria destas cartas foi descuidadamente perdida ou destruída por Posh. Algumas delas foram publicadas por James Blyth, *Edward Fitzgerald and 'Posh'*, 1908.

[95] É assim que Whitman deve ser lido e eu desejaria protestar contra a tendência, muito marcada presentemente em diversos círculos, para o tratar meramente como um invertido e, consequentemente para o difamar ou glorificar. Por muito que a inversão seja importante como chave psicológica para a personalidade de Whitman, apenas influencia uma pequena parte da sua obra e, para muitos dos que apreciam essa obra, uma parte insignificante. (Poderia referir-me aqui ao meu próprio ensaio sobre Whitman, em *The New Spirit*, escrito há quase 30 anos atrás.)

Pela leitura desta carta é aparente[96] que Whitman nunca se tinha apercebido de que podia existir uma relação entre a emoção apaixonada do contato físico entre homens, tal como ele a tinha vivido e cantado, e um ato que ele, como outras pessoas, consideraria crime contra a natureza. Isto parece peculiar pois há muitos invertidos que encontram satisfação em amizades de menor intensidade física e apaixonada do que as descritas em *Folhas de Erva*, mas Whitman era um homem de génio determinado, emocional, instintivo, sem capacidade analítica, aberto a todas as influências e sem preocupação de as conciliar. Ter-se-ia certamente recusado a admitir que era sexualmente invertido. É certo, no entanto, que *"o amor viril"* ocupa um lugar de grande destaque na sua obra, lugar que dificilmente poderia ocupar nos sentimentos do *"homem comum"* que Whitman tanto deseja celebrar. Uma pessoa de constituição normal, assumindo a atitude muito franca de Whitman, seria impelida a dedicar muito mais espaço e muito mais paixão ao tema das relações sexuais com mulheres ou a tudo o que se relaciona com a maternidade do que aquele lhe é concedido em *Folhas de Erva*. Algumas das cartas que Whitman endereçou a homens novos, embora não esclareçam definitivamente esta questão, são de caráter muito carinhoso[97]. Embora fosse um homem de vigor físico notável, Whitman nunca se sentiu inclinado para casar[98]. Permanece algo

---

[96] Posso acrescentar que Symonds (no seu livro sobre Whitman) aceitou esta carta como uma declaração sincera e final, reveladora de que Whitman era absolutamente hostil à inversão sexual, que ainda não tinha refletido sobre o assunto e que não tinha *"percebido que existem pontos de contato inevitáveis entre a inversão sexual e a sua doutrina de amizade"*. Symonds refere, no entanto, as próprias linhas escritas por Whitman na parte final de *Calamus*, na edição de Camden de 1876.

> *"Aqui as minhas últimas palavras e as mais desconcertantes,*
> *Aqui as mais frágeis folhas de mim, contudo as mais duradouras,*
> *Aqui escureço e escondo os meus pensamentos; não os exponho,*
> *Contudo eles expõem-me mais que toda a minha poesia."*

[97] As cartas de Whitman para Peter Doyle, um jovem condutor de carros elétricos inculto que o poeta amava profundamente, foram editadas pelo Dr. Bucke e publicadas em Boston: *Calamus: A Series of Letters*, 1897.

[98] Contudo, Whitman reconheceu (na carta para Symonds já referida), que tinha tido seis filhos, pensa-se que terão nascido na primeira parte da sua vida, quando vivia no sul. (Ver um capítulo sobre os filhos de Walt Whitman no interessante livro de Edward Carpenter, *Days with Walt*

difícil classificá-lo do ponto de vista sexual, mas não podemos facilmente deixar de reconhecer a presença de uma tendência homossexual.

Devo acrescentar que alguns amigos e admiradores de Whitman não aceitam facilmente a informação constante da carta de Symonds. Estou agradecido a "Q." pela seguinte declaração de objeção:

"Considero para mim mesmo que é errado dar muita importância a esta carta, talvez mesmo um erro apresentá-la, pois caso seja divulgada terá, naturalmente, muito peso. E isto por 3 ou 4 razões:

1. Que é difícil reconciliar a própria carta (com o seu forte tom de desaprovação), com a 'atmosfera' geral de 'Folhas de Erva', cujo teor é deixar tudo livre e em aberto.

2. Que a carta está em conflito irredimível com a secção de poemas 'Calamus'. Pois quaisquer que fossem os limites morais que Whitman possa ter traçado ao escrever estes poemas, parece-me deveras incrível que não conseguisse perceber a possibilidade de certas inferências, mórbidas ou outras.

3. Que a carta foi escrita apenas alguns meses antes da sua última doença e posterior morte e é a única opinião sobre o assunto que ele parece ter expressado.

4. Essa carta de Symonds, de que esta era a resposta, não é pública; consequentemente, não sabemos que expressões imprudentes poderia conter, fazendo com que Withman (com a sua extrema cautela) se prevenisse para evitar a associação do seu nome à justificação de práticas duvidosas."

Devo acrescentar que me esforcei por obter a carta de Symonds, mas ele não a conseguiu encontrar, nem foi encontrada qualquer cópia da mesma entre os seus papéis.

Whitman, 1906.) No entanto, o seu irmão George Whitman disse: "*Nunca soube de nenhuma paixão de Walt por raparigas nem mesmo que se interessasse muito por elas*". E Doyle, que o conheceu intimamente durante os seus últimos dez anos de vida, disse: "*Nunca pensava em mulheres dessa forma*". A sua primeira relação heterossexual parece ter sido uma exceção na sua vida. No que respeita ao número de filhos, fui informado de que, na opinião de uma senhora que conheceu Whitman no sul, é indubitável que exista um filho, mas quando ele menciona seis crianças está possivelmente a incluir netos.

Deve dizer-se que a atitude de Whitman em relação a Symonds foi marcada por grande consideração e admiração. *"Addington Symonds é um homem maravilhoso,"* comentou pouco antes da sua morte, *"de certa forma o mais exemplar, acutilante e importante homem do nosso tempo. Symonds é um sujeito curioso; gosto muito dele. É de formação e educação académica, tremendamente literato e desconfiado e sabe desfrutar as coisas. Um grande companheiro para aprofundar o social e o substantivo e, até mesmo, o fisiológico e o gástrico e é prodigiosamente belo."* Mas nesta ocasião as suas pesquisas não foram bem sucedidas.

As observações precedentes (contidas, em grande parte, na edição anterior deste livro) foram sobretudo baseadas na informação recebida de J. A. Symonds. Mas mais recentemente surgiram esclarecimentos muito interessantes sobre esta notável carta que são provenientes diretamente de Walt Whitman. A paciência, entusiasmo e competência boswellianos que Horace Traubel trouxe para a sua completa e elaborada obra, em vias de publicação, *With Walt Whitman in Camden*, revelam claramente, no decurso de várias conversas, a atitude de Whitman em relação à pergunta de Symonds e ao estado de espírito que presidiu a esta carta.

Whitman falou muito com Traubel sobre Symonds a partir do dia 27 de abril de 1888, pouco depois da data em que Traubel iniciou os seus trabalhos. Ao que parece, Symonds havia escrito a Whitman repetidamente sobre as relações *"passionais de homens com homens"*, nas palavras de Whitman. *"Está sempre a dirigir-se a mim sobre este assunto: é esse o significado de 'Calamus'? Por minha causa ou apesar de mim, é esse o significado? Eu disse que não, mas o 'não' não o satisfaz"*. [Até à data não se conhece, no entanto, nenhum registo de Symonds sobre qualquer carta de Whitman para Symonds sobre este assunto]. *"Mas leia esta carta; leia-a toda: é muito astuta, muito bonita, gravemente sincera: deixa-me tenso, quase me empurra; é urgente, persistente: é como se ele se colocasse no meio do caminho e me dissesse 'não saio daqui até que responda à minha pergunta'. Como pode ver, esta é uma carta antiga, de há 16 anos, e ele continua a colocar a pergunta; e refere-se a ela num dos seus últimos comentários. É certamente um homem maravilhoso, um homem raro, organizado, uma alma sem mácula, um caráter heróico... Um dia, você escreverá algo sobre 'Calamus'"*, disse W. [a Traubel], *"e esta carta, e as minhas declarações, poderão ajudá-lo a esclarecer ideias.' Calamus' precisa de ideias claras; pode ser facilmente, inocentemente, distorcido em relação às suas intenções, à sua natureza, ao seu corpo doutrinário."*

É então transcrita a comprida carta, datada de 7 de fevereiro de 1872. Diz-nos o quanto *Folhas de Erva* e, especialmente, a seção *Calamus*, ajudaram o seu autor. *"O que o amor do homem pelo homem tem sido no passado"*, escreve Symonds, *"acho que compreendo. O que temos hoje, também compreendo, ai de mim! O que você diz que pode e deve ser, apenas vagamente distingo nos seus Poemas. Mas isso não me satisfaz, tão desejoso estou de aprender o que você tem para ensinar. Talvez algum dia, de alguma forma, não sei qual, mas na que você próprio escolher, me ensine mais sobre o Amor de Amigos. Até lá, esperarei."*

Disse W: "Bem, o que acha disto? Acha que é possível responder?"; *"Não percebo porque é que afirma que esta carta o deixa tenso. É muito serena; apenas faz perguntas e de forma muito delicada"; "Provavelmente está certo,' tenso' não é a palavra adequada: mas você sabe como eu odeio ser catequizado. Symonds tem razão, sem dúvida, em fazer as perguntas: eu também tenho razão se não responder; quase tanto como se responder. Frequentemente digo para mim mesmo sobre 'Calamus': talvez tenha um significado maior ou menor do que aquele que planeei; um significado diferente, talvez: talvez até eu não saiba qual o seu significado; talvez nunca tenha sabido. O meu primeiro instinto sobre tudo o que Symonds escreveu é violentamente reacionário; é forte e brutal para o 'não', 'não', 'não'. Mas, então, a razão diz-me que talvez nem eu próprio compreenda todos os significados: digo para mim mesmo: 'Tu, também, afasta-te e regressa, estuda o teu próprio livro, como se fosse alheio ou estranho, estuda o teu próprio livro, percebe o seu significado'. Um destes dias terei que lhe escrever definitivamente sobre 'Calamus', dar-lhe a minha opinião sobre os poemas, sobre o que significam ou o que eu quis que significassem."*

Mais tarde, cerca de um mês depois (24 de maio de 1888), Whitman fala a Traubel da *"bela carta"* que recebeu de Symonds. *"Você vai ver como ele insiste sobre os poemas de Calamus novamente. Não percebo porquê, mas a sua recorrência sobre este assunto irrita-me um pouco. Imagino que você poderia dizer: por que não o cala, respondendo-lhe? Acho que não tenho nenhuma resposta racional a essa sugestão, mas posso perguntar por vez: 'Já agora, que direito tem ele de me fazer perguntas?'"* W. riu-se um pouco. *"De qualquer forma, quase sempre que ele me escreve, volta-me ao pensamento a mesma pergunta. Ele é muito cortês sobre o assunto; é por essa razão que não fico ofendido. Suponho que tudo isto vai um dia acabar numa resposta."*

Segue-se a carta. A principal motivação do autor é que espera não ter sido inoportuno com a pergunta que tinha feito sobre *Calamus* três anos antes.

"Eu [Traubel] disse a W.: 'É uma carta muito humilde: não vejo nada que possa provocar irritação. Ele não lhe pede para responder à velha pergunta. Na verdade, até está a pedir desculpa por a ter feito', W. inflamou-se: 'Quem está irritado? Em relação a essa pergunta, ele insiste e insiste: pergunta, pergunta, pergunta.' Eu ri-me por causa da sua veemência. 'Bem, e suponha que ele pergunta? Não faz mal nenhum. E mais, você não tem nada a esconder. Acho que o seu silêncio até o pode levar a imaginar que há gato escondido'; 'Oh, isso é absurdo! Mas há 30 anos que tantos os meus amigos como os meus inimigos me fazem perguntas sobre as 'Folhas': estou cansado de não responder a perguntas'. Foi muito divertido ver a cara que fez quando lhe saiu esta tirada caprichosa. Depois acalmou-se e acrescentou: "De qualquer forma, eu gosto muito de Symonds. Quem pode evitar gostar de um homem que escreve uma carta como esta? Mas acho que ele ainda terá que ter uma resposta, maldito seja!".

É inegável que estes diálogos reduzem consideravelmente a força da declaração da carta de Whitman. Percebemos que essa carta, se lida isoladamente, pode ser interpretada como um protesto imediato e indignado de um homem que, deparando-se subitamente com a possibilidade de que a sua obra fosse interpretada perversamente, repudia enfaticamente essa interpretação, mas afinal não foi isso que aconteceu. Pelo menos durante os últimos 18 anos, Symonds tinha vindo a repetir gentilmente, atenciosamente, mesmo humildemente, mas insistentemente, a mesma pergunta, perfeitamente legítima. Se a resposta fosse realmente um 'não' enfático, seria mais natural que fosse dada logo em 1872, em vez de 1890. Para além disso, em face desta questão recorrente, Whitman falava repetidamente ao seus amigos da sua grande afeição por Symonds e da sua admiração pela sua acutilância intelectual, sentimentos que estariam singularmente deslocados se aplicados a um homem que permanentemente sugeria a possibilidade de que a sua poesia continha inferências *"terríveis"*, *"mórbidas"* e *"condenáveis"*. Torna-se evidente que, durante todos esses anos, Whitman não conseguiu decidir como responder. Por um lado, estava condicionado pelo seu horror a ser questionado, pela sua precaução, pela sua aversão natural a aprovar claramente qualquer coisa que pudesse ser classificado com não natural ou anormal. Por outro, estava condicionado pelo desejo de deixar que a sua obra falasse por si própria, pela sua determinação declarada de deixar tudo em aberto e, possivelmente, por uma simpatia mais ou menos consciente para com as inferências que lhe eram apresentadas. Não foi senão nos últimos anos antes da sua morte, quando a sua vida sexual já pertencia ao passado, quando a fraqueza já o dominava, quando quis afastar de si tudo o que lhe consumia energia, quando já estava constitucionalmente incapaz de uma declaração científica equilibrada, foi então que escolheu a solução mais simples e mais fácil para o seu dilema[99].

---

[99] Se a tensão homossexual em Walt Whitman tem sido mais ou menos admitida em definitivo por vários autores, as tentativas mais veementes para apresentar o carácter homossexual da sua personalidade e da sua obra são devidas a Eduard Bertz, na Alemanha, e ao Dr. W. C. Rivers, em Inglaterra. Bertz é autor de três publicações sobre Whitman: ver especialmente *Der Yankee-Heiland*, de 1906, e *Whitman-Mysterien*, 1907. Os argumentos de Rivers estão concisamente expressos num panfleto intitulado *Walt Whitman's Anomaly* (Londres: George Allen, 1913). Tanto Bertz como Rivers enfatizam os traços femininos em Whitman. Um interessante retrato independente de Whitman, por altura da carta para Symonds, que é acompanhado por excelentes fotografias originais, é feito por Dr. John Johnston, *A Visit to Walt Whitman*, 1898. Podemos acrescentar que, provavelmente, tanto a extensão como o significado dos traços femininos em Whitman foram sobrestimados por alguns autores. A maioria dos artistas e dos homens de génio têm algumas caraterísticas femininas; estas não provam a existência de inversão, nem a sua ausência a refutaria. O Dr. Clark Bell escreveu-me referindo-se ao pequeno livro do Dr. Rivers: "*Eu conheci Walt Whitman pessoalmente. Para mim, o Sr. Whitman foi vincadamente um dos homens mais robustos e viris. Do meu ponto de vista, não era mesmo nada feminino, mas fisicamente masculino e robusto. O problema é que um homem viril e forte, de temperamento poético, ardente e terno, pode ter fases e humores de paixão e emoção que são passíveis de ser mal interpretados.*" Um ponto de vista algo semelhante, contrário ao de Bertz e Rivers, foi vigorosamente apresentada por Bazalgette (que escreveu um estudo muito aprofundado sobre Whitman em francês), especialmente no *Mercure de France* de 1 de julho, 1 de outubro e 15 novembro de 1913.

Verlaine

Quanto a outro grande escritor moderno, Paul Verlaine, o primeiro dos poetas modernos franceses, parece possível falar-se sem tanta hesitação. Um homem que possuía em abundância a marca irresponsável do génio, Verlaine, como revela a sua obra e como ele mesmo admitiu, oscilou toda a vida entre o amor normal e o amor homossexual, ora atraído por mulheres, ora por homens. Parece-me que foi, sem dúvida, bissexual. Uma primeira ligação com outro jovem poeta, Arthur Rimbaud, terminou em violenta discussão e levou Verlaine à prisão, em Mons. Nos anos seguintes, Verlaine daria expressão poética à exaltada paixão que marcou esse relacionamento: *"mon grand péché radieux"* em *Læti et Errabundi*, publicado no volume intitulado *Parallèlement*. Em poemas posteriores abordou relações menos apaixonadas e menos sensuais, mas que foram, no entanto, mais que simples amizades, como por exemplo, no poema, *Mon ami, ma plus belle amitié, ma Meilleure*, em *Bonheur*[100].

O fator racial

Neste breve relance sobre alguns dos aspetos etnográficos, históricos, religiosos e literários da paixão homossexual, há uma outra questão que deve ser mencionada. Trata-se da alegação de que, embora este comportamento exista, em certa medida, em toda a parte, parece que encontramos uma propensão especial para a homossexualidade (sem que seja óbvio se envolve ou não uma maior frequência de inversão congénita) entre certas raças e em certas regiões[101]. No caso da Europa, o melhor exemplo seria o do sul de

---

[100] Lepelletier, no que pode ser considerado como a biografia oficial de Verlaine (*Paul Verlaine*, 1907) procura minimizar ou justificar o aspeto homossexual da vida do poeta. No mesmo sentido, o artigo de Berrichon, cunhado de Rimbaud, *Mercure de France*, 16 de Julho de 1911 e 1 de fevereiro 1912. P. Escoube, num ensaio criterioso (incluído em *Préférences*, 1913), apresenta uma visão mais razoável deste aspeto do temperamento de Verlaine. Mesmo não considerando as evidências quanto à tendência do poeta pela amizade apaixonada, não pode haver discussão sobre os próprios poemas, que claramente possuem uma sinceridade absoluta e inquestionável.

[101] Sir Richard Burton, que ajudou a popularizar esta ideia, considerava este fenómeno como *"geográfico e climático, mas não racial"* e mantinha que dentro do que ele denominou de Zona Sotádica *"o vício é popular e endémico, tratado, na*

Itália, que a este respeito é considerado distinto do norte, embora os italianos sejam geralmente mais francos do que os homens do norte da Europa no que se refere a confessar as suas práticas sexuais[102]. Até que ponto a suposta maior homossexualidade do sul de Itália se deve à influência e ao sangue grego é difícil dizer.

Temos que salientar que, no caso dos países do norte como a Inglaterra, o fenómeno homossexual não se apresenta da mesma forma que no sul da Itália moderna ou na Grécia antiga. Na Grécia, o impulso homossexual era reconhecido e idealizado; um homem podia ser abertamente um amante homossexual e, mesmo assim, como Epaminondas, ser um cidadão honrado e prestigiado no seu país. Não havia nenhuma razão pela qual um homem, sendo de constituição física e mental perfeitamente normal, se abstivesse de adotar um costume considerado respeitável e, por vezes, especialmente honorável. Atualmente, em países como a Inglaterra ou os Estados Unidos, observa-se precisamente o contrário[103]. Nestes países, todas as tradições e todos os ideais morais, bem como a lei, se opõem energicamente a qualquer manifestação de paixão homossexual.

---

pior das hipóteses, como mero pecadilho, ao passo que os povos a norte e a sul dos limites aqui definidos, o praticam apenas esporadicamente, face ao opróbrio dos seus compatriotas que, por regra, são fisicamente incapazes de realizar tal atividade e olham para ela com a mais viva repulsa". Acrescenta: "*A única causa física para a prática que me ocorre, e que deve ser tomada como puramente conjetural, é que no interior da Zona Sotádica há uma mistura dos temperamentos masculino e feminino, uma crase que em outros lugares só ocorre esporadicamente*" (*Arabian Nights*, 1885, vol. X, pp. 205-254). A teoria da Zona Sotádica não consegue explicar a existência do costume entre os normandos, celtas, citas, búlgaros e tártaros e, para além disso, em várias dessas regiões registaram-se diferentes atitudes em épocas diferentes. Burton desconhecia completamente os estudos psicológicos sobre inversão sexual que, para dizer a verdade, ainda mal tinham começado no seu tempo.

[102] Spectator (*Anthropophyteia*, vol. VII, 1910), referindo-se especialmente à zona de Sorrento, afirma que os italianos do sul consideram o *pedicatio* passivo vergonhoso, mas não se envergonham nada ou muito pouco em relação ao *pedicatio* ativo, o que lhes permite explorar os estrangeiros homossexuais que são atraídos ao sul de Itália, no que se tem vindo a transformar numa indústria homossexual florescente.

[103] É verdade que, na solidão das grandes cidades modernas é possível a formação pequenos círculos sociais homossexuais, favoráveis à sua própria anormalidade; mas este facto dificilmente modifica a intenção geral do texto.

É preciso um grande ímpeto para lutar contra esta força social envolvente que força todos os indivíduos ao caminho do amor heterossexual. Esse ímpeto, numa pessoa bem-educada que leva a vida normal dos seus compatriotas e que sente o normal respeito pelas regras de sociedade, só pode existir devido a uma perversão fundamental do instinto sexual, geralmente inata, que torna o indivíduo organicamente anormal. É esta anormalidade fundamental, geralmente chamada de inversão sexual, que será aqui discutida.

Não há nenhuma prova que demonstre que a homossexualidade na Grécia era uma perversão congénita, embora se saiba que Coelius Aurelianus afirmava que, na opinião de Parménides, era hereditária. Aristóteles também, num fragmento sobre amor físico, embora referindo-se ao tema com indulgência, parece ter feito a distinção entre a homossexualidade congénita anormal e o vício homossexual adquirido. Sem dúvida que, numa certa proporção de casos, o impulso era orgânico e pode bem acontecer que tenha havido uma predisposição orgânica e racial para a homossexualidade entre os gregos ou, pelo menos, entre os dóricos. Mas a indiferença social, independentemente da sua origem, induziu uma grande parte da população à adoção do hábito da homossexualidade ou, talvez possamos afirmar, o ambiente social era peculiarmente favorável ao desenvolvimento das tendências homossexuais latentes. De tal forma que a percentagem de indivíduos de constituição anormal entre os homossexuais gregos seria muito menor do que entre os homossexuais ingleses da atualidade. De forma semelhante, embora não considere a analogia completamente adequada, o infanticídio ou a exposição de crianças era praticada nalguns dos primitivos estados gregos por pais completamente saudáveis e normais; em Inglaterra, a maioria dos casos em que uma mulher casada abandona o seu filho ocorre quando está comprovadamente doente ou se é anormal. Por esta razão, sou incapaz de compreender como é que a homossexualidade na Grécia antiga, embora de grande interesse ao nível social e psicológico, possa esclarecer algo sobre a inversão sexual tal como a conhecemos atualmente em Inglaterra ou nos Estados Unidos.

A prevalência atual da homossexualidade

Sobre a frequência geral da inversão sexual e da homossexualidade não podem restar dúvidas algumas. Esta questão foi profundamente investigada, sobretudo na Alemanha. Em Berlim, Moll afirma que ele próprio conheceu cerca de 600 a 700 homossexuais e que lhe falaram mais de 250 a 350 outros. Hirschfeld afirma que conheceu mais de 10.000 pessoas homossexuais.

Há, segundo me informaram, vários grandes cafés em Berlim que são quase exclusivamente frequentados por invertidos que ali vão namoricar e travar conhecimentos; como estes cafés são frequentados por prostitutos de rua do sexo masculino (*Pupenjunge*) os invertidos arriscam-se a ser chantageados ou roubados se levarem para casa ou para um hotel um desconhecido que encontraram no café. Há também um considerável número de *Kneipen* homossexuais, pequenos bares despretensiosos, que são realmente bordéis masculinos, em que os frequentadores são jovens e operários sexualmente normais, desempregados ou em busca de alguns trocos; estes lugares são considerados pelos invertidos como muito seguros pois os proprietários insistem em manter a ordem e proibir a extorsão, ao mesmo tempo que a polícia, apesar de saber da sua existência, nunca interfere. Também existem em Berlim cafés para mulheres homossexuais.

Há razão para acreditar que a homossexualidade é especialmente proeminente na Alemanha e entre os alemães. Já me referi, noutras obras, às características fortemente emocionais e sentimentais que frequentemente marcam as amizades entre alemães. A Alemanha é o único país onde há um movimento bem definido e alicerçado pela defesa e reabilitação social dos invertidos. O estudo da inversão sexual começou na Alemanha e as publicações científicas e literárias sobre a homossexualidade da imprensa alemã provavelmente superam em quantidade e importância as de todos os outros países em conjunto. As tendências homossexuais dos alemães fora da Alemanha têm sido observadas em vários países. Entre os meus casos de ingleses homossexuais, descobri que a existência de antepassados alemães ocorre muito mais frequentemente do que seria de esperar; diz-se que as prostitutas parisienses estão cientes dos gostos homossexuais dos alemães; é significativo que (como um invertido alemão familiarizado com a Turquia disse a Nacke) os proxenetas em Constantinopla, que exploram tanto mulheres como rapazes, consideram os alemães e os austríacos como tendendo mais para a homossexualidade do que os estrangeiros de qualquer outro país. Contudo, os alemães geralmente negam que exista alguma propensão especial alemã para a inversão e não parece que as estatísticas disponíveis (embora os dados estatísticos existentes não possam ser considerados mais do que aproximações) revelem qualquer predominância acentuada da inversão entre os alemães.

É a Hirschfeld que devemos o esforço mais importante para determinar a proporção de homossexuais entre a população em geral[104]. Pode-se dizer que varia entre 1 e 10 por cento, dependendo da região e, sobretudo, da profissão. Mas a média, quando se combinam os indivíduos pertencentes a um grande número de grupos, é geralmente acima dos 2 por cento. Assim sendo, existirão cerca de um milhão e meio de invertidos na Alemanha[105]. Este número será seguramente um valor mínimo; a verdadeira proporção será superior porque ninguém pode estar seguro sobre as reais inclinações sexuais de todas as pessoas do seu círculo de conhecimentos[106].

Das estimativas a que Hirschfeld teve acesso, não se pode inferir que exista uma menor proporção de homossexuais entre os grupos de franceses e os de alemães; um grupo de japoneses está perto da média geral do conjunto. Diversos especialistas, sobretudo alemães, acreditam que a homossexualidade é tão comum em França como na

---

[104] Ver especialmente Hirschfeld, *Die Homosexualität*, caps. XXIV e XXV.

[105] Ulrichs, em *Argonauticus*, de 1869, estimou o número em apenas 25.000, mas admitiu que se tratava, provavelmente, de uma subestimação grosseira. Bloch (*Die Prostitution*, Bd. I, p. 792) foi levado a acreditar que em Colónia, no século XV, a percentagem era quase tão alta quanto a que Hirschfeld indica para hoje. Alguns anos antes, Bloch acreditava (*Beiträge*, Parte I, p. 215, 1902) que a estimativa de 2 por cento de Hirschfeld era "*completamente absurda*".

[106] Hirschfeld cita o caso de dois homens, artistas, um deles casado, que foram grandes amigos durante muitos anos antes de descobrirem mutuamente que eram invertidos.

Alemanha[107]. Saint-Paul (*Dr. Laupts*), por outro lado, discorda desta perspetiva. Como cirurgião do exército que serviu por longo tempo em África (e também Rebierre na sua obra *Joyeux et Demifous*) é testemunha da ocorrência da homossexualidade entre os batalhões africanos do exército francês, especialmente na cavalaria e um pouco menos na infantaria; considera que na generalidade do exército francês a homossexualidade é rara como também o é na população em geral[108]. Nacke também está inclinado para acreditar que a homossexualidade é mais rara nas terras celtas e nos países latinos em geral, do que nas regiões teutónicas e eslavas e acredita que se pode tratar de uma questão de raça[109]. A questão mantém-se em aberto. É possível que o facto indiscutível de que a homossexualidade é menos visível em França e nos demais países latinos do que nas terras teutónicas possa ser explicado, não pela ocorrência de invertidos congénitos em menor proporção nos primeiros, mas principalmente por diferenças gerais de personalidade e de aceitação social[110]. Os franceses idealizam e realçam o lugar da mulher em muito maior grau do que os alemães e, simultaneamente, os invertidos franceses têm muito menos ocasião do que na Alemanha para proclamar as suas queixas legais. Para além de considerações como estas, parece muito duvidoso que a inversão congénita seja, em grau expressivo, mais rara em França do que na Alemanha.

Quanto à frequência da homossexualidade em Inglaterra[111] e nos Estados Unidos dispomos de muitos dados. Em Inglaterra, as suas

---

[107] Ver artigos por Numa Praetorius e Fernan, afirmando que a homossexualidade é, pelo menos, igualmente frequente em França (*Sexual-Probleme*, março e dezembro de 1909).

[108] Dr. Laupts, *L'Homosexualité*, 1910, pp. 413, 420.

[109] Nacke, *Zeitschrift für Sexualwissenschaft*, 1908, Heft 6.

[110] É um bom exemplo da atitude francesa em relação à homossexualidade que o psicólogo, Dr. Saint-Paul, ao escrever um livro sobre este assunto, embora totalmente normal e correto, julgasse preferível utilizar um pseudónimo.

[111] Uma série bem fundamentada de artigos sobre a homossexualidade em Inglaterra, especialmente em Londres, (L. Pavia, *Die männliche Homosexualität in England, Vierteljahrsberichte des wissenschaftlich-humanitären Komitees*", 1909-1911) pode ser esclarecedora mesmo para os que estão familiarizados com Londres. Ver também de Hirschfeld, *Die Homosexualität*, cap. XXVI. Muita

manifestações são bem marcadas para os que conseguem olhar com atenção. Aqui, as manifestações são do mesmo caráter das da Alemanha, modificadas por certas particularidades sociais e nacionais e, principalmente, pelo maior puritanismo, discrição e hipocrisia dos ingleses[112]. Nos Estados Unidos, as mesmas influências exercem um efeito ainda maior sobre a contenção das manifestações exteriores de homossexualidade. Hirschfeld, embora tão acutilante e experiente na investigação da homossexualidade, afirmou que ao visitar Filadélfia e Boston quase não conseguiu detetar evidências de homossexualidade embora, posteriormente, os conhecedores da cena local lhe tivessem assegurado que a sua extensão em ambas as cidades era *"colossal"*. Houve diversos escândalos e casos criminais nos Estados Unidos em que a homossexualidade aflorou à superfície e os casos muito frequentes de travestismo nos Estados Unidos parecem estar, em larga proporção, associados a homossexualidade.

Na opinião de alguns, a homossexualidade em Inglaterra tornou-se muito mais visível nos últimos anos, o que se atribui, por vezes, ao caso Óscar Wilde. Sem dúvida, a fama de Óscar Wilde e a publicidade universal que foi dada aos pormenores do caso pelos jornais, pode ter consciencializado da sua própria perversão muitos invertidos que antes apenas vagamente se apercebiam da sua anormalidade e pode, embora possa parecer paradoxal, ter encorajado outros; mas dificilmente pode ter sido suficiente para aumentar o número de invertidos. Em vez disso, poderemos talvez afirmar que o desenvolvimento da vida urbana facilita a exposição e a satisfação desta e de todas as outras formas de perversão.

Em relação à proporção de invertidos na população em geral, é muito difícil falar com segurança. Os invertidos são uma fonte pouco fiável porque tendem a rodear-se de pessoas homossexuais e, para além disso, têm tendência a sobreavaliar por extrapolação deficiente de pequenos indícios, por si só insuficientes para chegar a

---

informação de natureza histórica sobre a homossexualidade em Inglaterra, pode-se encontrar na obra de Eugen Dühren (Iwan Bloch), *Das Geschlechtsleben in England.*

[112] Esta é, sem dúvida, a razão pela qual tantos invertidos ingleses se estabelecem fora de Inglaterra. Diz-se que Paris, Florença, Nice, Nápoles, Cairo e outros lugares, foram invadidos por ingleses homossexuais.

conclusões. As estimativas feitas por pessoas comuns, partilhando da aversão geral pela anormalidade, são também enganadoras pois os seus conhecidos que são homossexuais têm o cuidado de lhes esconder as suas tendências. Os investigadores que estudaram o fenómeno da homossexualidade tendem a equivocar-se tal como os invertidos, sobrestimando a frequência da perversão. Esforçando-me para pôr de lado estas fontes de falácia e considerando apenas os indivíduos com quem tenho contatado em circunstâncias ordinárias da vida e com cujos sentimentos estou familiarizado, mesmo assim sou levado a concluir que a proporção é considerável. Entre os profissionais e intelectuais mais cultos da classe média de Inglaterra, deve haver uma significativa percentagem de invertidos que pode, por vezes, chegar aos 5 por cento, embora tais estimativas sejam sempre arriscadas. Entre as mulheres da mesma classe, a percentagem parece ser pelo menos o dobro, embora aqui a fenómeno seja menos percetível e mais arreigado. Estas parecem ser estimativas modestas para a classe, que inclui, devemos recordar, uma proporção considerável de indivíduos que são, de uma forma ou de outra, anormais noutros aspectos. À medida que vamos descendo na hierarquia social estes fenómenos vão, sem dúvida, sendo menos comuns, mas quando baixamos até ao operariado, deparamos com essa indiferença comparativa a que já aludimos antes. Analisando conjuntamente toda a informação, podemos provavelmente concluir que a proporção de invertidos em Inglaterra é a mesma que noutras terras vizinhas e relacionadas, ou seja, um pouco mais de 2 por cento. Se assim for, a população homossexual da Grã-Bretanha seria de cerca de um milhão.

CAPÍTULO II. O ESTUDO DA INVERSÃO SEXUAL

Westphal - Hössli - Casper - Ulrichs - Krafft-Ebing - Moll - Féré - Kiernan - Lydston - Raffalovich - Edward Carpenter - Hirschfeld.

Westphal

Pode dizer-se que Westphal, um eminente professor de psiquiatria de Berlim, foi o primeiro a colocar o estudo de inversão sexual numa base científica sólida. Em 1870, publicou no *Archiv für Psychiatrie*, do qual foi editor durante muitos anos, a história detalhada de uma jovem mulher que logo a partir dos seus primeiros anos de vida foi diferente das outras meninas: gostava de se vestir como um rapaz, só participava em jogos de meninos e ao crescer começou a sentir-se atraída sexualmente apenas por mulheres, com quem formou uma série de relacionamentos ternos dos quais obtinha gratificação sexual por carícias mútuas. Embora corasse e fosse tímida na presença de outras mulheres, sobretudo se estivesse apaixonada por elas, foi sempre absolutamente indiferente aos homens. Westphal (um aluno de Griesinger), que já havia chamado a atenção para o caráter elevado que por vezes possuíam os sujeitos desta perversão, combinou forte perspicácia científica com um raro grau de simpatia pessoal para os que ficavam sob os seus cuidados. Foi esta combinação de qualidades que lhe permitiu compreender a verdadeira natureza de um caso como este, que a maioria dos médicos da época teria apressadamente classificado como uma instância vulgar de vício ou insanidade. Westphal compreendeu que esta alteração era congénita e não adquirida, pelo que não podia ser um vício. Embora Westphal observasse a presença de elementos neuróticos, nunca registou nada que pudesse legitimamente ser classificado como insanidade. Deu a esta condição o nome de sensibilidade sexual contrária (*Konträre Sexualempfindung*), nome pelo qual foi durante muito tempo conhecida na Alemanha. O caminho ficou assim desimpedido para um progresso rápido do nosso conhecimento sobre este tipo de alterações. Foram publicados novos casos em rápida sucessão, primeiro exclusivamente na Alemanha, sobretudo no *Archiv* de Westphal, mas depois também noutros países, nomeadamente em Itália e em França.[113]

Hössli

Westphal foi o primeiro a colocar o estudo de inversão sexual numa base que possibilitava o progresso científico, mas já anteriormente outros haviam abordado o tema. Em 1791, foram publicados dois casos[114] de homens que demonstravam atração emocional por pessoas do seu próprio sexo, embora não fosse claro que se tratasse de inversão congénita. Em 1836, um escritor suíço, Heinrich Hössli, publicou uma obra pouco clara, mas notável, intitulada *Eros*, que continha muito material de valor literário sobre o assunto. Ao que parece, foi incentivado a escrever este livro devido a um julgamento que despertou grande atenção na época. Um homem de boa posição assassinou inesperadamente um jovem e foi executado pelo crime que, de acordo com Hössli, se deveu a amor e ciúme homossexual. Hössli não era um cientista com formação académica; o seu negócio em Glarus era o de chapeleiro, o mais hábil e famoso da cidade. Julga-se que o seu próprio temperamento era bissexual. O seu livro foi proibido pelas autoridades locais e, mais tarde, todos os exemplares que ainda restavam no armazém foram destruídos num incêndio, pelo que a sua circulação total acabou por ser muito reduzida. No entanto, o seu livro é agora considerado por alguns

---

[113] Em Inglaterra, a aberração do instinto sexual, ou a tendência dos homens para as ocupações femininas e das mulheres para ocupações masculinas, tinha sido referido no *Medical Times Gazette*, 09 de fevereiro de 1867, Sir G. Savage descreveu pela primeira vez um caso de perversão sexual no *Journal of Mental Science*, vol. XXX, outubro de 1884.

[114] Moritz, *Magazin für Erfahrungsseelenkunde*, Berlim, Bd. VIII.

estudiosos como a primeira tentativa séria de lidar com o problema da homossexualidade, desde o *Banquete* de Platão.[115]

Casper

Alguns anos mais tarde, em 1852, Casper, o maior especialista médico-legal do seu tempo na Alemanha (foi na Alemanha que foram estabelecidos os fundamentos do estudo de inversão sexual) salientou na sua obra *Vierteljahrsschrift* que a pederastia, no sentido lato da palavra, era por vezes uma espécie de hermafroditismo moral devido a uma condição física congénita e que não envolvia obrigatoriamente a sodomia (*immissio penis in anum*). Casper apresentou uma quantidade considerável de provas valiosas sobre estes eixos de reflexão, que foi o primeiro a descrever[116], mas não conseguiu entender o significado profundo das suas observações, pelo que estas não tiveram influência imediata, apesar de Tardieu, em 1858, ter admitido um elemento congénito em alguns pederastas.

Ulrichs

O homem que mais do que todos os outros contribuiu para esclarecer os fenómenos da inversão sexual, nunca esteve envolvido nos aspetos médicos ou criminais da questão. Karl Heinrich Ulrichs (nascido em 1825, perto de Aurich), que durante muitos anos explicou e defendeu o amor homossexual e cujos pontos de vista terão despertado a atenção de Westphal para o assunto, era um assessor judicial de Hanover (*Amtsassessor*), ele próprio sexualmente invertido. De 1864 em diante, inicialmente com o pseudónimo Numantius Numa e posteriormente em seu próprio nome, Ulrichs

---

[115] Um relato completo e interessante de Hössli e do seu livro é dado por Karsch no *Jahrbuch für sexuelle Zwischenstufen*, Bd. V, 1903, pp. 449-556.

[116] *Eugen Dühren* (Iwan Bloch) observa, no entanto (*Neue Forschungen über den Marquês de Sade und seine Zeit*, p. 436), que Sade na sua *Aline et Valcour* parece reconhecer que a inversão é, por vezes, inata ou pelo menos natural e apta a desenvolver-se em idades muito precoces, apesar de todos os incitamentos para uma atitude normal. "*E se esta inclinação não fosse natural*", nas palavras de Sade ditas pela boca de Sarmiento, "*seria a sua impressão recebida na infância?... Vamos estudar melhor esta Natureza indulgente antes de ousar fixar-lhe limites.*" Ainda antes, em 1676 (como Schouten tinha indicado em *Sexual-Probleme*, janeiro de 1910, p. 66), um padre italiano chamado Carretto reconheceu que as tendências homossexuais são inatas.

publicou em várias cidades da Alemanha uma longa série de trabalhos sobre o tema e fez várias tentativas para obter uma revisão do quadro jurídico que enquadrava os invertidos sexuais na Alemanha.

Apesar de não ser um autor cujas observações psicológicas possam ter muito peso científico, Ulrichs parece ter sido um homem de brilhante talento e diz-se que o seu conhecimento tinha extensão quase universal. Não era apenas versado nas suas especialidades (jurisprudência e teologia) mas em muitos outros ramos das ciências naturais, bem como em arqueologia. Foi também considerado por muitos como o melhor latinista do seu tempo. Em 1880, deixou a Alemanha e estabeleceu-se em Nápoles e mais tarde, em Aquila, na região de Abruzzi, onde publicou uma revista em latim. Morreu em 1895[117]. John Addington Symonds, que foi para Aquila em 1891, escreveu: "*Ulrichs é 'chrysostomos' até o último grau, um verdadeiro doce e nobre cavalheiro, um homem de génio. Foi, no seu tempo, um homem de singular distinção pessoal, de tão fino recorte são os seus traços e tão sublimes as linhas do seu crânio*"[118].

Durante anos Ulrichs lutou sozinho para obter reconhecimento científico para a homossexualidade congénita. Cunhou o termo uraniano ou uranista (numa alusão a Urano, no *Banquete* de Platão), que foi desde então frequentemente usado para designar o amante homossexual e apelidou o amante heterossexual de dionista (em referência a Dione). Considerou o uranismo, o amor homossexual, como uma anormalidade congénita através da qual a alma feminina se fundia no corpo masculino (*anima muliebris in corpore virili inclusa*) e as suas especulações teóricas deram o tiro de partida para diversas teorias semelhantes. Os seus escritos são notáveis a vários níveis, embora não tenham tido influência científica marcante[119] devido ao excessivo entusiasmo, frequentemente polémico, de alguém que argumenta *pro domo*.

---

[117] Por alguma informação sobre Ulrichs, ver *Jahrbuch für sexuelle Zwischenstufen*, Bd. I, 1899, p. 36.

[118] Horácio Brown, *John Addington Symonds, a Biography*, vol. II, p. 344.

[119] Ulrichs quase chegou a afirmar que tanto o amor homossexual, como o amor heterossexual são igualmente normais e saudáveis; esta tese tem sido, entretanto, discutida mais recentemente.

Esse privilégio estava reservado a Westphal. Depois de ter apontado o caminho e de ter decido publicar sobre este tema na sua revista, surgiram novos casos em sucessão rápida. Também em Itália, Ritti, Tamassia, Lombroso e outros começaram a estudar estas matérias. Em 1882, Charcot e Magnan publicaram no *Archives De Neurologie* o primeiro estudo importante que apareceu em França sobre a questão da inversão sexual e das perversões sexuais relacionadas. Consideravam a inversão sexual como um episódio (*síndrome*) num processo mais importante de degeneração hereditária e compararam-na com obsessões mórbidas como a dipsomania e a cleptomania. De um ponto de vista médico-legal, o estudo da inversão sexual em França foi prosseguido por Brouardel e ainda mais por Lacassagne, em Lyon, cuja estimulante influência tem produzido resultados frutíferos na obra de muitos alunos[120].

Krafft-Ebing

De muito maior importância na história da teoria da inversão sexual foi o trabalho de Richard von Krafft-Ebing (nasceu em Mannheim, em 1840 e morreu em Graz, em 1902) que foi professor de psiquiatria na Universidade de Viena durante muitos anos e um dos mais famosos alienistas do seu tempo. Embora ainda ativo em todos os campos da psiquiatria e famoso como autor de um livro de ensino muito conceituado, a partir de 1877 interessou-se profundamente pela patologia do impulso sexual. O seu *Psychopathia Sexualis* contem mais de 200 relatos não apenas de inversão sexual, mas de todas as outras formas de perversão sexual. Por muitos anos foi o único livro sobre o assunto e permaneceu por muito tempo o principal repositório de casos reais. Teve muitas edições e foi traduzido em muitos países (existem duas traduções em inglês), desfrutando de uma imensa, mas não inteiramente desejada, popularidade.

Os métodos de Krafft-Ebing eram polémicos e objetáveis. Não possuía uma mente rigorosamente crítica. Estava constantemente a

---

[120] Devemos fazer uma menção especial a *L'Inversion Sexuelle*, um vasto e abrangente livro, embora por vezes acrítico, escrito pelo Dr. J. Chevalier, publicado em 1893, e a *Perversion et Perversité Sexuelles* do Dr. Saint-Paul, sob pseudónimo de "Dr. Laupts", publicado em 1896 e republicado em versão alargada sob o título de *L'Homosexualité et les Types Homosexuels*, em 1910.

publicar novas e cada vez mais alargadas edições do seu livro, por vezes remodelando-o completamente. Introduzia, com frequência, novas subdivisões na sua classificação de perversões sexuais e embora a granularidade da sua classificação tenha, sem dúvida, contribuído para dar precisão ao assunto e permitido o progresso do seu estudo científico, nunca foi geralmente aceite. O enorme valor de Krafft-Ebing estava no entusiasmo clínico com que abordou o estudo das perversões sexuais. Acumulou um grande conjunto de relatos detalhados, sem falsa vergonha e com a firme convicção de que estava a desbravar um vasto campo negligenciado da psicologia mórbida que pertencia mais adequadamente à medicina. A sua reputação fez com que indivíduos sexualmente anormais de todo a parte da Alemanha lhe enviassem as suas autobiografias, com a intenção de contribuir para ajudar os seus companheiros de dor.

É como médico e não como psicólogo que devemos olhar para Krafft-Ebing. No início da sua investigação, considerou a inversão como um sinal funcional de degeneração, uma manifestação parcial de um estado neuropático e psicopático que seria, na maioria dos casos, hereditário. Esta sexualidade perversa apareceria espontaneamente com o desenvolvimento da vida sexual, sem causas externas, como uma manifestação individual de uma alteração anormal da *vita sexualis* e deveria ser considerada congénita; ou então desenvolver-se-ia como resultado de influências prejudiciais específicas sobre a sexualidade normal, pelo que deveria, neste caso, ser considerada como adquirida. Krafft-Ebing acreditava que uma investigação cuidadosa dos casos supostamente adquiridos indicaria que essa predisposição revelaria uma homossexualidade latente ou, pelo menos bissexualidade, que para se manifestar necessitaria de ser espoletada acidentalmente. Na última edição do seu livro, Krafft-Ebing estava inclinado para considerar a inversão como sendo, não tanto uma degeneração, mas uma variação, uma anomalia simples e reconheceu que a sua opinião se aproximava assim da dos próprios invertidos[121].

---

[121] Krafft-Ebing apresenta as suas opiniões mais recentes num artigo lido ante o Congresso Médico Internacional, em Paris, em 1900 (*Comptes-rendus, Section de Psychiatrie*, pp. 421, 462; e também em contribuições para o *Jahrbuch Für sexuelle Zwischenstufen*, Bd. III, 1901).

Por altura da sua morte, Krafft-Ebing, que tinha começado por aceitar a opinião prevalente entre os alienistas de que a homossexualidade é um sinal de degeneração, adotou plenamente e colocou o selo da sua autoridade sobre o ponto de vista, já expresso tanto por alguns cientistas como pelos próprios invertidos, de que a inversão sexual deve ser considerada simplesmente como uma anomalia, independentemente das diferenças de perspetiva em relação ao valor dessa anomalia. Estava aberto o caminho para teorias como as de Freud e da maioria dos psicanalistas da atualidade, que consideram normal a existência de um certo grau de homossexualidade em todos os indivíduos, teorias que tiveram profundo impacto na vida dos pacientes.

Moll

Em 1891, o Dr. Albert Moll, de Berlim, publicou o seu trabalho, *Die Konträre Sexualempfindung*, que seria muito ampliado e revisto em edições posteriores. Este livro substituiu rapidamente todos os anteriores pela sua descrição abrangente e criteriosa da inversão sexual. Moll não se limitou a apresentar novos conteúdos clínicos. Enfrentou o problema que agora era de fundamental importância: a natureza e as causas da inversão sexual. Discutiu os fenómenos mais como psicólogo do que como médico, tendo em conta toda a extensão do problema, sendo profundamente crítico em relação a opiniões estabelecidas, mas sendo sensato e cauteloso nas conclusões. Moll dissipou vários preconceitos e superstições antigas que até mesmo Krafft-Ebing, por vezes descuidadamente, repetira. Comungou da doutrina geralmente aceite de que os invertidos pertencem normalmente a famílias em que prevalecem vários distúrbios do sistema nervoso e mental mas simultaneamente salientou que não é possível provar em todos os casos que os indivíduos são portadores de um defeito neurótico hereditário. Também rejeitou todas as classificações minuciosas da inversão sexual, reconhecendo apenas o hermafroditismo psicossexual e a homossexualidade. Ao mesmo tempo, lançou dúvidas sobre a existência da homossexualidade adquirida, em sentido estrito, exceto em casos pontuais e ressaltou que quando o impulso heterossexual normal surge na puberdade e o impulso homossexual mais tarde pode acontecer, mesmo assim, que tenha sido o primeiro a ser adquirido enquanto o último poderia ser inato.

Kiernan - Lydston

Na América já se dava atenção a estes fenómenos desde há algum tempo. Devemos mencionar especialmente J. G. Kiernan e G. Frank Lydston, que apresentaram há cerca de 30 anos classificações muito práticas das manifestações homossexuais[122]. Mais recentemente (1911), um autor norte-americano, que escreveu com o pseudónimo de Xavier Mayne, publicou privadamente uma extensa obra intitulada *The Intersexes: A History of Similisexualism as a Problem in Social Life*, compilado a partir de diversas fontes e escrito em linguagem acessível. De forma subjetiva e pouco científica, este livro alega que as relações homossexuais são naturais, necessárias e legítimas[123].

Symonds - Edward Carpenter

Em Inglaterra, as primeiras tentativas de tratar com seriedade o problema da homossexualidade com uma perspetiva moderna foram tardias e só tiveram publicação no estrangeiro ou em edições privadas. Em 1883, John Addington Symonds publicou uma edição restrita da sua discussão sobre a *paiderastia* na Grécia antiga, com o título *A Problem in Greek Ethics* e também publicou em privado, em 1889-1890, *A Problem of Modern Ethics: Being an Enquiry into the Phenomena of Sexual Inversion*. Em 1886, Sir Richard Burton juntou à sua tradução de *As Mil e Uma Noites*, o seu *Terminal Essay* sobre o mesmo assunto. Em 1894, Edward Carpenter publicou privadamente em Manchester um panfleto intitulado *Homogenic Love*, em que criticou várias teses correntes da psiquiatria sobre a inversão e alegou que as leis do amor homossexual são semelhantes às do amor heterossexual salientando, porém, que o primeiro possui uma aptidão especial para ser exaltado a um nível mais elevado e mais espiritual de

---

[122] Kiernan, *Detroit Lancet*, 1884, *Alienist and Neurologist*, abril de 1891; Lydston, *Philadelphia Medical and Surgical Reporter*, 7 de setembro de 1889, e *Addresses and Essays* de 1892.

[123] Um resumo das conclusões deste livro, do qual apenas foram publicados alguns exemplares, pode ser encontrado em *Vierteljahrsberichte* de Hirschfeld, outubro de 1911, pp. 78-91.

camaradagem, desempenhando assim uma função social benéfica. Mais recentemente, em 1907, Edward Carpenter publicou um volume de artigos sobre a homossexualidade e os seus problemas, com o título *The Intermediate Sex* e mais tarde, em 1914, um estudo mais especializado sobre os invertidos na religião primitiva e na guerra, que intitulou de *Intermediate Types among Primitive Folk*.

Raffalovich

Em 1896, o livro mais completo até agora escrito sobre este assunto em Inglaterra, foi publicado em francês pelo Sr. André Raffalovich (na *Bibliothèque De Criminologie* de Lacassagne), com o título *Uranisme et Unisexualit'*. Este livro tratou principalmente da inversão congénita, publicando novos casos, e demonstrando um muito amplo conhecimento sobre a matéria. Raffalovich apresentou muitas reflexões justas e sagazes sobre a natureza e o tratamento da inversão, bem como sobre a atitude da sociedade em relação à sexualidade pervertida. As partes históricas do livro, que são de especial interesse, tratam principalmente da prevalência notável da inversão em Inglaterra, questão que havia sido negligenciada pela investigação anterior. Raffalovich, cuja atitude é, em geral, mais filosófica do que científica, considera a inversão congénita como um fator inevitável e importante na vida humana mas, subscrevendo o ponto de vista da Igreja Católica, condena toda a sexualidade, seja heterossexual ou homossexual e insta os invertidos a reprimir as manifestações físicas do seu instinto e a almejar o ideal da castidade. No seu conjunto, podemos dizer que este livro é o trabalho de um pensador que chegou a conclusões por autorreflexão e os seus resultados ostentam uma marca de originalidade e inovação.

Hirschfeld

Nos últimos anos, ninguém contribuiu tão amplamente para situar o nosso conhecimento sobre a inversão sexual numa base sólida e precisa como o Dr. Magnus Hirschfeld, de Berlim, que possui uma familiaridade inigualável com todos os fenómenos relacionados com a homossexualidade. Estudou o tema exaustivamente na Alemanha e, em certa medida, também noutros países. Registou as histórias de mil invertidos; diz-se que se encontrou com mais de dez mil homossexuais. Como editor do *Jahrbuch für sexuelle Zwischenstufen*, que fundou em 1899, e autor de várias monografias importantes (mais especialmente sobre os estágios de transição psíquicos e físicos entre a masculinidade e a feminilidade), Hirschfeld tinha já contribuído fortemente para o progresso da investigação neste campo antes do aparecimento, em 1914, da sua grande obra, *Die Homosexualität des Mannes und des Weibes*. Trata-se do maior, mais preciso, detalhado e abrangente (mas também o mais condensado) trabalho que apareceu até agora sobre o assunto. É, de fato, uma enciclopédia sobre a homossexualidade. Hirschfeld tinha sido moldado para esta missão por muitos anos de atividade árdua como médico, investigador, perito em medicina legal e presidente da *Wissenschaftlich-humanitären Komitee*, que se dedica à defesa dos interesses dos homossexuais na Alemanha. No livro de Hirschfeld a conceção patológica da inversão desapareceu completamente. A homossexualidade é considerada principalmente como um fenómeno biológico de extensão universal e, secundariamente, como um fenómeno social de grande importância. Não há nenhuma tentativa de inventar novas teorias; o grande valor da obra de Hirschfeld reside, de fato, no seu esforço constante para não se afastar da realidade concreta. É esta qualidade que torna o livro uma fonte indispensável para todos aqueles que procuram informação esclarecida e factual sobre esta questão.

A própria existência de um tal tratado, como este de Hirschfeld, é suficiente para ilustrar o forte ritmo de expansão da investigação sobre esta matéria. Há alguns anos, por exemplo, quando o Dr. Paul Moreau escreveu as suas *Aberrations du Sens Génésique*, a própria expressão inversão sexual quase não existia. Era vista como um vício repugnante e inominável, para ser tocada apenas com pinças, muito rapidamente e com muita precaução. Atualmente é considerado um problema psicológico e médico-legal, com tanto interesse que não precisamos ter medo de o estudar, e tão relevante socialmente na atualidade que somos obrigados a estudá-lo.

CAPÍTULO III. INVERSÃO SEXUAL NOS HOMENS

Estado relativamente indiferenciado do impulso sexual no início da vida – A perspetiva freudiana - Homossexualidade nas escolas - A questão da homossexualidade adquirida - Inversão latente - Inversão retardada - Bissexualidade – A questão da honestidade do invertido - Casos.

Estado relativamente indiferenciado do impulso sexual no início da vida

Quando o instinto sexual aparece durante a juventude é muito menos especializado do que normalmente vem a ser na idade adulta. Não só é, ao princípio, menos orientado para um objeto sexual específico como até o sexo do objeto desejado é, por vezes, indefinido[124]. O reconhecimento deste facto é tão generalizado, que os responsáveis pela educação de rapazes têm, por vezes, forçado o seu contato com mulheres para evitar o risco de possíveis pecados contra a natureza[125].

---

[124] Foi assim que Godard descreveu os rapazes do Cairo, que se divertem sexualmente tanto com rapazes como com raparigas (*Egypte et Palestine*, 1867, p.105) O mesmo se pode observar em Inglaterra e noutros lugares.

[125] Sobre o duque de Orleães, no século XVII, tal como descrito em *Confessions* de Bouchard, escreve um dos meus correspondentes: "*Este príncipe tinha a mesma opinião que Campanella, que afirmou em 'Città del Sole que os rapazes devem ter acesso livre a mulheres para evitar aberrações sexuais. Aretino e Berni permitem-nos compreender a imoralidade sexual dos homens reunidos nas cortes dos prelados romanos*". A homossexualidade da juventude foi também reconhecida entre os romanos, mas estes adotaram uma estratégia diversa, providenciando os meios para a satisfação do desejo, como é demonstrado

Homossexualidade nas escolas

A instituição onde estes fenómenos são mais marcantes e mais importantes é naturalmente a escola e, especialmente em Inglaterra, a *Public School* (N.T.: os mais tradicionais, dispendiosos e elitistas colégios privados ingleses). Em França, onde se podem observar os mesmos fenómenos, Tarde chamou a atenção para estas relações "*geralmente platónicas no sentido original da palavra, o que aponta para uma indecisão simples situada na fronteira entre a amizade e o amor ainda indiferenciado na aurora de um coração que desperta*" e lamentou que ninguém as tivesse ainda estudado. Em Inglaterra estamos muito familiarizados com as alusões vagas aos vícios dos colégios privados. De vez em quando lemos cartas nos jornais que denunciam os colégios privados como "*incubadoras do vício*" e um correspondente anónimo observou que "*alguns dos nossos colégios privados quase invocam as punições das cidades da Planície*"[126]. Mas estas alegações raramente, ou nunca, são submetidas a investigação criteriosa. Os médicos e os diretores dos colégios privados que melhor poderiam estudar o assunto, não dispõem geralmente de formação em psicologia e parecem sentir demasiada repugnância pela homossexualidade para lhe dedicarem alguma atenção. Calam tudo o que sabem sobre o assunto porque o interesse dos colégios privados é, normalmente, manter tudo em segredo. Quando ocorre algo de muito escandaloso, expulsam-se um ou dois rapazes, para seu grave e, talvez, permanente prejuízo e sem chegar a beneficiar os que ficam, cujo despertar sexual raramente é objeto de atenção.

> Em várias dos relatos dos casos deste capítulo, bem como nos casos contidos noutros volumes destes *Studies*, pode ser encontrada informação sobre a homossexualidade tal como ocorre nas escolas inglesas públicas e privadas. (Ver também o estudo *Auto-erotism*, no vol. I). A prevalência de fenómenos homossexuais e eróticos nas escolas varia fortemente de escola para escola e de ano para ano na mesma escola, podendo até ser completamente desconhecido nas pequenas escolas

---

claramente pela existência de "*concubinus*" (N.T.: prostitutos) tal como referido por Catulo.

[126] *Our Public Schools: their Methods and Morals, New Review*, julho de 1893. (N.T.: as cidades da Planície são Sodoma e Gomorra)

privadas. Eu, sendo inglês e tendo estudado numa escola inglesa, nunca vi nem ouvi falar de tais práticas e, na Alemanha, o Professor Gurlitt (*Die Neue Generation*, janeiro de 1909), entre outros, também indica que nunca teve tal experiência em toda a sua vida escolar, embora os rapazes falassem e brincassem muito sobre as questões sexuais. Juntei a seguir alguns comentários de um correspondente inglês cuja experiência de vida nos colégios privados ingleses é ainda recente:

"*Ao longo dos anos em que frequentei um colégio privado, vi e ouvi falar bastante sobre a homossexualidade, apesar de só ter começado a compreender o significado daquilo que ouvia nos últimos dois anos. Como diretor, debati com outros diretores os métodos para a controlar e para a punir quando detetada. As minhas próprias observações, confirmadas pelas de outros, levam-me a pensar que o problema está na forma como se tem vindo a lidar com a homossexualidade nas escolas, tratando todos os estudantes homossexuais por igual e aplicando-lhes o mesmo castigo: vergastadas para a primeira infração e expulsão para a segunda. No entanto, penso que podemos distinguir 'três' classes de estudantes homossexuais:*

(a) Um número muito pequeno de invertidos radicais que não têm escrúpulos em sacrificar alguns jovens inocentes às suas paixões. Estes, e apenas estes, são uma ameaça moral real para os outros rapazes, mas julgo que serão muito poucos.

(b) Rapazes de várias idades que, tendo sido iniciados no papel passivo quando eram mais jovens, mantêm práticas ativas ou passivas, mas apenas com outros rapazes que já são conhecidos por serem homossexuais; estes rapazes não pretendem corromper novas vítimas. Os rapazes desta classe sabem mais ou menos o que querem e não podemos dizer que constituam uma ameaça à moral dos rapazes puros.

(c) Jovens rapazes que descobrem os prazeres da masturbação e das relações intercrurais no decurso do seu próprio desenvolvimento físico ou por aprenderem com os rapazes mais velhos da classe (a). (Nunca ouvi falar de nenhum caso de 'pedicatio' na minha escola, e apenas um de 'fellatio', tentado num rapaz muito novo que se queixou ao responsável do dormitório, o que resultou na expulsão do culpado). Os rapazes desta

classe têm, provavelmente, pouca ou nenhuma noção do que significa moralidade sexual e dificilmente podem ser acusados de ofensa à 'moral'. Defendo que cada uma destas três classes deve receber tratamento diferenciado. Para a classe (a) pode, ocasionalmente, ser necessária a expulsão, mas os poucos que pertencem a esta classe são, geralmente, demasiado espertos para se deixarem apanhar. Na minha escola, acabei por reparar que são quase sempre os inocentes que acabam por ser castigados. Penso que os rapazes das outras duas classes nunca deveriam ser expulsos e, quando a expulsão é inevitável, deveria ser sempre que possível adiada até ao final do ano letivo para que não se possa distinguir de um normal regresso a casa. Afinal, não há razões para arruinar as perspetivas de vida de um rapaz só porque ele, aos dezasseis anos, é um pequeno rebelde; há poucos rapazes incorrigíveis com esta idade.

Quanto aos rapazes das outras duas classes, antes de serem admitidos num colégio privado, deveríamos dar-lhes muito mais educação sobre questões sexuais do que a que normalmente recebem. Atualmente atiramos os rapazes às feras, na mais completa inocência e ignorância, deixando que cedam à tentação de fazer coisas que sabem, quanto muito, vagamente que estão erradas, mas apenas porque um enigmático pressentimento os faz sentir assim; ou então, damos-lhes apenas um pouco de informação que não faz mais que abrir-lhes o apetite, normalmente sob a forma de advertências contra certos atos físicos aparentemente inofensivos que eles, por curiosidade natural, experimentam para acabar por descobrir que lhes dão muito prazer. Pode não ser desejável que um rapaz tenha logo toda a informação sobre estas questões na altura em que vai entrar para o colégio, mas é pior deixá-lo ir ardente de curiosidade ou em total ignorância sobre o assunto. Estou convencido de que se poderia melhorar muito a prevenção da homossexualidade se os rapazes fossem melhor informados e se fossem encorajados a ser mais 'abertos'. Acredito que a maior parte do prazer proporcionado pelas conversas sobre sexo entre rapazes está relacionado com o facto de serem conversas proibidas e que envolvem risco de castigo. Em minha opinião, a franqueza tem muito mais valor moral do que a influência. Eu não 'expurgaria' das edições escolares nenhum dos grandes autores; a franca obscenidade de certos trechos de Shakespeare é muito menos imoral que o puritanismo lascivo que se recusa a publicá-los, mas que mantém a numeração das linhas para que os rapazes se apercebam de que há passagens omissas, fazendo com que as procurem em edições integrais, sobrecarregados com sentimento de culpa que é o que provoca danos".

É provável que apenas alguns (uma pequena parte) dos rapazes homossexuais nos colégios possam ser classificados como "*depravados*". A. Hoche, na sua descrição da homossexualidade nas escolas alemãs em *Zur Frage der forensischen Beurteilung sexuellen Vergehen, Neurologisches Centralblatt*, 1896, n.º 2, onde são coligidas diversas comunicações recebidas de vários médicos sobre as suas próprias experiências de juventude na escola, conclui que as relações deste tipo são muito comuns, por norma entre rapazes de diferentes idades e de diferentes anos de escolaridade. Segundo um observador, a parte feminina, ou passiva, era sempre desempenhada por rapazes de compleição ou formas mais femininas e as relações eram razoavelmente semelhantes às dos namorados normais, com beijos, poemas, cartas de amor, cenas de ciúme, algumas visitas à cama do outro, mas sem masturbação, pederastia ou qualquer outra manifestação física indecente. Da sua própria experiência juvenil, Hoche recorda precisamente o mesmo tipo de situações e comenta que entre os namorados não se encontravam os rapazes mais depravados da escola. (Os estudantes mais velhos, de 21 ou 22 anos de idade, estabeleciam relacionamentos sexuais normais com as criadas das suas casas). É provável que as relações homossexuais nas escolas inglesas sejam, em regra, tão pouco perversas como as descritas por Hoche, mas o véu de ocultação em que estão envolvidas favorece o exagero. No decurso de um debate sobre este assunto, há mais de 30 anos, *Olim Etoniensis* escreveu (*Journal of Education*, 1882, p. 85) que ao fazer uma lista dos rapazes depravados que tinha conhecido em Eton descobriu que "*esses mesmos rapazes eram agora ministros, estadistas, funcionários públicos, homens do clero, proprietários rurais, etc., e que eram quase todos chefes de famílias prósperas e respeitadas"*. Mas, como observou Marro, o sucesso destes rapazes não é suficiente para esclarecer a questão da perversidade nas escolas inglesas porque as distinções públicas não são garantia de moralidade privada.

Por vezes, estas manifestações nas escolas ou noutros lugares onde se congregam rapazes, não são verdadeiramente homossexuais, embora possam exibir um maior ou menor grau de perversão, por vezes sádica, do instinto sexual ainda em desenvolvimento. Esta situação pode ser ilustrada pela seguinte narrativa de acontecimentos num grande armazém londrino: "*Um rapaz deixou a minha turma aos 16 anos e meio*", escreve um correspondente meu, "*para passar a ser aprendiz numa grande empresa grossista da Rua G. Felizmente tinha um período experimental de três semanas antes de ser contratado. Veio falar comigo no final da primeira semana suplicando-me para interceder junto da sua mãe (não tinha pai) para não o deixar voltar. Contou-me que quase todas as noites, e sobretudo quando chegavam novos companheiros, os rapazes do seu dormitório (11, no total) o emboscavam, o derrubavam e lhe manipulavam as partes ao ritmo de alguma canção cómica ou de uma música para dançar. O rapaz que se lembrasse da música com o ritmo mais rápido tinha o privilégio de executar a operação. Quase todos os rapazes tinham que, à vez, servir de vítima, a menos que chegassem rapazes novos, que eram sujeitos a esta brincadeira por vezes durante uma semana inteira. Este rapaz, que tinha recebido uma educação rigorosa, ficou chocado, atordoado e alarmado, mas ameaçaram-no com represálias caso ele os denunciasse e ele não se atreveu a isso. A maior parte destes rapazes entrava diretamente para a empresa, sem período experimental, e não tinha qualquer hipótese de sair. Consegui que deixassem sair o rapaz e dei a entender ao gerente o que se passava no dormitório*". Em casos como este, acontece geralmente que um rapaz forte, de instintos perversos e brutais, faz coisas a que os outros acedem por complacência ou porque são demasiados fracos para lhe resistirem.

Max Dessoir[127] chegou à conclusão que "*o sentimento sexual indiferenciado é normal, em média, durante os primeiros anos da puberdade (isto é, dos 13 aos 15, nos rapazes, e dos 12 aos 14, nas raparigas), ao passo que posteriormente deve ser classificado como patológico*". Acrescentou, com razão, que neste período inicial, os sentimentos sexuais ainda não se concentraram nos órgãos sexuais. Este último facto é

---

[127] Max Dessoir, *Zur Psychologie der Vita Sexualis, Allgemeine Zeitschrift für Psychiatrie*, de 1894, H.5.

frequentemente esquecido pelos adultos que desconfiam que a paixão exaltada dos rapazes e das raparigas tem uma componente física de que estes nem sequer suspeitam e que encarariam com repulsa e horror se dela tivessem consciência. Não sabemos até que ponto se pode afirmar com segurança que o instinto sexual ainda está indiferenciado no início da puberdade, no que respeita a sexo. Está comparativamente indiferenciado, mas exceto em casos raros, nunca está absolutamente indiferenciado.

A inversão latente

Teremos de admitir que, tal como defendido pelos fisiologistas de sexo mais modernos como Castle, Heape e Marshall, cada sexo contém em si as caraterísticas latentes do outro sexo, o sexo recessivo. Cada sexo está latente no outro e cada um, porque contém as caraterísticas de ambos (e porque também pode transmitir para gerações futuras as caraterísticas do sexo recessivo) é hermafrodita latente. A tendência homossexual poderá ser simplesmente uma manifestação física das caraterísticas específicas do sexo recessivo, que poderá surgir quando há alterações de circunstâncias, tal como na puberdade ou noutras em que existam alterações do metabolismo[128].

> William James (*Principles de Psychology*, vol. II, p. 439) considerou que a inversão era "*um tipo de apetite sexual que muito provavelmente todos os homens possuem de forma embrionária*". Conolly Norman (artigo *Sexual Perversion*, no *Dictionary of Psychological Medicine*, de Tuke) também declarou que "*a paixão sexual, quando surge pela primeira vez, é sempre pouco precisa e volta-se muito facilmente em sentido contrário*" e, ao que parece, atribuía a causa da inversão a este facto e à precocidade dos neuróticos. Obici e Marchesini (*Le 'Amicizie' di collegio*, p. 126) referem-se ao caráter indeterminado das emoções sexuais quando na fase inicial do seu desenvolvimento. Um correspondente meu acredita que as emoções sexuais são indiferenciadas nos primeiros anos da puberdade, mas ao mesmo tempo considera que a vida escolar é, até certo ponto, responsável por isso; "*no entanto, as férias são suficientemente longas para contrabalançar a escola,*

---

[128] F. H. A. Marshall, *The Physiology of Reproduction*, 1910, pp. 650-8.

desde que o rapaz tenha irmãs e que elas tenham amigas; a mudança do ambiente escolar para o ambiente caseiro resulta naturalmente num grande excedente de força nervosa, e penso que a maioria dos rapazes 'se enrola' com as criadas e com as amigas das irmãs". Moll (*Konträre Sexualempfindung*, 1889, pp. 6 e 356) não considera que se tenha provado que existe sempre esta fase de emoção sexual indiferenciada, embora tenhamos que reconhecer que a sua ocorrência é frequente. Numa das suas obras mais recentes (1909, *Das Sexualleben des Kindes*, tradução inglesa, *The Sexual Life of the Child*, cap. IV) Moll mantem a mesma opinião, de que a tendência homossexual é muito frequente em crianças normais cujo desenvolvimento posterior é perfeitamente normal; inicia-se entre os 7 (ou mesmo os 5) e os 10 anos e pode durar até aos 20 anos de idade.

A perspetiva freudiana

Recentemente, Freud aceitou e desenvolveu esta ideia de homossexualidade embrionária, que considerou normal no início da vida. Assim, em 1905, no seu *Bruchstück einer Hysterie-Analyse* (reproduzido na segunda série de *Sammlung Kleiner Schriften zur Neurosenlehre*, 1909), Freud diz que é do conhecimento comum que os rapazes e as raparigas na puberdade exibem normalmente sinais claros da existência de uma tendência homossexual. Em circunstâncias favoráveis esta tendência é ultrapassada, mas pode reaparecer na presença de um estímulo apropriado quando não se estabelece uma relação amorosa heterossexual feliz. Nos neuróticos esta homossexualidade embrionária está mais desenvolvida. "*Nunca realizei nenhum tratamento de psicanálise*", declara Freud, "*em que não tenha descoberto uma tendência homossexual muito expressiva, tanto em homens como em mulheres*". Também Ferenczi (*Jahrbuch für Psychoanalytische Forschungen*, Bd. III, 1911, p. 119), sem fazer referência a qualquer base fisiológica para este impulso, aceita "*a capacidade psíquica da criança para direcionar o seu eroticismo, originalmente sem objeto, para um ou para ambos os sexos*", e classifica esta disposição como "*ambissexualidade*". Pode dizer-se que a maioria dos psicanalistas, mesmos os que divergiram de Freud, aceita como normal a existência de um elemento homossexual nas fases iniciais de vida. Stekel iria mais longe, considerando que várias anomalias sexuais psíquicas podem ser sintoma de uma tendência bissexual oculta; a impotência psíquica, a atração de homens por mulheres com traços masculinos, e a de mulheres por homens com traços femininos, várias formas de fetichismo, podem ser máscaras para a homossexualidade (Stekel, *Zentralblatt für Psychoanalyse*, vol. II, abril de 1912).

Estes amores e paixões de colegial surgem, em grande parte, espontaneamente com o desenvolvimento das emoções sexuais, embora as suas manifestações possam estar sujeitas ao exemplo e à influência de terceiros. À medida que as emoções sexuais se fortalecem ou quando os rapazes deixam a escola ou o colégio para passarem a viver em sociedade, convivendo com homens e mulheres adultos, o instinto sexual regressa geralmente aos seus canais normais tal como acontece com o instinto sexual da maioria dos rapazes após o início da puberdade, se não mesmo antes. Mas alguns permanecem insensíveis à influência das mulheres e estes são os que podem ser classificados como verdadeiros invertidos sexuais. Alguns são, provavelmente, indivíduos com instintos sexuais pouco desenvolvidos e são de algum interesse psicológico, embora tenham recebido até hoje pouca atenção dos investigadores devido à relativa quiescência das suas emoções sexuais. A seguinte comunicação, que recebi de fonte muito credenciada, é notável deste ponto de vista:

"*Os factos a seguir mencionados podem, eventualmente, ser do seu interesse, embora a minha descrição seja necessariamente genérica e vaga. Acontece que conheço intimamente três homens cujo afeto tem sido principalmente dirigido para pessoas do seu próprio sexo. O primeiro, tendo praticado a masturbação em rapaz, parou durante dez anos (tão profundamente que deixou de ter sonhos eróticos) mas retomou deliberadamente o hábito (a cada 15 dias, mais ou menos) como substituto da cópula, pela qual nunca sentiu o menor desejo. Mas ocasionalmente, quando está a dormir com um amigo, tem emissões ao abraçá-lo. O segundo é constantemente e anormalmente perturbado por sonhos eróticos e emissões, tomando fármacos a conselho de um médico para reduzir estas atividades. Desenvolveu recentemente um interesse sexual por mulheres mas, por razões de ética e outras, não copula com elas. Do terceiro posso dizer pouco pois nunca falou comigo sobre o assunto, mas sei que nunca teve relações sexuais com mulheres e que a*" *ideia sempre o repugnou instintiva e naturalmente. Imagino que em todos estes casos o impulso físico para o sexo é menos imperativo que no homem médio. O impulso emocional, por outro lado, é muito forte. Deu origem a amizades que só consigo comparar às dos diálogos de Platão e, para além de um certo sentimento de estranheza em relação à autodescoberta gradual de um temperamento aparentemente diferente do da maioria dos homens, nunca lhes causou qualquer tipo de autocensura ou vergonha. Pelo contrário, a sensação tem sido, isso sim, de exaltação pela perceção de uma capacidade de amar que parece ser mais subtil e mais espiritual do que a que comumente ocorre entre pessoas de sexos diferentes. Todos estes homens têm capacidade intelectual acima da média e um deles é socialmente ativo, sendo respeitado pela sua craveira e admirado pelo seu caráter. Menciono este ponto em particular porque nos livros sobre esta temática parece ser comum considerar estas relações como patológicas e selecionar casos em que os sujeitos são atormentados pela vergonha e pelo remorso. Nos casos que descrevi antes nada disto acontece.*

Em todos estes casos, os indivíduos reconhecem que a atração sexual física é o fundamento da relação, mas no que respeita às emoções e, para alguns, por uma questão de princípio, todos adotaram o ideal ascético.

Estes são os únicos casos que conheço pessoalmente e com os quais estou intimamente familiarizado. Mas ninguém pode ter passado por uma vida de colégio privado sem observar constantemente sinais dos fenómenos em questão. É óbvio para mim que num grande número de casos não existe uma fronteira bem definida entre o que se designa especificamente por 'amizade' e o amor, e é provável que seja a pressão dos costumes e da opinião pública que acaba, na maior parte dos casos, por finalmente impulsionar a paixão física na direção do sexo oposto".

A questão da homossexualidade adquirida

A classificação das variedades de homossexualidade é um assunto complexo, mas não é essencial. Os resultados das primeiras tentativas de Krafft-Ebing e de outros para elaborar uma classificação deixaram de ser adequados. Mesmo os grupos mais elementares das suas classificações levantam muitas dúvidas sempre que os tentamos usar para classificar casos concretos. A velha distinção entre homossexualidade congénita e adquirida deixou de ter significado. Se aceitarmos que a tendência para a homossexualidade pode surgir em pessoas geralmente normais quando colocadas em situações em que o exercício da sexualidade normal é impossível (como a bordo de um navio ou na prisão), deixa de fazer sentido insistir nesta distinção[129]. Consideramos que não é necessário mais que admitir a existência de uma homossexualidade geral indefinida (uma relação de natureza não especificada entre pessoas do mesmo sexo) e da verdadeira inversão sexual[130].

Todas as autoridades na matéria, incluindo Freud, que valoriza um mecanismo psicológico especial que pode determinar a homossexualidade, reconhecem agora que para haver verdadeira inversão sexual é necessária a existência tanto de uma predisposição congénita como de uma tendência adquirida, sendo as aparentes exceções tão raras que não merecem ser ponderadas. Krafft-Ebing, Nacke e Iwan Bloch, que chegaram a acreditar na possibilidade da existência de inversão adquirida, abandonaram definitivamente esse ponto de vista, e mesmo Schrenck-Notzing, que há 20 anos era um defensor vigoroso da doutrina da inversão adquirida, admite a necessidade da existência de uma predisposição favorável à inversão, uma constatação que torna a distinção entre congénita e adquirida insignificante, senão meramente literal[131]. Supondo que, de facto, estamos dispostos a admitir que a verdadeira inversão pode ser adquirida, a classificação de cada caso concreto será extremamente difícil e entre os meus casos encontrei poucos que com razoável certeza pudessem ser classificados nesta categoria.

---

[129] Iwan Bloch, em *The Sexual Time of Our Time*, faz esta distinção entre "*homossexualidade*" (correspondente à inversão) e "*pseudo-homossexualidade*". De acordo com a terminologia que aceito, o termo "*pseudo-homossexualidade*" é desnecessário e incorreto. Mais recentemente (*Die Prostitution*, Bd. I, 1912, p. 103) Bloch preferiu, em vez de pseudo-homossexualidade, a expressão mais satisfatória, "*homossexualidade secundária*".

[130] Ver, por exemplo, a discussão razoável de Hirschfeld sobre este assunto, *Die Homosexualität*, cap. XVII.

[131] Alfred Fuchs, que editou postumamente a *Psychopathia Sexualis* de Krafft-Ebing, distingue entre homossexualidade congénita, que se manifesta desde o início sem necessidade de estímulos externos, e homossexualidade, que embora baseada numa inclinação inata, necessita de influências externas específicas para despertar (*Jahrbuch für sexuelle Zwischenstufen*, Bd. IV, 1902, p. 181).

A inversão retardada

Mesmo os casos (a que Schopenhauer já há muito se referiu) nos quais a inversão só se estabelece numa idade tardia, deixaram de ser considerados um obstáculo à aceitação da doutrina da natureza congénita da inversão; nesses casos a inversão é meramente retardada. O conceito de inversão retardada (isto é, uma inversão congénita latente que se manifesta apenas num período tardio da vida) foi inicialmente apresentado por Thoinot em 1898, no seu *Attentats aux Moeurs*, para substituir o conceito insatisfatório, em sua opinião, de inversão adquirida. Thoinot considerava que a inversão retardada é relativamente rara e de pouca importância, mas mais sensível a medidas terapêuticas. Três anos mais tarde, Krafft-Ebing, já perto do fim da vida, adotou o mesmo conceito; os casos em que o aplicou foram todos, como ele indicou, de indivíduos com disposição bissexual e, também, geralmente marcados por hiperestesia sexual. Esta forma de encarar a questão foi rapidamente patrocinada por Nacke e podemos dizer que hoje tem já ampla aceitação[132].

Moll, antes de Thoinot, salientou que é difícil acreditar que a homossexualidade em idade avançada possa manifestar-se sem que exista, pelo menos, uma debilidade inata do impulso heterossexual, e que não podemos negar a possibilidade de transmissão hereditária, mesmo quando a homossexualidade surge apenas aos 50 ou 60 anos[133].

> Moll duvida fortemente que a saciedade heterossexual possa, por si só, ser suficiente para causar homossexualidade. Näcke separou cuidadosamente os casos (a que já foi atribuída muita importância) em que homens de idades avançadas e de

---

[132]   Krafft-Ebing, *Ueber tardive Homosexualität, Jahrbuch für sexuelle Zwischenstufen*, Bd. III, 1901, p. 7; Näcke, *Probleme auf den Gebiete der Homosexualität, Allgemeine Zeitschrift für Psychiatrie*, 1902, p. 805; ib., *Ueber tardive Homosexualität, Sexual-Probleme*, setembro de 1911. Numa Praetorius (*Jahrbuch für sexuelle Zwischenstufen*, janeiro de 1913, p. 228) considera que os casos tardios não devem ser considerados bissexuais, mas de invertidos genuínos que tinham adquirido uma pseudo-heterossexualidade que mais tarde vieram a perder; na melhor das hipóteses, acredita que tais casos apenas representam um prolongamento de um período juvenil indiferenciado.

[133] Moll, *Untersuchungen über die Libido Sexualis*, 1897, pp, 458-8.

potência sexual em declínio, ou homens novos exauridos pela devassidão heterossexual, passaram a sentir-se atraídos por rapazes. Em tais casos, que incluem a maioria dos casos em que a inversão surge tardiamente, Näcke classificou a inversão como sendo meramente espúria, a *faute de mieux* de pessoas já inaptas para a atividade sexual normal.

Não duvidamos que este tipo de casos precisa de ser estudado, do ponto de vista psicológico, mais cuidadosamente do que normalmente o tem sido.

Féré investigou uma vez um caso deste tipo em que um homem jovem saudável (embora com antecedentes neuróticos ligeiros num dos ramos familiares) abusou de relações sexuais entre os 20 e os 23 anos (muitas vezes mais impelido por *amour propre*, ou pelo que Adler haveria de designar por "*afirmação de masculinidade*" dos organicamente inferiores, do que por desejo sexual) e, subitamente, ficou impotente, perdendo todo o desejo, mas sem nenhum sintoma de qualquer doença. Seis meses depois voltou lentamente a recuperar a capacidade para ter relações sexuais, embora nunca como dantes, e casou. Aos 35 anos de idade, começou a manifestar sintomas de ataxia locomotora e alguns anos mais tarde voltou a ficar impotente, mas desta vez sem perder o apetite sexual. De repente, um dia, ao sentar-se numa *table d'hôtel* muito encostado a um rapaz, teve uma ereção violenta; posteriormente descobriu que a mesma reação ocorria com outros rapazes e, embora psiquicamente não desejasse homens, sentiu-se obrigado a procurar tais contatos, pois começara a sentir repugnância pelas mulheres e pela sexualidade feminina. Cinco meses depois ficou paraplégico e completamente impotente; nessa altura, tanto a tendência homossexual como a aversão pelas mulheres desapareceram. (Féré, *L'Instinct Sexuel*, p. 184). Em tal caso, na presença de uma doença, a estimulação excessiva parece resultar em anestesia sexual total ou parcial, tal como ocorre quando ficamos temporariamente ofuscados pelo excesso de luz; a capacidade funcional retorna por influência de um estímulo diferente e geralmente muito mais débil. Leppmann, que estudou as manifestações homossexuais de homens de idade avançada, anteriormente normais, dirigidas a rapazes (*Greisenalter und Kriminalität, Zeitschrift für Psychotherapie*, Bd. I, Heft 4, 1909), considera que a causa principal é um reacender do impulso sexual em direção à perversão num estágio inicial de uma perturbação cerebral mórbida, que não chega a ser insanidade e que não envolve ainda irresponsabilidade total. Leppmann acredita que em tais casos o indivíduo pode regressar, devido à redução da potência sexual, aos primórdios da sua vida sexual e, talvez inconscientemente, às atrações homossexuais próprias dessas tenras idades.

Com o reconhecimento de que a homossexualidade na juventude pode ser devida a um impulso sexual ainda indiferenciado, de que a homossexualidade na idade adulta pode ser devida a um desenvolvimento tardio de base congénita, e de que a homossexualidade na velhice pode ser devida a um retorno às atitudes da juventude, o espaço que resta para a homossexualidade espúria, ou *pseudo-homossexualidade*, parece-me ficar muito reduzido. A maior parte (talvez todas) das autoridades nesta matéria continuam a aceitar que existe homossexualidade espúria em indivíduos heterossexuais. Mas não entram em detalhe sobre o assunto e não apresentam nenhum estudo minucioso de algum caso em que tal tenha sido observado. Hirschfeld, ao discutir o diagnóstico da homossexualidade e procurando distinguir entre invertidos espúrios e genuínos[134], enumera 3 classes dos primeiros: (1) os que praticam a homossexualidade com objetivo de obter ganhos financeiros, sobretudo prostitutos e chantagistas; (2) as pessoas que, por compaixão, bondade, amizade, etc., aceitam ser objeto de desejo homossexual; (3) as pessoas normais que, quando excluídas do convívio com o sexo oposto, como em colégios, quartéis, a bordo de navios ou na prisão, têm relações sexuais com pessoas do mesmo sexo. Hirschfeld apercebeu-se mais recentemente que a simples prática do ato sexual não é indicadora da orientação do impulso sexual; nos homens, o ato sexual pode ser viabilizado por estimulação mecânica (como a provocada por uma bexiga cheia), o que nem sequer é necessário no caso das mulheres; estes casos têm reduzido significado do ponto de vista psicológico. Mais do que isso,

---

[134] Hirschfeld, *Die Homosexualität*, cap. VIII.

Hirschfeld parece admitir que algumas subdivisões da sua primeira classe são de invertidos verdadeiros. Menciona ainda que cerca de 75% dos indivíduos incluídos na sua classificação têm entre 15 e 25 anos de idade, ou seja, são indivíduos que ainda há pouco emergiram do período em que julgamos que, num grande número de indivíduos, o impulso sexual ainda não está definitivamente diferenciado o que não permite que a sua tendência homossexual, ou heterossexual, possa ser com segurança considerada espúria.

Bissexualidade

Se aceitarmos a teoria muito razoável de que o ponto de partida da sexualidade é a bissexualidade, mesmo que a orientação definitiva para a homossexualidade ou para a heterossexualidade possa ser fixada logo na infância, torna-se difícil perceber como podemos defender uma classe de homossexualidade nitidamente espúria. Cada uma das três classes de Hirschfeld abrange indivíduos genuinamente homossexuais e bissexuais. Muitos dos prostitutos, e até os chantagistas, serão seguramente invertidos genuínos. As pessoas que aceitam ser alvo de atenções de homossexuais podem muito bem ter traços de homossexualidade e têm em muitos casos, sem dúvida, um impulso heterossexual pouco vigoroso. Finalmente, não podemos assumir que as pessoas que são atraídas pelos do seu próprio sexo, quando excluídas do convívio social com o sexo oposto, sejam heterossexuais normais. Apenas uma pequena proporção dos heterossexuais sente este tipo impulsos quando se encontra em situação semelhante. Há sempre pessoas que, nas mesmas condições, continuam a sentir-se emocionalmente atraídas pelo sexo oposto e se mantêm sexualmente indiferentes aos do seu próprio sexo. Há, evidentemente, uma diferença e podemos razoavelmente acreditar que essa diferença se deve à existência de um traço de sentimento homossexual que é chamado à ação em condições invulgares e que desaparece quando o impulso heterossexual, mais forte, pode ser de novo satisfeito.

A distinção real parece ser, portanto, entre um impulso homossexual tão forte que subsiste mesmo na presença do objeto heterossexual, e um impulso homossexual tão fraco que se eclipsa na presença do objeto heterossexual. Não podemos, no entanto, classificar adequadamente o último como mais *espúrio* ou *pseudo* que o primeiro.

A existência de heterossexuais que experimentam impulsos homossexuais na ausência de qualquer disposição homossexual não é, atualmente, fácil de aceitar. Podemos certamente aceitar a possibilidade de um estímulo mecânico ou outro, não-sexual, provocar uma resposta sexual contrária à disposição do sujeito; mas isto é, geralmente, difícil de comprovar e, quando comprovado, tem pouca ou nenhuma importância psicológica. Acreditamos, portanto, que a *pseudo-homossexualidade*, ou a homossexualidade espúria, deve ter um papel diminuto a nível de classificação.

A mais simples de todas as classificações possíveis, e que adotei nas edições anteriores do presente *Study*, apenas considera os que não são exclusivamente atraídos pelo sexo oposto, distinguindo nestes os que são exclusivamente atraídos pelo mesmo sexo dos que são atraídos por ambos os sexos. Os primeiros são homossexuais, quer a atração tenha origem em inversão genuína ou não. Os segundos são bissexuais ou, como anteriormente eram designados por Krafft-Ebing, hermafroditas psicossexuais[135]. Haveria, portanto, uma ampla e simples classificação de todas as pessoas sexualmente ativas em três grupos abrangentes: heterossexuais, bissexuais e homossexuais.

No entanto, mesmo esta classificação elementar parece não ser de grande utilização prática. O grupo bissexual introduz incerteza e dúvida. Uma grande percentagem de pessoas que podem ser consideradas heterossexuais já experimentou, em algum momento da sua vida, alguma atração sexual por indivíduos do mesmo sexo. Por outro lado, também acontece que uma grande percentagem de pessoas que são claramente homossexuais já sentiu atração sexual, e até manteve relações sexuais, com pessoas do sexo oposto. A pressão social, exortando às atitudes sexuais normais, é suficiente para estimular os débeis embriões de heterossexualidade dos homossexuais, tornando-os bissexuais. Seria de esperar que na maioria dos adultos bissexuais, a tendência homossexual fosse mais forte e mais orgânica que a tendência heterossexual. A bissexualidade

---

[135] Este foi o termo usado em edições anteriores do presente *Study*. De bom grado o rejeito a favor do termo mais simples e mais claro que agora geralmente se utiliza. É verdade que através da bissexualidade se conseguem compreender não só os dois sentidos do instinto sexual, mas também a presença dos dois sexos no mesmo indivíduo, o que a palavra francesa "*bisexuation*" carateriza mais corretamente.

seria assim, num grande número de casos, comparável à ambidextria que Biervliet encontrou com maior frequência nos que são organicamente canhotos[136]. Se a divisão entre heterossexual, bissexual e homossexual parece ter, assim, alguma utilidade, de pouco valerá como classificação científica.

Face a todas estas considerações, e tendo em conta que, embora tenha razões para considerar que os meus casos são de confiança, nem sempre tive oportunidade para os investigar extensivamente, pareceu-me sensato não tentar fazer nenhuma classificação.

A ordem de apresentação dos casos seguintes não tem, portanto, nenhum significado especial.

A questão da honestidade do invertido

Pode ser apropriado, neste ponto, dizer algumas palavras sobre a fiabilidade das declarações dos homossexuais, que tem, por vezes, sido posta em causa. Há muitos anos atrás dizia-se que os invertidos eram tão mentirosos e falsos que não era possível confiar em nada do que diziam. Também era usual afirmar que quando escreviam autobiografias as decalcavam das que tinham sido publicadas por Krafft-Ebing. Mais recentemente, os psicanalistas refutaram radicalmente, por duvidosos, todos os registos não obtidos pelos seus próprios métodos, mesmo quando prestados de boa-fé, não só porque consideram que os sujeitos ocultam o que pensam que é demasiado trivial ou desagradável, mas também porque acreditam que os sujeitos não tem acesso direto ao seu inconsciente onde, segundo pensam, estarão enterrados os factos mais importantes da sua história sexual. Sadger (*Ueber den Wert der Autobiographien Sexuell Perverser, Fortschritte der Medizin*, n.ºs 26-28, 1913) defende vigorosamente este ponto de vista e afirma que as autobiografias dos invertidos são inúteis, embora as suas afirmações sejam desvalorizadas pelo

---

[136] J. Van Biervliet, *L'Homme et Droit l'Homme Gauche, Revue Philosophique*, outubro de 1901. Demonstra-se aqui que na constituição dos seus sistemas nervosos, os ambidextros são comprovadamente esquerdinos; o lado esquerdo é preponderante no que respeita a sensibilidade ótica, auditiva, olfativa e muscular.

facto de serem acompanhadas por uma autobiografia, escrita de forma tradicional, a que ele atribui muita importância.

A objeção às declarações autobiográficas dos homossexuais data de um período em que havia pouca conhecimento sobre a homossexualidade e se imaginava que o caráter moral dos homossexuais estava razoavelmente bem representado pelo de um pequeno grupo de entre eles que atraía grande atenção pela sua conduta vergonhosa. Mas, como agora sabemos, podemos encontrar entre os invertidos todos os tipos de pessoas e todas as variedades de caráter moral. Sadger (*Archiv für Kriminal-Anthropologie*, 1913, p. 199) lamenta a "*grande falta de sinceridade dos invertidos por não reconhecerem publicamente a sua inversão*"; mas, como o próprio Sadger admite, não nos podemos surpreender que assim seja enquanto a inversão for classificada como crime. As pessoas normais, em circunstâncias semelhantes, seriam igualmente pouco sinceras. Se os homossexuais diferem dos heterossexuais neste aspeto é por exibirem muitas vezes uma tendência para serem ligeiramente neuropáticos, nervosamente sensíveis e femininamente emocionais. Se estas tendências são, por um lado, suscetíveis de induzir uma vaidade facilmente reconhecível, também podem conduzir a um apego fora do comum à verdade. Posso afirmar que, no seu conjunto, os melhores relatos de homossexuais comparam-se favoravelmente em franqueza, inteligência e capacidade de autoanálise com os que são escritos por heterossexuais.

A velha alegação de que os invertidos escreveram as suas próprias biografias usando o modelo (ou sob a influência) das publicadas por Krafft-Ebing em *Psychopathia Sexualis* deixou de ser credível agora que as mesmas foram publicadas e se revelaram extremamente numerosas e variadas, não sendo possível sintetizar a partir delas um modelo uniforme. Na verdade, não pode haver dúvida de que muitos invertidos foram estimulados a escrever as narrativas das suas experiências pela leitura das que foram escritas por outros. Mas, por vezes, é precisamente porque as suas experiências lhes parecem muito diferentes das que encontraram nos livros que decidiram passá-las a escrito. As histórias que leram apenas lhes serviram de modelo no que respeita à indicação dos temas sobre os quais faz falta informação. Verifiquei frequentemente este tipo de influência, que parece ser bastante óbvia.

A psicanálise é, em teoria, um método ideal para explorar muitos problemas psicológicos, como a histeria ou as obsessões, que são obscuras e estão dissimuladas psiquicamente. Na maior parte dos casos de homossexuais, os principais factos não são, com colaboração do paciente e sensatez do investigador, difíceis de verificar. As principais dificuldades que podem ser esclarecidas com auxílio de psicanálise relacionam-se com a infância, mas mesmo sobre esta fase a psicanálise, por vezes, levanta questões a que não consegue responder com segurança. A psicanálise descobre sempre uma imensa quantidade de pequenos detalhes, que podem ou não ter significado, e é impossível impedir que a personalidade do psicanalista deixe de ter interferência na seleção dos detalhes relevantes. O psicanalista terá, necessariamente, que os organizar de acordo com algum sistema. Se, por exemplo, considerar que as emoções incestuosas infantis ou o narcisismo precoce têm um papel importante no mecanismo da homossexualidade, sendo um investigador minucioso, não irá descansar enquanto não descobrir indícios dos mesmos. (Ver, por exemplo, Sadger, *Fragment der Psychoanalyse eines Homosexuellen, Jahrbuch für sexuelle Zwischenstufen*, Bd. IX, 1908; e cf. Hirschfeld, *Die Homosexualität*, p. 164). Mas a importância e o significado atribuído a estes indícios podem ser duvidosos e, mesmo se forem relevantes nalgum caso, poderão ser negligenciáveis noutros. Freud, que definiu um determinado tipo de mecanismo homossexual, admite que podem haver outros. Para além disso, devemos salientar que o método psicanalítico não exclui a possibilidade de o sujeito se estar a iludir, inconscientemente, a si mesmo, tal como Freud descobriu. Foi esta descoberta que o compeliu a admitir a tendência dos pacientes para a *"fantasia"*, a que Adler chamou *"ficção"*, como uma tendência psíquica fundamental do *"inconsciente"*.

A força destas considerações está agora a começar a ser universalmente reconhecida. Nesse sentido, Moll (art. *Homosexualität*, na 4ª ed. de *Realencyclopädie der gesamten Heilkunde*, de Eulenburg, 1909, p. 611) tem razão quando afirma que se o invertido pode ocasionalmente dourar a sua história, "*o perito consegue normalmente distinguir entre verdade e poesia, embora para isso seja imprescindível que exista confiança absoluta entre ele e os pacientes*". Também Näcke (*Sexual-Probleme*, setembro de 1911, p. 619), depois de citar aprovadoramente o comentário do Dr. Numa Praetorius, um dos mais reputados especialistas alemães, em que este afirma: "*uma grande parte das histórias relatadas por invertidos são, pelo menos, de tanta confiança como as tentativas dos psicanalistas para descobrir a verdade, sobretudo quando essas histórias são relatadas por pessoas com boa capacidade de autoanálise*", e acrescenta que "*nem a análise freudiana é garantia de descoberta da verdade. O ceticismo saudável é justificável, mas não o ceticismo mórbido!*" Também Hirschfeld (*Die Homosexualität*, p. 164), que detém um conhecimento sem paralelo deste tipo de histórias, observa que se esporadicamente podemos estar na presença de um caso ou outro de "*pseudo-logia fantástica*" relacionada com debilidade psíquica causada por uma constituição psicopática, "*considerando todos os ângulos da questão, a proclamação da falsidade generalizada dos invertidos é uma ilusão sem conteúdo, e é meramente sinal de que os médicos que o declararam não conseguiram obter a confiança dos homens e das mulheres que os consultaram*". A minha própria experiência convenceu-me plenamente da verdade desta afirmação de Hirschfeld. Estou certo de que muitos dos invertidos que conheci não só possuem uma rara capacidade intelectual de autoanálise (estimulada pelo constante e inevitável contraste entre os seus sentimentos e os das pessoas que os rodeiam), como possuem também uma sinceridade impiedosa, muito raramente encontrada nas pessoas normais.

As histórias que se seguem têm importância desigual e foram obtidas por diversos meios. Algumas são de pessoas que eu conheço muito bem e desde há muito tempo, e sobre as quais posso falar muito assertivamente. Umas poucas são de completos desconhecidos, cuja boa-fé, contudo, consigo julgar pelos seus próprios testemunhos, que aceito como verdadeiros. Duas ou três foram escritas por pessoas que, embora letradas (um deles é jornalista), nunca tinham ouvido falar de inversão e pensavam que os seus sentimentos homossexuais eram absolutamente únicos no mundo inteiro. Um bom número foi escrito por pessoas que não conheço pessoalmente, mas que são bem conhecidas por terceiros em cuja opinião tenho confiança. Talvez o maior conjunto de casos seja o de indivíduos que começaram por me escrever espontaneamente e que fui periodicamente entrevistando, por vezes no decurso de um longo período, pelo que consegui lentamente completar as suas histórias, embora as narrativas finais possam parecer o resultado de uma única entrevista. Não incluí nenhuma narrativa que não sinta poder classificar como uma descrição substancialmente exata dos factos, embora se deva descontar ocasionalmente alguma emoção no relato quando um invertido se tem em elevada consideração ou, inversamente, quando tem uma baixa autoestima pessoal.

Casos

CASO 1. - Os pais são saudáveis; o pai apresenta excecional *physique*. Ele mesmo é um trabalhador manual, também de excecional *pshysique*. É, no entanto, de temperamento nervoso. É mentalmente brilhante, embora não muito educado, é um desportista dedicado e, em geral, um bom exemplar de um saudável homem comum inglês.

Embora muito afetuoso, não apresenta (e parece nunca ter apresentado) impulsos sexuais físicos muito pronunciados. Por vezes, na puberdade, masturbava-se, mas depois parou completamente. Parece não ter sonhos de conteúdo marcadamente erótico. Costumava ter alguma atração por mulheres, embora nunca muito forte. Aos 26 anos de idade foi seduzido por uma mulher e teve relações sexuais com ela uma única vez, mas ficou desconfiado que ela o tinha enganado em diversas ocasiões, o que lhe induziu uma fortíssima antipatia, não só por esta mulher mas por todas as mulheres casadoiras. Só ganhou consciência clara e definitiva dos seus sentimentos homossexuais um ano após este episódio. Atualmente tem 33 anos, mantem a mesma antipatia pelas mulheres e não quer ouvir falar de casamento.

Teve apenas uma atração muito forte por um homem que tem quase a mesma idade que ele mas que é de uma classe social diferente e, de certa forma, contrasta com ele tanto física como intelectualmente. Até agora, no que respeita a atos físicos, esta relação ainda não foi explicitamente sexual mas tem-se caraterizado por extrema intimidade o que leva a pensar que a ausência do ato sexual será, provavelmente, apenas de caráter circunstancial. Não existe nenhum desejo consciente de praticar o ato só por praticar e a harmonia e a satisfação reinantes são descritas como proporcionando completa realização. Não tem repugnância pelo aspeto físico da relação e considera o seu relacionamento perfeitamente natural.

CASO 2. – *B. O.*, inglês, 35 anos, missionário no estrangeiro. Tem um irmão que é um invertido mais óbvio. *B. O.* nunca teve qualquer relação homossexual, embora tenha sempre sentido atração por rapazes; também nunca teve nenhuma relação com mulheres. "*No que diz respeito a mulheres*", diz ele, "*não tenho paciência para as tentar compreender; são petulantes e inconstantes*", etc. Não aceita ser chamado de "*anormal*" e acha que as pessoas como ele são "*extremamente comuns*".

"*Nunca quis beijar rapazes*", escreve ele, "*nem tocar-lhes, a não ser para lhes passar o braço pelos ombros quando estão a estudar ou em situações semelhantes. Claro que com rapazes jovens é diferente, mas tanto os rapazes como as raparigas com menos de 14 anos são, para mim, muito semelhantes e sou capaz de amar tanto uns como outros. No que respeita a relações sexuais entre mim e alguém do meu próprio sexo, só consigo pensar nelas com repugnância. Percebo que se possa ter grande prazer com mulheres, mas eu não me sinto atraído pela sua natureza. Na verdade, a minha atração pelos do meu próprio sexo parece ser quase completamente fundada na minha preferência pelo caráter masculino e pela 'visão' do corpo masculino, que é realmente mais bonito que o feminino. Sempre que sou tentado por paixões sexuais, é em mulheres que penso. Por outro lado, tenho de confessar que já algumas vezes me senti excitado sexualmente depois de ter estado por uma ou duas horas na companhia de algum rapaz de quem gosto muito. Mas apenas uma vez na vida senti um forte desejo de dormir na mesma cama com um rapaz e mesmo nessa altura não tive vontade de fazer nada. Escusado será dizer que não dormi com ele.*

Nunca me senti tentado por nenhuma das raparigas daqui, embora possa ver muitas meio despidas e algumas sejam muito bonitas. Nem me senti tentado a fazer qualquer coisa incorreta com os rapazes, embora goste de ficar sentado a falar com um deles que anda normalmente quase despido. Mas a observação constante de pernas nuas e bem torneadas tem um efeito curioso sobre mim e dou por mim a sonhar com elas em momentos inesperados. O mais curioso de tudo isto é que há aqui vários rapazes de quem gosto muito. Quando estão perto de mim só penso neles com sentimentos puros e ternos mas por vezes, à noite, quando estou meio a dormir, ou à tarde, quando estou a fazer a minha sesta, imagino um desses rapazes a abordar uma rapariga, ou mesmo a deitar-se com ela, e o mais estranho é que não sinto o menor desejo de estar com a rapariga, mas sinto o desejo de estar no lugar 'dela' e imagino que o rapaz me quer a 'mim'. Quando estou acordado e tranquilo entristece-me bastante, e até me horroriza, descobrir que sou aparentemente tão pouco masculino; no entanto é mesmo assim, e esta experiência, com pequenas variações, repete-se uma e outra vez. Não é que eu deseje, como homem e mesmo só em imaginação, comportar-me incorretamente com algum rapaz, mas penso que gostaria de estar no lugar da rapariga e o mais estranho é que em todos estes sonhos e devaneios de imaginação consigo aparentemente sentir com mais facilidade as emoções femininas do que as masculinas. Às vezes imagino por um instante que talvez a reencarnação seja verdadeira e que eu tenha sido uma mulher numa vida anterior. Outras vezes imagino que quando estava no ventre da minha mãe era uma menina e que os meus órgãos sexuais mudaram só no último instante antes de nascer. É um problema curioso. Não julgue que me preocupo com isto. Só de vez em quando penso nisto... Estas coisas têm o seu lado positivo. Os rapazes e os homens geralmente manifestam afeto para comigo, os sentimentos que esperamos que tenham para o sexo oposto, e por isso consigo estar mais próximo deles".

CASO 3. - F. R., inglês, de 50 anos de idade, família normal e saudável em ambos os ramos, com talento acima da média. O pai tinha 35 anos quando ele nasceu, a mãe 27. Ele é o segundo de quatro filhos. Houve um intervalo considerável entre o nascimento das várias crianças, que ocorreram ao longo de vinte e um anos. Todos são normais, exceto *F. R.*, e dois deles são casados e têm família. Devido à diferença de idade entre as crianças, *F. R.* (o irmão que nasceu antes dele é três anos mais velho e a irmã que nasceu depois dele tem menos quatro anos) não teve companhia masculina e esteve praticamente sempre sozinho com a mãe. "*Sendo naturalmente um imitador*", comenta ele, "*acho que adquiri os gostos e os interesses dela, bem como a sua forma de pensar. Seja como for, tenho a certeza que os meus interesses e divertimentos eram mais de menina do que de rapaz. A título de exemplo, posso mencionar que um amigo da minha mãe me disse várias vezes que, numa ocasião, eu queria um chapéu novo e, como não havia nenhum do meu tamanho, fiquei muito satisfeito por ser 'obrigado' a comprar um 'bonnet'! (N.T.: um chapéu de mulher). Quanto aos meus gostos e instintos femininos, sempre soube que me interessava por assuntos de relações familiares, etiqueta e boas maneiras, roupa (talvez mais a de mulher que a de homem) e outros coisas do género que, regra geral, são tratadas com indiferença ou desprezo pelos homens. Em casa, reparo nas asneiras e negligências dos criados mais que a minha irmã e sou muito mais arrumado do que ela*".

A aparência geral de *F. R.* não tem nada de especialmente feminino. A entrada na puberdade ocorreu cedo, muito antes dos 14 anos, com emissões noturnas mas sem sonhos eróticos. Os testículos são bem desenvolvidos, o pénis é de dimensão talvez um pouco abaixo da média e o prepúcio é comprido e estreito. As ereções ocorrem com muita facilidade, especialmente à noite. Quando era jovem desconhecia a masturbação, mas começou a masturbar-se há 10 anos e mantém a prática desde então, ocasionalmente.

Embora até certo ponto goste da companhia de mulheres, rapidamente se farta delas e nunca desejou casar. Os seus sonhos sexuais nunca incluem mulheres. "*Nos meus sonhos, geralmente estou a dizer ou a fazer alguma coisa*", observa ele, "*com algum homem que conheço na vida real, algo que admito desejar mesmo fazer ou dizer, se não estivesse completamente fora de questão por motivos de correção e autorrespeito*".

No entanto, nunca teve quaisquer relações íntimas com homens e tudo o que sabe sobre esse tipo de relações enche-o de horror.

"*O que penso sobre mim mesmo é que*", escreve ele, "*até certo ponto ou nalguns aspetos, tenho uma mente feminina num corpo masculino ou, poderia mesmo dizer, sou uma combinação de uma mulher imoral (em pensamento, que não em atos) com um homem religioso. Senti esporadicamente grande carinho por alguns rapazes jovens, mas não tenho razões para me envaidecer pois penso que o meu carinho nunca foi correspondido. Tenho presentemente um jovem (23 anos) que me secretaria e que se senta comigo no meu escritório. É extremamente bonito e do tipo que costumamos normalmente designar por 'aristocrático', mas tanto quanto sei (ou tanto quanto ele sabe), é de classe média baixa. Tem poucas credenciais, com exceção de um belo rosto e de um corpo elegante, e não há nenhuma afinidade intelectual ou social entre nós. Mas sinto constantemente um forte desejo de o tratar como os homens tratam as jovens raparigas a quem amam ternamente. Por muitos e óbvios motivos, sinto que não posso ultrapassar as carícias simples, quase paternais, e tenho a certeza de que ele repudiaria fortemente qualquer outro contato. Esta autorrepressão constante está a pôr à prova o meu sistema nervoso e, frequentemente, faz-me sentir muito mal. Como não tenho experiência, estou sempre ansioso por aprender tudo o que puder acerca das relações sexuais entre homens e sobre os seus órgãos sexuais, mas não tenho absolutamente nenhuma curiosidade quando se trata do sexo oposto. O meu principal prazer e fonte de satisfação, encontro-o nas oportunidades que me são proporcionadas nos banhos turcos ou em qualquer lugar onde se possam ver homens nus. Mas raramente encontro nesses lugares alguém que pareça ter a mesma tendência que eu e só duas vezes consegui que os empregados correspondessem às minhas insinuações e desejos de ver tudo. Ocasionalmente consigo atingir o orgasmo quando estou a ser ensaboado, particularmente se o empregado for um desconhecido, mas agora menos frequentemente do que quando era mais novo*".

F. R. é muito míope. A sua cor favorita é o azul. Sabe assobiar. Gosta principalmente de literatura e nunca se sentiu atraído por desportos. "*Consideram-me geralmente incapaz de trabalhos manuais*", escreve ele, "*e não tenho mesmo nenhum jeito com as mãos. O máximo que consegui fazer foi alguma costura e bordados dos mais simples; mas parece-me mais natural fazer, ou tentar fazer, este tipo de coisas, e tocar piano, do que caçar ou fazer desporto. Posso acrescentar que me afeiçoo mais a bebés que muitas mulheres e dizem-me que tenho muito jeito para lhes pegar ao colo! Obviamente, gosto muito de o fazer. Na juventude, entrava em jogos de pantomimas, mas nunca queria participar a não ser vestido de mulher e velado pois assim 'sentia-me' menos a 'representar' do que se estivesse 'propria persona'. Uma vez fiquei muito aborrecido com um tio que me disse que o que eu fazia parecia mais realidade do que arte. Mas ele tinha mesmo razão".*

CASO 4. - Indivíduo de ascendência escocesa, das terras baixas da Escócia. Ambos os ramos da família são saudáveis, sem sintomas de doenças mentais ou nervosas. Os desejos homossexuais surgiram com a puberdade. Praticou onanismo na escola, moderadamente, e depois até aos 22 anos de idade. Os seus sonhos eróticos são exclusivamente sobre homens. Apesar de ser muito simpático com mulheres de qualquer idade, sente imediatamente repulsa por qualquer manifestação de caráter sexual proveniente de uma mulher. Isto já aconteceu, em maior ou menor grau, três ou quatro vezes. Em relação ao casamento, observa: *"Como a sobrevivência da raça parece não estar ameaçada, deixo o casamento para os que o apreciam".* O seu ideal masculino tem variado bastante ao longo do tempo. Durante alguns anos, sentiu-se atraído por tipos saudáveis, bem constituídos, atléticos, inteligentes e simpáticos, mas não intelectuais.

Na escola, a sua vida sexual foi quase inexistente e cessou completamente depois de terminar os estudos. *"Tal não se deve",* diz ele, *"a qualquer ausência de desejo ou a algum imperativo 'moral'. Muito francamente, 'nunca surgiu nenhuma conjugação adequada de tempo, local e amante'. Dito de outra forma, o desejo físico e o amor nem sempre coexistiram quando me senti atraído por alguém; e o primeiro sem o segundo é relativamente passageiro, enquanto o segundo impede a satisfação do primeiro se achamos que essa satisfação pode incomodar a felicidade, mental ou emocional, do ser amado".*

Este sujeito é saudável e muito bem desenvolvido; tem uma natureza sensível, emocional, mas autocontrolada; intelectualmente é por vezes aberto e recetivo, mas também pode ser agressivo, acrítico ou analítico. Tem um temperamento equilibrado e é muito afetuoso. Gosta muito de música e de outras artes, mas não é muito criativo.

Afirma que não tem nenhuma opinião em concreto sobre a inversão sexual, mas resume assim a sua atitude moral: *"Presumo que se existe, existe para se usar ou abusar, como um homem quiser. Não concordo com a satisfação do desejo físico contra a vontade de terceiros, seja de que forma for. Mas a minha condenação desta atitude não é maior para os invertidos do que para os homens comuns. Acredito que o amor entre pessoas do mesmo sexo, mesmo quando inclui a paixão sexual e os seus caprichos, pode levar a resultados dos mais extraordinários que a natureza humana permite alcançar. Em resumo, coloco-o em absoluta paridade com o amor tal como é comumente entendido".*

CASO 5. - *S. W.*, com 64 anos, inglês, jornalista especializado em música. A carta que se segue (que resumi um pouco) foi escrita quando *S. W.* ainda nunca tinha ouvido falar de inversão sexual e pensava que o seu caso era absolutamente único no mundo.

"Sou filho de um clérigo e morei na cidade de província onde nasci durante os primeiros 13 anos da minha vida. Por essa altura, o meu pai passou a ser vigário numa vila rural, para onde fui morar até que parti para conhecer o mundo aos 18 anos de idade. Como durante todo este período o meu pai teve alguns alunos, fui educado com eles e nunca frequentei uma escola. Penso que nasci com impulsos sexuais dos mais fortes que se possa imaginar e fui muito precoce na puberdade. Pouco antes de fazer 12 anos comecei a emitir sémen, logo depois começaram a surgir os primeiros pelos e em menos de um ano atingi o nível médio dos rapazes de 15 ou 16 anos. Falava abertamente com meus colegas sobre as relações entre os sexos mas, ao contrário deles, não sentia nenhuma atração por raparigas. Com o passar do tempo comecei a acreditar (e ainda acredito) que era diferente de todos os outros homens. Os meus órgãos sexuais não tinham nada de anormal. Mas no meu corpo de homem eu sentia as emoções sexuais das mulheres. Não tinha a mais leve inclinação para praticar atos antinaturais e a ideia de sodomia era-me insuportavelmente repugnante".

"Abreviando, para chegar à minha condição mental atual: embora sendo completamente indiferente às mulheres (sempre apreciei a sua companhia e amizade, e conto muitas senhoras no grupo de melhores amigos), sinto um desejo ardente de ter relações sexuais com um homem e tenho um desejo enorme de me apaixonar. Ponho-me a imaginar que tenho um órgão

feminino e que os meus sentimentos pelos homens são exatamente os mesmos que os das mulheres apaixonadas. Quando ganhei consciência plena da minha condição não lhe atribuí grande importância; não tinha noção das suas consequências terríveis, nem da infelicidade que me provocaria. Acabei por aprender isto tudo amargamente, por mim mesmo".

"Uma vez pensei forçar-me a ter relações com uma prostituta para tentar descobrir se o gozo efetivo do prazer sensual traria alguma mudança que me permitisse casar. Mas quando comecei a pensar concretamente sobre como seria o ato, a minha repugnância foi tão forte que rapidamente desisti da ideia. No caso dos homens por quem me senti atraído, queria muito estar perto deles, sentir a sua pele contra a minha, ter o privilégio de poder tomar as liberdades amorosas a que qualquer mulher se pode permitir. Nunca procurei nenhuma gratificação puramente sensual de nenhum tipo; o meu amor era demasiado genuíno para que tal pudesse acontecer".

"Durante os mais de 50 anos que decorreram desde que fiz 12 anos, estive verdadeiramente apaixonado cerca de 13 vezes. É quase impossível descrever a intensidade dos meus sentimentos. Já aludi antes à minha precocidade. Logo aos 12 anos de idade apaixonei-me por um homem de 24 anos, um especialista em química analítica muito conhecido, que visitava a nossa casa muito frequentemente. Bastava a menção do seu nome para que o meu coração palpitasse".

"A paixão seguinte aconteceu quando tinha 15 anos, pelo filho de um lavrador, dois anos mais velho que eu. Penso que nunca cheguei a estar sozinho com ele e as nossas relações eram apenas familiares mas, no entanto, durante algum tempo nada mais me interessou na vida".

"Aos 21 anos de idade, tive um 'camarada', um jovem de 17 anos que tinha por mim um enorme carinho fraternal. Vivíamos sob o mesmo teto e uma vez numa manhã de verão, muito cedo, ele saltou da cama e veio diretamente para o meu quarto para conversar sobre um assunto qualquer. Para estarmos mais confortáveis, enfiou-se na minha cama e ficámos deitados, a falar, como duas colegiais. Esta tão grande proximidade foi mais do que eu podia suportar e o meu coração começou a bater tão fortemente que percebi que era impossível que ele não notasse. Sem a menor noção do motivo, ele disse-me com toda a inocência, 'Uau, como bate o teu coração. Consigo ouvi-lo claramente'".

"*Até agora, tudo o que descrevi foi puramente inocente. Até aos 18 anos, apenas ocorreram algumas intimidades pouco frequentes entre mim e o filho do médico da vila, um jovem quase dois anos mais velho que eu e que era precocemente imoral. Eu nem sequer gostava muito dele, mas ele foi o meu principal parceiro. Depois tornei-me assistente numa escola e, durante cerca de seis anos, consegui controlar os meus desejos mas, infelizmente, voltei a cair em tentação. Fiz nova promessa, que consegui manter por mais oito anos, numa prolongada luta contra a minha natureza. Mais uma vez pequei, em três instâncias, que ocorreram ao longo de três ou quatro anos. Chego agora a um episódio muito doloroso e cansativo da minha vida infeliz, que gostaria de esquecer, se pudesse. Foi um caso a meio da minha vida, de pecado, denúncia e, para além disso, de grande imprudência*".

"*Antes de entrar em detalhes (apenas o que forem necessários) não posso deixar de lhe pedir para comparar a minha condição com a dos meus semelhantes como um todo. Nas minhas lutas de resistência passadas senti-me por vezes como se estivesse a tentar libertar-me do abraço de uma cobra pitão. Pequei novamente, desta vez com um jovem rapaz acompanhado por um amigo. Curiosamente, fui denunciado por um homem que agiu por vingança em relação a um ato estritamente correto da minha parte. Os rapazes recusaram-se a declarar mais do que a verdade, o que não foi suficiente para satisfazer o tal homem, e então surgiu um 'terceiro' rapaz, instruído para dizer o que fosse preciso. E não ficou por aqui; mais doze ou quinze rapazes fizeram outras acusações semelhantes! Em consequência, instalou-se a crença geral de que eu tinha cometido 'ad lib' todo o tipo de crimes 'inomináveis'. Se me pedir explicações para o comportamento de todos estes rapazes, após o 'terceiro', que seguramente tiveram incentivos especiais, não consigo dar nenhumas. Podem ter pensado que se os do trio original estavam a ser olhados como 'heróis', porque não poderiam ser 'eles' também heróis?*"

"*Posso ter-me sentido esmagado sob o peso destas acusações, mas isso não desculpa a minha conduta incrivelmente imprudente. Neguei de igual forma o pouco de verdade que havia nas acusações e as enormes mentiras proferidas contra mim, e fugi para a América. No entanto, com a passagem do tempo e o regresso da calma, senti que mais cedo ou mais tarde tinha que contar toda a verdade. Consequentemente, enviei uma carta da América para as entidades competentes, em que fazia uma confissão completa dos meus pecados no caso dos dois jovens que haviam dito apenas a verdade, ao mesmo tempo que apontava a falsidade das restantes acusações*".

"*Fiquei nos Estados Unidos durante seis anos e ganhei algum dinheiro, que poupei para regressar a Inglaterra com um pequeno pecúlio. Também tinha prometido às minhas três irmãs (todas mais velhas do que eu) que regressaria ainda em vida delas. O meu plano era comprar um pequeno negócio em Londres e aí trabalhar discretamente para ganhar a vida, sem revelar a minha presença a ninguém. Cheguei a 'comprar' o tal negócio, mas fui habilmente enganado e perdi cada centavo que possuía no mundo! Tive que contar a minha história a alguns velhos amigos que, todos eles, me deram ou emprestaram dinheiro. Apesar disso, a minha posição continuou a ser muito precária. Tentei a mediação de seguros, um dos últimos recursos de quem é pobre mas educado, para rapidamente descobrir que não tinha nenhum jeito para um trabalho em que a 'falta de vergonha' é um dos fatores de sucesso. Nessa altura fui bafejado por um extraordinário golpe de boa sorte: quase em simultâneo, consegui arranjar alguns alunos de música e pediram-me para colaborar com uma boa revista de música*".

"*Ao dizer aos meus velhos amigos que tinha regressado tive que revelar a minha presença a outros que 'não' eram amigos. A minha identidade como jornalista tornou-se conhecida e, à medida que o tempo passava, cheguei a pensar que metade do mundo já tinha ouvido falar das minhas alegadas iniquidades. Mesmo quem nunca me tinha visto antes parecia considerar-me à luz dessa monstruosa iniquidade. Todas estas pessoas estranhas acreditavam que eu tinha cometido repetidamente crimes 'inomináveis' e ficavam horrorizados com a audácia do homem que em tal situação se atrevia a aparecer abertamente em público, usando o seu nome verdadeiro e olhando os outros frontalmente. Não tinham inteligência suficiente para perceber que a minha suposta audácia era a melhor prova da falsidade daquilo em que acreditavam. Depois pensaram que se conseguissem que eu fosse despedido da revista me matariam à fome. Um ano antes talvez tivessem conseguido, mas recebi em herança de um velho familiar uma propriedade que vendi para investir numa anuidade que me proporcionou o suficiente para viver com tranquilidade, sem depender de rendimentos do trabalho. Em condições tão peculiares seria legítimo perguntar se a vida me seria insuportável. Francamente falando, não posso dizer que fosse. Tenho alguns amigos solteiros em Londres que vão comigo ao teatro, etc. Nos arredores, tenho meia dúzia de familiares que me acolhem calorosamente e com quem aprecio conviver. Sou apaixonado pela música, tenho um piano excelente e posso assistir aos melhores concertos da Europa. Vou ver todas as peças de teatro de qualidade. Sou bom jogador de xadrez. E sou um leitor omnívoro. Tem que concordar que não estou limitado no que respeita a oportunidades para ocupar o meu tempo".*

"Lamento ter pecado e desejava que nunca tivesse acontecido. Mas rejeito qualquer sentimento de vergonha".

S. W. foi o mais novo de quatro irmãos e é o único rapaz. O seu pai tinha 40 anos quando ele nasceu e a sua mãe tinha 33. O pai era um intelectual de personalidade débil, mas a mãe tinha uma personalidade violenta e excêntrica, com fortes paixões sexuais, ao que *S. W.* pensa. *S. W.* não consegue identificar nada na sua família que explique a sua condição anormal.

É baixo (um metro e sessenta e sete centímetros), mas bem constituído, com um peito forte e uma voz poderosa. Os seus braços são fracos e flácidos (femininos, segundo o que ele pensa), mas as pernas são musculosas. Aos 14 anos conseguia caminhar facilmente mais de vinte quilómetros e jogou futebol até quase aos 45 anos. Consideram-no viril de caráter e gostos, mas chora facilmente se submetido a emoções fortes. Não tenho informações sobre o tipo de homens que o atrai. Contudo, devo salientar que conheci bem o especialista de química analítica por quem *S. W.* inicialmente se apaixonou, por ter sido também meu professor de química, mas trinta anos mais tarde. Nessa altura, ele já era um homem de idade mas ainda de aparência atraente, simpático e de modos agradáveis, quase femininos.

S. W. nunca sentiu a menor atração sexual pelo sexo oposto. Os primeiros indícios de inversão ocorreram aos 6 ou 7 anos de idade. Ao espreitar os alunos do seu pai por uma janela, rapazes de 13 ou 14 anos, tentou imaginar como seriam os seus órgãos sexuais. *"Se fossem raparigas"*, escreve ele, *"importar-me-ia tanto com isso como me importo com o sexo de um bloco de mármore"*. Com efeito, com esta idade ele dormia por vezes com uma irmã de 10 anos que o induziu a certas experiências sexuais, dizendo que era "*muito engraçado*", mas ele apenas o fazia para lhe agradar e sem o menor interesse ou prazer da sua parte. Esta atitude de desinteresse tornou-se mais acentuada à medida que foi sabendo mais, até que se apaixonou ardentemente aos 12 anos. Ao longo da vida, praticou moderadamente a masturbação e é defensor dessa prática em casos como o seu. Os seus sonhos eróticos são muito vagos e sombrios. Sabe assobiar. Interessa-se calorosamente por política e por filantropia, mas a sua grande paixão é a música, tendo publicado inúmeras composições musicais. No todo, e não obstante a perseguição que sofreu, não considera que a sua vida seja infeliz. Ao mesmo tempo, está consciente de que os invertidos são tratados como "*párias*", o que no seu caso nunca foi atenuado por qualquer sentimento de companheirismo na desgraça. A dita facilidade com que os invertidos se reconhecem entre si é completamente incompreensível para ele; afirma que nunca se encontrou com um invertido.

CASO 6. - *E. S.*, médico, com 50 anos de idade.

"*Tenho justificação*", escreve ele, "*para acreditar que alguns dos meus familiares do ramo paterno não tinham uma vida sexual normal. Mas tenho a certeza que nenhum dos seus amigos ou sócios suspeitava pois os meus familiares eram pessoas muito reservadas. Muitos dos meus parentes mais próximos ficaram solteiros ou só casaram muito tarde. Não tiveram sucesso nos negócios; aparentemente todos se interessaram mais por outras coisas do que por ganhar (ou não perder) dinheiro. Participaram pouco ou nada na vida pública e nunca apreciaram muito o convívio social. No entanto, eram pessoas com talento superior à média, interessados por questões intelectuais e artísticas. Na nossa família somos propensos a entusiasmos, mas não somos perseverantes. Talvez sejamos faladores e superficiais, mas ninguém nos poderá classificar como idiotas. Somos, talvez anormalmente, autocentrados e autoconscientes, mas nunca cruéis ou perversos. Temos uma capacidade de autocontrolo considerável. Somos pessoas convencionais apenas porque somos preguiçosos e porque nos desagrada intensamente a arrogância. No entanto, somos nervosos ao invés de calmos. Tudo isto do lado paterno. Os meus antepassados do lado materno ocuparam-se na agricultura e no mar, tinham igualmente pouca capacidade empresarial, menor flexibilidade mental e perspicácia,*

*mas com maior firmeza de propósito, sempre mais fazedores que
sonhadores. De entre eles, recordo-me de um primo que era provavelmente
anormal, embora tenha morrido quando eu ainda era demasiado jovem
para perceber. Sublinhando, eram todos reservados, mais simpáticos para
os estranhos, mais dados socialmente e com menos autocontrolo".*

*"Eu era apenas uma criança muito mimada. Tive sempre facilidade na
escola, gostava de aprender e não tinha dificuldade com os trabalhos
escolares. Mas não gostava de estudar a sério. Não precisava de estudar
na escola porque não tinha dificuldade em ser aprovado em todos os
exames. Nunca gostei de jogos, apesar de gostar muito de estar ao ar livre
e de caminhar. Poucas pessoas da minha família se interessaram por
desporto. Nunca fiz grandes amizades na escola e nunca fui muito
popular entre os meus colegas que, contudo, toleravam o meu estranho
comportamento melhor do que seria de esperar. Comecei a gostar de boa
literatura, mas nunca fui muito expressivo nem dado a reflexões
profundas. Era extremamente suscetível e impressionável, emocionava-me
com qualquer tipo de beleza, mas nunca fui ambicioso e muito menos
criativo. Facilmente me convenciam a trabalhar (e depois até me agradava
fazê-lo) mas se não mantivessem o estímulo, a natural indolência do meu
espírito rapidamente levava a melhor e eu desperdiçava as minhas
capacidades em sonhos e ninharias. Tinha uma memória geralmente
rápida e retentiva, mas curiosamente caprichosa. Sempre tive falta de
iniciativa e de decisão. Na faculdade, tive regularmente boas notas.
Ganhei medalhas e prémios, passei todos os exames com facilidade e
licenciei-me com 'distinção'. Na minha vida profissional tenho sido bem-
sucedido, consideravelmente mais que a média. Amo com todo o meu
coração".*

*"Não consigo ter a certeza sobre quando ocorreram os primeiros sinais
dos meus impulsos sexuais, mas posso afirmar que nunca desejei o sexo
oposto. É certo que a minha primeira recordação sobre este assunto é de
intimidades com uma amiga de brincadeiras, mas como nessa altura
teríamos cerca de 7 anos de idade (no máximo), julgo que essas exibições
mútuas (porque se tratou apenas disso) não fizeram mais que satisfazer a
nossa curiosidade natural. Na minha memória, estas lembranças não
estão de forma nenhuma isoladas de outras recordações de brincadeiras
vulgares. Depois disto, lembro-me das habituais conversas entre colegas de
escola sobre coisas proibidas e ocultas, mas até cerca dos 12 anos
falávamos mais de porcarias, como as que respeitam às funções intestinais*

ou urinárias, do que de temas sexuais. Um dos rapazes era famoso entre nós (no meu círculo razoavelmente grande de amigos de infância todos cresceram normais, casaram e tiveram filhos) pela invulgar dimensão dos seus órgãos sexuais e pelo à-vontade com que provocava e satisfazia a curiosidade dos amigos. Deve ter sido precoce porque lembro-me de ouvir dizer que antes dos 12 anos tinha já uma espessa mancha de pelos púbicos. Já nesse tempo, mesmo sendo a minha curiosidade muito ativa (para ser modesto na descrição), nunca me permiti ter qualquer relacionamento com ele e tenho quase a certeza que não aceitaria nada, caso ele me sugerisse alguma coisa. Esta tem sido a grande incoerência da minha vida: as coisas que desejei intensamente fazer, nunca me permiti a mim próprio fazê-las, não por escrúpulo religioso ou moral, mas por uma inexplicável hesitação ou por um rigor exagerado que estão tão vivos em mim agora como sempre estiveram. Hoje tenho a certeza que não seria suficientemente forte se certas condições favoráveis se repetissem e que seria certamente subjugado por um desejo imperioso e completamente amadurecido que, por ter estado tanto tempo reprimido ou por ter sido inadequadamente satisfeito, acabou por se tornar extremamente poderoso. Com efeito, o meu desejo mostrar-se-ia verdadeiramente irreprimível face a uma oportunidade em que, garantidamente, não estivesse em causa a sedução ou corrupção inicial de ninguém".

"De facto, lembro-me de que muito antes da puberdade (que no meu caso surgiu cedo) já me tinha sentido fortemente atraído por certos rapazes e cheio de vontade de dormir na mesma cama com eles. Se tivesse sido capaz de o fazer, tenho a certeza que não resistiria a tocar, o mais possível, os seus corpos nus e julgo que nesse tempo isso me bastaria. Sabia que alguns destes rapazes (talvez um pouco mais velhos) já tinham tido relações, que seguramente não eram inocentes, com uma rapariga um ano ou dois mais velha que qualquer de nós. Uma vez ela beijou-me, o que me deixou intensamente envergonhado. Eu pressentia que essas relações eram indescritivelmente repugnantes e nunca tive nenhum interesse especial em saber mais sobre elas. Lembro-me de, aos 12 ou 13 anos, ter sido tocado e acariciado por um belíssimo rapaz de 16 anos depois de eu me ter magoado num jogo; ainda hoje consigo sentir o prazer e a excitação provocados pelas suas carícias. Não se passou nada que não pudesse ser visto por qualquer pessoa, mas lembro-me que fiquei entre os seus joelhos, os seus braços rodeando-me os ombros, e recordo-me vivamente da sensação

quente, indescritível, da pressão suave das suas coxas contra o meu corpo".

"Também por esta época, durante as caminhadas pelos campos, um rapaz mais velho (que teria talvez 18 anos) gostava de fazer cair os rapazes mais novos para depois lhes descobrir os genitais, que apalpava. Era um belo rapaz e fiquei muito excitado quando alguns rapazes me contaram o que ele lhes fizera, desejando intensamente que ele também me fizesse o mesmo a mim. Nunca fez e se o tivesse tentado sei que resistiria com todas as minhas forças, embora ardendo de desejo. Este rapaz morreu antes dos 20 anos, vítima de um abcesso no psoas, e recordo-me que chorei a noite toda quando soube da sua morte. Havia também outro rapaz, de cabelo muito sedoso, cerca de três anos mais velho que eu, por quem eu me sentia atraído e a quem estava sempre a tentar acariciar o cabelo, o que ele não permitia".

"Eu devia ter uns 12 anos de idade quando um primo, um pouco mais velho, me ensinou o que era a masturbação. Inicialmente pensei que era uma tolice, mas como costumava observá-lo a masturbar-se, comecei por experimentar fazê-lo ocasionalmente até que cresci o suficiente para sentir as sensações inerentes. A partir daí entreguei-me à masturbação com muita frequência, geralmente sozinho, sem saber que poderia haver algo de errado nisso ou que poderia ser-me prejudicial. Em retrospetiva, tenho a certeza que os meus instintos foram, desde o princípio, completamente homossexuais. Esse meu primo, que era possuidor de notável talento intelectual e artístico, casou, mas tenho a certeza que a sua obsessão com o seu órgão sexual não era normal".

"Havia um outro primo, quase dois anos mais novo, por quem eu sentia um grande afeto e uma grande proximidade. As férias que passava em sua casa enchiam-me de alegria. Estávamos sempre juntos, dia e noite; dormíamos na mesma cama, literalmente nos braços um do outro. Pressionar o meu corpo contra o seu corpo nu dava-me o mais ardente prazer sexual. Costumávamos acariciar-nos mutuamente, mas sem nenhuma tentativa de masturbação, embora eu, por essa altura, já me masturbasse regularmente. Uma vez falei-lhe do assunto, mas ninguém o tinha ensinado a masturbar-se; para meu grande orgulho e satisfação, posso dizer que nunca lho fiz a ele e nunca lhe pedi para mo fazer a mim. Menciono isto como um exemplo da minha contenção física, ao contrário dos meus pensamentos e desejos, que tinham rédea livre. Também me lembro que um irmão dele, talvez três ou quatro anos mais velho que eu,

me mostrou uma vez (teria eu 12 anos, talvez) o seu pénis semiereto. Não queria que eu lhe mexesse, mas mostrou-me como se puxa o prepúcio para descobrir a glande. O seu pénis era grande e eu nunca mais me esqueci deste episódio. Foi apenas isto que se passou entre nós e nada mais, e sei que tanto ele como o seu irmão, o meu amigo, cresceram como homens perfeitamente normais".

"Acho que devia ter uns 17 anos quando apanhei um grande susto ao reparar na ocorrência de emissões seminais noturnas, que acreditei serem um resultado perverso da masturbação. Durante três ou quatro anos continuei a sofrer consideravelmente com o assunto até que ganhei coragem para consultar o nosso velho médico de família que me tranquilizou mas que não deve ter levado muito a sério as minhas confidências, facilitando a minha recaída posterior nos velhos hábitos ".

"Das janelas da nossa casa podíamos ver um pouco da povoação e, mais abaixo, a praia, e eu, nas tardes quentes de verão, costumava usar um telescópio para espreitar os rapazes a banharem-se no mar. Mantive tudo isto no mais estrito segredo e nunca fui surpreendido. Poderia muito bem, sem despertar a menor suspeita quanto aos meus motivos, ter decidido até à praia para conversar com os rapazes banhistas, mas nunca ganhei coragem para isso. Dava-me especial satisfação sexual quando os conseguia observar a tomar banho sem ceroulas. Também costumava observá-los nos seus jogos, e sentia-me recompensado quando via, o que acontecia com frequência, certos gestos de familiaridade sexual que me excitavam violentamente, provocando-me sempre ereções e por vezes o orgasmo. Na verdade, foi uma experiência deste tipo que me fez recair na masturbação. Lembro-me de um dia ter visto dois rapazes de cerca de 16 anos deitados na relva ao sol; subitamente o maior estendeu a mão e tentou abrir as calças do companheiro, que resistiu com todas as suas forças. Seguiu-se uma longa luta que acabou com o rapaz mais pequeno derrotado e com o seu pénis exposto e manipulado pelo outro. A recordação desta cena ainda hoje me excita. Os dois rapazes cresceram para se tornarem homens normais".

"Só duas vezes fui abordado por homens adultos. Quando tinha cerca de 13 anos e ia para a escola de comboio, costumava encontrar muitas vezes um senhor mais velho que me cortejava, por assim dizer. Falava comigo e convidava-me para ir com ele visitar as suas famosas coleções científicas, mas sempre tive uma vaga desconfiança acerca das suas intenções e nunca fui. Uma vez, no verão, durante um intervalo da escola, encontrei-o no

museu, que nunca tinha muitos visitantes a essa hora do dia, onde existiam grandes vitrinas de exposição, que criavam recantos discretos. Ele veio até mim e disse-me que tinha andado a passear pelo campo e que ao regressar tinha atravessado uma zona de silvas e tinha ficado com a roupa cheia de espinhos que o estavam a incomodar. 'Eu ficaria muito agradecido', disse-me ele, 'se pudesse ver se há alguns picos nas minhas ceroulas e os tirasse'. Enquanto dizia isto, desprendeu um dos suspensórios, desabotoou as calças, pegou na minha mão e puxou-a na direção do seu abdómen e virilhas. Tentei evitar tocar nos seus genitais, mas ele empurrou a minha mão até que eu, ardendo de vergonha, me escapei e sai a correr, só parando quando cheguei à segurança da escola. Nessa altura nem percebi bem o que se tinha passado, mas nunca falei com ninguém sobre o assunto e passei a evitar esse senhor a partir de então. Mais tarde soube que ele era um solteirão, de condição financeira desafogada, que se interessava muito por rapazes e jovens operários, a quem auxiliava bastante e, ao que se dizia, ajudava a evitar más companhias. Morreu com uma idade avançada e deixou a maior parte da sua fortuna a uma instituição que dava abrigo a rapazes, sem se esquecer de deixar grandes quantias de dinheiro destinadas aos jovens por quem se havia interessado".

"A outra vez em que fui abordado foi quando ia de elétrico e um homem adulto se encostou a mim o mais que pode, meteu conversa, elogiou os meus olhos escuros e a seguir enfiou a mão por baixo do meu casaco aberto e apalpou-me as coxas e as partes. Ao mesmo tempo, agarrou-me a mão, acariciou-a e pressionou-a contra as suas partes (isto passou-se ao anoitecer). Fiquei excitado e se não tivéssemos chegado ao nosso destino teria permitido com agrado que ele prosseguisse com estas familiaridades. Ele ainda tentou perguntar-me onde eu morava, mas não tive tempo para responder e uma prima que estava comigo (sentada noutra fila) ter-me-ia, sem dúvida, proibido de o fazer".

"Por mais de uma vez experimentei orgasmos em momentos de grande ansiedade. A primeira vez que isso aconteceu foi quando estava cheio de pressa para não chegar atrasado à escola. Outra vez, tinha eu mais ou menos 24 anos, foi quando estava extremamente ansioso com um compromisso para o qual estava atrasado. A emissão foi tão copiosa que tive que regressar a casa para mudar de roupa".

"Como estudante de medicina, a primeira vez que foi referida diretamente a inversão sexual foi numa aula de Jurisprudência Médica, onde se fez

alusão (muito sumária e desadequada) a certos crimes sexuais. A existência da inversão sexual como uma condição 'normal' de certas pessoas infelizes não foi referida, tal como não se estabeleceu nenhuma distinção entre os vários tipos de atos sexuais não normais, que foram conjuntamente classificados como manifestações de depravação criminosa de gente vulgar ou louca. Para um estudante que começava a perceber claramente que a sua natureza sexual divergia profundamente da dos seus colegas, nada podia ser mais desconcertante e perturbador. Escondi mais que nunca o meu segredo. Senti que o que se ensinava devia estar fundamentado nalgum erro radical, algum preconceito ou equívoco, pois recordava-me claramente que a minha própria peculiaridade não fora adquirida, mas era inata; era um grande infortúnio para mim, seguramente, mas não era culpa minha".

"Foi ainda mais lamentável que no decurso das aulas de Medicina Clínica não se tenha feito sequer uma única alusão ao tema. Foram detalhadamente apresentadas muitas doenças raras, algumas das quais nunca encontrei em mais de 21 anos de trabalho clínico intenso, mas ficámos na perfeita ignorância sobre um assunto vitalmente importante para mim pessoalmente e, em minha opinião, para a profissão a que eu aspirava. Pode ter sido feita uma referência casual à masturbação (embora eu não a recorde), mas a sua verdadeira importância não recebeu nenhuma atenção, e tudo o que nós, estudantes, ficámos a saber sobre o assunto resultou apenas das nossas leituras ou das nossas experiências pessoais".

"Nas aulas de Doença Mental, houve, naturalmente, referências mais detalhadas e sistemáticas aos factos da vida sexual e à inversão sexual como uma patologia rara. Mas não ouvi uma única palavra reconfortante que me tranquilizasse e me impedisse de ficar cada vez mais irremediavelmente envergonhado com o que parecia ser a minha natureza criminosa ou gravemente mórbida".

"Entre os meus colegas, não conheci um único com constituição semelhante à minha e a minha timidez natural (aumentada pela consciência do que percebi ser considerado como tendência criminosa) não me incentivou a trocar confidências nem a criar amizades".

"Após a formatura passei a ser médico residente no hospital e assistente de um dos professores, um médico e professor de reputação mundial. Acabei por ter uma relação muito cordial e afetuosa com ele e, muitas

vezes, no decurso das nossas conversas, tentei conseguir que ele discorresse sobre o tema, mas sem sucesso. Era assunto obviamente desagradável e desinteressante para ele. Mas disse o suficiente para permitir-me compreender que partilhava a opinião geral e eu por nada do mundo deixaria que ele adivinhasse que eu mesmo pertencia a essa classe tão manchada e desprezada".

"Quase nunca ouvi os meus amigos médicos falarem de inversão sexual, mas quando ouvi o tom era de repugnância e gracejo. Nunca conheci nenhum profissional que olhasse para este assunto de forma desapaixonada e com uma perspetiva científica. Para eles trata-se de um problema inteiramente do âmbito da medicina psicológica".

"Nunca observei nenhum caso entre os meus pacientes, mas várias vezes senti instintivamente que alguns dos que me consultavam com outras queixas, teriam partilhado as suas confidências caso não receassem ser cruelmente mal compreendidos".

"Tenho receio de falar da minha postura moral. A vulgaridade repugna-me mas não sei se conseguirei resistir às tentações. Tenho a certeza absoluta que não posso, em nenhuma circunstância, incentivar outros a cometer atos vergonhosos, mas considero sagrados os atos sexuais que pratiquei com outros, do meu próprio sexo, a quem amei. Isto pode soar a blasfémia e ser chocante, mas não consigo dizer o que sinto de outra maneira".

"Quanto ao casamento, sinto que para os invertidos congénitos (independentemente de todas as preparações prévias) é um passo que traz um enorme risco de tragédia e de profunda infelicidade e que deve ser vivamente desaconselhado. A minha opinião é que, para os invertidos, muito mais do que para as pessoas comuns, não há como escapar à necessidade suprema de autocontrolo em todas as relações sociais. Quando se consegue tal autocontrolo, então a relação ideal é com outro homem de temperamento semelhante (sem ser necessariamente uma relação apenas platónica), por forma a conseguir o máximo de felicidade para cada um. Mas isto só 'muito' raramente pode acontecer".

"Sou muito sensível à poesia e às artes plásticas, que estudei muito. Sou apaixonado pela música, de alma e coração, a qual de dia para dia tem mais importância para mim. Não suporto música ligeira ou trivial, mas não me canso de Beethoven, Bach, Haendel, Schumann, Schubert, Brahms, Tchaikovsky ou Wagner. Também neste campo as minhas

preferências são abrangentes e delicio-me com McDowell, Debussy, Richard Strauss e Hugo Wolf".

CASO 7. - "*A minha família é muito sólida e saudável. Os meus pais (que são profissionais da classe média) têm boa saúde geral e não encontro nos registos da minha família nenhuma prova de tendência anormal ou doentia, de corpo ou de mente*".

"*A minha saúde também é boa, apesar do meu temperamento muito nervoso e sensível. Não tenho consciência de padecer de qualquer tendência para maleitas físicas. No entanto, no início da vida adulta, devido talvez à grande tensão emocional em que vivi, o meu sistema nervoso esteve bastante abalado e exausto. Tenho uma natureza muito bem equilibrada, mental e moralmente, e nunca sofri de nenhuma perturbação grave nestes domínios*".

"*Cerca dos 8 ou 9 anos de idade, muito antes de surgir alguma manifestação clara de qualquer tipo de sensações sexuais, comecei a sentir uma atração amistosa pelos do meu próprio sexo, que se expandiu, depois do início da puberdade, num sentimento de amor apaixonado que, contudo, só encontrou expressão depois dos 20 anos. Fui aluno externo num colégio interno pelo que nunca ouvi conversas de adolescentes sobre sexo e, para além disso, era muito reservado e tímido; nunca nenhum adulto me falou destes assuntos; a atração pelos do meu próprio sexo desenvolveu-se gradualmente por si mesma, em completo isolamento do exterior. Nunca, durante todo esse período, e mesmo até bastante mais tarde, descobri a prática da masturbação. A minha natureza sexual era um mistério para mim. Dei por mim isolado dos outros, sentia-me um pária e, devido ao meu feitio apegado e carinhoso, fui intensamente infeliz. Pensava nos meus amigos do sexo masculino durante o dia (alguns rapazes da minha idade, outros mais velhos e até um professor) e sonhava com eles à noite, mas estava demasiado convencido da minha desesperada monstruosidade para ousar qualquer tentativa de aproximação. O crescimento não atenuou este sofrimento mas gradualmente, embora muito lentamente, comecei a descobrir que havia outros como eu. Fiz alguns amigos especiais e, por fim, acabei por dormir ocasionalmente com alguns deles, tendo conseguido satisfazer a minha necessidade imperiosa de abraços e emissões mútuas. No entanto, antes que isso acontecesse, estive uma ou duas vezes à beira do desespero e da loucura por acumulação de tanta paixão reprimida e atormentada*".

"Desde o início, a minha atitude para com o sexo feminino, fisicamente falando, foi primeiro de indiferença e depois, com os desenvolvimentos particulares do meu desejo sexual, de repulsa clara. Apesar de ser amigo de várias mulheres, com quem gosto de me dar e de quem me sinto verdadeiramente próximo, sempre abominei a ideia do casamento ou da coabitação com uma".

"Quando era rapaz, sentia-me atraído por rapazes geralmente mais velhos, e depois de deixar a escola continuei a apaixonar-me romanticamente pelos meus colegas. Presentemente, aos 37 anos de idade, o meu ideal amoroso é um homem poderoso, forte, bem constituído, que seja da minha idade ou um pouco mais novo, de preferência um membro da classe trabalhadora. Embora tenha que ser sensato e sólido de caráter, não precisa de ser intelectual. E se for dotado intelectualmente, não deve ser excessivamente falador ou refinado. Sinto aversão a qualquer indício de efeminação ou de intelectualidade barata num homem".

"Nunca tive nada a ver com a chamada pederastia verdadeira. No amor, o meu principal desejo é de proximidade ou contato corporal, tal como dormir nu com um amigo também nu; o sexo em si, embora premente, parece-me ser de importância secundária. A pederastia, ativa ou passiva, poderia ser apropriada para mim se eu amasse devotamente e fosse retribuído com igual intensidade; doutra forma, julgo que não. Sou artista por temperamento e escolha, amante de tudo o que é belo, especialmente a forma humana masculina de constituição muscular esguia e vigorosa, e de caráter simpático mas um pouco hesitante, embora com muito autocontrolo".

"Não posso considerar os meus sentimentos sexuais como antinaturais ou anormais, uma vez que eles se me revelaram de forma tão perfeitamente natural e espontânea. Tudo o que li em livros ou tenho ouvido dizer sobre o amor sexual normal, sobre a sua intensidade e paixão, devoção eterna, amor à primeira vista, etc., parece-me ser muito semelhante às minhas próprias experiências homossexuais e, no que se refere à moralidade neste tema tão difícil, o que sinto é que deveria ser a mesma que prevalece no amor entre homem e mulher, a saber: que a satisfação dos instintos carnais nunca deve ser feita à custa do sofrimento ou da humilhação de outras pessoas. Estou certo de que este tipo de amor é, independentemente das dificuldades físicas que lhe estão associadas, tão poderoso e nobre como o outro, se não for mais; e penso que num relacionamento perfeito, a

satisfação sexual (qualquer que seja) terá provavelmente um lugar de menor importância neste tipo de amor do que no outro".

CASO 8. - M. N., de 30 anos de idade. "*O meu avô pode ser considerado de índole fora do comum pois, apesar da sua origem muito humilde, trabalhou arduamente para se transformar num linguista talentoso que traduziu a Bíblia para um idioma oriental e compilou o primeiro dicionário desse idioma. Morreu, seguramente por excesso de trabalho, com a idade de 45 anos. Foi casado duas vezes, sendo o meu pai o seu terceiro filho com a segunda mulher. Acredito que dois dos sete membros da família do meu avô, se não mais, foram invertidos, tendo sido o meu pai o único a casar. A minha avó foi a última representante de uma velha e 'rebelde' família irlandesa. Morreu com uma idade avançada, de paralisia. Quando casaram, o meu pai tinha 36 anos e a minha mãe 21. Nasci três anos depois e fui o seu único filho. Este casamento foi muito infeliz porque os meus pais eram completamente inadequados um para o outro".*

"*Durante os primeiros anos do casamento, a saúde do meu pai foi muito delicada e tenho razões para acreditar que isso se deve em grande parte à vida que levou no estrangeiro. Sei que nasci com uma ligeira condição gonorreica e em criança a minha condição geral foi de grande apatia. Tal pode dever-se à vida peculiarmente infeliz e pouco natural que tive. Não tive companhia de crianças da minha idade e não frequentei a escola até à morte da minha mãe. O meu pai supervisionava a minha educação, dava-me livre acesso à sua vasta e variada biblioteca e muito tempo livre para me dedicar solitariamente ao prazer da leitura. A sua biblioteca continha um conjunto de livros médicos e científicos (os meus favoritos) e recordo-me que decidi desde muito novo que queria ser médico. Lembro-me que, quando tinha cerca de 5 anos de idade, tive um sonho sexual relacionado com um carregador de bagagens de comboio. Recordar esse sonho dava-me um enorme prazer e, por essa altura, descobri um método de autossatisfação (não há muito a 'aprender' nestas matérias!)"*

"*Não posso dizer que o sonho que mencionei tenha sido o primeiro indício de inversão, mas apenas que cristalizou as ideias vagas que eu já teria sobre o assunto. Lembro-me que, quando tinha entre 3 e 4 anos de idade, um jovem de cerca de 20 anos veio visitar-nos várias vezes. Julgo que gostava muito de crianças, sentava-me ao colo e dava-me beijos. Eram momentos de grande prazer, mas não posso dizer se eram acompanhados de ereções. Só me consigo recordar que a sua atenção e as suas carícias me agradavam mais que as das mulheres. Com a mesma idade, lembro-me que a minha mãe, com quem eu dormia, me acordava frequentemente de noite quando eu estava com a cara virada para a almofada. Recordo-me que nestas ocasiões havia sempre uma ereção. O sonho a que me referi foi o primeiro de muitos do mesmo género que, no meu caso, nunca foram acompanhados de emissão seminal. Eram sempre de caráter 'invertido', embora ocasionalmente sonhasse também com mulheres. Estes últimos, contudo, eram quase sempre pesadelos!"*

"Até aos 14 anos, senti-me sempre muito perplexo e deprimido com as minhas inclinações sexuais e acreditava que só eu padecia de tais desejos. Isto, combinado com a solidão e com os quatros anos de infelicidade que precederam a morte da minha mãe (nesse período ela cedeu à tentação do álcool), teve um impacto muito gravoso na minha saúde física e mental. Hoje, em retrospetiva, consigo compreender e perdoar muitas coisas que considerei monstruosas e injustas para mim, como criança. A vida da minha mãe deve ter sido muito infeliz e ela deve ter-se sentido amargamente desapontada em muitos aspetos, muito provavelmente também comigo. O meu temperamento, desafortunado e incompreendido, levou-me a ser tímido e reservado; estava muitas vezes doente e a minha educação não melhorou este estado de coisas. Por fim surgiu a mudança e a liberdade quando me mandaram para um colégio interno. Claro que no colégio interno rapidamente descobri o afeto e a gratificação mútua (N.T.: masturbação) com outros rapazes. Cheguei à puberdade e a minha saúde melhorou neste ambiente de maior felicidade. Pouco demorou para que me apercebesse que os meus companheiros encaravam estes prazeres, que eram tão importantes para mim, com uma perspetiva inteiramente diversa da minha; a satisfação dos seus desejos era geralmente acompanhada de conversas e pensamentos sobre mulheres. Quando fiz 15 anos, fui obrigado a abandonar a escola por dificuldades financeiras e fiquei por conta própria, sem ter que dar explicações dos meus atos a ninguém a não ser a mim mesmo. Claro que a minha próxima descoberta foi que o meu caso não era de modo nenhum especial, sendo até bastante comum, e rapidamente fui iniciado em todos os mistérios da inversão, com os seus tiques maçónicos e o seu 'calão' próprio. A minha experiência global com invertidos tem sido muito ampla e variada e procuro sempre classificar e comparar os casos que conheço com o objetivo de obter uma explicação para a inversão".

"*Suponho que é a minha versatilidade e impressionabilidade femininas que me permitem sentir as emoções típicas do meu sexo ou as do sexo oposto, em função da idade e do temperamento do homem com quem estou. Por exemplo, com um homem mais velho que eu, possuidor de caraterísticas masculinas bem marcadas, consigo sentir entrega e dependência, que são traços essencialmente femininos. Por outro lado, se o meu companheiro é um jovem de comportamento efeminado, consigo sentir, com o mesmo prazer, a atitude de ternura dominante do macho*".

"*Nunca tive nenhum 'horror' especial às mulheres do ponto de vista sexual. Imagino que o que sinto em relação a elas se assemelha muito ao que as pessoas normais sentem em relação a outras do mesmo sexo*". M. N. indica que não sabe assobiar e que a sua cor favorita é o verde.

Neste caso, o sujeito facilmente encontrou um *"modus vivendi"* moral com o seu instinto sexual, e não põe em causa o direito à satisfação dos seus desejos. Creio que o caso seguinte é típico de um grande conjunto de situações em que os sujeitos nunca cederam aos seus impulsos invertidos e, com exceção da masturbação, preservaram a mais estrita castidade.

CASO 9. - R. S., de 31 anos de idade, americano de ascendência francesa. "*Sobre a questão da hereditariedade posso dizer que pertenço a uma família razoavelmente saudável, prolífica e longeva. Contudo, no ramo paterno verifica-se uma tendência para doenças pulmonares. O meu pai morreu de pneumonia e dois dos seus irmãos e um sobrinho, morreram de tuberculose. Nenhum dos meus pais era mórbido ou excêntrico. Com exceção de alguma timidez para estranhos, o meu pai era um homem muito masculino. A minha mãe é um pouco nervosa, mas não é imaginativa nem expansiva nos seus afetos. Penso que o meu temperamento imaginativo e artístico vem do lado do meu pai. Talvez a minha ascendência francesa tenha algo a ver com isso. Com exceção do meu avô materno, todos os meus progenitores eram de origem francesa. O pai da minha mãe era inglês*".

"*Tenho um temperamento volátil e um forte sentido do ridículo. Embora o meu 'physique' seja ligeiro, a minha saúde tem sido sempre excelente. Sempre fui dado à introspeção e ao autoexame, o que se acentuou nos últimos anos, mas nunca tive alucinações, nem delírios mentais, nem histerismos e não sou nada supersticioso. Sinto-me pouco ou nada atraído por experiências espíritas, viagens hipnóticas ou outras modas psíquicas passageiras: na verdade, sempre fui cético e não suporto esse tipo de coisas".*

"Na escola era um rapaz sonhador e indolente e esquivava-me ao estudo, mas por outro lado, era bastante dócil para os professores. Desde a mais tenra infância que devoro livros omnivoramente, sobretudo livros de viagens, sobre estética, metafísica e teologia e, mais recentemente, poesia e certas formas de misticismo. Nunca liguei muito a história nem a temas científicos. Desde o início, também revelei uma forte inclinação artística e uma paixão irresistível por todas as coisas belas. Em criança era um apaixonado por flores, adorava andar pelos bosques sozinho e queria ser artista. Os meus pais opuseram-se a este desejo e eu cedi aos seus argumentos".

"Em mim, a natureza homossexual é singularmente completa e é, sem dúvida, congénita. O maior prazer da minha infância (quando ainda tinha ama) era observar os acrobatas e cavaleiros do circo, não tanto pelas suas proezas circenses, mas mais pela sua beleza pessoal. Já nesse tempo preferia pessoas ágeis e graciosas. Diziam-me que os atores de circo eram malvados, que roubavam meninos pequenos e por isso acabei por considerar que estes meus favoritos eram metade anjo, metade demónio. Mais tarde, quando já podia sair à rua sozinho, costumava deambular entre as tendas dos circos e teatros ambulantes na esperança de ver de relance os atores. Desejava vê-los nus, sem calças, e costumava deitar-me à noite a pensar neles e a desejar que me amassem e me abraçassem. Agradava-me especialmente um certo cavaleiro que montava sem sela, uma espécie de jóquei, que tinha pernas bonitas, cobertas até à cintura por umas calças sensuais que lhe deixavam as nádegas quase a descoberto. Não havia nada de conscientemente sensual nestes devaneios sonhadores pois nessa época eu era ignorante em relação à sensualidade. Curiosamente, sentia uma repugnância pelas mulheres do circo (como ainda acontece hoje) quase tão forte como a atração pelos homens".

"Também gostava muito de observar homens e rapazes a nadar, mas tinhas poucas oportunidades para o fazer. Nunca ousei deixar que os meus companheiros se apercebessem dos meus sentimentos sobre estas matérias, mas a visão de um homem nu, jovem ou adulto, bem constituído, enchia-me (e ainda enche) de sentimentos confusos de vergonha, angústia e deleite. Costumava inventar para mim mesmo, vezes

sem conta, histórias de um castelo encantado habitado por belos rapazes, um dos quais seria o meu grande amigo".

"Nos contos de fadas era sempre o 'príncipe' quem mais me prendia o interesse e com quem eu simpatizava mais. Estava constantemente a apaixonar-me por rapazes atraentes, com quem nunca chegava a falar porque me sentia envergonhado na sua presença. Não gostava nem tinha aptidão para jogos de rapazes e por vezes brincava com as meninas por serem mais tranquilas e suaves, mas pouco ou nada me importava com elas".

"Como acontece normalmente, os meus pais negligenciaram a minha educação sexual e a que tive foi obtida furtivamente junto de fontes contaminadas, em conversas com os maus rapazes da escola e de outros lugares. Os meus colegas mais velhos diziam-me, vagamente, que estas conversas eram proibidas e a minha natural timidez e o meu desejo de ser 'bom rapaz' fizeram com que aprendesse pouco sobre assuntos de sexo. Como nunca fui aluno de internato, talvez tenha sido poupado a muitas das iniciações degradantes a que são forçados os mais novos nessas instituições".

"Apesar do que ficou dito acima, não acredito ter sido precoce sexualmente e mesmo hoje sinto que a mera contemplação do alvo das minhas atenções amorosas me dá mais prazer do que o contacto físico".

"À medida que fui crescendo, surgiu com naturalidade um certo desejo físico indefinido, mas continuou a ser a 'beleza' daqueles a quem eu admirava que principalmente me atraía. Por altura da puberdade, adquiri espontaneamente o hábito da masturbação. Uma vez, quando estava a tomar banho, pouco antes do hábito se ter estabelecido, descobri uma sensação agradável relacionada com a manipulação dos meus órgãos sexuais. No começo, apenas praticava a masturbação esporadicamente, mas depois a frequência foi aumentando (talvez uma vez por semana), embora por vezes se passassem meses sem nenhum tipo de indulgência da minha parte. Só tive sonhos eróticos três ou quatro vezes em toda a vida. Considero o hábito da masturbação moralmente condenável e já prometi a mim mesmo, vezes sem conta, que parava, mas nunca consegui. Dá-me uma satisfação muito fugaz a que se segue sempre um sentimento de arrependimento".

"Nunca senti em toda a minha vida qualquer atração sexual por mulheres e não tive relações sexuais com nenhuma. Basta-me pensar nisso

para me causar profunda repugnância e asco. Esta é a verdade, para além de qualquer consideração de ordem moral, e tenho a certeza que nunca seria capaz de sentir qualquer tipo de atração por raparigas. Mesmo a sua beleza física tem pouco ou nenhum encanto para mim e pergunto-me frequentemente porque é que os homens são tão afetados por elas. Por outro lado, não sou um misógino e tenho muito boas amigas do sexo oposto, mulheres mais velhas que eu, mas a nossa amizade é fundada somente numa comunhão de certas sensibilidades intelectuais ou estéticas".

"Praticamente nunca tive contatos físicos com homens e absolutamente nenhuma relação especificamente sexual. Uma vez, quando tinha cerca de 19 ou 21 anos, tentei abraçar um jovem de belo físico com quem estava a dormir, mas a minha timidez e os meus escrúpulos levaram a melhor e, como o meu companheiro de cama não estava amorosamente inclinado para mim, nada se passou. Alguns anos depois deste episódio, tornei-me muito amigo de um homem que já conhecia há vários anos. Por acaso, passámos juntos o verão. Foi então que senti pela primeira vez o embate frontal do amor. Ele correspondeu ao meu amor, mas éramos demasiado tímidos para revelar os nossos sentimentos um ao outro ou para falar sobre eles. Muitas vezes, passeando juntos à noite, colocávamos os braços à volta um do outro. Outras vezes, dormindo juntos, ficávamos encostados um ao outro e o meu amigo chegou a sugerir uma vez que juntasse as minhas pernas às dele. Ele pedia-me frequentemente que passasse a noite com ele, mas eu comecei a recear os meus sentimentos pelo que passei a aceder cada vez menos aos seus pedidos. Nenhum de nós tinha ideias claras sobre relações homossexuais e, exceto o que já contei antes, não tivemos nenhum contacto físico um com o outro. Poucos meses depois de surgirem os nossos sentimentos amorosos, o meu amigo morreu. A sua morte causou-me grande pesar e a minha inclinação naturalmente religiosa acentuou-se fortemente. Por essa altura deparei-me pela primeira vez com alguns livros do Sr. Addington Symonds; a conjugação de alguns excertos das suas obras com a minha experiência recente fez despertar rapidamente em mim a consciência plena da minha natureza invertida".

"Cerca de oito meses depois da morte do meu amigo aconteceu-me encontrar, numa cidade estranha, um jovem da minha idade que exerceu sobre mim uma atração imediata e muito forte. Tinha uma cara bonita, refinada, uma constituição graciosa e, embora fosse um pouco retraído, rapidamente nos tornámos amigos".

"*Só estivemos juntos por uns dias, até que voltei para casa, e a nossa separação causou-me enorme infelicidade e depressão. Poucos meses depois passámos férias juntos. Um dia, durante a nossa viagem, fomos nadar e despimo-nos no mesmo balneário. Quando vi o meu amigo nu pela primeira vez pareceu-me tão belo que quis abraçá-lo e cobri-lo de beijos. Contudo, ocultei os meus sentimentos e mal me atrevi a olhar para ele com medo de não conseguir refrear o meu desejo. Voltei a vê-lo despido muitas vezes depois disso, no seu quarto, e sempre com o mesmo efeito sobre as minhas emoções. Até o ter visto nu, a minha atração por ele não era física mas depois passei a ansiar por um contacto real, mas não mais que abraços e beijos. Embora gostasse de mim, ele não tinha absolutamente nenhuns anseios amorosos a meu respeito e, sendo um tipo de espírito puro e simples, teria detestado a minha natureza invertida. Tive sempre muito cuidado para não o deixar descobrir o meu segredo e fiquei muito triste quando ele me confidenciou que estava apaixonado por uma rapariga com quem desejava casar. Este episódio ocorreu há vários anos e embora ainda sejamos amigos, as minhas emoções em relação a ele arrefeceram consideravelmente*".

"*Sempre fui muito reservado na demonstração de afetos. A maior parte dos meus conhecidos (e mesmo dos meus amigos próximos) considera-me estranhamente frio e muitas vezes perguntam-se porque é que eu nunca me apaixonei nem casei. Por razões óbvias, nunca fui capaz de lhes dizer porquê*".

"*Há três ou quatro anos, caiu-me nas mãos um pequeno livro por Coventry Patmore e da sua leitura resultou em mim uma mistura estranha de emoções religiosas e eróticas. O desejo de amar e de ser amado é difícil de reprimir e quando compreendi que não podia amar porque a homossexualidade era ilegal, comecei a projetar os meus anseios no outro mundo. Por nascimento sou católico apostólico romano e, apesar do meu temperamento algo cético, continuo a sê-lo convictamente*".

"*Com base nas doutrinas da Trindade, Encarnação e Eucaristia, cheguei a conclusões que encheriam de santo horror qualquer pietista; apesar disso, acredito que (dando como certas as premissas) as minhas conclusões são lógicas e defensáveis teologicamente. O deus do meu paraíso imaginado não se assemelha de forma nenhuma às conceções insípidas de Fra Angelico ou do Quartier St. Sulpice. O seu aspeto físico, pelo menos, seria melhor representado por algum semideus de Praxíteles ou pelo jovem nu, meditando, de Flandrin*".

"Se por um lado estas imagens me causam considerável inquietação moral, por outro não parecem ser completamente condenáveis pois sinto que a principal satisfação que obtenho delas provem mais da contemplação do que de outros prazeres mais físicos".

"Possuo apenas um vago conhecimento de história e das particularidades do misticismo erótico, mas é provável que as minhas noções não sejam inovadores nem específicas, e as diversas declarações dos poucos escritores místicos cuja obra conheço parecem estar substancialmente em concordância com os meus desejos e as minhas conclusões. Na tentativa de sancionar as minhas ideias com a opinião de autoridades reconhecidas, procurei sempre corroboração junto dos membros do meu sexo, pelo que é pouco provável que os meus pontos de vista tenham sido modelados pelos das mulheres hipersensíveis ou histéricas".

"Você irá justamente inferir que tenho dificuldade em dizer exatamente o que penso (moralmente) sobre a tendência homossexual. No entanto, de uma coisa estou certo, de que, mesmo se fosse possível, nunca trocaria a minha natureza invertida por uma normal. Suspeito que as emoções sexuais, e até mesmo as invertidas, têm algum significado mais subtil do que o que lhes é geralmente atribuído; mas os moralistas modernos evitam interpretações transcendentais ou negam-nas e eu sinto-me ignorante e incapaz de solucionar o mistério que estes sentimentos parecem implicar".

"Patmore, à sua maneira, fala com ousadia suficiente e Lacordaire tem insinuado certas coisas, mas de forma muito dissimulada. Não tenho nem a capacidade nem a oportunidade para estudar o que os místicos da Idade Média escreveram sobre estes assuntos e, para além disso, não me agrada a perspetiva medieval sobre o mundo. O que mais se destaca nesta minha tendência é a admiração avassaladora pela beleza masculina e nisto sinto-me mais próximo dos gregos".

"Não tenho palavras para lhe descrever como sou tão poderosamente afetado por este tipo de beleza. Sei perfeitamente que o moral e o intelectual têm maior valor, mas a beleza física pode 'ver-se' mais facilmente e parece-me ser a mais 'vívida' (se não a mais perfeita) manifestação do divino. Um pequeno incidente pode, talvez, revelar-lhe mais integralmente o que sinto. Não há muito tempo atrás, observei por acaso um jovem rapaz invulgarmente belo a entrar para uma pensão de má fama com uma mulher comum das ruas. Esta visão encheu-me da mais profunda angústia e a ideia de que tamanha beleza estaria em breve

nas mãos de uma prostituta fez-me sentir impotente e infeliz perante tal sacrilégio. Pode acontecer que a minha atração pela beleza masculina seja apenas outro afloramento da velha mania platónica, pois à medida que o tempo passa, parece-me que desejo cada vez menos os jovens que se me deparam e desejo cada vez mais algum ser ideal e perfeito cujo esplendor corporal e coração apaixonado sejam realidades de que apenas vejo sombras projetadas numa caverna escura. Desde que surgiu e se desenvolveu em mim aquilo a que, por falta de melhor designação, chamo o meu ideal patmoreano homossexualizado, a vida transformou-se essencialmente numa maçada. Contudo, não desanimo porque há muitas coisas que ainda me despertam um certo interesse. Quando esse interesse se desvanece, como acontece de vez em quando, esforço-me por ser paciente. Queira Deus que depois do meu tempo 'aqui', eu possa ser salvo das sombras e destes ideais aparentemente fúteis para entrar no seu reino de 'eterna' verdade".

CASO 10. - *A. H.*, 62 anos, envelhecido. Pertence a uma família que não pode ser considerada saudável, embora não se verifique nenhum caso de insanidade entre os seus parentes próximos. O pai era um homem de personalidade muito viril e de grande inteligência, mas não de boa saúde física. A mãe era tensa e nervosa, mas possuidora de uma coragem indómita, muito afetuosa e muito feliz com o seu marido, e que acabou por ficar inválida e morreu de tuberculose. *A. H.* foi um prematuro de sete meses, o terceiro filho do casal, que teve os filhos em rápida sucessão (há apenas três anos de diferença entre o primeiro e o terceiro filho). *A. H.* acredita que um dos seus irmãos, que nunca casou e prefere a companhia de homens à de mulheres, também é invertido, embora não tanto como ele, e também suspeita que um familiar da sua mãe possa ter sido invertido. A sua irmã, que faz lembrar o pai em feitio, é casada mas fala-se que é uma mulher de mulheres e não uma mulher de homens. A família é geralmente considerada orgulhosa e reservada, mas de superiores capacidades intelectuais.

No início da sua vida, *A. H.* era delicado e os seus estudos eram frequentemente interrompidos por doenças. Embora vivendo em condições felizes, era tímido e nervoso, e ficava frequentemente deprimido. Ultimamente a sua saúde tem sido regular e tem sido geralmente capaz de esconder as suas dúvidas e desconfianças.

Em criança brincou com bonecas e preferiu a companhia de meninas até à idade em que ganhou consciência que o seu comportamento era pouco comum pelo que, envergonhado, decidiu parar. O seu pai parecia preocupado com ele. Classifica-se a si mesmo como tendo sido uma criança muito infantil.

A sua vida sexual começou entre os 8 e os 10 anos de idade. Estava a brincar no jardim quando viu um criado, que trabalhava para a família há muito tempo, de pé à porta de uma cabana com o seu pénis exposto e ereto. O menino nunca tinha visto nada assim, mas sentiu uma grande curiosidade pela exibição e caminhou timidamente na direção do homem, que entrou para a cabana. O menino entrou atrás dele e foi encorajado a acariciar e brincar com o pénis até que se deu a ejaculação. Em resposta às questões inocentes da criança, o homem terá respondido que "*foi muito bom*". Esta experiência repetiu-se frequentemente com o mesmo homem e o menino contou o que se passava a um amigo, com quem tentou perceber, experimentando, como era a tal "*boa sensação*", mas ambos eram demasiado novos para obter qualquer prazer, para além do que obtinham por fazer algo que instintivamente sentiam ser "*fruto proibido*".

A partir deste período as suas tendências sexuais começaram a consolidar-se e a tornar-se autoconscientes. Nunca, em nenhum momento da vida, teve qualquer atração sexual consciente por uma pessoa do sexo oposto. As suas amizades mais próximas foram, de facto, com mulheres e foram essas amizades que lhe deram a maior parte da felicidade que tem tido na vida. Mas só as pessoas do mesmo sexo, em geral homens muito mais novos, lhe despertam paixão. Sente timidez e desconforto na presença de homens da sua idade mas, mesmo hoje aos 62 anos, qualquer leve contacto físico com um homem ou com um rapaz lhe proporciona o mais vivo prazer.

Pouco depois do incidente de infância, atrás narrado, *A. H.* convenceu um menino seu amigo a acompanhá-lo a um lugar discreto onde, por sua sugestão, colocaram à vez o pénis de um na boca do outro. *A. H.* e o amigo nunca tinham ouvido falar de tais procedimentos, mas fizeram-no instintivamente. Começou a masturbar-se muito cedo e rapidamente encontrou companhia com quem partilhar o prazer. Um homem mais velho, casado e com filhos, tornou-se seu cúmplice e faziam-no sempre que tinham oportunidade. Aos 21 anos, começou a praticar *fellatio* com este homem. Esta prática manteve-se ao longo de toda a sua vida e tornou-se o seu método preferido de gratificação sexual. Prefere que o façam a ele, mas considera que não deve pedir a ninguém para lhe fazer algo que ele mesmo não esteja disposto a fazer ao outro, se este o desejar. Nunca praticou *pedicatio*. Podemos acrescentar que o seu pénis é de bom tamanho e os seus testículos bastante grandes.

Nunca ninguém suspeitou da perversão sexual de *A. H.*, nem mesmo o seu médico, de quem é amigo de longa data, até que *A. H.*, num período de grande sofrimento mental, revelou voluntariamente a sua condição. Está acostumado à sociedade refinada, sempre leu muito, abomina atividades físicas e ama poesia, crianças e flores. O seu amor pela natureza é, de facto, uma verdadeira paixão. Por onde passou, fez amigos entre os melhores. Confessa que, induzido por comportamentos sociais, foi viciado em inebriantes, mas que conseguiu controlar o seu vício por pura força de vontade.

Não tem a menor aptidão para negócios e nem sequer consegue tratar das suas finanças pessoais. Tem um enorme medo da pobreza e da miséria. Mas acredita, no entanto, que os seus amigos lhe reconhecem grandes capacidades.

Considera que, no seu caso, a inversão é natural e que tem todo o direito de satisfazer os seus instintos naturais, embora admita que possam ser vícios. Nunca tentou converter qualquer pessoa inocente às suas tendências.

CASO 11. - *T. D.*, que desconhece qualquer anormalidade entre os seus antepassados. O seu irmão tem tendências homossexuais, mas também se sente atraído por mulheres. A sua irmã, que é muito religiosa, afirma que tem poucas ou nenhumas inclinações sexuais. Quando eram crianças, todos tinham um espírito sonhador, para grande pena dos professores. Fez esta descrição de si mesmo quando estava na Universidade, aos 20 anos de idade:

"Quando era criança (antes de ir para a escola aos 9 anos)", escreve ele, *"já era do tipo afetuoso, um afeto fácil que não distinguia sexos. As minhas inclinações afetuosas eram muito espontâneas e não consigo dizer se eram direcionadas para algum rapaz em particular. (Parte da causa pode ser, sem dúvida, imputada ao nosso sistema social que impõe que as senhoras sejam tratadas com um distanciamento respeitoso, como flores de estufa). Quando tinha 10 anos e frequentava a escola preparatória, comecei a relacionar-me com outros rapazes da minha idade, cuja beleza física me atraía. É esta a fase, quando o elemento sexual ainda está latente, a que Shelley se refere como sendo a que precede o amor nos indivíduos de natureza ardente".*

"Aos 12 anos aprendi, aparentemente por instinto, o que era a masturbação, que pratiquei em excesso, lamento confessá-lo, durante os sete anos seguintes, sempre secretamente, cheio de vergonha e frequentemente acompanhada de fantasias lascivas que, no entanto, não impediram que as minhas relações com as pessoas que amava fossem de natureza muito espiritual. Praticava a masturbação quase diariamente, com alguns intervalos de abstinência e arrependimento, que foram rareando. Mas até chegar aos 15 anos de idade, não sabia realmente nada acerca de sexo e só aos 17 anos ganhei consciência do meu desejo sexual, que reprimi envergonhadamente".

"Devido ao excesso de autoabuso (N.T.: masturbação), apenas produzo emissões por manipulação, mas o desejo continua forte. Bastam-me os contatos físicos de corpos nus ou, no máximo, as relações intercrurais. Abomino o 'pedicatio' e o 'fellatio'. Sinto atração por rapazes que tenham entre 12 e 15 anos de idade e que sejam da minha classe social, refinados e adoráveis. Só gosto do papel masculino ativo. Presentemente, considero as minhas inclinações como naturais e normais, embora tenha dificuldade em fazer com que os outros as considerem assim, o que obriga a que tudo tenha de acontecer em segredo. As dificuldades morais são tão fortes que tenho pouca esperança de alguma vez conseguir satisfazer por inteiro as minhas paixões. Já por duas vezes me equivoquei sobre o

caráter de um rapaz. A última amizade que tive durou três anos, durante os quais só o vi nu duas ou três vezes (o que sempre me causou ereção), nunca o toquei lubricamente e só o beijei uma vez".

"Nunca encontrei alguém que correspondesse satisfatoriamente aos meus afetos, o que fez com que a minha felicidade e, talvez também, a minha saúde, tenham sido gravemente prejudicadas. No colégio, um professor ajudou-me a conseguir compreender melhor estas coisas. A sodomia meramente animal, que existe em muitos colégios, era-me desconhecida. Tudo o que aprendi sobre sexo, aprendi por mim mesmo. Recomendam-me que oriente as minhas aspirações para as criadas, em abstrato, mas até agora não consegui fazê-lo".

"A estatuária grega masculina e o 'Fedro' de Platão tiveram uma grande influência sobre os meus sentimentos, embora apenas confirmatória. O meu ideal é o de Teócrito XIII, em que Hércules treina Hilas para ser um homem fisicamente perfeito. Quero sempre o melhor para os meus amigos mas, com exceção da boa influência subjetiva proporcionada pelo amor, tenho falhado completamente".

"Sou muito alto, moreno, bastante forte, gosto de jogos, embora não seja bom praticante devido à miopia. Sou inglês, apesar de ter sangue francês, o que pode explicar a minha exagerada disposição apaixonada. Ao contrário de outros, não sou minimamente efeminado e, que eu saiba, nunca ninguém assim me considerou. Assobio bem e com facilidade. Sou tão masculino que nem sequer consigo imaginar o prazer sexual passivo das mulheres, e ainda menos o dos homens (esta é uma das dificuldades do amor por rapazes). O amor, em mim, está inextricavelmente relacionado com a ideia de proteção de alguém mais fraco. Na juventude, quando era menos consciente da minha sexualidade, tinha nesta ideia uma fonte de inspiração romântica, mas o encanto tem vindo a desvanecer-se. Não consigo compreender o amor entre homens adultos, muito menos se forem de classes sociais baixas, e a ideia de prostituição é, para mim, nauseabunda".

"Acho que posso dizer que tenho os meus sentimentos estéticos e morais fortemente enraizados. Com efeito, sinto que os dois são, em mim, sinónimos. Não tenho nenhum talento dramático e, embora tenha orgulho no meu bom gosto musical, não tenho nenhum conhecimento de música. Como cor favorita talvez prefira o carmesim escuro ou o azul, como o dos vitrais antigos. Tenho grande prazer com a pintura, a literatura e a

arquitetura, na verdade, com todos as formas de arte. Escrevo com facilidade versos líricos, que me tranquilizam".

"Acho que a minha inversão deve ser congénita porque o desejo de tocar nos amigos por quem me apaixonava começou antes da masturbação e manteve-se ao longo de toda a minha vida escolar, em colégios, escolas públicas e na Universidade. O outro sexo não me atrai, mas gosto muito de crianças, tanto meninas como meninos. (Se houver sexualidade presente nisto, que julgo não haver, será apenas latente)".

Estas declarações são interessantes porque podem levar-nos a concluir que o seu autor, que é equilibrado e sensato, tem uma perspetiva de vida homossexual consolidada. Em regra, a orientação permanente do impulso sexual decide-se por volta dos 20 anos de idade. No entanto, devemos considerar que nesta idade é ainda prematuro ter a certeza absoluta, sobretudo no caso dos jovens universitários que apresentam impulsos sexuais indiferenciados, semelhantes aos dos adolescentes, ou que manifestam impulsos de natureza homossexual. Este veio a ser o caso de *T. D.* que, possuindo sem dúvida um laivo de anomalia psíquica, é predominantemente masculino. Ao deixar a Universidade a sua heterossexualidade afirmou-se normalmente. Cerca de seis anos depois das suas declarações iniciais, escreveu-me para dizer que se tinha apaixonado. *"Estou em vésperas de me casar com uma rapariga quase da minha idade. É simpática e tem bons conhecimentos nas minhas áreas de estudo e, por isso, foi-me mais fácil explicar-lhe o meu passado. Descobri que ela não consegue compreender as objeções morais às práticas homossexuais. Sempre opinei que as objeções morais eram enormes mas que poderiam, nalguns casos, ser ultrapassadas. Em qualquer caso, perdi completamente a minha atração sexual por rapazes, embora tenha que confessar que continuo a apreciar o seu encanto e a sua graça. Os meus instintos sofreram, assim, uma considerável mudança, mas uma mudança que não se direciona inteiramente para a normalidade. O instinto da sodomia, no sentido estrito da palavra, costumava ser incompreensível para mim; no entanto, desde que me sinto atraído por uma mulher, o meu desejo passou a incluir esse instinto à mistura com o normal. Para além disso, um elemento de desejo que muito me perturbava por ser contrário aos meus ideais, continua a subsistir: a curiosidade indecente e por vezes escatológica por raparigas imaturas. Só espero que a realização do normal no casamento possa finalmente matar estas aberrações dolorosas. Quero acrescentar que abandonei a prática da masturbação".*

CASO 12. - 24 anos de idade. Tanto o pai como a mãe estão vivos; a mãe é de melhor posição social que o pai. O jovem está muito ligado à mãe, que é muito compreensiva para ele. Tem um irmão que tem atração normal por mulheres. Ele próprio nunca se sentiu atraído por mulheres e não tem interesse nelas, nem na sua companhia.

Aos 4 anos de idade, ganhou consciência da sua atração por homens mais velhos. Entre os 11 e os 19 anos, numa grande escola secundária, teve relações com mais de cem rapazes. Escusado será acrescentar que considera a homossexualidade extremamente comum nas escolas. No entanto, foi o escândalo de Oscar Wilde que o despertou para a larga prevalência da homossexualidade e considera que a notoriedade do caso tem feito muito, se não para aumentar a frequência da homossexualidade, pelo menos para a tornar mais conspícua e amplamente discutida.

Presentemente sente-se atraído por jovens com menos 5 ou 6 anos que ele e que tenham boa aparência. Nunca perverteu nenhum rapaz que não apresentasse já inclinação para a homossexualidade. Não se sente exclusivamente masculino ou feminino: umas vezes uma coisa, outras vezes outra. Dizem-lhe frequentemente que se sentem atraídos por ele devido à sua masculinidade.

É um homem completamente maduro e saudável, de altura bem acima da média, com tendência para engordar, cara cheia e um pequeno bigode. Fuma muitos cigarros, que não dispensa de maneira nenhuma. Embora os seus modos sejam pouco ou nada femininos, reconhece em si mesmo muitos toques de feminilidade. Gosta de joias, costumava usar pulseiras e aprecia anéis femininos; é muito exigente em relação a gravatas e usa lenços finos de mulher. Sempre gostou de música e sabe cantar. Tem uma predileção especial pelo verde, que é a cor predominante na decoração do seu quarto, e sente-se atraído por tudo o que seja verde. Considera que a preferência pelo verde (tal como pelo violeta e pelo roxo) está muito difundida entre os seus amigos invertidos.

CASO 13. - Artista, com 34 anos de idade. "*A primeira experiência sexual de que tenho consciência*", escreve ele, "*foi quando tinha 9 ou 10 anos e me apaixonei por um belo rapaz que devia ser cerca de dois anos mais velho que eu. Não me recordo de ter chegado a falar com ele, mas desejava muito, tanto quanto me consigo recordar, que ele me agarrasse e abraçasse. Ainda sinto distintamente a sensação de que mesmo a dor física ou a crueldade às suas mãos seriam um prazer para mim*". (Tenho observado que nas crianças é muitas vezes difícil separar as emoções sexuais daquilo a que os adultos designam por crueldade.).

"*Deve ter sido neste período que descobri, inteiramente por mim mesmo, o ato da masturbação. O processo de descoberta foi bastante natural, embora não consiga deixar de pensar que o facto de ter passado a vida enfiado numa escola de Londres, numa rua de Londres, com falta do exercício físico e da paisagem do campo e das suas belas formas e cores, me tenha ajudado muito nessa descoberta. A escola que frequentei era de um padrão moral singularmente elevado, mas questiono se os proclamados altos níveis de moralidade dos externatos consegue compensar a vida ao ar livre e a forte disciplina dos colégios privados ingleses*".

"*Até que ponto a masturbação frequente que pratiquei entre os 10 e os 13 anos pode estar relacionada com a minha frágil saúde, não sei, mas sei que quando tinha 12 anos a minha mãe teve que me levar a um médico famoso. O médico não me fez perguntas de natureza sexual, mas sugeriu que me afastassem de Londres. Ele tinha profundo horror a jogos violentos para rapazes, pelo que desaconselhou vários colégios. Por fim, fui enviado para uma escola particular à beira-mar*".

"*A escola particular que frequentei era pura e sadia, mas o mergulho no Cócito sexual dos grandes colégios privados que se seguiu (nos meus tempos, eram um perfeito caldo de imoralidade), foi particularmente violento. Havia incontinência sexual em abundância, quase nenhuma crueldade, conversas porcas sem fim e uma grande quantidade de carinho genuíno, quase heroico, nas relações entre os rapazes. Todas estas coisas eram consideradas, por professores e alunos, como mais ou menos profanas, pelo que eram desejadas ou evitadas de acordo com os instintos sexuais ou emocionais de cada um. Não se fazia nenhuma distinção de gravidade. O beijo era considerado tão imundo como o 'fellatio' e ninguém dispunha de princípios ou padrões de comparação que orientassem na avaliação dos impulsos da adolescência".*

"A minha iniciação nos mistérios do sexo foi pelas mãos do empregado do dormitório, que me mostrava o pénis quando me acordava de manhã e que me masturbava quando me dava banho de água quente aos sábados à noite. Este réprobo de 45 anos de idade praticava 'fellatio' com a maioria dos rapazes quando fazia as rondas do dormitório. Não posso falar pelos rapazes mais velhos, mas sobre nós, os mais novos de 14 ou 15 anos, este homem exercia uma espécie de terror profano e de fascinação. Era muito popular; mas quando íamos ter com ele, nós parecíamos pombas e ele uma serpente. Quando muito anos depois voltei à minha velha escola, soube que ele ocupava uma posição de muita responsabilidade na capela do colégio e verifiquei que ele também apresentava essa expressão de reverência manhosa que julgo ser agora capaz de identificar instantaneamente na cara de um homem, quando a vejo".

"Quanto ao resto, o dormitório era violento e lascivo, e havia bastante intimidação e assédio, que provavelmente causavam pouca mossa. A recordação mais forte que tenho hoje é das conversas porcas, que não me interessavam e que eu não compreendia. O que eu realmente precisava, tal como todos os outros rapazes, era de algumas dicas oportunas sobre questões sexuais, mas nunca tivemos essa sorte e cada um teve que estabelecer os seus próprios princípios de conduta sem ajuda de ninguém. Foi um processo longo, difícil e desgastante, e não posso deixar de lamentar que muitos de nós tenham falhado. Tínhamos chegado mal preparados, sem qualquer conselho prévio. O princípio para o qual tínhamos sido educados era, aparentemente, o da repressão de todo e qualquer instinto. A minha mãe era inocentemente ignorante, o meu pai era indiferente e, assim, com responsabilidade para os dois, fui enviado para o internato completamente indefeso. As mães têm grande culpa quando mandam os seus filhos para longe, sem preparação. Os progenitores não devem procurar alijar a sua responsabilidade, transferindo-a para os professores. Só o amor pode ser a fonte de onde brotam certas revelações que um professor, pela própria natureza da sua profissão, não deve explicar".

"Um colapso iminente da minha saúde (devido ao que agora parecem causas óbvias) aliviou-me do purgatório das camaratas do colégio e passei a dormir numa das casas privadas. Estes estabelecimentos eram

considerados mais seletos e menos 'ásperos'. No entanto, o ambiente social era, talvez, mais prejudicial porque mais efeminado, e estava repleto de 'meninos' finos. O chefe nominal da casa poderia ter sido um líder em condições normais; na realidade, o verdadeiro líder da casa era um jovem pária enfatuado, bastante mau aluno e cheio de hipocrisia e lascívia não natural. O rapaz que ocupava o cubículo ao lado do meu era também um caso problemático de desorientação sexual, embora não tivesse gabarito social que lhe permitisse ser tão refinadamente aterrorizante. Observei bem todos os seus atos durante dois anos, até que ele foi, felizmente, convidado a sair. Falava mal de manhã à noite, embebedou-se uma ou duas vezes, masturbava-se constantemente sem sequer se esconder, possuiu 'inter femora' vários dos rapazes mais novos sem nunca demonstrar a menor atenção ou afeto por eles e dava a impressão de ter nascido para a vida de bordel. A única qualidade que o redimia era um traço de bom caráter, que se encontra muitas vezes entre os que são egoístas e irresponsáveis. Já me disseram que ele se perdeu completamente. Nunca poderemos saber se os instintos sexuais deste jovem poderiam ter sido transformados ou encaminhados nalguma outra direção; mas acredito que com uma vida mais dura e simples do que a dos colégios privados, num ambiente mais aberto e menos hipócrita, ele poderia, talvez, ter tido incentivos para ser melhor. No entanto, a hipocrisia é um vício que, felizmente, os colegiais ainda não ganharam. O ambiente entre os rapazes era franco e violentamente imoral, embora não instintivamente imoral, apenas imoral por falta de orientação ou de repressão".

"Não tenho uma única lembrança agradável deste período da minha vida escolar. No entanto, no meio deste pântano de virtudes transviadas, consegui fazer nascer o meu primeiro botão de amor genuíno. Chamo-lhe botão porque nunca chegou a desabrochar em flor. Estive rodeado, desde que cheguei à escola, da maior sujeira, mas acabei por conseguir encontrar para mim mesmo um espaço de virtude. Ficarei para sempre arrependido por não ter conseguido que este amor, que foi para mim uma estrela guia, se tenha consumado ou sequer originado uma amizade sólida".

"Quando tinha uns 16 anos e meio, foi para a nossa casa um rapaz dois anos mais novo que eu, que se transformou no centro das minhas atenções. Não me lembro de um único momento, a partir da primeira vez que o vi e até que saí da escola, em que não tenha estado apaixonado por ele. A paixão era moderadamente recíproca. Ele foi sempre um pouco melhor que eu com os livros e o estudo, mas à medida que o nosso amor

amadurecia passávamos a maior parte do tempo juntos e ele reagia aos meus avanços como um rapariga que está a ser cortejada, ironizando um pouco, mas com prazer genuíno. Deixava que eu o tocasse e acariciasse, mas a nossa intimidade nunca foi além de um beijo e, mesmo assim, envolto no estigma da vergonha. Havia sempre uma barreira entre nós e nem chegámos a segredar um ao outro as coisas que o resto da escola gritava obscenamente em voz alta. Nunca nos ocorreu que as nossas emoções estivessem relacionadas com a imoralidade sexual da escola. Na verdade, vivíamos num sonho, casto, que não nos parecia humano. Tudo isto se desfez subitamente. O meu amigo era muito bonito e alvo da cobiça dos outros. Eu sabia que alguns dos rapazes mais velhos lhe tinham feito propostas de relações sexuais, o que ele e eu considerávamos uma perversidade indescritível. Um dia ouvi dizer que quatro ou cinco dos seus pretendentes o tinham maltratado; penso que lhe despiram as calças e o tentaram masturbar. Esta ação foi, talvez, apenas uma brincadeira exagerada mas para mim foi uma ofensa imperdoável. O assunto foi reportado por um empregado ao diretor, mas sem provas da ocorrência não podia haver castigo. Senti-me despedaçado por emoções que não conseguia compreender e acabei por cometer o maior crime que um estudante pode cometer: denunciei os infratores. Fui, naquelas circunstâncias, muito corajoso, mas só pensava que o meu amado iria apreciar a minha atitude. O resultado foi que no final do período escolar, quatro ou cinco dos rapazes mais velhos foram 'convidados a sair'. Todo o resto da minha vida escolar, que até aí tinha sido um inferno, acabou por ser verdadeiramente feliz. Que esta felicidade tenha implicado prejuízo para quatro ou cinco rapazes cujo pecado não passou, apesar de tudo, de um impulso mal orientado pelo qual o sistema escolar era responsável, parece-me hoje profundamente errado. Entre os rapazes expulsos, contudo, pelo menos três acabaram por ter carreiras honrosas. Por outro lado, eu e o meu amigo, acabámos por nos recear mutuamente mais que antes; à medida que o nosso amor crescia, mais medo dos nossos sentimentos tínhamos. A nossa amizade era muito etérea para poder sobreviver, mas mesmo assim, ainda hoje guardamos um profundo respeito um pelo outro".

"Quando saí da escola, aos 19 anos de idade, deixaram-me andar por aí durante um ano antes de entrar para a faculdade. Durante esse tempo, tive uma experiência sexual que então me agradou, mas que agora recordo com arrependimento, se não com horror. O meu pai tinha descoberto,

alguns meses antes, que eu tinha o hábito da masturbação e deu-me o que ele achava ser o conselho adequado às circunstâncias: 'Se o fizeres', disse-me ele, 'nunca mais serás capaz de usar o teu pénis numa mulher, pelo que o melhor que tens a fazer agora é ir ter com uma prostituta. Contudo, quando o fizeres, vais provavelmente apanhar uma doença terrível. Por isso, se tiveres oportunidade, o mais seguro é ires ao estrangeiro, porque lá os bordéis são licenciados'. Tendo-me dado este conselho, deixou de se preocupar com o assunto e abandonou-me ao meu destino. O famoso médico a quem me levaram nessa época também me deu conselhos: 'A masturbação', referiu ele, 'é a morte. Muitos jovens procuram-me com a mesma história. Digo-lhes que se estão a matar a eles mesmos e tu vais matar-te também'. O que o médico pretendia era, aparentemente, assustar os seus jovens pacientes para que adotassem o que ele concebia serem as condições naturais da vida, mas nós saíamos do consultório com a impressão que todas as nossas manifestações sexuais eram enfermidades físicas, causada pela nossa fraqueza moral. Levei algum tempo até me decidir a seguir o conselho do meu pai, mas depois de um período de verdadeira agonia moral, passei à ação, deliberadamente e a sangue frio. Procurei uma mulher escarlate (N.T.: uma prostituta) nas ruas de _____ e fui para casa com ela. Pelo que ela me disse, sei que lhe dei prazer e ela pediu-me para voltar. O que fiz duas vezes, mas sem daí retirar algum prazer. Tudo era muito sórdido e sem alma, e quem decide tomar regularmente um remédio amargo tem primeiro que se convencer que precisa mesmo dele".

"Quase ao mesmo tempo, aconteceu-me estar por alguns meses numa cidade universitária alemã e decidi, porque ter surgido a oportunidade, seguir o conselho do meu pai e experimentar um bordel licenciado. O lugar era limpo e decente, com as condições, julgo eu, que seriam de esperar em qualquer cidade europeia com legislação adequada, mas tudo me pareceu horrível. Foi uma transação puramente comercial e nem sequer teve o risco pessoal ou de ofensa à ordem social ou ao código penal que, de alguma forma, compensariam a frieza do ato. Saí sentindo que tinha tocado no fundo em termos de experiências sexuais e compreendi finalmente o que sentiu Fausto quando viu o rato vermelho a saltar da boca da bruxa durante a dança de Santa Valburga".

"Estas foram as únicas ocasiões em que tive relações sexuais com mulheres. Em retrospetiva, parecem-me ter sido quase inevitáveis, mas se pudesse viver a minha vida de novo, evitá-las-ia como a um veneno letal.

Acredito que saí ileso deste inferno, que talvez me tenha feito bem, no sentido em que me permitiu refletir mais profundamente sobre a vida, embora talvez apenas Dante tenha conseguido explicar adequadamente porque é que assistir aos tormentos dos condenados nos pode conduzir a este tipo de reflexões. Considero que obter conhecimentos à custa da vergonha e da desgraça dos outros é fundamentalmente errado e imoral. No entanto, para mim o mais importante e mais triste é ter desperdiçado a primavera da minha masculinidade num ambiente em que não havia amor. A virgindade de um rapaz é, ou deveria ser, uma possessão tão gloriosa e sagrada como a de uma rapariga, para ser guardada zelosamente e concedida apenas a quem amamos (camarada, amante ou esposa) e que nos ame também".

"A vida universitária em que mergulhei aos 20 anos trouxe consigo uma avalanche de novas ideias, sentimentos e sensações. As amizades que aí fiz permanecerão para sempre centrais na minha vida. Até ao último semestre de faculdade, com 24 anos de idade, continuei a usar a minha carapaça de castidade artificial, mas depois comecei a mudar gradualmente e a entender a relação entre o fenómeno físico do sexo e as suas manifestações intelectuais. (Eu só iria compreender isto completamente alguns anos depois e, mesmo então, apenas pelo filtro da minha experiência pessoal). Foi o estudo de 'Folhas de Erva' de Walt Whitman que primeiro me trouxe luz sobre este tema. Até então eu tinha trancado cada uma destas duas coisas em compartimentos herméticos (as minhas amizades num e os meus instintos sexuais noutro, escondidos e reprimidos), de acordo com o código de conduta do colégio, tal como eu o tinha interpretado".

"É desnecessário dizer que fui constantemente perturbado pelos habituais fenómenos sexuais: sonhos eróticos, perda de sémen, ereções inconvenientes durante a noite, etc. Tudo isto tentei evitar o melhor que consegui, pela masturbação frequente e pela alimentação e exercício físico regulares que a vida académica tornava possível. Uma vez, julgo que durante um ano inteiro, tentei superar o desejo da masturbação gradualmente, com base na teoria que diz que os bêbados se podem curar se beberem um pouco menos todos os dias. Marquei no meu calendário as noites em que tive sonhos eróticos e os dias em que me masturbei, procurando alargar progressivamente os períodos entre uns e outros. No entanto, o máximo que consegui foi aguentar seis semanas sem me masturbar".

Alguns anos mais tarde o autor desta comunicação entrou numa relação íntima (que não foi da sua iniciativa) com um jovem alguns anos mais novo que ele e de uma classe social inferior, cuja carreira ele amparou. "*Pela minha parte*", comentou-me ele, "*devo-lhe tanto quanto lhe dei, pois o seu amor encheu-me de um afeto radioso que escorraçou de mim a escuridão. Foi com ele que aprendi que não existe uma fronteira nítida entre a amizade espiritual e física*". Esta relação durou alguns anos, até que o jovem se casou, e os seus efeitos foram considerados muito benéficos por ambas as partes; todos os problemas sexuais desapareceram em conjunto com o desejo de masturbação. "*Tudo na minha vida passou a ser alegre e o pouco de criativo que me possa ser creditado, atribuo-o em larga medida à capacidade de trabalho que nasceu em mim durante esses anos*".

CASO 14. - Escocês, de 38 anos de idade. Os seus antepassados paternos eram normais, tanto quanto se sabe. A sua mãe pertencia a uma velha família celta, muito excêntrica. Pouco depois de fazer 5 anos, enamorou-se tão ostensivamente por um jovem pastor que este teve que ser afastado para longe. Praticou a masturbação muitos anos antes de atingir a puberdade, o que considera como um fator determinante da evolução da sua vida homossexual.

Raramente tem sonhos eróticos com homens; tem mais frequentemente com mulheres. Embora indiferente às mulheres, estas não o repugnam. Teve relações com mulheres duas ou três vezes, mas sem experimentar os mesmos sentimentos de paixão que sente com homens.

Gostaria de ter um filho, mas nunca foi capaz de mobilizar a paixão necessária para casar.

Teve sempre um carinho sentimental e platónico por homens. Nos últimos anos, tornou-se amigo de dois homens adultos, amizades que são de caráter sentimental mas também erótico. Só gosta de masturbação mútua e de beijos, mas o que deseja acima de tudo é ser amado pelos seus amantes.

A sua aparência não tem nada de anormal, exceto aparentar menos idade do que a que tem. É vigoroso, tanto de corpo como de mente, e tem uma enorme resistência à fadiga. É um excelente homem de negócios. É um estudante paciente. Não vê mal algum nas suas paixões homossexuais. É avesso à promiscuidade. O seu ideal é uma união permanente que inclua relações sexuais.

CASO 15. - *T. S.*, artista, de 32 anos de idade. "*Nasci em Inglaterra. O meu pai era judeu, foi o primeiro a casar-se fora da sua família e casou com uma cristã. Os meus bisavós eram primos entre si; ele era alemão e ela dinamarquesa. Os meus avôs também eram primos; ele sueco e ela dinamarquesa*".

"*O meu avô materno era um protestante Inglês e a minha avó materna era irlandesa, uma católica romana fanática e muito excêntrica*".

"*Na família do meu pai têm existido muitos indivíduos destacados. Na família da minha mãe havia muitos advogados de renome*".

"*O meu pai tinha um irmão mais velho que era homossexual. Quando morreu tuberculoso, aos 31 anos de idade, já era um proeminente autor. Também tenho um primo em segundo grau, do lado do meu pai, que é um excelente tenor e que também é homossexual. Na família da minha mãe não sei de nada de anormal*".

"*Em nenhum ramo familiar há, ou houve, qualquer traço de insanidade mas, pelo contrário, existe uma riqueza intelectual acima da média*".

"*Os meus pais formavam um casal ideal feliz. Ficaram noivos apenas seis dias depois de se conhecerem e, após uma separação de três meses, casaram. Estiveram casados trinta e cinco anos sem uma única briga. Tenho um irmão, três anos mais velho, que nasceu um ano depois do casamento, e uma irmã que é sete anos mais nova que eu*".

"*O meu irmão é parecido com o meu pai. É um grande amante de mulheres, que o mimam em demasia. É deveras normal e moderado*".

"*A minha irmã é uma mulher muito feminina. Na adolescência, não apreciava muito as amizades de raparigas e preferia fazer as suas confidências à mãe. Aos 13 anos de idade conheceu o homem com quem está agora casada. Esperaram dez anos antes de se casar e agora são um casal feliz. A minha irmã é perfeitamente normal e muito sensata*".

"*Vivi os meus primeiros dez anos de vida em Inglaterra, depois dezoito anos na Suécia, dois na Dinamarca, dois na Baviera, Áustria e Itália e agora estou a viver em Berlim. Considero-me um inglês. Penso como um homem, mas as minhas emoções e desejos físicos são os de uma mulher*".

INVERSÃO SEXUAL

"Sou de estatura média e muito magro. Sem roupa peso 48 quilogramas. As minhas mãos e os meus pés são pequenos e bem torneados. Cabeça de tamanho normal. Feições miúdas. Olhos verdes. Uso óculos desde os 7 anos de idade. Compleição clara. Aparência não judaica. A minha pele é muito branca, sem manchas. Pouca barba. Cabelo luxuriante na cabeça e no abdómen. Nem um pelo no estômago nem no peito. Cabelo de cor ruiva, exceto abaixo do umbigo, onde os pelos são pretos. (A mãe e os irmãos do meu pai têm cabelo castanho. A minha irmã é ruiva tal como o meu tio, antes mencionado). Os meus seios são ligeiramente redondos. As minhas ancas normais. Não gesticulo muito. Seria difícil que pelo meu aspeto alguém adivinhasse que sou homossexual. Os meus órgãos sexuais são normais".

"A minha personalidade é aparentemente brilhante mas, na verdade, sou melancólico. Tenho muito pouco amor à natureza humana mas tenho uma predileção pelos povos britânico e judeu. Odeio negócios, política, desporto e sociedade. Adoro música, arte, literatura e a natureza. Interesso-me profundamente pelo misticismo. Sou vidente. Tenho sido usado muitas vezes como médium. Tenho uma vida psíquica dupla, uma exterior e outra interior. Sou um fatalista e um teósofo. Acredito profundamente, e sempre acreditei, na reencarnação porque quando era bebé conseguia 'lembrar-me' de muitas coisas. Tenho uma excelente memória e recordo-me de acontecimentos que datam do meu terceiro ano de vida. Sempre fui muito autoanalítico. Tenho sentido, desde a mais tenra idade, que sou diferente. Sou muito sensível, física e psiquicamente. Não tenho nenhum desejo de vestir roupas de mulher ou de desempenhar as suas tarefas. Em relação ao que gosto de vestir, prefiro o preto e uso poucas joias".

"Só poderia amar um homem que fosse inteiramente masculino e com uma idade entre os 21 e os 40 anos. Teria que ser belo fisicamente, e bem constituído. O tamanho dos órgãos sexuais não é importante. Os músculos teriam que ser bem desenvolvidos e as mãos especialmente bem moldadas. O meu fetiche são as mãos. (Nunca poderia amar alguém que tivesse mãos feias). Não poderia ter odores corporais (embora não me desagrade um toque de perfume num homem vestido) e, acima de tudo, nunca poderia ter mau hálito. Teria que ser inteligente, gostar de música, arte, literatura e da natureza. Teria que ser refinado e culto e conhecer o mundo. Teria que apresentar simplicidade no comportamento, na roupa e nos hábitos e, acima de tudo, teria que ser limpo de corpo e espírito. Não

159

suporto o cinismo. (Gostaria de dizer aqui que tive um São Bernardo que correspondia muito bem ao meu ideal de homem. Estava sempre calmo, era sempre carinhoso e fiel e mantinha-se geralmente silencioso. Só ficava excitado quando saía para a rua). Não consigo conviver com pessoas que não têm sentido de humor. Tenho sido fisicamente débil desde a nascença. Primeiro padeci de eczema. Tendo nascido com um estrabismo duplo, fui operado aos dois anos e meio e mais uma vez aos três anos e meio, com excelentes resultados. Dos 4 aos 12 anos de idade tive convulsões (frequentes) e todas as doenças infantis. Quando tinha 12 anos e meio adoeci com escarlatina, a que se seguiu uma debilidade cardíaca, embora um ano depois o meu coração já se tivesse fortalecido, e depois a doença de Bright (N. T.: uma nefrite aguda), que me acompanhou quase sem interrupção ao longo de 15 anos. Esta doença teve em mim o seu efeito habitual, perturbação do sistema nervoso e melancolia. A doença de Bright desapareceu subitamente, mas deu lugar a uma sucessão de outras doenças. Tive uma nevrite muito má. Viajei para a Baviera onde, para recuperar o sistema nervoso, fui tratado pelo método psicanalítico de Freud, com muito sucesso. Tive uma recaída muito complicada quando o meu irmão, que tinha acabado de saber que eu era homossexual, veio visitar-me e ameaçou colocar-me sob tutela se o meu pai morresse. Levei semanas para recuperar do choque. Cortámos relações e, embora tenhamos estado várias vezes na mesma cidade ao mesmo tempo, permanecemos estranhos um para o outro. Por esta altura o meu pai morreu de repente. Na primavera passada, quatro suicídios de amigos meus, num período de quatro semanas, tiveram um impacto muito negativo sobre os meus nervos. Agora vivo em Berlim, estou mais animado mas, por vezes, sinto uma dor profunda que continua a magoar-me muito ".

"A tudo o que disse antes tenho que acrescentar que desde os meus 14 anos, apesar de não estar doente, tenho sofrido mental e fisicamente com dores menstruais que se repetem a cada 28 dias e que duram entre seis a oito dias de cada vez. Não consegui que nenhum médico admitisse que estas dores eram equivalentes às dores menstruais das mulheres até que fui tratado, durante um longo período, por um especialista alemão de doenças do sistema nervoso".

"Estas dores físicas começam de modo abrupto, acompanhadas de congestionamentos repentinos da circulação sanguínea no cérebro e no abdómen, transpiração, calor e frio, fortes dores nervosas na parte inferior das costas e também nos centros nervosos do abdómen e do estômago, dores *agudas, lancinantes, no peito e especialmente nos mamilos, dor de dentes súbita, que termina repentinamente. A pele fica mais escura, às vezes manchada. Sinto continuamente o sabor de sangue na boca e, frequentemente, toda a comida me sabe a sangue. Nessas alturas tenho grande aversão a comer carne. Tenho desejos físicos de aventuras eróticas, contrabalançados por náusea mental só de pensar no assunto".*

"Os sintomas mentais são: sensação repentina de profunda depressão e tendências suicidas, alternando com períodos de inexplicável tranquilidade, inconstância e grande insatisfação comigo mesmo e com a vida em geral, horror em relação à minha própria imperfeição sexual e ataques de ódio súbito contra as mulheres, em simultâneo com um grande anseio de ser amado por homens. Esta condição vai-se atenuando lentamente até chegar à normalidade e levo alguns dias para recuperar da fraqueza física que me provoca".

"Fisicamente, já era um homem maduro aos 16 anos de idade. Mentalmente, amadureci muito cedo, mas mantive a minha vida interior muito escondida, aparentando sempre ser um inocente. Todos, em minha casa, acreditavam que eu não sabia nada sobre a vida. Por vezes ficavam muito surpreendidos quando eu me desviava um pouco do papel que tinha escolhido representar. Até aos 17 anos nunca se discutiu à minha frente nenhum assunto relacionado com a moralidade dos outros. Eu parecia ser tão puro (e ainda pareço) que as pessoas são sempre muito cuidadosas na minha presença. O meu pai nunca discutiu estes assuntos comigo. Desde a mais tenra infância que sinto grande atração por homens, embora estivesse sempre a brigar com o meu pai e com o meu irmão. Idolatrava a minha mãe, tal como ainda acontece hoje. A minha irmã e eu não nos dávamos bem quando éramos crianças, mas agora somos amigos íntimos. Ela e o seu marido, assim como a minha mãe, têm sido a bondade personificada desde que souberam da minha condição. Só depois dos 30 anos conheci um homem que amei tanto como amo a minha mãe, e é um heterossexual. Inicialmente, devo ter amado o meu pai e o meu irmão, mas os conflitos permanentes, a incompatibilidade dos feitios, a incompreensão mútua e a falta de carinho fizeram com que a minha vida em casa fosse horrível. Tenho que confessar que já em criança desprezava um pouco o meu pai e o meu irmão porque os achava muito materialistas. As minhas brigas de infância eram com o meu irmão. O meu pai tomava o partido dele, a minha mãe o meu. Depois de ter recuperado da morte inesperada do meu pai (o meu primeiro pensamento depois de ler a carta com a notícia da

morte foi: 'Graças a Deus que não foi a mãe que morreu!') senti um grande alívio, mas levei muito tempo a perceber que estava realmente livre".

"Sempre gostei da companhia de mulheres e na juventude adorava mexericos, o que já não acontece atualmente. Tenho muito mais amigas que amigos. Todas as minhas amigas são heterossexuais, menos uma. Simpatizo frequentemente com mulheres de idade; talvez veja a minha mãe nessas mulheres. Nenhuma mulher me faria corar, mas um homem que eu admire consegui-lo-ia facilmente".

"Tinha 23 anos de idade quando uma mulher casada e de boas famílias me pediu para passar a noite com ela. Passei, mas embora ela fosse fisicamente muito bonita, muito limpa, e embora as suas vestes e os seus aposentos fossem do melhor bom gosto, não tive nenhuma ereção. Pelo contrário, senti-me extremamente sujo e tomei três banhos em cada um dos três dias seguintes. Desde então, nunca mais tentei ter relações sexuais com mulheres".

"Em Copenhaga tentei estimular os meus sentimentos com todo o tipo de mulheres, mas em vão. Suponho que não consigo reagir às mulheres porque a minha natureza é muito parecida com a delas. Com homens fico, frequentemente, muito tímido e nervoso, sem saber o que dizer e a transpirar das mãos. Tal nunca me aconteceu com mulheres".

"Quando era criança, sentia-me atraído por homens e costumava apaixonar-me desesperadamente por alguns dos que nos visitavam. Sempre que não havia ninguém à vista, beijava os seus chapéus, as suas luvas e até mesmo os seus bastões".

"Lembro-me, quando tinha uns 6 anos de idade, como me apaixonei por um alemão de 26 anos muito bem-parecido. Tinha o cabelo muito encaracolado e as suas mãos eram muito bonitas. Ele gostava muito de mim e eu costumava chamar-lhe 'o meu rapaz'. Quando nos visitava, vinha muitas vezes 'ajeitar-me' a cama à noite, depois de a ama ter descido. Tinha sempre doces ou outra surpresa para mim. Lembro-me de como costumava atirar os meus braços à volta do seu pescoço e cobrir a sua face de beijos. Depois puxava-lhe a cabeça para o travesseiro, ele contava-me contos de fadas e eu adormecia muito feliz".

"Aos 7 anos de idade, numa estadia no campo, um tratador de cavalos muito bem-parecido, com cerca de 25 anos de idade, portou-se mal comigo. Eu tinha uma atração muito estranha por este homem e não resistia a ir

ter com ele aos estábulos. Um dia, entre cócegas, tirou-me o pénis para fora dos calções e depois tirou o seu, em plena ereção. Tentou de todas as maneiras excitar-me, mas em vão. Para ele, a brincadeira terminou em ejaculação. Proibiu-me de contar o sucedido a quem quer que fosse, e eu não o fiz, mas tentei descobrir tudo o que podia sobre o assunto. A partir desse dia passei a odiar este homem e senti uma espécie de culpa, como se tivesse 'perdido alguma coisa'. Só percebi o que se tinha passado quando já tinha 12 anos".

"Desde a infância que tenho um ideal de homem e tenho-o mantido sem alterações ao longo dos anos. Aos 30 anos de idade, encontrei um amigo que, embora fosse bastante heterossexual e apesar de nunca termos tido qualquer tipo de relação sexual, me deu todo o amor a que sempre aspirei. Tem sido para mim, nos últimos dois anos, uma segunda mãe, um pai, uma irmã, um irmão e um amante. Graças a ele recuperei a minha saúde, o meu amor pela natureza, e com a sua ajuda passei a odiar menos a natureza humana e a ser menos mordaz. Não podia encontrar um amigo melhor que este. Senti que foi a compensação por todos os anos de sofrimento físico e mental por que passei. Uma coisa que me parece estranha é que o sentimento é mútuo. Ele teve uma vida trágica pois a sua mulher, que amava mais que tudo, morreu em circunstâncias especialmente tristes. Disse-me que sou o melhor amigo do sexo masculino que alguma vez teve. Quando estou com ele, quase tudo o que há de pior em mim se desvanece. Irei sempre considerar que ele foi o ponto de viragem da minha vida. Penso que conseguiu exercer parte da sua boa influência sobre mim graças à música. Ficava horas a tocar Beethoven e Wagner para mim, todos os dias, durante meses, e despertou-me assim para um mundo novo... É seis anos mais velho que eu".

"Aos 10 anos de idade mudámo-nos para a Suécia, um país que odiei desde que lá cheguei até que de lá parti. Por esta altura, comecei a notar que havia qualquer coisa singular em mim. Sentia-me um estranho e tenho-me sentido assim desde então. Um acontecimento que teve grande importância na minha vida foi quando a minha tia (irmã do meu pai) tentou difamar a minha mãe. A minha tia foi motivada por inveja e despeito e acabou por ter que pedir desculpa aos meus pais. Aparentemente o caso foi remediado, mas estou certo que o meu pai nunca lhe perdoou realmente. Os judeus nunca perdoam".

"*Este episódio despertou em mim um grande ódio pelas mulheres e passaram-se muitos anos antes que conseguisse controlar este meu sentimento*".

"*Aos 14 anos de idade, passei bastante tempo com um americano, de boa aparência e talento musical, um ano mais velho que eu. Um dia, enquanto estávamos na brincadeira, aconteceu exatamente o mesmo que com o moço da cavalariça. Eu ainda não tinha despertado sexualmente. Continuámos a ser bons amigos. Muitas vezes quis beijá-lo mas, depois da primeira vez, ele deixou de o permitir. Ele era muito amigo de oficiais e cavalheiros da chamada alta sociedade e tinha sempre muito dinheiro. Cerca de dez anos depois, soube que ele aceitava dinheiro quando tinha relações íntimas com os seus amigos da alta sociedade*".

"*Quando tinha 15 anos, apoderou-se de mim um enorme desejo de ter relações sexuais com homens. Por este tempo, surgiram-me no abdómen os primeiros pelos*".

"*Aos 16 anos de idade, um jardineiro, um homem casado e com a família, iniciou-me na prática da masturbação mútua. Ele morava na casa das traseiras do apartamento em que nós morávamos então. Tinha cerca de 40 anos e era um homem feio mas com uma musculatura bem desenvolvida. Estas práticas tinham lugar na adega, que tinha três entradas. Nunca lhe permiti que me beijasse e quando via os seus filhos ficava sempre fortemente nauseado, uma reação que atribuí à minha consciência pesada. Sentia pelo jardineiro o maior desprezo. Este homem contou-me que havia vários parques e 'pissoirs' onde os homens se encontravam e eu passei a ir a esses sítios repetidamente, em busca de aventuras eróticas*".

"*Aos 16 anos de idade, a minha mãe alertou-me contra a masturbação, o que teve precisamente o efeito contrário ao desejado, despertando-me a curiosidade e levando-me logo a tentar experimentar. Desde então tenho mantido a prática, pelo menos uma vez por dia. (Nunca tive uma emissão involuntária em toda minha vida). Entre os 17 e os 22 anos, passei a ter necessidade de me masturbar várias vezes por dia. Trabalhar em arte e pintar, mas sobretudo a música e a beleza, exercem forte influência em mim e causam-me fortes anseios eróticos mas, ao que parece, sem consequências negativas. A abstinência, por outro lado, tem um efeito muito prejudicial sobre mim, transtornando-me o sistema nervoso e a parte física. Muitas vezes penso que falta qualquer coisa à masturbação;*

ao invés, a interpenetração de dois corpos humanos em sintonia 'mental' e física produz uma satisfação quase elétrica que acalma todo o sistema nervoso. Esta tem sido, pelo menos, a minha experiência".

"O jardineiro foi-se embora e mudou-se para o estrangeiro. Por essa altura, passei a visitar os 'pissoirs' ou, como são chamados, os 'panoramas' (pois são redondos e lá dentro as vistas são muito boas). As coisas a que assisti nos parques durante essas longas noites de verão foram para mim uma grande revelação. Durante o verão, os maridos enviam as suas famílias para o campo, em férias, e muitos passam a viver vidas muito indiscretas. O que vi neste primeiro verão matou todo o respeito que tinha pelos mais idosos. Sempre associei casamento e cabelos brancos a virtude e moral; depois desta experiência passei a pensar precisamente o contrário. Devo dizer que foi mais ou menos por esta altura que me tornei um 'porco sensual'. Sabia que esses lugares eram muito perigosos por causa da polícia e dos chantagistas, mas isso só apimentava a aventura. Por esta época levava uma vida dupla e estava sempre observar-me e a analisar-me a mim mesmo. Tinha contatos com montes de homens de todas as classes sociais. Muitas vezes ofereciam-me dinheiro que eu de modo nenhum queria aceitar. Pagar ou ser pago extingue completamente em mim (e sempre extinguiu) a chama erótica. Uma vez quis-me pôr à prova a mim mesmo. Um ex-professor ofereceu-me uma pequena quantia de dinheiro. Aceitei apenas para perceber como me iria afetar, mas logo a seguir senti necessidade de atirar o dinheiro fora. Nesse momento percebi que não havia em mim nenhuma inclinação para a prostituição. Eu, simplesmente, transbordava sensualidade. Pensei que poderia ser um criminoso e quis avaliar que traços de instinto criminal existiam na minha natureza. Quis saber se poderia tornar-me um ladrão. Roubei um botão de prata de uma loja de antiguidades, mas regressei à loja nesse mesmo dia para o deixar lá sem que ninguém se apercebesse da sua falta. Descobri que não conseguia ser ladrão. Mas então surgiu a pergunta: porque é que desde os sete anos de idade sinto que sou um criminoso? Tive alguma culpa? Se não, de quem é a culpa? Só depois de estudar o sistema psicanalítico de Freud consegui compreender claramente o meu próprio caráter".

"Numa noite de temporal e forte nevão, quando tinha 20 anos de idade, conheci um certo cavalheiro. Caminhámos e conversámos e criámos ali uma grande empatia. Ele pertencia a uma das melhores famílias da aristocracia da Suécia. Era extremamente requintado. Convidou-me para

os seus aposentos. Despimo-nos e deitámo-nos. Tinha uma cabeça muito bela e um corpo ainda mais belo. Acho que todos os meus sentimentos eróticos ficaram entorpecidos pela contemplação deste belo corpo. Nesse momento, pensei que qualquer ato sensual seria sacrilégio e ainda me recordo do sentimento de reverência que então me inundou. Ele tinha 20 anos de idade, mas o seu cabelo já era grisalho. Primeiro não compreendeu a minha falta de reação, mas depois foi muito gentil para mim. Nos três meses seguintes mantive-me completamente casto. Víamo-nos com frequência. Oito anos depois, encontrámo-nos pela última vez. Ele estava muito melancólico e consegui impedi-lo de cometer suicídio. Mas nesse mesmo inverno acabou por se matar".

"Quando tinha 22 anos de idade, a minha irmã apresentou-me a um pintor meio-inglês, meio-sueco, encantador, inteligente e requintado. 'Reconhecemo-nos' logo mutuamente, embora nunca nos tivéssemos visto antes, e compreendemos imediatamente até os mais leves traços da personalidade um do outro. Os meus pais gostavam mais dele do que de qualquer outro dos meus amigos. A minha irmã e ele comportavam-se, desde que se conheceram, como irmã e irmão. Beijei-o logo na primeira noite em que o conheci. As mulheres ficavam loucas por ele. Mais tarde, descobri que muitos homens também ficavam. Eu era três semanas mais velho. Ele tinha os seus próprios aposentos. Nunca senti harmonia tão maravilhosa como quando os nossos corpos nus se enlaçavam. Era como flutuar no éter. Ele foi o único com quem fui ativo no 'fellatio'. Éramos muito próximos um do outro, embora não fisicamente porque ele tinha muitos casos amorosos com mulheres. O que eu adorava nele era o seu jeito para anular com facilidade todos os avanços dos homens; eu era o seu 'irmãozinho' e continua a ser assim que ele me chama. Neste momento está casado, vive na América e é pai de uma linda menina. Continuamos a ser, até hoje, melhores amigos".

"Os dois anos que passei em Copenhaga foram dos mais felizes da minha vida, embora tivesse padecido quase sempre de grandes dores físicas. Na Áustria descobri entre os camponeses do Tirol que os ingleses que vinham para os desportos de inverno ou para caminhar pelas montanhas no verão tinham destruído com dinheiro a moralidade dos jovens camponeses austríacos. Conseguir ter relações homossexuais na Áustria é muito fácil se estivermos dispostos a pagar o preço exigido, que é mais caro na temporada alta e mais barato fora dela".

"*Em Itália é apenas uma questão de dinheiro ou de paixão, mas tudo é bastante efémero*".

"*Na Baviera, encontrei o amor e a paz que 'excede todo o entendimento'. O amor e a amizade sem qualquer intimidade física fizeram-me regressar do 'profundo abismo' no qual eu me estava a afundar rapidamente. Quando conheci o meu amigo já tinha escorregado até à ponta da corda que me segurava. O que o seu amor e sua amizade fizeram por mim, em conjunto com o sistema psicanalítico de Freud, é impossível explicar*".

"*Desde que estou em Berlim, uma cidade de que gosto muito, renasci para uma nova vida, uma vida em que se pode ter com facilidade tudo o que se desejar, exceto meninos. Aqui existem banhos, pensões, restaurantes e hotéis homossexuais, que podemos frequentar com alguém do nosso sexo, pagando uma determinada taxa horária. Berlim é uma revelação. Mas julgo que desde que vivo aqui, o erotismo físico da minha natureza está menos excitado. Acho que se trata da velha história do 'fruto proibido'*".

"*Os meus pais tinham uma casa muito acolhedora. Nos últimos dois anos em que estive na Suécia, quase nunca estive em casa. Odiava a vida social e sabia demasiado sobre as histórias privadas dos que nos visitavam. Todos pertenciam à alta sociedade. Mas a alta sociedade e a baixa são muito semelhantes. Claro que os meus pais não sabiam nada sobre esta gente. Quando contei à minha mãe uma mão cheia de coisas sobre a vida privada das pessoas que nos visitavam ela ficou atordoada e acabou por compreender finalmente o meu desprezo pela chamada alta sociedade. Nos últimos anos, tenho frequentado apenas os círculos artísticos e teatrais; considero que estas pessoas são mais naturais que as de outras classes e muito mais bondosas*".

"*A minha vida tem uma outra faceta muito diferente, a mística. Mas essa seria uma história ainda mais comprida do que esta. Basta dizer que sou altamente sensível, dotado de um sexto sentido*". [Este sujeito forneceu um registo detalhado das suas visões, premonições de morte de pessoas conhecidas, etc.]

"*Tentei suicidar-me em quatro ocasiões, mas agora vejo que não tenho nada a ganhar com isso*".

"*Há dois anos, falei com os meus pais sobre a minha condição sexual. Foi um golpe terrível para eles. Expliquei tudo ao meu pai, mas ele nunca compreendeu e nunca quis discutir o assunto comigo. Se lhe tivesse contado antes, tenho a certeza absoluta que, com a sua natureza despótica, me teria internado num manicómio. A minha mãe e a minha irmã foram muito carinhosas para mim. O meu irmão renegou-me*".

CASO 16. - Irlandês, 36 anos de idade; não sabe de nada de anormal entre os seus antepassados. Os seus gostos são inteiramente masculinos. É forte, saudável e gosta de exercício e de desporto. Os seus instintos sexuais estão anormalmente desenvolvidos; confessa um enorme apetite por quase tudo, comida, bebida, tabaco e tudo o que é bom na vida.

Por volta dos 14 anos, masturbava-se com outros rapazes da mesma idade e tinha muito prazer em estar na cama com um tio com quem fazia o mesmo. Mais tarde, praticou a masturbação com todos os rapazes ou homens de quem fosse íntimo; estar na cama com alguém sem que nada ocorresse tirava-lhe o sono e deixava-o infeliz. Inicialmente os seus sonhos eróticos eram com mulheres, mas mais recentemente passaram a ser quase sempre com homens novos e só muito raramente com mulheres. O seu principal sentimento em relação a mulheres é (e sempre tem sido) de indiferença. Apesar de ter boa aparência, de ser forte e masculino, nunca conheceu uma mulher por quem se apaixonasse. Quando tinha cerca de 18 anos, imaginou que estava apaixonado por uma rapariga, e entre os 20 e os 30 anos conviveu frequentemente com prostitutas. Recorda-se que, numa ocasião, há muitos anos, teve relações com uma mulher sete ou oito vezes numa só noite, mas no dia seguinte, a meio do dia, teve necessidade de se masturbar. É solteiro e acha pouco provável vir a casar, mas acrescenta que pode mudar de ideias se uma mulher saudável, bonita e inteligente se apaixonar por ele, porque gostaria de ter filhos para não envelhecer sozinho.

Nunca se sentiu atraído por homens mais velhos e prefere os jovens entre os 18 e os 25 anos de idade. Podem ser de qualquer classe social, mas não gosta de gente vulgar e não aprecia uniformes nem librés. Os seus requisitos são olhos inteligentes, boca voluptuosa e "*dentes inteligentes*". "*Se Alcibíades, em pessoa, me tentasse cortejar*", diz ele, "*e tivesse dentes estragados, os seus esforços seriam em vão*". Por vezes tem sido participante ativo no '*pedicatio*' e experimentou, por mera curiosidade, o papel passivo, mas prefere o '*fellatio*'.

Considera que não está a fazer nada de errado e que os seus atos são perfeitamente naturais. O seu único lamento é sobre a natureza absorvente das suas paixões, que raramente o deixam descansar, intrometendo-se na sua vida a toda a hora e transformando-a, por vezes, num autêntico inferno. Mesmo assim, duvida que quisesse mudar, ainda que tivesse o poder para o fazer.

CASO 17. – Tem 25 anos de idade; está empregado numa oficina vulgar e mora num beco da grande cidade onde nasceu e foi criado. Pele clara, magro e de aparência refinada. Órgãos sexuais normais e bem desenvolvidos; paixões sexuais intensas. A sua mãe é uma mulher grande, com ar masculino, a quem ele é muito apegado. O pai é pequeno e fraco. Tem sete irmãos e uma irmã. Os desejos homossexuais começaram muito cedo, embora não haja referência a influências perversas. Não se sente inclinado à masturbação. Os sonhos eróticos são sempre com homens. Declara que nunca ligou a mulheres, exceto à mãe, e que não suportaria dormir com nenhuma mulher.

Indica que geralmente se apaixona à primeira vista (em regra, por homens mais velhos que ele ou de classe social superior) e deseja logo dormir e estar com eles. Uma vez apaixonou-se por um homem com o dobro da sua idade e não descansou enquanto não ganhou o seu afeto. Não considera importante a forma que toma a relação sexual. É sensível e feminino por natureza, delicado e carinhoso. É limpo e arrumado e gosta das lides domésticas (ajuda a sua mãe nas lavagens, etc.). Parece acreditar que os relacionamentos entre homens são perfeitamente naturais.

CASO 18. – Inglês, nascido em Paris, com 26 anos de idade, ator. É membro de uma antiga família inglesa. O seu pai, tanto quanto ele sabe, não tinha inclinações homossexuais, tal como as não tinham os seus antepassados do lado paterno, mas julga que a família da parte da mãe, sobretudo um tio muito sensível à beleza da forma, está mais próxima dele neste contexto.

Das suas recordações mais antigas já fazia parte a atração por homens. Nas festas de crianças, enraivecia o pai ao beijar outros meninos, e estes sentimentos homossexuais intensificaram-se com os anos. Nunca se masturbou e raramente teve sonhos eróticos, mas sempre que ocorriam eram com homens.

Fisicamente, as mulheres são-lhe absolutamente indiferentes. Admira mulheres bonitas da mesma maneira que admira belas paisagens. No entanto, gosta de conversar com mulheres inteligentes e cultiva a amizade de raparigas inglesas francas, puras e cultas, por quem nutre o maior respeito e admiração. Pensa que nunca irá casar porque o prazer físico com mulheres lhe é impossível. Embora tenha tentado, não consegue sentir-se minimamente atraído ou excitado. Gosta especialmente de jovens com mais de 16 ou 17 anos, mas menos de 25, que não sejam imaturos. O tipo que mais o atrai fisicamente (e a quem ele mais atrai) é branco, de pele suave, delicado, bastante efeminado, mas sobretudo com a feminilidade da *ingénue* ou da *cocotte*. Os seus favoritos são os que são submissos e femininos; gosta de fazer o papel de homem e de dominar. Sobre este ponto esclarece: "*O grande ideal da minha vida é quase impossível de atingir e está a um nível totalmente diferente. Trata-se de um ideal de casamento em que nenhum dos dois é dominador, mas em que ambos compartilham um império comum e em que a tirania é igualmente penosa para os dois. Mas esta amizade e este amor exigem outro como eu, mas um ano mais novo, e não excluem outras 'liaisons' físicas menos honrosas, uma vez que a lealdade é impossível para homens do nosso calibre*".

O '*pedicatio*' é a forma de satisfação sexual que prefere, mas só no papel ativo, nunca no passivo. É bonito, com ombros largos, boa figura e uma face algo clássica, com belos olhos azuis. Gosta de canoagem e patinagem, mas não gosta de críquete nem de futebol, e está normalmente pronto para festas, embora possua em simultâneo o gosto pela leitura. Não faz julgamentos morais sobre estas matérias; considera-as fora do âmbito da ética, meras questões de temperamento e de opinião social. Se a Inglaterra fosse subpovoada, sente que, eventualmente, teria alguns remorsos; tal como estão as coisas, pensa que a sua atitude, de alimentar a prostituição masculina ao invés da feminina, é meritória.

CASO 19. - *T. N.* (esta história é relatada pelo próprio).

"Logo nas minhas primeiras fantasias se manifestou um forte sentimento de atração por homens e frequentemente imaginei que era raptado por grandes guerreiros para ir viver com eles nas suas cavernas. Quando tinha cerca de 7 anos de idade, conheci um homem jovem que costumava mostrar-me o seu pénis e que mexia no meu ocasionalmente. A masturbação era bastante frequente na minha escola privada interna e julgo que fui iniciado por volta dos 12 ou 13 anos. Depois de deixar o internato, continuei ocasionalmente a masturbar-me, mas mais nada aconteceu até aos 20 anos de idade, exceto ter-me sentido muitas vezes atraído por rapazes fortes, bem constituídos e de bom caráter (os homens desonestos e que não têm bom coração não me atraem). Aos 20 anos, perdi-me de amores por um jovem da minha idade. Ele estava noivo mas isso não o impediu de, numa ocasião, em conjunto com o seu irmão, tentar alegremente obter acesso à minha pessoa. Resisti com sucesso, o que certamente não teria acontecido se 'ele' estivesse sozinho; nesse caso ter-me-ia congratulado com a tentativa; desde então, tenho lamentado muito não lhe ter dito o que sentia. Achava que o meu pénis era demasiado pequeno, o que me fez hesitar. As circunstâncias da vida separaram-nos. Cerca de dois anos mais tarde, quando atravessava o Canal da Mancha, entabulei conversa com um homem que era cerca de oito anos mais velho que eu e que pertencia ao nosso grupo de viagem. Acho que a nossa atração mútua foi um caso de amor à primeira vista, pelo menos da minha parte. Algumas noites depois, ele organizou as coisas de forma a podermos partilhar um quarto onde ele, sem demoras, me tomou carinhosamente. Eu correspondi e, passados tantos anos, ainda recordo essa noite com prazer e sem qualquer sentimento de vergonha. Por essa época, numa ocasião durante as férias, aconteceu-me dormir com outro jovem (um colega de trabalho) e, ao acordar, descobrir que ele estava a acariciar o meu pénis. Afastei-lhe a mão suavemente e virei-me para o outro lado. Não fiquei a pensar mal dele, mas tive a sensação que o meu corpo me pertencia apenas a mim e ao meu amado. Tenho a certeza que ele não era um uraniano. Estávamos muitas vezes juntos, ele interessou-se muito por mim e eu estava infinitamente satisfeito com a vida, fazia bons progressos e arranjei muitos amigos. A nossa intimidade física repetiu-se, com ele no papel ativo em contato intercrural. Depois casou e foi muito feliz. Continuamos amigos, mas as circunstâncias não permitem que nos encontremos muitas vezes e o desejo mútuo desapareceu".

"*Durante os anos seguintes, senti-me muito solitário, apesar de ter muitos amigos. Sentia-me um pouco atraído por outro homem, mas a sua posição social superior era um problema para mim. Então, quando tinha cerca de 28 anos, conheci um jovem de 24, artesão, mas superior à maioria dos homens em inteligência e ideais. Apaixonei-me por ele à primeira vista e até hoje continuo apaixonado. Começou por ser apenas amizade, mas rapidamente a sua voz, o seu corpo e os seus pensamentos inundaram por completo a minha alma. Queria estar sempre ao lado dele, assistir aos seus progressos e ajudá-lo, se possível. Desistiria alegremente da minha casa, dos meus amigos e do meu rendimento para o seguir até ao fim do mundo, de preferência para uma ilha selvagem onde pudéssemos estar finalmente sós, sem outros homens brancos. Ele parecia personificar todos os meus desejos no que se refere a conhecimento da natureza, a força e a destreza, e a minha vontade de o imitar em tudo isto aprofundou e reforçou o meu caráter. A primeira vez que dormimos na mesma cama só consegui ter coragem para colocar o meu braço sobre o seu peito. Não fui capaz de dormir, perturbado pelo desejo insatisfeito, e a ereção que ficou por aliviar deixou-me dorido no dia seguinte. Nunca gostei das conversas que roçam a obscenidade e, consequentemente, ignorava a maior parte dessas matérias, pelo que quase me magoava quando ele achava graça a comentários obscenos. Penso que se fossemos íntimos não teria necessidade de suportar este tipo de conversas, mas como não éramos, adorava-as porque eram sinal de intimidade. Sonhava com ele e nunca estava feliz na sua ausência; dormir nos seus braços dar-me-ia a maior das alegrias; também me fascinava muito a pilosidade das suas pernas e dos seus braços. Talvez um ano depois daquela primeira vez, dormimos de novo juntos e, desta vez, pouco a pouco, apalpei-lhe as partes, mas ele não estava excitado e eu fiquei um pouco insatisfeito. Eu queria ser abraçado. Fiz o mesmo noutra ocasião e, posteriormente (não que isso me desse muito prazer, mas porque queria estimular o seu desejo) tentei a masturbação, o que o repugnou e me deixou, consequentemente, muito perturbado. Disse-me que eu devia casar, mas eu senti que nunca conseguiria fazer nenhuma mulher feliz e sabia que só desejava o amor dele. As constantes ereções sem ejaculação que ocorriam sempre que observava o meu amigo em atitudes graciosas provocavam-me dores ao fundo das costas e tive que consultar dois especialistas que também me aconselharam a casar. Não lhes disse que era 'invertido', porque achava que ninguém sabia o que isso era, mas contei-lhes um pouco do que tinha sucedido e, embora eles não tivessem feito quase nenhum comentário, perceberam que acontecia com frequência. Embora não o demonstrasse, o meu amigo passou a sentir repulsa por mim e, como havia outras circunstâncias que provocaram um certo distanciamento entre nós, não cheguei a perceber a verdadeira razão para a sua frieza. Mas eu sentia-me completamente devastado. Quando, por acaso, voltei a encontrar uma senhora aristocrata que conhecia há muitos anos, pedi-a em casamento e ela aceitou. Mesmo tendo-lhe confessado, pouco depois do pedido e muito antes do nosso casamento, as minhas limitações como marido e a minha prolongada paixão pelo meu amigo, hoje acho que errei e não consigo compreender como é que não tive consciência disso logo nessa altura e de como, inevitavelmente, teria que mentir aos seus familiares. Esperava dedicar a minha vida a fazê-la feliz, mas rapidamente descobri que a verdadeira razão do aparente afastamento do meu amigo tinham sido as minhas ações, a que se juntava a sua opinião de que a nossa amizade devia terminar, mesmo se só por causa desse mal-entendido. Desde então, há três anos, não tive um único dia nem uma só noite de felicidade e estou, por isso, incapaz de promover a felicidade nos outros. Sem o meu amigo nada me satisfaz, nem mulher, nem filhos, nem casa. A vida tornou-se quase insuportável. Pensei muitas vezes, muito seriamente, em suicidar-me, mas acabei sempre por adiar para uma altura em que fosse menos cruelmente inoportuno para os meus amigos. Agora vejo o meu amigo (que já está casado) quase diariamente e sofro torturas por saber que ele é mais amigo de outros do que de mim. Não consigo encontrar justificação para lhe dar acerca dos meus atos pois a ideia de inversão é repugnante para ele e, sendo um homem honrado, sente que os seus laços matrimoniais o impedem de manifestar 'qualquer' tipo de afeto caloroso. Todos os anseios da minha vida parecem estar a culminar num impulso que me conduzirá ao recurso à prostituição masculina ou à morte. Não consigo concentrar-me em nada e, consequentemente, passei a ser ineficiente no trabalho e deixei de ter vontade de me divertir. Tenho a certeza que recuperaria imediatamente se os meus desejos pudessem ser satisfeitos, ainda que ocasionalmente, e receio que se me suicidasse, os que me conheceram em dias mais felizes teriam a confirmação da sua opinião sobre a minha condição de degenerado e deduziriam que a causa residiria nos meus instintos, quando a verdade é que teria sido a negação dos mesmos a responsável pelo infeliz desfecho. Agora sei, pela minha própria experiência e pela de outros, que a minha disposição é congénita e que no conhecimento tardio da minha natureza reside a principal causa da minha infelicidade e da infelicidade que causei a terceiros. O exemplo do meu ex-amigo que casou levou-me a acreditar erradamente que eu 'também' poderia casar e estabelecer um lar feliz. Quando o homem que eu amava me aconselhou a casar, decidi fazê-lo como faria qualquer outra coisa que 'ele' me sugerisse. Se eu pudesse ter anulado o noivado sem prejudicar a mulher dedicada que acabou por se tornar minha esposa, tê-lo-ia feito, se ela me desse oportunidade. Nada no meu casamento me trouxe prazer e muitas vezes tenho desejado que a minha mulher deixe de me amar, para que nos possamos separar. Mas ela ficaria devastada com essa possibilidade, o que me leva a tentar aliviar os meus anseios por formas que antes me repugnavam, isto é, usando dinheiro".*

"Sobre o que sinto em relação ao meu filho, tenho pouco a dizer porque os meus sentimentos por ele não são muito fortes. Penso não sou diferente da maioria dos outros pais quando lhe pego ao colo, dou banho ou atenção, e acredito que quando ele for um pouco mais velho poderemos ser bons companheiros. Mas não me trouxe alegria (embora já tenha visto outros homens olhá-lo quase com carinho) mas, pelo contrário, trouxe muita felicidade à mãe".

A história seguinte é interessante porque ilustra o desenvolvimento mental e emocional num caso extremo de inversão sexual.

CASO 20. - Inglês, independente financeiramente, com 49 anos de idade. O seu pai e os familiares do seu pai eram robustos, saudáveis e prolíficos. Na família da sua mãe existe evidência de tuberculose, insanidade e excentricidade. Pertence a uma família muito grande, em que alguns morreram ao nascer ou durante a infância, mas em que os outros são normais. Ele próprio era uma criança fraca e altamente nervosa, que sofria de terrores noturnos e sonambulismo, timidez excessiva e inquietação religiosa.

A sua consciência sexual despertou antes dos 8 anos, quando começou a interessar-se pelo seu próprio pénis. A sua ama, durante um passeio pela rua, disse-lhe que quando os meninos cresciam os seus pénis lhes caiam. Ao ouvir isto, uma outra criada riu-se dissimuladamente, o que ele interpretou como sendo causado por algum defeito do seu pénis. Sofria de irritabilidade do prepúcio e a ama punha-lhe pó de talco todas as noites, antes de dormir, mas não foi isto que o levou à descoberta da masturbação.

Por esta altura, começou a sonhar acordado. Nestes sonhos curiosos, imaginava-se escravo de marinheiros nus, ajoelhado entre as coxas deles, dizendo que era um porco sujo às ordens, apalpava-lhes os genitais e as nádegas, o que fazia com imenso prazer. Mais ou menos por esta época, quando começou a ter estas visões, ouviu falar de um homem que se expunha nu defronte da janela de um dos quartos das criadas, o que o perturbou um pouco. Entre os 8 e os 11 anos, colocou na boca, por duas vezes, o pénis de um primo quando dormiu com ele e gostou. Sempre que dormia com um outro primo, ficavam os dois deitados com as mãos sobre os pénis ou as nádegas um do outro; ele preferia as nádegas, o primo o pénis. Nenhum destes primos era homossexual e nunca houve nenhuma tentativa de masturbação mútua. Costumava fazer estas coisas com cinco dos seus primos. Um deles era detestado por todos os outros, que inventaram uma maneira de o castigar por supostos delitos. Sentavam-se em cadeiras, ao redor da sala, todos com o pénis exposto, e obrigavam o rapaz a circular entre eles de joelhos, tomando à vez o pénis de cada um na sua boca. O objetivo era apenas humilhá-lo. Não tinha por finalidade a masturbação. Numa ocasião, quando era ainda criança, observou acidentalmente o seu colega de carteira da escola a acariciar o pénis. Isto provocou-lhe uma sensação intensa e desconfortável. Em relação a tudo isto, indica que nenhum dos rapazes com quem se relacionou neste período, e que estiveram expostos precisamente às mesmas influências que ele, se tornou homossexual.

Foi sempre, desde o início, indiferente ao sexo oposto. Durante a infância e até aos 13 anos, teve muitas oportunidades de observar os órgãos sexuais das suas companheiras de brincadeira, mas isso não lhe despertou nenhum tipo de excitação sexual. Pelo contrário, o cheiro do sexo feminino desagradava-lhe. Uma vez, ao surpreender um colega de escola a copular com uma rapariga, ficou com um sentimento de horror místico. Mas os órgãos sexuais masculinos também não lhe despertavam nenhuma sensação especial. No entanto, acha que por ter sido criado com as irmãs, tem mais curiosidade pelos do seu próprio sexo, por estar menos habituado a conviver com eles. Não é efeminado no que se refere a preferências por jogos ou por ocupações.

Foi admitido num colégio privado. Os seus amigos do colégio instigaram-no a masturbar-se mas, embora ele tenha assistido várias vezes à prática, o ato só lhe inspirava sentimentos de indecência. Aos quinze anos manifestou-se a puberdade, com as primeiras emissões noturnas e, ao mesmo tempo, começou a masturbar-se uma vez por semana, ou uma vez por quinzena, durante oito meses, sempre com uma sensação de repulsa e de insatisfação. Quando se masturbava, os seus pensamentos não se focavam em homens nem em mulheres. Falou com o seu pai sobre estes sinais da puberdade e, a conselho do pai, abandonou completamente o onanismo. Apenas retomou a prática, parcialmente, depois dos 30 anos de idade, quando não tinha companhia masculina.

Após abandonar a masturbação, as emissões noturnas tornaram-se muito frequentes e exaustivas. Foi tratado clinicamente com tónicos, como o quinino e a estricnina. Considera que este tratamento agravou a sua neurose.

Nunca sentiu, durante todo este tempo, nenhum tipo de atração sexual por raparigas. Não conseguia perceber o que é que os seus colegas viam nas mulheres, nem apreciava as histórias lascivas que contavam, nem o prazer que tinham no coito.

Os seus antigos sonhos com marinheiros desapareceram completamente. Mas passou a sonhar com belos jovens e estátuas primorosas, que o emocionavam ao ponto de chorar. Estes sonhos persistiram durante muitos anos mas, gradualmente, um outro tipo de visões foi, até certo ponto, substituindo as anteriores. Estas novas visões centravam-se em enormes falos eretos de jovens camponeses e serviçais nus. Estas visões indecentes ofendiam-no e magoavam-no mas, simultaneamente, atiçavam-lhe fortemente o desejo de ser dominado, e tinha um estranho prazer poético na observação daquelas formas perfeitas. Mas as perdas seminais que acompanhavam estes dois tipos de sonhos continuaram a ser uma fonte permanente de sofrimento.

Não há dúvida de que por esta altura (isto é, entre os 15 e os 17 anos), se tinha estabelecido uma diátese homossexual. Nunca frequentou mulheres da vida, embora por vezes fosse tentado a pensar que essa seria a melhor forma de combater o desenvolvimento das suas inclinações homossexuais. E pensa que conseguiria obter prazer sexual com mulheres se elas vestissem roupa masculina (como as *débardeuses*, os *Cherubinos*, os pajens da corte ou os jovens alabardeiros) pois só se excitou com mulheres quando as viu assim vestidas em palcos ou salões de baile.

O seu ideal de moralidade e o seu pavor pelas infeções venéreas, mais do que o seu receio de não ser capaz, mantiveram-no casto. Nunca sonhou com mulheres, nunca procurou a sua companhia, nunca sentiu a menor excitação sexual na sua presença, nunca as idealizou. Esteticamente, acha que não são tão bonitas como os homens. Não aprecia estátuas nem imagens de mulheres nuas, ao passo que todos os objetos de arte representando homens jovens o tocam profundamente.

Foi aos 18 anos que ocorreu um evento que considera decisivo no seu desenvolvimento: leu Platão. Abriu-se um novo mundo para ele e sentiu que lhe tinha sido revelada a sua própria natureza. No ano seguinte apaixonou-se, castamente, por um rapaz de 15 anos. O contacto pessoal com o rapaz causava-lhe ereções, agitação forte e um prazer doloroso, mas nenhuma ejaculação. Ao longo de quatro anos, nunca viu o rapaz nu e nunca o tocou lascivamente. Só o beijou duas vezes e refere que esses dois beijos lhe deram a maior alegria que alguma vez sentiu.

O seu pai ficou muito ansioso, tanto pela sua saúde como pela sua reputação. Alertou-o para os perigos sociais e legais associados à sua condição, mas nunca lhe sugeriu que tentasse o coito com mulheres. Ele pensa que as relações sexuais com mulheres, bem como a consciência que tinha do perigo que corria, poderiam tê-lo curado ou, quanto muito, reduzido a neurose e, até certo ponto, ter-lhe afastado a mente dos pensamentos homossexuais.

Iniciou-se então um período de grande dor e ansiedade. A sua neurastenia aumentou, sofria de insónia e de um obscuro desconforto cerebral, de gaguez, conjuntivite crónica, incapacidade de atenção e depressão. Entretanto, a sua sensibilidade homossexual foi-se fortalecendo e assumiu um caráter mais sensual. Absteve-se de ceder à sensualidade bem como ao onanismo, mas sentiu-se muitas vezes obrigado, com vergonha e relutância, a frequentar certos lugares (banhos, urinóis e outros) em que tinha oportunidade de ver homens nus.

Não tendo nenhuma atração por mulheres, foi-lhe fácil evitá-las, embora elas não lhe inspirassem qualquer aversão. Imaginava que conseguiria encontrar uma saída para a sua dolorosa situação se fosse viver com uma rapariga simplória do povo, arrapazada, mas o seu pavor pela sífilis imobilizava-o. Achou que tinha que ser capaz de se dominar apenas por pura força de vontade, mantendo os seus pensamentos direcionados para imagens heterossexuais. Procurou a companhia de damas distintas. Uma vez chegou a ter uma afeição romântica por uma jovem de 15 anos, mas o caso não resultou, provavelmente porque a rapariga percebeu que o namoro era desprovido de paixão. Pensava muito nela e amava-a verdadeiramente, mas ela não lhe estimulava o apetite sexual, nem mesmo nos contatos mais próximos. Uma vez, quando a beijou logo depois dela se levantar da cama, pela manhã, sentiu uma estranha repugnância, acompanhada de um sentimento de desapontamento triste.

Os médicos aconselharam-no vivamente a casar, o que ele acabou por fazer. Descobriu que não era impotente e gerou vários filhos, mas também descobriu, dececionado, que as fantasias sobre órgãos genitais masculinos o continuavam a tiranizar. Por esta razão, o seu desconforto moral, mental e físico agudizou-se e a sua saúde não resistiu.

Cerca dos 30 anos de idade, incapaz de suportar a sua posição por mais tempo, cedeu finalmente às suas inclinações sexuais.

Logo que o começou a fazer, recuperou a calma e a sua saúde melhorou. Estabeleceu uma relação estreita com um jovem de 19 anos. Esta *liaison* era, em grande parte, sentimental e marcada por um certo tipo de sensualidade etérea. Não praticavam nenhum ato sexual, para além de se beijarem e de tocarem nos corpos nus um do outro, com raras emissões involuntárias. Aos 36 anos, começou a seguir sem esteios as suas inclinações sexuais, após o que, rapidamente, recuperou a saúde, tendo as perturbações neuróticas desaparecido quase completamente.

Sempre se sentiu atraído por homens mais novos que ele. Quando tinha cerca de 27 anos, admirava os soldados jovens. Desde que passou a seguir livremente as suas inclinações homossexuais, tem invariavelmente procurado pessoas de classe social inferior à sua. Manteve uma *liaison* durante doze anos consecutivos; tinha começado sem que o seu amigo estivesse apaixonado, mas gradualmente a paixão do seu amigo cresceu para alcançar a intensidade da sua. Não se sente atraído por uniformes, mas procura jovens inocentes.

Os métodos de satisfação sexual têm variado de acordo com as fases do seu desenvolvimento. Inicialmente era romântico e platónico, e um simples toque de mãos, um breve beijo ou a mera presença do amado eram suficientes para o satisfazer. No segundo período, bastava-lhe dormir lado a lado e observar o corpo nu do homem amado, abraçá-lo e tocá-lo prolongadamente, o que podia provocar ejaculações ocasionais. Finalmente, no terceiro período, a gratificação tornou-se mais fortemente sensual, tomando todas as formas: masturbação mútua, coito intercrural, *fellatio*, *irrumatio* e, ocasionalmente, *pedicatio* ativo, sempre sem contrariar os desejos e inclinações do amado. Ele próprio desempenha sempre o papel masculino, ativo. Nunca se submete ao outro e afirma que nunca tem prazer em ser desejado com um ardor equivalente ao seu. Não se recusaria ao *pedicatio* passivo, se tal lhe fosse solicitado. O coito com machos, tal como acima descrito, sempre lhe pareceu saudável e natural; dá-lhe um profundo sentimento de bem-estar e cimenta amizades duradouras. Procurou sempre estabelecer laços permanentes com os homens que amou, assim, tão excessivamente.

É de estatura mediana, não é robusto, mas tem uma grande energia psíquica, uma enorme força de vontade, autocontrolo, capacidade de resistência à fadiga e a alterações de circunstâncias externas.

Na infância não tinha nenhuma simpatia pelas ocupações femininas nem pela companhia de meninas, preferindo a solidão e o estudo. Evitava os jogos e as brincadeiras ruidosas dos garotos; apenas era pouco masculino na indiferença pelo desporto, mas não na forma de vestir ou nos modos. Tentou, mas nunca conseguiu assobiar. É um grande fumador e já algumas vezes bebeu em demasia. Gosta de equitação, patinagem e escalada, mas não é um bom cavaleiro e é desajeitado com as mãos. Não tem nenhum talento para as artes plásticas nem para a música, embora se interesse muito por ambas e seja um prolífico escritor.

Sofreu muito ao longo da vida por ter consciência de que era diferente dos outros seres humanos normais. Declara que nenhum prazer pode compensar a milésima parte do sofrimento que lhe causou saber que era um pária. O máximo que consegue alegar em defesa própria, argumenta, é não ser responsável pela sua situação, pois reconhece que o seu impulso pode ser mórbido. Mas tem a certeza absoluta de que a sua saúde e a sua tranquilidade moral ficaram arruinadas na infância devido ao conflito perpétuo que manteve com a sua natureza e que apenas foi aliviado pela cedência aos seus impulsos. Embora viva no terror de ser descoberto, está convencido que as suas aventuras sexuais com homens têm sido inteiramente saudáveis, têm-lhe aumentado a energia física, moral e intelectual e não têm prejudicado ninguém. Não sente que as suas atitudes sejam imorais e considera que a postura da sociedade em relação aos da sua condição é absolutamente injusta e baseada em princípios falsos.

O próximo caso é, como o anterior, o de um homem de letras de muito sucesso que também passou por um longo período de conflito mental antes de se reconciliar com os seus instintos homossexuais.

Pertence a uma família em que todos são saudáveis e manifestaram grande talento em diversas ocupações intelectuais. Tem a certeza que um dos seus irmãos é tão absolutamente invertido como ele próprio e que o outro se sente atraído por ambos os sexos. Estou-lhe grato pela seguinte narrativa detalhada em que descreve as suas emoções e experiências de infância, que considero de grande interesse não só como uma contribuição para o estudo da psicologia da inversão, mas também para o da génese das emoções sexuais em geral. Vemos aqui descritos, de forma muito precoce e hiperestésica, ideias e sentimentos que, porventura mais fragmentariamente e em menor detalhe, são muito semelhantes aos das primeiras experiências de muitos homens e mulheres normais. Deve ser muito raro encontrar tantos aspetos da psicologia sexual tão bem ilustrados numa única criança. Devo acrescentar que a narrativa também tem interesse como relato do desenvolvimento de um homem das letras, cuja imaginação foi exercitada precocemente quando criança, e que estava predestinado a uma carreira literária.

CASO 21. - "*Entre as recordações mais antigas que tenho, está um sonho que se deve ter repetido mais que uma vez, pois ainda hoje me recordo vividamente de todos os seus pormenores, a menos que eu, inconscientemente, lhe tenha acrescentado alguns detalhes. A minha consciência da atração pelos do meu sexo, que desde aí tem sido dominante na minha vida, data deste sonho. O meu sonho, sugerido talvez em parte por uma foto de um jornal ilustrado em que uma multidão assassinava um dignitário da igreja, constava do seguinte: sonhei que tinha visto o meu pai a ser morto por um gangue de rufias, mas não me recordo de sentir qualquer aflição, embora em criança eu fosse extremamente afetuoso. O corpo foi depois despido e eviscerado. À época eu não tinha nenhuma noção de anatomia, mas os detalhes continuam nítidos na minha mente; as entranhas eram uniformemente castanhas, da cor dos excrementos, e não havia vestígios de sangue. Quando o abdómen ficou vazio, ocorreu o incidente em que eu fui um participante ativo. Fui agarrado (e o pormenor de ter sido completamente dominado contribuiu para o êxtase de prazer que me invadiu) e deitado entre as coxas do meu pai assassinado e daí rastejei para dentro do seu abdómen estripado. Este detalhe de um sonho que ocorreu numa idade em que as emissões seminais ainda estavam fora de questão, causou-me uma excitação física extrema. Em qualquer caso, passei a recorrer a estas imagens, antes de adormecer, para obter uma ereção. O sonho não teve desfecho; aparentemente culminava com a excitação que causava. Eu tinha, então, entre 3 e 4 anos de idade. (Disseram-me mais tarde que já tinha ereções aos 2 anos, mas foi entre os 3 e os 4 anos de idade que passei a induzir, pelo menos, a 'sensação' de ereção. Já estaria mais perto dos 5 anos quando, sentado na minha cama à espera que me vestissem, tive uma ereção involuntária que mostrei à minha ama para lhe perguntar o que significava. A 'aparição' devia, portanto, ser já habitual para mim à data, mas as sensações associadas seguramente não eram.)"*

"Naquela época, ignorava as manifestações da puberdade que mais tarde, quando as descobri, me afetaram tão profundamente. Nem sequer conseguia imaginar os órgãos sexuais de um homem adulto e não fazia deduções a partir dos meus próprios. Os únicos corpos nus que tinha visto até então (falo pelo que penso que aconteceu e não por qualquer memória concreta dos factos) eram os das minhas irmãs. Quando sonhava acordado, embora o sonho que já narrei fosse recorrente, o foco do meu desejo era aninhar-me entre as coxas do alvo da minha adoração, ou pressionar a minha cara contra o seu traseiro. Mas por algum tempo, o meu primeiro sonho absorveu-me de tal modo que nunca cedi à tentação da promiscuidade. Porém, gradualmente, os meus horizontes alargaram-se e as minhas divagações passaram a abranger três outras pessoas, para além do já mencionado: um primo muito mais velho que eu, um tio e o pastor de uma paróquia".

"Nesta fase, comecei a inventar cenas imaginárias para satisfação da minha paixão. Uma das primeiras foi a de me imaginar submerso num tanque com os meus três amantes flutuando na água por cima de mim. A partir desta posição, deslocava-me para lhes tocar nas pernas, a um por um; a minha atração centrava-se nas coxas e nas nádegas. Imagino que esta minha limitação aos membros inferiores só durou até ter ocorrido a primeira experiência real de um abraço completo, que me levou a gostar também de braços e peitos. Na verdade, acabei mesmo por ficar mais encantado com essas partes do que com todo o resto. No princípio, amava apenas aquilo que a minha mente conseguia imaginar".

"Quando era muito novo, não teria mais do que 5 anos, acordei mais cedo que o habitual e vi a minha ama, completamente nua, a preparar-se para tomar banho. Ao olhá-la, pareceu-me que estava perante um objeto rude, grosseiro e sem significado; os pelos sob as axilas desagradaram-me e mais ainda os que tinha nas partes baixas do corpo. No caso dos homens,

quando consegui observar diretamente a mesma coisa, o efeito foi exatamente o oposto. Aconteceu que, por esta altura, o nosso jardineiro se tinha ferido na perna e, ao mostrar a ferida a um colega, exibiu perante os meus olhos a sua perna nua completamente coberta de pelos negros. Embora a ferida me causasse repulsa, tive um prazer intenso, e as pernas do jardineiro excitaram-me a imaginação todas as noites, na cama, ao longo da semana seguinte. O ponto que quero ressaltar é de que a observação da ama nua deveria despertar em mim tanto interesse como a observação da perna ferida do jardineiro, mas tal não foi o caso devido à minha natureza".

"Foi nessa época, se não antes, que me começou a afligir uma enorme timidez em relação a todos os meus atos privados. Era tão grande que eu nem sequer aceitava a ajuda de adultos para abotoar ou desabotoar a minha roupa, a não ser a ajuda da minha mãe ou a da minha ama. Pelos da minha idade não sentia vergonha nenhuma".

"Quando tinha um pouco mais de 5 anos, fiz amizade com um jovem funcionário, um rapaz que só tinha cerca de 15 anos, embora aos meus olhos fosse já uma pessoa crescida. Um dia, quando se sentou a escrever à sua secretária, sentei-me no chão e comecei a brincar com os seus pés, investigando até onde lhe chegavam as meias; por este processo, consegui descobrir quinze centímetros de perna nua, sob as calças. Consciente da minha coragem, beijei-lhe a perna. O meu amigo riu-se, mas deixou-me em paz com as minhas adorações. Esta foi a primeira vez em que uma sensação de romance se imiscuiu nos meus sonhos; a excitação física era menor, mas o prazer era maior. Não consigo saber porque é que nunca repeti a experiência. Este meu amigo manteve-se, para mim, um alvo de ternura muito especial".

"No próximo episódio que tenho para relatar, o ideal esteve totalmente ausente e o papel que desempenhei foi passivo e não ativo. Puseram-me a dormir com um rapaz bastante mais velho que eu. As suas iniciativas conduziram a uma familiaridade física entre nós que não era calorosa nem terna, e eu não tive qualquer possibilidade para satisfazer os meus desejos instintivos de contatos carinhosos; se o tentasse a coberto do sono do meu companheiro, seria prontamente afastado. Só numa ocasião consegui encontrar alguns momentos de supremo encanto, enquanto ele dormia profundamente, quando descobri entre as dobras dos lençóis um pedaço de pele exposta contra a qual pressionei a minha cara num abandono de felicidade. Quanto ao resto, fui um participante passivo, de

quem ele obtinha prazer pela mera manipulação das partes carnudas do meu corpo, colocando-me deitado de cara para baixo sobre os seus joelhos. Tanto quanto me recordo, esta intimidade levou a uma diminuição dos meus devaneios em busca de prazeres imaginados; no ano que se seguiu não se registou nenhum desenvolvimento adicional".

"Por esta época, fui circuncidado porque o meu prepúcio era demasiado longo".

"Entre os anos 6 e os 7 anos, uma alteração de circunstâncias facilitou-me o contato com uma nova série de rostos. Passei a ter uma cama só para mim e, mais uma vez, a minha imaginação despertou. Foi neste período que dei por mim a tentar descobrir com seria o corpo de um homem só pelas suas caraterísticas faciais: uma cara morena fazia-me acreditar num corpo completamente moreno e uma face branca, num corpo branco. Esta ideia de variedade passou a fascinar-me. Nos meus sonhos, passei a fazer escolhas concretas sobre se queria dormir entre coxas brancas, morenas ou ruivas. Adormecer descreve muito bem a finalidade do processo no qual eu me tinha viciado. Assim que me enfiava na cama, abandonava-me à elaboração de um 'namoro' que se prolongava até adormecer. Devo dizer que não me recordo de quaisquer emissões nestas circunstâncias (só alguns anos mais tarde, quando já era eu que as provocava), mas o prazer que obtinha era intenso".

"Durante todo este período, mantive encontros secretos com o meu companheiro de cama do ano anterior. Mas agora já tinham lugar durante o dia, em vários esconderijos, sem nos despirmos muito, e o meu companheiro era frio e meticuloso, repelindo sempre todas as manifestações de carinho da minha parte, pelo que tudo se transformou para mim numa espécie de ritual muito árido. Por esse tempo cheguei a pensar que tudo não passava de uma invenção nossa, original, mas com pouca probabilidade de ser praticada por mais alguém no mundo. Mas esta conclusão não me inibiu de construir cenas de paixão com todos aqueles cuja aparência me agradava. Neste período, quase todos os homens que eu conhecia eram alvo do meu amor, pelo menos durante um certo tempo, com exceção dos muito velhos e deformados. Muitas das minhas 'paixões' surgiam na igreja, por homens que se sentavam ao meu lado; durante os sermões do pastor, a que eu não conseguia prestar atenção, ficava a sonhar sobre o carinho que eles me poderiam eventualmente dar noutras circunstâncias. Deve ter sido por esta época que comecei a sonhar com filas cerradas de coxas masculinas, lado a lado, sobre as quais me deitava para

depois ser arrastado. Nos meus sonhos, ordenava-as de certa forma e depois imaginava-me a ser empurrado, com alguma força, de umas para outras. A minha atração pela força surgiu por esta altura e passou a ocupar um papel importante nas minhas conjeturas, mas ainda sem nenhuma ponta de crueldade. (Faço uma exceção ao fantástico primeiro sonho da minha infância, que me parece ainda ocupar um lugar à parte). Nas invenções a que passei a abandonar-me, a sensação de ser arrastado sobre pernas de diferentes texturas e cores era subtil e agradável. Penso que a nota de crueldade construtiva que se segue surgiu de uma rivalidade, inventada por mim, entre os meus amantes pela minha posse; a ideia de ser disputado rapidamente desencadeou em mim o prazer de me imaginar despedaçado e arrebatado pelas partes em contenda. Em breve estava a aprofundar estas ideias e a construir cenários muito vívidos de violência. Na minha imaginação, deitava-me sobre o espesso e compacto conglomerado de deliciosas coxas, que lutavam por me prender; era capaz de imaginar pelo menos seis corpos envolvendo-me em contato apaixonado. Ao mesmo tempo, tinha uma consciência muito forte da minha própria pequenez física quando comparada com aqueles membros que me proporcionavam paroxismos de prazer. Uma nova e deveras ridícula invenção começou então a dominar-me: imaginava-me amarrado à coxa (penso que seria sempre a coxa direita) do homem que em cada ocasião era o alvo dos meus desejos, para que ele me usasse ao longo do seu dia de trabalho, escondido sob as suas roupas, sem me aperceber das óbvias dificuldades de concretização, relacionadas com o meu tamanho. O encanto da sujeição e da coerção estava, novamente, em ascensão. Imagino que foi neste contexto que pela primeira vez imaginei que o clímax delicioso para todas estas emoções seria ser um escravo que era chicoteado pelo dono quando se despia para descansar no final de um dia de trabalho".

"Até então, a minha atração pelo órgão de procriação masculino havia sido apenas ligeira e vaga. Duas coisas contribuíram para o destacar nos meus pensamentos. Em duas ou três ocasiões em que acompanhei trabalhadores rurais nas suas ocupações diárias, tive a oportunidade de os observar quando faziam uma pausa para aliviar a bexiga. A minha timidez extrema em relação a estes assuntos fez com que sentisse que o ato de urinar, na minha presença, era um ultraje à minha modéstia; o ato tinha em si uma sugestão de desafio indecente a alguém cuja tendência era de entrega absoluta e delirante. Fiquei especado e envergonhado, com a

cabeça baixa, até que terminasse o ato, e senti claramente que, durante um certo tempo, gaguejei e fiquei baralhado. Quando mais tarde refleti sobre os acontecimentos desse dia, descobri que tinham o mesmo efeito sobre a minha imaginação que a crueldade amorosa. A minha mente abraçou secretamente a assustadora doçura da nova sensação, recém-descoberta, rodeando a prática dessa função natural com atrozes e bizarros requintes de imaginação. Por certo tempo, o meu intelecto resistiu a aceitar que este fosse o segredo mais importante e ardente da atração masculina mas pouco depois, uma vez quando caminhava com o meu pai, observei-o a fazer o mesmo; fiquei esmagado e quase não consegui mover-me do lugar em que estava, nem desviar o olhar das ervas húmidas onde ele havia depositado as águas do seu segredo. Ainda hoje, agora que já estou há muito familiarizado com as verdades da procriação, não consigo esquecer-me do tremendo encanto que aquele momento teve para mim. A atração que a pessoa do meu pai tinha para mim multiplicou-se por dez pelo desempenho de que eu havia sido testemunha (apesar de não ter visto o pénis em nenhum dos casos)".

"Durante bastante tempo, só reinavam na minha imaginação os amados que eu tivesse observado no ato que tão pungentemente me tinha afetado. O meu prazer tomava agora a forma de me imaginar amarrado às coxas do homem enquanto decorria a função ".

"Por esta altura eu devia ter 8 anos de idade. A fria e secreta relação que já descrevi, continuava sem me proporcionar nenhuma das ardentes possibilidades que eu desejaria que contivesse; não havia força nem crueldade sobre mim, e nenhum carinho me era dispensado. Pouca diferença fazia que o meu companheiro tivesse já descoberto a masturbação, que não tinha nenhum significado para mim porque não incluía sequer o calor de um abraço. O seu método consistia em evitar-me; eu tinha que lhe virar as costas e inventar histórias indecentes para estimular a sua imaginação. Sentia-me um instrumento desprezível, um mero assistente de algo que, se me envolvesse nalgum carinho, me teria deixado muito excitado. Por esta altura, tal como aconteceu comigo mais tarde, o meu companheiro estava a descobrir os clássicos da antiguidade. Durante algum tempo, senti algum carinho sempre que ele queria um abraço frontal superincumbente. O início da sua puberdade foi extremamente atrativo para mim; se ele tivesse sido menos frio eu teria respondido calorosamente aos seus afetos, mas ele insistiu sempre na minha passividade rigorosa e nunca me explicava nada. Um dia, com

uma pequena prenda, induziu-me a oferecer-lhe a minha boca, embora eu nem sequer compreendesse ainda o que daí resultaria. Uma vez aconteceu um orgasmo e o efeito foi extremamente repugnante; depois disso ele passou a ser mais cuidadoso. O meu companheiro estava a chegar à idade adulta e as suas exigências tornaram-se mais frequente, as suas exações mais humilhantes".

"Ao mesmo tempo, a minha paixão pelo sexo masculino fortalecia-se. Conseguia imaginar abraços corporais que nunca tinham existido na relação de sujeição insatisfatória que tinha com o meu amigo, embora raramente pensasse nos atos concretos dos nossos encontros pelos quais sentia repugnância. Um dia, porém, tentei furtar-me a uma humilhação particularmente repugnante a que o meu companheiro queria forçar-me. Ele descobriu a minha tentativa de o iludir, levantou-se da pronação em que estava, deitou-me sobre os seus joelhos e espancou-me violentamente. Submeti-me sem dar luta, sentindo uma curiosa sensação de prazer misturado com dor. Quando ele repetiu a ordem que me tinha dado antes, descobri que já não me era repugnante. Um das poucas recordações agradáveis que esta intimidade de vários anos com o meu companheiro me deixou foi este momento de humilhação abjeta, sem nenhum sentimento caloroso, vindo de alguém que tinha tido mais uma vez poder suficiente para me tratar com brutalidade".

"Deve ter sido a partir deste incidente que a flagelação começou a ocupar um lugar de peso nos devaneios da minha imaginação. Passei a ser dominado pelo desejo de ser repelido, espezinhado e violado pelos homens que me atraíam. Por essa altura (na verdade, até aos meus 13 anos), não tinha ainda qualquer ideia de como seriam as relações sexuais normais. Sabia vagamente que as crianças nasciam do corpo das mulheres; não conhecia (e quando me contaram, não acreditei) os factos reais das relações conjugais. Tudo o que já tinha experimentado (tanto na realidade, como na minha imaginação) parecia-me demasiado único e especial para poder existir fora do âmbito das minhas experiências pessoais. Não tinha noção que o sexo era a base da vida. Mesmo quando comecei gradualmente a perceber que os corpos dos homens e das mulheres estão adaptados um ao outro, continuei a acreditar que essa seria uma conduta dissoluta, que não devia ser cultivada por quem tivesse pretensões de respeitabilidade".

"Por esta altura eu tinha, no entanto, desenvolvido uma forte atração pelos órgãos sexuais e por todos os aspetos da puberdade, e a minha imaginação concentrava-se numa fantástica adoração de qualquer sinal de

masculinidade. O meu prazer era agora imaginar-me a ser forçado a humilhações físicas e a ser submetido aos caprichos dos meus sequestradores masculinos, e a peça central destas cenas era a descarga de urina do meu amante sobre o meu corpo ou, se eu gostasse mesmo muito dele, sobre a minha cara. A isto seguia-se, geralmente, uma leve punição, quase acariciante, aplicada com a mão".

"O período sobre o qual estou a escrever agora é o da minha entrada na vida escolar. Os meus amantes imaginários multiplicaram-se subitamente: todos os professores e todos os rapazes acima de uma certa idade me atraíam; por dois deles senti mesmo uma atração romântica, mas também física. De facto, daqui em diante nunca fiquei sem heróis por quem pudesse nutrir uma terna paixão idealizada. A surpresa da notícia que algum deles iria deixar a escola provocava-me um ataque de choro; no entanto a minha timidez era tão grande e o meu sentimento de isolamento tão esmagador que nunca fiz nenhum esforço de aproximação íntima com ninguém. Estive praticamente três anos sem falar com os meus apaixonados, por quem sentia uma devoção inesgotável, embora me encontrasse com eles todos os dias. Por esta altura, os temas dos meus sonhos eram distintos em cada caso; numa ocasião imaginei que estávamos frente a frente, vestidos de pijamas e, repentinamente, ele despiu-me, agarrou-me e puxou-me brutalmente contra ele, entalou o seu órgão ereto entre as minhas coxas e elevou-me no ar; assim suspenso, com o meu corpo envolto em lençóis e a minha cara colada ao seu coração, fui submetido a insultos que se prolongaram até que fui atirado para o chão e recebi uma descarga de urina sobre o meu corpo prostrado. Tais imagens pareciam surgir independentemente da minha vontade".

"Foi por essa época que descobri que tinha um enorme prazer ao imaginar contatos físicos com pessoas de que não gostava, sendo sempre a crueldade a nota dominante dessas intimidades, crueldade a que me submetia com extremo deleite. Percebi, contudo, a partir das experiências comuns de punição corporal da escola, que estas não me davam qualquer prazer por estarem relacionadas com castigos escolares, mesmo quando eram aplicadas por alguns professores que já tinham figurado nos meus sonhos. Faltava uma componente essencial; se eu suspeitasse que o meu carrasco gostava de me punir, poderia ter algum prazer no ato. Numa ocasião fui açoitado injustamente, mas esta foi a única vez em que um castigo que recebi na escola teve em si mesmo um elemento de satisfação dos meus anseios, pois tive plena consciência do caráter cruel, ao invés de *justo, da punição. Mas nunca perdoei a mão que o administrou, e esta foi a única instância de que me recordo que me provocou um rancor que nutri por vários anos".*

"Entretanto, no meio de todo este caos de amor confuso e de ódio, de prazer na crueldade e de repugnância pela injustiça, estava a crescer a minha primeira paixão completamente romântica. Posso dizer, sobre aqueles a quem me vinculei pelo romance ou por uma ligação física, que permanecem como parte integrante e imutável de mim mesmo. Hoje, tal como há vinte anos atrás, quando penso neles o sangue sobe-me à cabeça, as mãos ficam-me húmidas e entorpecidas com uma emoção que não consigo controlar: continuo prostrado a seus pés em adoração. Quando sonhava com eles era sempre de forma inteiramente carinhosa; nunca a crueldade esteve associada à sua imagem. Mas retorno aquele que foi a grande influência da minha juventude: era três anos mais velho que eu, possuidor de uma belíssima constituição atlética, mas ainda com face de adolescente. O começo vacilante da minha adoração foi encorajado pelas suas palavras de apoio, num dia em que eu estava prestes a receber os meus primeiros açoites; sem dúvida que o meu pequeno e assustado rosto lhe provocou compaixão. Manobrei depois para que ele soubesse que eu não tinha chorado nessa ocasião e acredito que ele disse a muita gente que eu tinha recebido corajosamente o meu castigo. Nessa altura tinha tão pouco contato com ele que não me recordo de muito mais do que adorá-lo constantemente até que, três anos mais tarde, ele me fez um pedido em linguagem clara e direta, simpática, mas em tom de brincadeira. A minha timidez e reserva eram tão grandes que eu não tinha, até então, nenhuma ideia de que este tipo de familiaridades era comum nas escolas. Era absolutamente incapaz de relacionar os meus sentimentos com os do mundo em geral, ou de acreditar que fosse possível que outros sentissem o mesmo que eu. Nesta ocasião, pensei apenas que o meu segredo teria sido astutamente detetado. Ele tinha-me atraído aos seus joelhos; eu permaneci sentado no seu colo em silêncio, corado e perplexo. Não fez nenhuma tentativa para me pressionar; pensava que já me tinha dito o suficiente para eu decidir se queria corresponder-lhe e não fez mais nada para me tentar. Há alguns anos, soube que era casado e bem-sucedido".

"Ao deixar-me guiar pela emoção, ultrapassei muito o período sobre o qual já tinha feito uma descrição completa do meu desenvolvimento. Já devia ter mais de 12 anos quando a vida de estudante me convenceu a enfrentar a realidade do ato sexual (tal como descrito por novatos

maliciosos). Ao mesmo tempo, aprendi que podia ter prazer com o meu próprio corpo de uma forma, até então, insuspeita. A minha crescente resistência aos seus desejos egoístas tinha provocado o fim das relações com o meu ex-amigo íntimo; até ao final da nossa relação nunca aprendi nada com ele, exceto uma grande aversão por mim mesmo. Agora estava rodeado de 'professores' prontos a ensinar-me. Um dos meus colegas de escola convidou-me para o observar a masturbar-se; o espetáculo deixou-me indiferente; o resultado final pareceu-me bem menos interessante que a descarga de urina que, até então, eu associara à virilidade masculina. Estava tão acostumado às minhas próprias cogitações amorosas solitárias que o esforço e a atividade requeridos pelo processo da masturbação, quando tentei imitá-lo, me confundiram e interferiram com a concentração requerida para as minhas cogitações. Ainda não tinha experimentado o prazer que acompanha o espasmo da emissão e o processo para o obter não tinha nada de interessante em si mesmo. Desisti e voltei aos meus devaneios. Por esta altura, sentia-me como num labirinto perfeito de promiscuidade; sentia-me atraído por, pelo menos, cinquenta pessoas. Passei a gostar de me imaginar entre dois amantes, geralmente dois homens muito diferentes fisicamente um do outro. Tinha por hábito analisar tão detalhadamente quanto possível os homens que me atraíam. Para perceber como seriam na intimidade, observava com atenção as suas mãos, os pulsos até onde as mangas permitiam ver (mostrando os pelos do antebraço) e o pescoço; fazia estimativas sobre o tamanho comparativo dos seus órgãos reprodutores, a dimensão das suas coxas e nádegas, e assim desenvolvia um esquema mental completo do homem em causa. Quanto mais vividamente conseguia fazê-lo, mais forte era o prazer que obtinha de me imaginar objeto dos seus abraços".

"Até então, nunca senti absolutamente nenhuns escrúpulos morais. Aceitava a doutrina religiosa em que tinha sido educado e não concebia que existisse uma qualquer lei divina que regulasse os devaneios da minha imaginação. A partir dos treze anos comecei a perceber gradualmente que alguma coisa não deveria estar certa. Comecei a pensar que as formulações religiosas, que toda a vida tinha escutado com a menor atenção possível, tinham algum significado e que, de vez em quando, se podiam referir às circunstâncias da minha vida. Ainda não tinha percebido que o meu passado condicionava o meu futuro e que, para mim, as mulheres nunca seriam sexualmente atraentes, mas sim repugnantes. Estava plenamente convencido que um dia me casaria e temia também que, quando fosse um

*homem maduro, pudesse sucumbir à tentação das mulheres de vida fácil.
Tinha uma repugnância incipiente por tal destino o que parecia constituir
uma prova clara de que se travava uma batalha moral dentro de mim.
Uma noite, no meu quarto, fui assediado sexualmente por duas criadas.
Fiquei terrivelmente apavorado, o que consegui ocultar rindo-me muito; a
minha resistência aos seus avanços foi tão desesperada que acabaram por
só conseguir fazer-me cócegas antes de desistirem. Eu estava acostumado a
sentar-me ao colo das empregadas, um hábito que me vinha da infância;
ainda hoje recordo detalhadamente as tentativas que essas mulheres
fizeram. Mas nesse tempo eu era um completo inocente e não entendi onde
elas queriam chegar".*

*"Era igualmente inocente no que respeita às coisas que tinham uma
relação mais próxima com os meus sentimentos. Uma noite, ao caminhar
ao longo de uma rua secundária, fui abordado por um homem que
começou a falar comigo sobre o tempo. Perguntou-me se não tinha frio e
começou a esfregar-me as costas com as mãos; depois perguntou-me se
tinha sido castigado na escola e se tinha o corpo dorido, apalpando-me,
investigativamente. Com timidez, afastei a sua mão do meu corpo, mas
não me ofendi com a iniciativa. Quando começou a meter-me a mão nos
bolsos das calças, comecei a pensar que seria um carteirista; quando o
afastei dos meus bolsos, recomeçou a massajar-me as costas. A sensação
era agradável. Achei que seria um chulo que queria levar-me a uma
prostituta e, como já então tinha começado a ter consciência que não
gostava de tais prazeres, fiquei feliz por ter chegado ao meu destino e por
poder despedir-me dele rispidamente, deixando-o espantado com o seu
falhanço com alguém que tinha tão facilmente aceitado os seus avanços.
Não conseguia acreditar que outros sentissem o mesmo que eu. Mais
tarde, lamentei ter fugido deste homem e deleitei-me imaginando outros
desfechos para o incidente".*

*"Estava agora tão dominado por uma atração pelo masculino que me
tornei amante de todos os heróis dos livros que lia. Alguns eram tão reais
para mim como as pessoas com quem contatava diariamente. Por uns
tempos, tornei-me um fervoroso amante de Napoleão (o incidente da
antecipação das núpcias com a sua segunda esposa atraía-me pela sua
brutalidade impetuosa), de Eduardo I e de Júlio César. Lembro-me de
Carlos II pela crueldade carinhosa com que a minha imaginação o
brindava. Jugurta foi uma ótima descoberta. Bothwell, o juiz Jefferies e
muitos vilões da história e da ficção atraíam-me pela sua crueldade".*

"*Tinha-me tornado especialista na maquinação mental necessária à satisfação dos meus desejos. No entanto, até então nunca tinha vista o corpo nu de um adulto. Desconhecia que o torso dos homens podia estar coberto de pelos; com efeito, os meus esforços de imaginação centravam-se sobretudo nas coxas e nos órgãos de reprodução. Por esta época, um dos meus colegas de escola viu um trabalhador comum, que eu conhecia de nome, a tomar banho num regato com alguns companheiros; segundo me contou o meu informante, tinha o corpo coberto de pelos da garganta à barriga. A sua cara era grosseira e feia, mas passei a pensar nele como um monstro encantador e, por muitas noites, sonhei apaixonadamente com ele, imaginando que enterrava a minha cara na selva de pelos que lhe cobria o peito. Tive consciência, pela primeira vez, de evitar deliberadamente (e com sucesso) ver-lhe o rosto, que me era desagradável. Na mesma altura, outro colega de escola contou-me, a respeito de um professor que tomava banho com os rapazes, que os seus pelos surgiam por baixo dos calções de banho e subiam até à altura do umbigo. Passei então a imaginar os corpos com grande detalhe, sendo que a possibilidade de pilosidade extrema me enlouquecia de prazer, embora permanecesse associada a crueldade; os meus amantes peludos nunca eram carinhosos para mim; julgo que tudo, então, me atraía para a força e para a violência como expressão sensual. Um colega de escola, alguns anos mais velho que eu, de feitio cruel e violento, tinha especial prazer em magoar-me: tinha uns sapatos especialmente pontiagudos e tinha por hábito obrigar-me a ficar de costas enquanto me dirigia palavras simpáticas e amistosas; precisamente quando estava a ser mais carinhoso, desferia um pontapé forte com a ponta do sapato de forma a atingir a parte mais mole do meu traseiro; a dor era requintada; eu tinha a certeza que ele tinha prazer sexual (podia observar indícios seguros disso mesmo sob as suas calças) e, embora o odiasse, depois de sofrer um dos seus ataques, ficava a imaginar que me abraçava e a gozar a poderosa submissão humilhante a que fora submetido. No entanto, de cada vez que acontecia, eu sentia sempre um enorme desejo de o matar*".

"*Quando tinha 14 anos, estive durante algum tempo numa casa de campo onde me permitiam conviver com os trabalhadores agrícolas, um conjunto de jovens bem musculados. Passei a ser o centro das suas atenções e, sendo o meu comportamento um pouco infantil para a minha idade, permitiam-me fazer coisas que de outro modo estariam fora do meu alcance. Todos eles viviam à moda antiga, em casa do lavrador, e à noite costumava sentar-me ao colo deles e abraçava-os e acariciava-os, com grande satisfação. Eles aceitavam tudo tranquilamente, aparentemente sem nenhuma surpresa. Um dos homens costumava retribuir os meus apalpões e carícias e, uma vez, permitiu-me colocar a mão sob a sua camisa, mas nada mais do que isto aconteceu".*

"Só quando tinha cerca de 15 anos aconteceu algo que, pela primeira vez, me deixou inquieto em relação à minha solidão forçada. Estava à beira da puberdade quando, talvez na esperança de que, sendo mais crescido, conseguiria maior carinho, voltei a ter relações íntimas com o companheiro cujo desempenho gélido me havia causado enfado e tristeza. Ele tinha atingido a maioridade e era agora um homem feito. Deitou-me na sua cama enquanto se despia e dirigiu-se a mim, completamente nu. Caímos nos braços um do outro e o prazer que senti nesse momento quase me intoxicou. De repente, deitado na cama, senti uma necessidade imperiosa de verter águas. Saltei da cama com uma desculpa apressada, mas o paroxismo logo desapareceu. Não tinha havido nenhuma descarga aliviadora, mas a necessidade parecia já ter passado. Voltei para o meu companheiro, mas a excitação do abraço já terminara. O meu companheiro, evidentemente, obteve mais prazer comigo do que quando eu era apenas uma criança; senti-me comovido e lisonjeado pelo prazer que ele demonstrou ao encostar o seu rosto a certas partes do meu corpo. Um dia, numa segunda ocasião, senti que tinha chegado, involuntariamente, aos limites da decência, e mais uma vez, tal como anteriormente, afastei-me e acabei por ficar sem saber qual seria o resultado da minha excitação. No entanto, num outro encontro foi-me permitido prolongar o abraço e agir de acordo com os meus instintos. Mais uma vez senti de súbito a vinda iminente de algo incontrolável; desta vez decidi avançar corajosamente e, no momento seguinte, acabei por ficar na posse do segredo misterioso da energia masculina, que estava muito para além do limiar até onde me haviam levado os meus devaneios delirantes de tantos anos, como que esperando apenas que uma porta se abrisse para ser revelado".

"Era inevitável que, a partir desse dia, a nossa intimidade ficasse condenada à extinção (embora a sua extinção total tenha sido antecipada por outros motivos), mas deixei de achar que a masturbação fosse uma fórmula aborrecida e cansativa. No meu noviciado, fiquei desanimado ao compreender que tinha demorado muito tempo para me dissociar da forma contemplativa da masturbação e para me lançar na forma física. Presentemente, estou determinado a repetir o ato três vezes em cada dia.

Num dos últimos encontros que tive com o meu amigo íntimo, ele revelou um ardor fora do vulgar. Nesse encontro, propôs-me tentar um ato que eu anteriormente julgara impossível, e que ainda me chocaria mais se soubesse então que era considerado o pior crime que podia existir. Tive algum medo que me doesse, mas estava disposto a satisfazer o seu desejo e, pela primeira vez, descobri na minha submissão o casamento entre os dois instintos sensuais que até aí se digladiavam em mim: o instinto da ternura e o instinto da crueldade. O 'pedicatio' acabou por não acontecer, mas recebi um abraço que, pela primeira vez, me encheu de total satisfação. Tive um prazer imenso; transbordava de emoções. Não tenho palavras para descrever o encanto extraordinário do contato da sua carne quente e suave contra a minha pele e do roçar mais áspero das suas partes peludas. Mas estava consciente, mesmo nesse momento, de que este era apenas o lado físico do prazer e que o meu amigo não era, nem nunca poderia ser, alguém a quem eu amasse realmente".

"Tinha agora 16 anos e, sob a influência destas e doutras emoções, comecei a sentir uma certa inclinação literária e um desejo de me expressar usando certos canais criativos. Temia que os meus atos de prazer estivessem a ter um efeito debilitante sobre as minhas faculdades (tinha começado a revelar algum cansaço físico e alguma depressão) e deixei-me dominar por certos escrúpulos religiosos resultantes da educação que me fora dada em criança. Pela primeira vez percebi que os ardores que sentia pelos homens eram divergentes do instinto sexual em si mesmo e, para meu espanto e consternação, descobri fortuitamente que as práticas a que já me habituara eram claramente condenadas pela Bíblia como sendo uma enorme abominação. A partir desse momento desencadeou-se em mim uma luta que durou anos. Cedi a um último encontro com o meu ex-amigo íntimo e, logo em seguida, iniciou-se uma longa disputa entre influências conflitantes que se esforçavam por dominar o meu corpo. Por uns tempos, interrompi a prática da masturbação, mas não me consegui livrar tão facilmente dos devaneios mentais, que se tinham transformado quase num sedativo essencial para indução do sono. Por esta altura, durante uma visita à beira-mar onde pela primeira vez vi homens a banhar-se em completa e franca nudez em plena luz do dia, mergulhei de novo nas minhas paixões imaginárias e todos os meus escrúpulos e resoluções se esfumaram. Mas, na generalidade, tinha agora entrado numa fase que, por falta de melhores palavras, descrevo como emocionalmente moral. Por menor que fosse a tentação em que caísse, não

deixava de carregar comigo um sentimento de imoralidade; acreditava que era um rebelde que transgredia uma lei natural e divina que, até então, não havia ainda sido implantada em mim. Ainda não questionava a verdade religiosa na qual havia sido educado e sentia que toda a minha vida, todos os meus pensamentos, todos os impulsos do meu corpo, estavam em direto antagonismo com a vontade de Deus. Por vezes, o desejo físico quebrava todas estas barreiras, mas conseguia conter-me fisicamente, se não mentalmente. Tentei arduamente derrotar a minha aversão por mulheres e o meu enorme desejo por homens, sem o menor sucesso. No entanto, só aos 30 anos de idade encontrei um companheiro capaz de me amar como a minha natureza exigia. Hoje sou uma pessoa muito saudável e capaz de trabalhar sobre pressão elevada. Com a obtenção de liberdade sexual tornei-me mais forte".

CASO 22. - T. J., 50 anos, homem de letras. Tem 1,70 metros de altura e pesa 64 quilos, embora anteriormente pesasse muito menos. Pertence a uma família completamente normal, todos casados e com filhos.

"Quando vim ao mundo era um bebé franzino porque a minha mãe esteve doente durante todo o período de gestação, antes do meu nascimento. Era tão magro que por algum tempo os médicos julgaram que não sobreviveria. Até atingir a puberdade tive uma saúde delicada, embora nunca tivesse estado doente. Era anormalmente sensível e todos os meus afetos e paixões estavam extraordinariamente desenvolvidos. Vivi sempre na companhia da minha irmã porque os meus irmãos são muito mais velhos que eu. Até aos 8 anos de idade ela era a minha principal parceira de brincadeiras. Com ela, brincava com bonecas e construí um mundo imaginário à minha volta que era para mim muito mais real que o mundo que de facto me rodeava. Não me lembro de aprender a ler mas, aos 5 anos, 'As Mil e Uma Noites' e 'Hereward the Wake', de Charles Kingsley, eram os meus livros favoritos. Como vivia isolado no campo, era difícil ter a companhia de outras crianças. Todo o meu amor ia para o meu pai, pois a minha mãe tinha morrido quando eu ainda era um bebé. Este carinho pelo meu pai era quase uma paixão mórbida que dominava a minha vida. Não ousava sair de perto dele com medo de nunca mais o voltar a ver. Acordava-o quando ele estava a dormir para me assegurar de que ainda estava vivo. Até hoje, embora ele tenha morrido há vinte e seis anos, continuo obcecado com a sua memória".

"*Os meus primeiros desejos anormais foram relacionados com ele. Eu já o tinha visto ocasionalmente a urinar nas alas do jardim ou no campo. Nessas ocasiões eu ficava terrivelmente excitado e, se possível, esperava até ele se ir embora para tocar as folhas húmidas da sua urina, obtendo com esse contato um prazer imenso. Depois disso, embora ele nunca tivesse suspeitado, o meu desejo por ele transformou-se numa paixão consumidora e recordo-me de uma ocasião, em férias, em que dormi na mesma cama com ele e em que a emoção da sua proximidade me provocou um tão formidável ataque de palpitações cardíacas que o meu pai chamou o médico de família para me observar quando regressámos a casa. Escusado será dizer que o médico deu o meu coração como perfeitamente saudável. Este desejo ainda permanece, passados todos estes anos e, mesmo agora, nada me excita mais que a memória do meu pai no seu banho matinal*".

"*Na minha infância, acreditava que todo o mundo estava povoado de seres imaginários. Em criança, inventava histórias e contava-as a quem estivesse na disposição de me ouvir. Era um leitor omnívoro, mas preferia a poesia. Aos 7 anos já conseguia repetir a maior parte dos poemas de Longfellow; seguiu-se Scott, depois, aos 14 anos, deixei-me cativar por Milton e em seguida por Tennyson, Arnold, Swinburne e Morris. Mais tarde veio o gosto pelos poetas gregos e latinos. A partir dos 7 anos, comecei a escrever versos para o meu pai. Até aos 8 anos, tive um medo exagerado do escuro e, de facto, de todo o tipo de solidão. No entanto, ultrapassados estes medos, desenvolvi uma timidez extrema. Mesmo em caminhos rurais, desviava-me quilómetros do meu percurso para evitar encontrar-me com algum camponês comum. Neste período, sonhar acordado era a minha ocupação favorita. Até hoje, as divagações ocupam uma grande parte da minha vida. Embora tímido, não tinha falta de coragem. Desde tenra idade que lutava com outros meninos, mesmo mais velhos. Mais tarde, arrisquei várias vezes a vida em diversas regiões da Europa. No que diz respeito ao desporto, faço um pouco de tudo: natação, equitação, esgrima, tiro. Também joguei razoavelmente críquete e futebol, mas o desporto nunca me interessou muito. A literatura tornou-se (e ainda é) a paixão da minha vida e desde há alguns anos que é a minha única ocupação*".

"*Aos 8 anos, a inversão sexual começou a manifestar-se, embora até aos 10 anos de idade eu me mantivesse deveras inocente. Quando tinha 8 anos de idade, a minha família foi viver para outro país e conheci um rapazinho que me atraiu sexualmente. Masturbávamo-nos na presença*

*um do outro, sem qualquer razão, exceto o prazer de ver o outro fazê-lo.
Depois tive contato com ele 'in anum'. Isto foi, realmente, uma exceção às
minhas preferências dessa época, que rapidamente haviam evoluído para
um desejo intenso por 'fellatio' e, depois, pelos prazeres intercrurais. Este
último aspeto talvez possa ser explicado pela facto de eu ter dormido
durante cerca de um ano com um rapaz que veio morar para a nossa
casa. Todas as noites, durante esse período, mantínhamos duas ou três
relações intercrurais. Depois passei a ter paixões avassaladoras por todos
os rapazes novos e pelos homens muito velhos. Os rapazes com mais de
14 ou 15 anos deixavam de me atrair, sobretudo quando os seus pelos
púbicos começavam a crescer. Entre os 8 e os 14 anos, quando tive a
minha primeira emissão sexual, masturbava-me sempre que tinha
oportunidade. Dos 14 aos 27 anos, masturbava-me sempre pelo menos
uma vez por dia, mas normalmente duas ou até três vezes. Aos 27 anos
de idade, aluguei um quarto e travei conhecimento com a família que
morava na casa. Os rapazes dessa família, um por um, foram
autorizados a dormir comigo e desenvolvi uma extraordinária paixão por
um deles, ligação que durou até que, finalmente, deixei a Inglaterra. Essa
relação era muito mais forte do que a de um marido pela sua mulher e
não tinha nada de degradante. Ficava infeliz se estava longe dele e como
ele gostava de praticar todo o tipo de desportos, sofria 'mortalmente'
sempre que imaginava que ele corria perigo de vida. Posso dizer
honestamente que, em todas as minhas relações (e tive muitas) o
sentimento predominante foi o do prazer de proteger um ser mais frágil do
que eu. Todos os rapazes que amei eram perfeitamente normais e,
atualmente, são todos casados e pais de família. Não há nenhum que não
me olhe ainda com carinho e respeito, apesar do que se passou entre nós.
Durante toda a minha vida tive uma grande paixão pela paternidade ou,
talvez possa dizer, pela maternidade. Estaria disposto a sofrer as piores
dores do Inferno se pudesse ter um filho com um homem que eu amasse.
Posso afirmar com toda a honestidade que este foi o instinto dominante de
toda a minha vida. Nas minhas paixões, nunca fui violento nem, exceto
sob influência de álcool, tive relações com rapazes que já tivessem atingido
a puberdade. No Sul da Europa, as minhas experiências foram
semelhantes: tive uma grande paixão por um rapaz que quis proteger e
que, embora deixasse de ter cariz sexual quando o rapaz atingiu os 15
ou 16 anos de idade, se manteve como um amor honesto e altruísta de
caráter permanente. Aos 51 anos de idade, ainda me masturbo, sozinho,*

uma ou duas vezes por semana, embora preferisse compartilhar o prazer com alguém amado. Aos 27 anos, tentei em vão alinhar pela norma. A prostituição causa-me horror, seja masculina ou feminina. Tentei praticar o coito quatro ou cinco vezes, duas com mulheres de vida fácil e, as outras, com mulheres casadas. Exceto num dos casos, as tentativas falharam ou repugnaram-me fortemente".

"Desde que atingi a puberdade que atraio sexualmente não só as mulheres, mas também os homens. Por incrível que pareça, e apesar de não me interessar sexualmente por elas, as mulheres ou me odeiam ou me adoram, e já tive cinco propostas de casamento. Simultaneamente, e até há cinco anos, fui cobiçado por homens e tive, tanto em Inglaterra como no estrangeiro, experiências muitíssimo estranhas. No período inicial da minha vida, sofria tremendamente com o sentimento de estar isolado e de não haver mais ninguém como eu no mundo. Lutei com todas as minhas forças contra o hábito da masturbação e contra os meus instintos perversos. Flagelos, vigílias, queimaduras, nada resultou. A leitura mais detalhada dos clássicos revelou-me como era comum a atração sexual pelo mesmo sexo. Aos 27 anos de idade comecei a assentar ideias. Então, como agora, fiz inúmeras promessas de evitar a masturbação, embora não consiga perceber o que há de errado num ato mutuamente consentido entre duas pessoas que se amam. Sou, e sempre fui, um homem extremamente religioso, e apesar de não ser um católico inteiramente ortodoxo, cumpro os meus deveres religiosos e sou muito sensível ao sobrenatural. Padeci muito de melancolia desde a mais tenra idade. Aos 18 anos, embora não sofresse de nenhuma doença específica, uma vaga mas profunda 'malaise' levou-me a abrir as veias do braço, mas desmaiei e fui prontamente socorrido. Com a idade de 35 anos, depois de regressar do estrangeiro, tomei uma dose enorme de veneno. Mais uma vez voltei a ser salvo por uma singular coincidência e, novamente, regressei ao mundo dos vivos. Depois disso, viajei para o exterior com o firme propósito de morrer, o que tentei de todas as formas possíveis. Mas em vão, como se pode constatar. A morte foi algo de que nunca tive medo e que sempre desejei. Tenho a certeza que se as alegrias que por certo existem no outro mundo fossem conhecidas, todos correriam a suicidar-se. Para além das minhas preferências perversas, tenho uma paixão honesta e genuína por crianças e animais, e só me sinto verdadeiramente feliz quando estou na sua companhia. Tanto as crianças como os animais me adoram".

"*A vida que vivi não reduziu nem adormeceu as minhas faculdades, e estou atualmente muito ocupado com um projeto de escrita deveras importante. Mas a minha vida real está repleta de sonhos que me transportam para um outro mundo, para onde me retiro sempre que posso, e que é tão verdadeiro para mim como este mundo dos sentidos físicos. E, no entanto, tenho que confessar um estranho paradoxo: sou um estoico convicto e limito as minhas leituras a Epicteto, Marco Aurélio e à 'Imitação de Cristo'. Sou extremamente emocional, gosto da companhia de mulheres, embora odeie o seu lado sexual e quando amo, embora a paixão seja inextricável, o sentimento predominante é espiritual. Acabarei por ser, provavelmente, um monge Cartuxo ou um faquir*".

CASO 23. - Inglês, com 70 anos de idade, de ascendência alemã pelo lado do pai. Foi o primeiro filho da sua mãe, que tinha 36 anos quando ele nasceu; tem um irmão mais novo que é normal; não tem outros parentes.

Foi criado em Inglaterra e foi para a escola aos 13 anos de idade. Numa idade muito precoce (teria entre 6 e 8 anos de idade) ficou profundamente impressionado pelo belo rosto de um homem jovem, um trombeteiro real a cavalo, que viu num cortejo. Esta imagem, bem como a visão do corpo nu de jovens numa competição de remo no rio, causaram-lhe grande perturbação, embora não tivessem claramente um caráter sexual. A sua perturbação aumentou quando se deparou com um belo modelo de um jovem turco fumando, com a vestimenta aberta na parte frontal, revelando grande parte do peito e da zona abaixo da cintura. Apreciava fotos, admirava as figuras masculinas dos santos mártires italianos e as formas elegantes e voluptuosas de Antínoo, lia avidamente as *Mil e Uma Noites* e outras lendas orientais, lia traduções dos clássicos, de Suetónio, Petrónio, etc. Desenhava modelos de homens nus na escola e deliciava-se a observar bailarinos. Quando era criança, costumava participar em teatros privados, destacando-se em papéis femininos, e cantava as canções de Madame Vestris, encorajado pelo seu pai.

Os seus órgãos sexuais nunca se desenvolveram plenamente e os testículos, embora grandes, têm uma consistência flácida. Não sabe assobiar. Está convencido de que deveria ter sido mulher.

Na escola, foi tímido e reservado e não tinha nenhuma amizade especial por ninguém, embora num caso o desejasse muito. Aprendeu o que era a masturbação com o seu irmão mais novo, que tinha aprendido com um rapaz mais velho. Nunca teve sonhos eróticos. Até aos 30 anos nunca tocou em ninguém, exceto no seu irmão quando viajavam por Itália e ele era o seu único companheiro de viagem. Ao viajar pela Ásia Menor, teve muitas oportunidades, mas desperdiçou-as sempre por medo, e acabou sempre por lamentar os seus receios. Ansiava por intimidade com alguns amigos em especial, mas nunca ousou solicitá-la. Ia muito ao teatro e o que lá via incitava-o à masturbação. Quando tinha cerca de 30 anos de idade, a sua reserva e o seu medo de ser denunciado e chantageado foram finalmente superados por um incidente que ocorreu a altas horas da noite, no *Royal Exchange*, e, numa outra vez, num canto escuro da galeria do Teatro *Olympic*, quando Gustavus Brooke estava a atuar em palco. A partir desse momento, o Teatro *Adelphi*, o Teatro de Ópera Italiana e os parques abertos ao público durante a noite passaram a ser o seu campo de aventuras. Diz que até entre os homens que se aglomeravam para ver um incêndio conseguiu encontrar muitas oportunidades. Os seus amigos íntimos preferidos eram um ferroviário e um modelo italiano. Em anos mais recentes, tem conseguido satisfazer os seus desejos com criados e polícias.

É exclusivamente passivo; também gosta de *fellatio* recíproco. Consciente das suas próprias deficiências, é admirador de formas bem desenvolvidas, pernas bem torneadas, belo cabelo castanho, e sempre se sentiu atraído pela força e vigor varonis. Nunca teve qualquer interesse por meninos e sempre sentiu indiferença pelas mulheres.

CASO 24. - Médico, inglês, de 30 anos. Acredita que o seu pai, que era magistrado, era muito complacente com homens; assistiu a diversos julgamentos por atentado violento ao pudor; em três, o seu pai libertou os acusados embora não houvesse grandes dúvidas em relação à sua culpa, e nos restantes foi muito brando na condenação.

Aos 9 anos de idade adorava dormir com o seu irmão, que era dez anos mais velho e estava na Marinha; dormiam em camas separadas e ia sempre deitar-se mais cedo, mas ficava acordado para observar o irmão a despir-se pois apreciava muito o seu corpo nu; saltava muitas vezes da sua cama para a cama do irmão para dormir com ele. Aprendeu a masturbar-se com o irmão quando tinha 9 anos; nessa altura não tinha orgasmos sexuais, mas observar os orgasmos do irmão era uma fonte permanente de espanto e prazer. Durante as ausências do irmão no mar, o rapaz ansiava pelo seu regresso e masturbava-se imaginando que tinha, à sua frente, o corpo nu do irmão. A morte do irmão causou-lhe um enorme desgosto. Aos 12 anos de idade foi admitido num internato onde se apaixonou por todos os rapazes bem-parecidos. Estava sempre a ser convidado para a cama dos rapazes mais velhos. Nessa idade, tal como os rapazes com quem dormia, já tinha orgasmos. Os seus sonhos eróticos foram sempre com homens e, sobretudo, com rapazes; nunca teve um sonho de conteúdo sexual com mulheres. Dos 9 aos 21 anos, idade em que deixou a escola, nunca pensou em mulheres em termos sexuais, embora apreciasse muito a sua companhia. Nos dois anos que se seguiram à sua saída da escola teve algumas ligações com mulheres porque pensava que depois de deixar a escola todos paravam de amar os do seu próprio sexo, não por pensar que fosse pecado. Durante estes dois anos, continuou a sentir-se mais atraído por homens e gostava de observar soldados e marinheiros. Fez, então, uma visita a Londres que posso descrever com as suas próprias palavras: "*Fui visitar um velho colega de escola que morava lá. No seu quarto estava um jovem rapaz, claro, extremamente bem-parecido, com boa figura e modos encantadores. Nesse momento, todas as recordações do meu passado voltaram a emergir. Não conseguia deixar de pensar no rapaz; de facto, estava apaixonado por ele. Imaginava-o nu, diante de mim, como uma bela estátua, e sonhava frequentemente com ele. Na quinzena seguinte pensei no seu lindo rosto e nas suas belas formas sempre que me masturbava. Tornámo-nos grandes amigos e desde esse dia nunca mais as mulheres voltaram a entrar nos meus pensamentos*".

Embora até hoje ele não tenha tido qualquer desejo ou intenção de casar, acredita que acabará por fazê-lo por ser conveniente profissionalmente, mas está seguro que o carinho e o amor que sente por homens e rapazes nunca irão diminuir.

Quando era mais novo, preferia homens dos 20 aos 35 anos; agora gosta de rapazes com mais de 16 anos, por exemplo, camareiros, que devem ser belos, bem constituídos, limpos e de natureza calma e adorável, embora preferisse que fossem cavalheiros. Não valoriza muito os abraços nem a masturbação mútua; quando está mesmo apaixonado por um homem anseia pelo *pedicatio*, desempenhando o papel passivo.

Tem o cabelo encaracolado, usa bigode e tem órgãos sexuais bem desenvolvidos. Os seus hábitos são masculinos; sempre gostou de desportos ao ar livre e sabe nadar, montar a cavalo, conduzir e patinar. É apaixonado pela música, sabe desenhar e pintar, e é um ardente admirador da estatuária masculina. Prefere as ocupações práticas de qualquer tipo e não aprecia nada que seja teórico.

Ele mesmo acrescenta: "*Como médico, não consigo encontrar nada de pouco saudável, nem nada que possa envergonhar a natureza, em relação à simpatia que tenho por homens*".

CASO 25. - *A. S.*, professor, de 46 anos de idade.

"*O meu pai era, devo dizer, abaixo da média no que respeita à capacidade para a amizade. Gostava de meninas e nunca se interessou por meninos. Era um homem de moral fortemente puritana, capaz de censurar com sombria amargura. Também era um homem capaz de grandes sacrifícios em questões de princípio, e era muito bem dotado mentalmente. A minha mãe era uma mulher inteligente e prática, que apreciava tudo. Era capaz de amizades calorosas, especialmente para os mais jovens do que ela. O pai dela (que nunca conheci) era professor. Era muito dedicado à sua esposa, mas também tinha grande prazer na companhia de rapazes. Andava sempre de braço dado com algum rapaz, como me contou a minha mãe. A família dela é de ascendência galesa. Eu aprendi a ler aos 5 anos e teria pouco mais de 6 quando li, vezes sem conta, o lamento de David pelo seu filho Absalão. Ainda hoje me lembro vagamente do encanto desse melancólico refrão, 'Oh meu filho Absalão... Oh Absalão, meu filho, meu filho!' Ultimamente, quando penso na quantidade de carinho que tenho dedicado a rapazes e no quanto, por vezes, tenho sofrido por eles, sinto que houve qualquer coisa de estranhamente profético nessa leitura precoce".*

"Sempre fui uma pessoa sensível. A minha mãe era muito musical, e as suas canções inundavam-me maravilhosamente. O dramático e o poético sempre me atraíram fortemente".

"Pensava que queria ser ator, mas nunca me atrevi a tentar. Também achei que um dia gostaria de ser professor, mas nunca ousei dizê-lo a ninguém. Uma criatura tímida e reservada como eu era, obviamente, desadequada para tais ocupações. Bem, o ensino acabou por surgir na minha vida e a parte mais estranha foi que os rapazes, de uma forma ou de outra, gostavam de mim e para além disso os meus 'piores' clientes eram os que mais me adoravam. Também tive a minha oportunidade de ser ator. Na sequência de algumas dificuldades para completar o elenco de uma peça de teatro na escola, aceitei um dos papéis. Depois desta experiência, fiquei a 'saber' que (dentro de certos limites) poderia ser ator. Passei dois dos meus períodos de férias a representar com uma companhia teatral. Gostaria, sem dúvida, de ter continuado nos palcos se não fosse por um pequeno problema. Não quero parecer beato, mas odeio piadas porcas e de baixo nível. Foi este tipo de coisas que me afastou. Em vez disso, atirei-me ao trabalho escolar".

"Foi, em parte, o interesse pela representação e, em parte, o interesse muito genuíno pela natureza humana, que me levou a ser pregador. Depois de ter sido fortemente magoado por um ou dois jovens a quem amava, decidi partir em trabalho pastoral. Mas também acabei por desistir disto e muito acertadamente. Não sou capaz de trabalhar confortavelmente com nenhuma organização. Em parte porque estou sempre a absorver ideias novas e as organizações não gostam disso. Por outro lado, todas as funções sociais são um anátema para mim".

"O meu interesse pela 'arte', tal como é normalmente entendida, começou a ser mais intenso apenas depois dos 30 anos. Iniciou-se com a arquitetura e prosseguiu com a pintura e a escultura. A tendência para se interessarem por uma grande variedade (exagerada) de coisas é uma das caraterísticas de muitos uranianos. Somos um pouco como os compostos químicos instáveis: as nossas moléculas facilmente se rearranjam".

"Quando era um rapazinho de 10 anos, tive os namoricos comuns dessas idades com uma menina. Vale a pena falar um pouco mais deste

incidente pela seguinte razão: mais tarde, quando já tinha 16 anos, a rapariga veio viver connosco por um ano. Era uma rapariga boa, agradável e brilhante, e tinha uma grande consideração por mim. Fiquei imediatamente atraído por ela. Lembro-me especialmente de um pequeno incidente. Eu estava a ensinar-lhe um pouco de álgebra e ela estava ajoelhada no chão, ao lado da minha cadeira. O cabelo caía-lhe sobre os ombros e ela estava encantadora. Estava a dizer-me, simpaticamente, como estava surpreendida pela forma como eu havia resolvido o problema. Lembro-me que, deliberadamente, reprimi o sentimento de atração que então me inundou. Não sei dizer porque é que o fiz, mas imagino que se tratou de uma vaga sensação de não querer que o meu trabalho fosse perturbado. Não houve nenhuma atração sexual ou, pelo menos, não foi óbvia. A rapariga, sem dúvida, amava-me. Lamento dizer que em dois outros casos posteriores também despertei o amor de mulheres que, por minha causa, acabaram por ficar solteiras. Por vezes sinto que, numa sociedade livre e esclarecida, deveria ser permitido fazer filhos a estas mulheres. Penso que seria capaz de o fazer e acho que lhes daria uma enorme felicidade. No entanto, uma união permanente com qualquer mulher seria completamente impossível para mim. Acredito, pelo contrário, que seria possível uma união permanente com um homem. As ligações de caráter exclusivamente homossexual que tive foram, no meu caso, muito duradouras".

"Quando tinha pouco mais que 13 anos, senti uma forte atração por um rapaz um pouco mais velho que eu. Foi uma história de amor, não tenho dúvidas, mas não me recordo de nada de sexual entre nós. Até aos 15 anos, houve outros casos passageiros, mas nenhum teve qualquer resposta calorosa. Foi então que me tornei amigo de um rapaz completamente diferente de mim. Eu era um leitor. Gostava de longas caminhadas e de ar fresco, mas era tímido e não tinha coragem para participar em jogos desportivos. Na verdade, era extraordinariamente tímido. Ele era um grande desportista e gostava de vida social. Mas depois de uma vez me ter pedido para o ajudar nos estudos, acabámos por nos habituar a estudar juntos. E eu apaixonei-me por ele. As suas carícias causavam-me sempre uma ereção, mais ou menos forte. Pessoalmente, acredito que teria sido melhor se tivéssemos sido completamente francos um para o outro do ponto de vista sexual. A falta de abertura deu origem a dois resultados claramente indesejáveis. O primeiro, foram enormes ereções, por vezes dolorosas; o segundo, foi uma tendência para uma espécie de masoquismo

modificado. Suponho que existe sempre alguma atração erótica por nádegas e, por certo, nenhum rapaz resiste a um bom beijo. Descobri que quando este rapaz me espancava, eu ficava um pouco excitado sexualmente, o que fez crescer em mim o desejo por este tipo de estímulo. O resultado, no meu caso, foi mau. Foi sensualidade em vez de amor. Tenho a certeza disto, porque muito mais tarde, quando tive uma grande paixão, descobri que o abraço mútuo de corpos nus, sem violência, era para mim a expressão do amor absolutamente natural e 'puro'. Nunca descobri nos abraços qualquer indício de vulgaridade e acabaram mesmo por apagar completamente as formas iniciais (para mim, pelo menos) de erotismo menos saudável".

"A nossa amizade dos tempos de escola desapareceu logo que o meu amigo casou. Fiquei furioso com ciúmes e a mãe do jovem noivo afastou-me dele, mas ainda sinto muita ternura quando penso neste meu primeiro amor. Sei que foi ele o primeiro que me ouviu, o primeiro que me ajudou a fazer amigos. E sei que o seu amor continuaria a ser importante para mim caso ele ainda se importasse comigo".

"O meu maior pesar, quando olho para o passado, foi o de ser ignorante destas coisas por tanto tempo. Não posso deixar de pensar que todos os jovens deveriam ser esclarecidos sobre o amor da camaradagem e encorajados a procurar ajuda sobre qualquer tipo de problema que esse amor lhes pudesse trazer. Nós, as pessoas homogénicas, podemos não passar de uma pequena percentagem da humanidade, mas somos em número considerável e, certamente, a construção ou destruição das nossas vidas deverá ter alguma importância. Na faculdade, apaixonei-me violentamente por um amigo com quem estudava ciências. Ele também me amava, embora sem tanta paixão. E também era, em grande parte, uraniano, o que só percebi há um ou dois anos. Permanece solteiro e continua a ser meu amigo. Fizemos alguma investigação científica em conjunto, com bastante sucesso. Tenho a certeza que o amor que tínhamos um pelo outro nos incutiu também um grande entusiasmo pelo nosso trabalho e aumentou muito a nossa energia".

"Enquanto trabalhei na faculdade, interessei-me por um rapaz que era o moço de recados de uma empresa da cidade. Ajudei-o a melhorar a sua educação e gastei dinheiro com ele. Nessa época, o meu pai dava-me uma mesada e, quando soube do rapaz, hesitou. Disse-lhe que, de futuro, me sustentaria a mim próprio e, por este motivo, comecei a dar aulas como professor. Fiquei imediatamente absorvido no meu trabalho com rapazes.

É claro que gostava deles. E neste ponto, tenho que salientar o que me parece ser uma caraterística da maior parte dos uranianos. Os nossos órgãos genitais são, para nós, normalmente e frequentemente, órgãos de 'expressão'. Os homens heterogénicos puros poderão considerar que este ponto de vista sobre os órgãos genitais é monstruoso. Nós, por outro lado, somos obrigados (pelo menos connosco mesmos) a considerá-lo como um ponto de vista natural e puro. Pela minha parte, alberguei muitos preconceitos puritanos, preconceitos de que padeci por demasiado tempo, mas o meu afeto pelos do meu próprio sexo expressou-se tantas vezes por agitação sexual (e por ereções mais ou menos fortes) que fui 'obrigado' a aceitá-la como inevitável e, em geral, passei a deixar de lhe prestar qualquer atenção. Eram os rapazes mais velhos que por vezes me atraíam mais fortemente. Sei que o meu amor por eles era verdadeiramente espiritual, embora tivesse, inevitavelmente, alguma expressão física. Dedicava-lhes muito do meu tempo e sacrificava-me por eles, e preferiria certamente morrer a magoar algum. Os rapazes davam-se bem comigo. Nunca fui brando com eles e permitia-lhes todo o tipo de familiaridades sem deixar de manter o respeito. Geralmente, os rapazes mais velhos, fora das aulas, chamavam-me pelo meu nome próprio e recordo-me que um deles me escreveu a perguntar se o poderia fazer, porque isso o faria sentir-se mais 'próximo' de mim. Tinha um carinho especial, obviamente, por alguns dos rapazes. Beijavam-me e adoravam que eu os abraçasse. Um deles é, ao que sei hoje, um uraniano puro e seguramente haveria, no seu caso, algum estímulo sexual, mas embora eu dormisse frequentemente com ele quando ele era um jovem de 17 ou 18 anos, nunca nos passou pela cabeça praticar qualquer ato sexual. Ainda somos grandes amigos e beijamo-nos sempre que nos encontramos. Olhando para trás, para esses dias, sinto que tinha a tendência de saltitar de um amor para outro, embora todas as minhas paixões fossem genuínas e eu obrigasse os rapazes a trabalhar duramente. E sempre que os rapazes continuaram em contato comigo depois de adultos, permanece o carinho e amor que então existia entre nós".

"Enquanto ensinava travei conhecimento com um pastor não-conformista que, embora feliz no seu casamento, tinha certamente algumas tendências homogénicas. Dedicava-se muito aos rapazes e ajudou-me nalguns casos difíceis. Os casos difíceis eram os que mais me atraíam. Era obrigado a punir estes rapazes e o meu amigo recomendou-me palmadas nas nádegas desnudas. Menciono que adotei este método, porque se poderia pensar que

era particularmente perigoso para mim. No entanto, nunca produziu em mim a mais remota sugestão de qualquer tipo de ato sexual, embora me causasse por vezes uma leve excitação sexual. Não dei importância a esta questão, ou expulsei-a da minha mente, porque descobri que o método era extremamente eficaz. Permitia uma grande variação de intensidade e os rapazes estavam sempre a referir-se ao assunto em tom jocoso. Nunca observei nenhum caso em que esta punição tivesse causado qualquer tipo de excitação sexual ao punido. No entanto, os rapazes para quem eu tinha que ser mais 'duro', foram quase sempre os que desenvolveram uma maior amizade por mim. Pode ser que haja alguma leve e natural tendência masoquista na maioria dos rapazes e, 'talvez', o caráter erógeno das nádegas esteja relacionado com o desenvolvimento de afetos. Se assim for, estou inclinado a considerar este método de punição como normal e útil (e não o contrário), pois a minha experiência da sua prática nunca trouxe nenhum resultado indesejável. Mas também, claro, não havia exageros nem abusos, o que poderia nalguns casos, estou certo, ser claramente prejudicial".

"Julgo que um dos aspetos da minha vida como professor é importante pelas consequências que poderá ter para a psicologia sexual em geral. Reparei que durante os períodos de aulas quase nunca tinha 'sonhos húmidos'. O que é digno de nota é que durante os períodos de aulas as minhas emoções quase não tinham expressão sexual física, exceto o tipo de expressão que é mesmo inevitável. Não havia, portanto, nenhuma perda de sémen e parece, por isso, óbvio que os meus 'sonhos húmidos' não estavam relacionados apenas com a satisfação de necessidades físicas. No meu caso, a satisfação psíquica do amor reduzia a necessidade de expressão física completa. Mas era indispensável que fosse um amor de tipo marcadamente carinhoso para impedir a intrusão da parte física. Tive a certeza disto por outras experiências que tive. Para além disso, fiquei plenamente convencido de que o amor uraniano 'mútuo' terá os melhores resultados, tanto espiritual como fisicamente, se for acompanhado de expressão sexual completa".

"Sobre o caráter dos sonhos sexuais que tive não há muito a dizer. Durante o período de tendência masoquista, foram de caráter masoquista; fora isso, foram sonhos simples sobre abraços nus. Geralmente, nos meus sonhos tem existido uma componente considerável de amor idealizado. Só sonhei, no máximo, três vezes com relações sexuais com uma pessoa do sexo oposto. Só num desses casos houve algo passível de ser classificado

como verdadeira excitação. Os outros sonhos têm sido frequentemente (mas nem sempre) sonhos de anseios reais, nada que se possa classificar como meramente sensual".

"No decurso da minha vida, acabei por precisar de mais liberdade para fazer o que queria do que a que me era concedida num colégio interno. Fundei a minha própria escola. Este empreendimento foi, durante vários anos, muito agradável. Eu adorava os rapazes e eles gostavam de mim. Eu era ativo, caloroso e eles consideravam-me um comparsa. Mas as pessoas ganharam o hábito de me enviar os rapazes mais difíceis. Eu derramava sobre eles todo o meu amor, esgotava-me por eles. Infelizmente, apesar de nunca ter sido 'ortodoxo', a minha moral puritana ainda era muito poderosa (os meus conhecimentos sobre psicologia humana eram então muito limitados) e forcei os rapazes a aceitá-la. Alguns eram muito dedicados, mas como o passar dos anos e o aumento da proporção de 'mauvais sujets', começou a generalizar-se uma tendência para o conflito e um ou dois dos rapazes que eu amava mais, dececionaram-me terrivelmente. Para um homem com o meu feitio, foi um grande balde de água fria, e a partir daí a minha obra ficou condenada. Aos problemas na escola vieram juntar-se problemas em casa, o que fez com que eu concentrasse o meu amor num rapaz que estava comigo e que me tinha dado muitos problemas. Não sei por que razão, acreditei que ele iria corrigir-se. A sua maior dificuldade era a mentira. E ele era de certeza, pelo menos em parte, também homossexual. Olhando para trás, consigo perceber que se tivesse um conhecimento mais amplo e se tivesse sido mais flexível, poderia ter lidado com alguns dos seus episódios de homossexualidade de forma mais sábia e eficaz. Estou hoje convencido de que a mera condenação radical da parte física não é a forma mais saudável de resolver este tipo de situações. No entanto, para simplificar, tudo parecia estar, por fim, a correr bem, e o rapaz estava a transformar-se num homenzinho. O nosso amor era cada vez mais forte, e passámos a dormir sempre juntos, embora muito asceticamente. Mais tarde, quando deixou a escola e já era quase um adulto, ocorreram infelizmente alguns desentendimentos com os pais, que o proibiram de dormir comigo. O que se seguiu foi de alguma importância. Até então, embora o seu afeto parecesse ardente, não tinha observado nada de sexual da sua parte. Eu tinha sido muito franco com ele em relação à minha sexualidade. Ele tinha então 19 anos e eu pensei que já teria idade suficiente para lhe explicar tudo. Dormir com ele era, para mim, tranquilizador e bom, e ele

disse-me mais de uma vez que também era muito bom para ele. Mas depois de 'termos sido proibidos de dormir juntos' passei a ter uma enorme dificuldade em controlar a minha paixão, o que subitamente o contagiou. Ainda éramos, no entanto, muito ascéticos, embora nos costumássemos beijar e abraçar nus o que, não raramente, produzia emissões em mim e nele, mas apenas uma vez, embora lhe causasse sempre poderosas ereções. Eu não permitia qualquer fricção. O que talvez fosse um erro. Uma expressão sexual mais completa poderia tê-lo ajudado".

"Toda a minha vida desejei fortemente uma retribuição completa dos meus sentimentos e, certa vez, o rapaz pensou que o poderia fazer. Estava, então, a aproximar-se dos 20 anos de idade. 'Nunca fui tão feliz em toda a minha vida', disse-me ele. Mas foi um choque para mim quando descobri que afinal ele se havia equivocado com os seus próprios sentimentos. No entanto, eu estava pronto para aceitar qualquer amor que ele tivesse para me dar. Nunca me passou pela cabeça insistir em dar expressão sexual à nossa relação. Estava disposto a contentar-me com o amor que ele pudesse dar-me, qualquer que ele fosse. 'A verdadeira medida do amor', escreveu-me um professor uraniano, 'é o autossacrifício'; não devemos questionar-nos sobre: 'O que tenho para dar?', mas, pelo contrário: 'De que estou disposto a abdicar?'; não se trata de saber: 'O que vou fazer por ele?', mas sim: 'A que vou renunciar por ele?'. Cito com prazer este professor, pois os moralistas ingleses convencionais julgam que os invertidos são uma qualquer espécie de bestas deformadas. Só posso dizer que tentei levar à prática com este rapaz o ideal que aquelas palavras expressam. Nenhum 'moralista' me teria ajudado. Os pais também nos separaram. O erro em que incorreram tem causado muitos danos. Como é difícil para os pais libertar os filhos! Julgam que é preferível controlar, ao invés de permitir a liberdade da autodescoberta. No entanto, apesar dos seus pais e da nossa separação, sei que eu e o meu amigo nos ajudámos muito mutuamente".

"Há um receio que os pais têm que julgo ser injustificado. Tanto quanto tenho visto, não posso concluir que a expressão inicial do amor homossexual impeça o desenvolvimento posterior do amor heterossexual. Se o amor heterossexual fizer parte da natureza inata do indivíduo, acabará por se manifestar. No entanto, acredito que um amor homogénico nobre durante a juventude poderá auxiliar os rapazes a evitar ligações heterogénicas de baixo nível. Os gregos tinham razão, nos seus tempos áureos, quando cultivavam e enobreciam o amor homogénico. Entre nós,

como é sabido por todos os que conhecem o funcionamento dos nossos tabus sociais, são as formas mais vis que proliferam e as formas mais nobres que são aviltadas".

"Penso que nós, os uranistas, precisamos de amor individual. Sei que muitos de nós, precisamos de lutar por alguém para darmos o nosso melhor. Será isto resultado da influência da mulher que existe no temperamento de cada uraniano? E a tragédia do nosso destino é que nós, cujas almas vibram apenas ao leve toque da mão de Eros, somos confrontados com o tabu mais feroz, que inibe muito do que poderia dar sentido às nossas vidas. Todos os outros tabus foram ultrapassados um por um. Será que também este, o último dos tabus, desaparecerá em breve? Sei de vidas assombradas por ele, enfraquecidas por ele, esmagadas por ele. Quanto tempo mais irão os moralistas ocidentais mutilar, estigmatizar e perseguir o que não compreendem?".

O próximo caso pertence a uma classe completamente diferente da de todos os anteriores. Os casos já apresentados (todos de britânicos ou americanos) foram obtidos em entrevistas particulares; não são casos de detidos em prisões ou hospícios e, na sua maioria, são casos de pessoas que nunca consultaram o médico por causa dos seus instintos anormais. Alguns passaram pela vida como membros anónimos da nossa sociedade, mas outros destacaram-se. O protagonista do caso seguinte, que por acaso é um americano, está familiarizado tanto com a prisão como com o hospício de loucos. Há vários pontos de interesse nesta história que ilustram de que modo a inversão sexual pode tornar-se importante do ponto de vista médico-legal. Contudo, penso que tenho razões para acreditar que a proporção de pessoas sexualmente invertidas que chegam aos tribunais de polícia ou aos asilos de lunáticos não é muito maior na população de invertidos sexuais, em geral, do que no conjunto dos meus casos. Agradeço a gentileza do Dr. Talbot, de Chicago, famoso pelos seus estudos sobre anomalias do maxilar e da cara, muitas vezes associadas a anomalias nervosas ou mentais, pela cedência dos documentos sobre os quais baseei a minha descrição do caso de Guy Olmstead. Ele conhecia bem o homem que lhe enviou estas cartas que passo a citar:

CASO 26. - No dia 28 de março de 1894, ao meio-dia, em plena rua, em Chicago, Guy T. Olmstead disparou um revólver contra um carteiro chamado William L. Clifford.

Aproximou-se por detrás e, deliberadamente, disparou quatro tiros; o primeiro atingiu Clifford nas costas e os outros três na parte de trás da cabeça, provocando a queda do homem, ao que parecia, mortalmente ferido. Olmstead não fez nenhuma tentativa para escapar quando a multidão se acercou com os habituais gritos de "*Linchem-no!*". Apenas acenou o revólver, exclamando: "*Nunca me irão apanhar vivo!*" e, logo que um polícia o desarmou, "*Não me tirem a arma; deixem-me terminar o que comecei*". Estava, evidentemente, a aludir, como veremos adiante, à intenção de se suicidar. Contudo, rapidamente entrou na carrinha prisional para escapar à multidão ameaçadora.

Olmstead, que tinha então 30 anos de idade, nasceu perto de Danville, no Illinois, cidade em que viveu durante muitos anos. Os seus pais também eram naturais do Illinois. O seu pai, vinte anos antes, baleara e quase matara um rico empresário do carvão; fora induzido ao crime, ao que se conta, por uma organização secreta de cerca de cem cidadãos proeminentes a quem a vítima importunava com processos em tribunal por questões banais. A vítima enlouqueceu, mas o criminoso nunca chegou a ser punido e morreu alguns anos mais tarde, com a idade de 44 anos. Este homem teve outro filho que também era considerado peculiar.

Guy Olmstead começou a mostrar sinais de perversidade sexual aos 12 anos de idade. Foi seduzido (somos levados a acreditar que sim) por um homem que dormia no mesmo quarto. Sabemos pouco sobre a vida de Olmstead enquanto jovem adulto. Parece que começou a sua carreira como professor no Connecticut, onde casou com a filha de um lavrador próspero, mas pouco depois "*apaixonou-se*" por um primo dela, que descreveu como sendo um rapaz muito belo. Por este motivo, separou-se da sua esposa e partiu para o Oeste.

Olmstead nunca foi considerado perfeitamente são e, de outubro de 1886 a maio de 1889, esteve internado no Hospital para Dementes de Kankakee. Segundo os relatórios, permaneceu lá três anos e o seu internamento deveu-se a saúde frágil. São também mencionados nos relatórios a sua hereditariedade duvidosa, os seus bons modos e a sua ocupação, como professor. O diagnóstico foi paranoia. Inicialmente apresentava irritação e, alternadamente, excitação e depressão. Regressou a casa em bom estado.

Neste período, mas também quando voltou a ser examinado mais tarde, a condição física de Olmstead foi descrita como sendo, globalmente, normal ou bastante boa. Tinha 1,72 metros de altura e 72 quilos de peso. Visão e audição normais; genitais anormalmente pequenos, com um pénis rudimentar. Cabeça assimétrica, saliente na região occipital, ligeiramente cava no bregma e com a testa baixa. Tinha um índice cefálico de 78. O cabelo era cor de areia e normal, no que respeita a quantidade, tanto na cabeça como na face e no corpo. Tinha olhos cinzentos, pequenos e encovados, sendo os zigomas normais. O nariz era grande e muito fino. O maxilar superior era subdesenvolvido. As orelhas eram excessivamente grandes e disformes. O rosto era muito alinhado, a fissura nasolabial era profunda e tinha rugas horizontais muito marcadas na testa que lhe davam o aspeto de ter, pelo menos, mais dez anos do que na verdade tinha. O maxilar superior tinha, parcialmente, a forma de V e a mandíbula inferior era bem desenvolvida. Os dentes e as suas coroas, bem como o processo alveolar, eram normais. Tinha um peito amplo. O corpo era geralmente bem desenvolvido e as mãos e os pés eram grandes.

A história Olmstead está incompleta no que respeita aos anos que se seguiram a ter tido alta de Kankakee. Em outubro de 1892, sabemos que foi carteiro em Chicago. No verão seguinte, apaixonou-se por William Clifford, um colega carteiro da sua idade, considerado um dos homens de maior confiança e eficiência do serviço, que também havia sido professor. Durante algum tempo, Clifford parece ter correspondido (ou ter-se submetido) a esta paixão, mas rapidamente pôs fim à relação, aconselhando o amigo a procurar tratamento médico, que ele próprio se ofereceu para pagar. Olmstead continuou a escrever cartas apaixonadas a Clifford e perseguia-o constantemente, importunando-o miseravelmente. Em dezembro de 1893, Clifford entregou as cartas ao chefe dos correios, que exigiu que Olmstead se demitisse imediatamente. Olmstead queixou-se à Comissão do Serviço Público de Washington por ter sido despedido sem justificação, tendo também solicitado a sua reintegração, mas sem sucesso.

Entretanto, aparentemente a conselho de amigos, deu entrada num hospital onde, em meados de fevereiro de 1894, os testículos lhe foram removidos. Não tenho em meu poder qualquer relatório hospitalar sobre esta intervenção. A remoção dos testículos esteve longe de ser benéfica para Olmstead, que começou a apresentar sinais de melancolia histérica. Pouco depois foi, novamente, internado. No dia 19 de março, escreveu ao Dr. Talbot do Hospital Mercy, em Chicago: "*Regressei a Chicago na última quarta-feira à noite, mas sentia-me tão mal que decidi dar de novo entrada num hospital e, assim, dirigi-me ao Mercy que, no que toca a hospitais, é do melhor. Mas no que respeita à minha esperança de melhorar, ir para o Mercy ou para o Inferno vai dar ao mesmo. Sou totalmente incorrigível, completamente incurável e absolutamente insuportável. Em casa, cheguei a pensar que estava curado, mas foi um erro de que me apercebi quando me encontrei com Clifford na passada quinta-feira e fiquei pior que nunca no que se refere à minha paixão por ele. Só o Céu pode saber o quanto tenho tentado transformar-me numa criatura decente, mas a minha vileza é incontrolável e seria preferível, talvez, desistir e morrer. Pergunto-me a mim mesmo se os médicos saberão que após uma castração continua a ser possível ter ereções, praticar a masturbação e ter as mesmas paixões que antes. Tenho vergonha de mim mesmo, odeio-me, mas não consigo resistir. Tenho entre os meus amigos pessoas agradáveis, que tocam piano, gostam de música e de livros e de tudo o que é belo e elevado; no entanto, nem esses meus amigos me conseguem ajudar, porque a minha carga de baixeza inata me afunda e me impede de apreciar o que quer que seja. Os médicos são os únicos que compreendem e sabem da minha impotência perante este monstro. Penso e trabalho arduamente, até ficar com a cabeça às voltas, mas nem assim consigo deixar de lamentar os meus problemas*". Esta carta foi escrita poucos dias antes de ser cometido o crime.

Quando chegou ao posto da polícia, Olmstead quebrou emocionalmente e chorou com amargura: "*Oh! Will, Will, vem para mim! Matem-me para eu poder ir para junto dele!*" (Neste altura,

Olmstead ainda pensava que tinha realmente assassinado Clifford). Olmstead tinha com ele uma carta que dizia assim: "*Mercy, 27 de março. A Quem Lhe Interessar: Temendo que os meus motivos para matar Clifford e a mim mesmo possam não ser entendidos, escrevo esta carta para explicar as causas deste homicídio e suicídio. No verão passado, Clifford e eu iniciámos uma amizade que se transformou em amor*". Depois de descrever os detalhes dessa amizade, continua: "*Depois de tocar uma rapsódia de Liszt vezes sem conta para Clifford, ele confessou-me que, quando chegasse a sua hora de morrer, gostaria que morrêssemos os dois juntos ouvindo uma música tão gloriosa como esta. A nossa hora de morrer chegou agora, mas a nossa morte não terá acompanhamento musical. O amor de Clifford transformou-se em ódio mortal, infelizmente! Por alguma razão, que desconheço, Clifford terminou subitamente a nossa relação e a nossa amizade*". Na sua cela, Olmstead esteve sempre descontroladamente excitado e fez várias tentativas de suicídio, pelo que teve que ser vigiado de perto. Algumas semanas mais tarde, escreveu ao Dr. Talbot: "*Prisão de Cook County, 23 de abril. Sinto que me comportei mal consigo por não lhe ter escrito em todo este tempo, embora possa não querer saber mais de mim, pois nunca fiz mais que abusar da sua bondade. Mas faça-me justiça ao compreender que nunca antevi toda esta barafunda, porque sempre acreditei que o Will e eu já estaríamos há muito tempo a repousar em paz nas nossas sepulturas. Mas os meus planos fracassaram miseravelmente. O pobre Will não estava morto e a mim, agarraram-me antes que me pudesse matar. Penso que o que aconteceu realmente foi que o Will se atingiu a tiro a ele mesmo e estou seguro que as outras pessoas também irão pensar como eu logo que toda a história seja contada em tribunal. Não consigo compreender a surpresa e a indignação que o meu ato parece ter provocado, pois acho perfeitamente justo e natural que o Will e eu quiséssemos morrer em conjunto, e ninguém tem nada a ver com isso. Sabe que acho que o meu pobre amigo ainda vai acabar por se matar, pois quando em Novembro último, no meio da minha dor e raiva, contei tudo sobre o nosso casamento aos seus amigos, ele ficou tão apavorado, magoado e enraivecido que quis logo ali que nos matássemos. Eu concordei de bom grado com a sua proposta de suicídio, mas ele acobardou-se e acabou por desistir. Hoje estou feliz por Will ainda estar vivo, e estou feliz porque também estou vivo, mesmo tendo pela frente vários anos na prisão, mas que agora poderei suportar alegremente por causa dele. E ainda assim, nos últimos dez meses, a sua influência foi tão forte que me condicionou completamente, tanto de corpo como de alma, de tal forma que se fiz algum bem ele deve receber todos os créditos pelas minhas boas ações, e se fiz algum mal, ele deve ser responsabilizado pelas minhas maldades, pois eu não sou eu mesmo, mas uma parte dele, satisfeito por poder fundir a minha individualidade na sua".*

Olmstead foi julgado no mês de julho, em sessão fechada ao público. Nada de novo surgiu durante o julgamento. Foi condenado a prisão no Hospital Prisão para Dementes. Pouco depois, quando ainda se encontrava preso em Chicago, escreveu ao Dr.Talbot: "*Porque se tem interessado pelo meu caso do ponto de vista científico, posso contar-lhe um pouco mais sobre mim, algo que não contei a mais ninguém por vergonha de admitir certos factos e caraterísticas da minha deplorável fraqueza. Entre os poucos pervertidos sexuais que conheci, reparei que todos frequentemente fecham a boca sobrepondo o lábio inferior ao superior. [Normalmente porque existe subdesenvolvimento do maxilar superior]. Notei esta peculiaridade no Sr. Clifford antes de nos tornarmos íntimos e muitas vezes dei por mim a fazer o mesmo. Antes da operação, os meus testículos inchavam, ficavam doridos e magoavam-me, mas continuaram a doer-me depois da operação, da mesma forma que algumas pessoas se queixam de dores nos seus membros amputados. Também nessa altura, os meus seios inchavam e a zona dos mamilos ficava dura, vermelha e dorida. Desde que fui operado, não houve um único dia em que não tivesse dores agudas e penetrantes desde a zona do abdómen até ao escroto, sendo mais fortes na base do pénis. Agora que o meu destino está traçado, posso confessar que, na verdade, a minha paixão pelo Sr. Clifford está a esmorecer, embora não possa ainda dizer se esta melhoria será permanente ou não. Não tenho absolutamente nenhuma atração por outros homens, e comecei agora a ter esperança de poder sobreviver à minha paixão por Clifford ou, pelo menos, de conseguir controlá-la melhor. Ainda não falei destas melhoras a ninguém, porque prefiro que todos pensem que ainda estou louco, para ter a certeza de que não me enviam para uma penitenciária. Acho que estava louco quando tentei matar-me e matar o Clifford, e sinto que não mereço um castigo tão terrível como ser enviado para uma prisão estadual. No entanto, penso que foi a operação e a minha doença subsequente que me causaram insanidade, não a minha paixão por Clifford. Gostaria mesmo muito de saber se realmente o senhor considera que a perversão sexual é um tipo de insanidade?"*

Quando foi libertado do Hospital Prisão para Dementes, Olmstead regressou a Chicago e exigiu ao chefe de correios da cidade que lhe devolvesse os seus testículos, acusando-o de conspiração sistemática contra ele. Dizia que o chefe de correios era um dos principais agentes num complô contra ele, que já vinha de antes da castração. Depois disso, foi enviado para o Hospital para Dementes de Cook. Parece provável que a paranoia esteja agora firmemente estabelecida.

Os casos seguintes são todos sobre bissexuais, que se sentem atraídos por ambos os sexos, mas geralmente com predominância da atração pelo sexo masculino:

CASO 27 - *H. C.*, americano, 28 anos, independente financeiramente, solteiro, o mais velho de dois irmãos. A sua história é melhor contada nas suas próprias palavras:

"Tenho, tanto do lado materno como paterno, ascendência inglesa remota. Os primeiros colonos com o meu apelido vieram para a Nova Inglaterra em 1630. Tanto a família da minha mãe como a do meu pai foram prolíficas em militares e estadistas; a da minha mãe contribuiu com um presidente para os Estados Unidos. Tanto quanto sei, nenhum dos meus antecedentes apresentava excentricidades mentais, exceto um tio materno que, por excesso de estudo, sofreu de perturbações mentais durante um ano inteiro".

"Sou licenciado por duas universidades, em artes e medicina. Desisti completamente da medicina após um ano como médico de hospital, tendo-me dedicado à literatura, uma das minhas predileções desde a infância".

"Despertei para a sexualidade com a idade de 7 anos quando, num pequeno colégio privado, exultei tolamente com a visão das pernas nuas, acima das meias, de uma colega de escola. À medida que este fetichismo se foi instalando, acabou por centrar-se nas pernas (e depois na pessoa toda) de uma rapariga em concreto. O meu primeiro sonho com laivos de sexualidade foi com ela: ela estava perto de mim e eu, num beatífico gesto de autoimolação, coloquei o meu pénis em cima de uma bigorna em brasa e exibi o toco carbonizado perante os seus olhos redondos de espanto. No entanto, esta paixão esbateu-se com a chegada à minha escola de uma outra menina que, sendo menos bonita e mais rechonchuda, apelava mais

à minha sexualidade nascente. Uma tarde, no sótão do estábulo do pai dela, pediu-me para eu me despir, começando ela por dar o exemplo. A ereção que as nossas manipulações mútuas provocou em mim foi involuntária; apenas senti uma curiosidade infantil ao reparar que tínhamos genitais diferentes. Mas o episódio despertou em mim alguns caprichos extravagantes, um dos quais me obcecou persistentemente: com tais diferenças tão obviamente complementares, porque não experimentar um qualquer tipo de união? Essa fantasia, com origem exclusiva naquela experiência isolada, encantava-me apenas pelo seu aspeto grotesco, pois nessa época a minha sensibilidade sexual era incipiente e o meu conhecimento sobre sexo era nulo. Esta proposta bizarra, submetida à aprovação da rapariga, que era igualmente ignorante na matéria, foi aceite e, de volta ao palheiro, no meio de grande confusão, foi consumada com inesperado prazer".

"Nos quatro anos seguintes, repeti frequentemente o ato com esta menina e com outras".

"Quando tinha 11 anos, eu e a minha irmã fomos viajar pela Europa com os nossos pais, tendo lá permanecido seis anos. No Inverno frequentávamos a escola, cada ano numa cidade diferente, e no verão passeávamos por vários países".

"No estrangeiro, o meu desejo foi acelerado ao máximo: tive sempre namoradas, com quem partilhava ardores em hotéis suíços, fontes alemãs, pensões francesas e noutros lugares. Quando me aproximei da puberdade, comecei a recorrer, por vezes, a prostitutas".

"Nunca recorri à masturbação, com exceção de algumas experiências isoladas. Poucos dos meus colegas de escola admitiam a prática".

"Só ouvi falar de homossexualidade pela leitura dos clássicos, mas considerei que seria o equivalente à camaradagem moderna, poeticamente enobrecida, e mascarada em trajes e fraseologia antigas. Mas nunca senti que tivesse qualquer ligação comigo, não fazia vibrar nenhuma corda da escala musical das minhas simpatias; eu não possuía nenhum instrumento que me permitisse transformar as pautas de amores tão ambíguos em recitais de música ardente. As minhas relações com rapazes eram, emocionalmente, apenas amizades ocasionais desprovidas de carinho significativo e, fisicamente, eram relações de um certo antagonismo (achava um pouco repugnante a visão do corpo nu de um homem). As estátuas femininas evocavam-me respostas carnais e estéticas; as masculinas,

nenhuma emoção, exceto alguma antipatia natural. O mesmo se passava com a pintura, a literatura, o teatro, em que os homens apenas serviam para realçar as deliciosas donzelas que me visitavam nos meus serralhos imaginários e me embalavam em sonhos cor-de-rosa".

"Quando tinha dezoito anos, regressámos à América, onde entrei para a Universidade".

"O percurso dos meus amores por mulheres passou a ser um pouco errático; as relações normais começaram a perder fascínio. Como se passara muito tempo desde que tinha descoberto, sem ajuda, a 'lógica' do coito, a minha imaginação, tateando no escuro, concebeu então um novo apetite, o 'cunnilingus'. Mas também isto, embora por algum tempo me entusiasmasse bastante, deixou rapidamente de me satisfazer. Por esta época, no Natal do meu primeiro ano de faculdade, aceitei ser nomeado editor de uma pequena revista, um constrangimento que resultou numa diminuição dos meus casos amorosos. Esta negligência imprevidente ocorreu em sintonia com uma alteração da minha sensibilidade em relação às mulheres, que deixaram de me parecer rodeadas de encanto. Eu afastara-me para os bastidores, para longe das luzes de ribalta do sexo, e observava agora essas fadas radiantes na sua verdadeira humanidade crua, simpáticas como antes, mas já não um objeto de desejo".

"Logo depois disto, o caso Oscar Wilde chegou ao conhecimento público. Os relatos dos jornais, embora informativos, não me despertaram para a minha própria natureza, apenas alteraram algumas das minhas conjeturas não fundamentadas sobre certos vícios misteriosos de que eu já tinha ouvido falar. Aqui e acolá, alguma alusão jornalística ainda demasiado recôndita para mim, era-me cuidadosamente explicada por um colega efeminado que, imagino agora, não hesitaria se eu lhe tivesse pedido para me fazer algumas exemplificações práticas. Também comprei fotografias de Oscar Wilde, escrutinando-as sob os auspícios untuosos desse colega pouco varonil e adulador. Não sou capaz de dizer, em consciência, se o meu interesse por Oscar Wilde surgiu por algum outro motivo que não curiosidade mórbida, então quase universal".

"Passei a ser acossado por sonhos eróticos, que até aí não me haviam importunado, afastados que eram pela prática regular do coito. Os intervenientes desses sonhos eram (e ainda são) invariavelmente mulheres, apenas com uma exceção de que me recordo: sonhei que Oscar Wilde, tal como aparecia numa das minhas fotos, se aproximava de mim com modos

de palhaço e praticava 'fellatio', um ato que pouco antes me havia sido revelado pelo meu oráculo. Durante um mês ou mais, a lembrança deste sonho causou-me repugnância".

"Os esforços subsequentes, tentativos e sem convicção, para rejuvenescer a minha virilidade e satisfazer o meu prazer estavam condenados à partida, em grande parte porque eu mesmo achei que iriam falhar: as ereções foram incompletas e a ejaculação não me deu qualquer prazer".

"Parecia existir uma falácia neste comportamento. Porquê praticar o coito sem desejo sensual de o fazer? Nada me obrigava a fazê-lo. A explicação é esta: a minha atração pelas fêmeas não tinha desaparecido, apenas tinha sido sublimada; a minha imaginação deixou de se satisfazer com as mulheres reais e criou as suas próprias sereias sensuais; tendo passado a ser exigente e transcendental, a minha imaginação desprezou a vã realidade. O concreto tinha-se afastado para sempre e, pouco depois, mesmo as sombras atormentadas da realidade foram ficando cada vez mais esbatidas, até que acabaram por se desvanecer para sempre, deixando apenas um vazio por preencher".

"Os antípodas da esfera sexual rodaram cada vez mais na direção da luz da minha tolerância. A inversão, que até então eu associara a uma repugnância ligeira, tornou-se por fim esteticamente incolor e, em seguida, delicadamente colorida, inicialmente apenas por compaixão pelas suas vítimas mas, depois, marcada por um desejo semiconsciente de a ter como opção remota. No entanto, esta revolução não aconteceu sem auxílio de um impulso externo. O tom preconceituoso de um livro que estava a ler ('Psychopatia Sexualis', de Krafft-Ebing), ao estimular a minha indignação, estimulou ao mesmo tempo a minha simpatia. A minha posição de defesa da inversão, embora fosse puramente abstrata, obrigou-me a olhar hipoteticamente para as coisas a partir do ponto de vista do invertido. Com o decurso do tempo, sem que me desse conta e sem poder precisar qual o momento concreto em que aconteceu, a hipótese fundiu-se com a realidade: eu mesmo era um invertido. Não foi uma anterior inversão ocasional e fictícia que deu origem a esta inversão real; pelo contrário, esta inversão real existiu sempre, apenas estava adormecida, e acabou finalmente por responder a um estímulo forte e suficientemente prolongado, como quando acordamos com um grito".

"Ao descobrir-me, assim, sexualmente transformado, não considerei que fosse uma alteração definitiva. Este instinto tão recente permaneceu para

mim, por algum tempo, obscuro. A sua principal expressão era algum interesse sensual débil pela natureza física dos rapazes, sobretudo nas semelhanças que lhes encontrava com o sexo feminino. Nunca tentei controlar esse interesse, uma vez que a minha história de frequente e variada libertinagem com mulheres me havia provocado uma letargia do impulso sexual, pelo que não encontrava razões para impedir agora o seu rejuvenescimento. Pelo contrário, uma certa curiosidade intelectual sobre as promessas de um novo mundo por descobrir, associada a alguma sensualidade, conduziu-me à sua exploração deliberada. Mesmo assim, durante um ano, a satisfação deste anseio não exigiu nenhum ato concreto de luxúria com rapazes, exceto os que ocorriam nas minhas fantasias".

"Um jovem cirurgião, depois de ler a minha cópia de 'Psychopathia Sexualis', lançou-se uma noite numa discussão tão empenhada sobre invertidos que não consegui deixar de lhe perguntar ingenuamente se ele próprio era um deles. Ele corou, não sei se em confirmação, apesar do seu 'não' veemente. No entanto, já se retratou, subtilmente, da sua negação. Mas à sua contra-pergunta, sustentei firmemente o meu próprio não, dado que o desenvolvimento estético da minha inversão ainda se opunha à ideia, contentando-se predominantemente com fantasias sobre rapazes".

"Uma noite, logo após esta conversa, ele levou-me a visitar vários cafés onde os invertidos se costumam reunir. Estes pontos de encontro eram todos muito parecidos: um salão comprido, com uma pequena orquestra num dos extremos e mesas com tampo de mármore junto às paredes para deixar espaço livre para dançar. Nas mesas redondas sentavam-se rapazes e jovens, com natureza e comportamento de verdadeiros Adónis, prontos para beber ou conversar com qualquer bom samaritano que lhes oferecesse uma bebida, e inocentemente tímidos sobre os prazeres que ocorriam nos pequenos quartos para alugar do andar de cima. Um dos rapazes, acompanhado pela orquestra, cantou a 'Canção das joias', do 'Fausto'. A sua voz tinha a pureza límpida dos agudos de um clarinete e a sua face era bela como a de um anjo. Quando acabou de cantar, convidámo-lo para a nossa mesa, onde se sentou a beber brandy puro, enquanto escutava, divertido, as minhas perguntas de algibeira. Os prostitutos que adornavam estes salões, informou-nos ele, usavam nomes falsos, de atrizes famosas ou de heróis de romances, sendo o que ele usava, Dorian Gray. Queixou-se que alguns dos seus rivais usavam o mesmo nome, mas que ele era o Dorian original e os outros impostores invejosos. Os caracóis do seu cabelo eram dourados, as suas faces rosadas, os seus

*lábios, vermelho coral, entreabriam-se incessantemente para deixar
entrever dentes cor de pérola, brilhantes. No entanto, embora o
considerasse o rapaz mais belo do mundo, não senti qualquer interesse
sexual por ele ou por qualquer outro dos rapazes do café que também
eram, na verdade, muito belos. Para além de cantar, Dorian, em noites de
gala, impunha-se, vestindo esplendorosos trajes femininos, com espartilhos
de cetim, vestidos decotados, etc., que exibiam os seus ombros brilhantes e
os seus braços muito brancos e roliços. Assim vestido, gracejava, enfeitiçar-
me-ia a mim, que agora estava tão impassível, até que eu me atirasse,
chorando de felicidade, no seu abraço amoroso".*

*"A minha primeira experiência de 'fellatio' aconteceu um mês mais tarde,
com o jovem cirurgião. Confessei-lhe a fantasia de experimentar e ele
acedeu. Embora este ato nauseante e fatigante, e muito imperfeitamente
executado, tivesse acontecido sobretudo por curiosidade, rapidamente
surgiu o desejo de repetição. Em resumo, o apetite pelo 'fellatio' cresceu
lentamente a partir desse fiasco enjoativo para se tornar numa necessidade
soberana".*

*"É provável que o falhanço dessa experiência iniciática se tenha devido a
precipitação, quando a incubação do meu instinto perverso ainda estava
incompleta. Sobreveio um hiato de um mês em que, sem que houvesse
mais 'fellatio', a minha mente se aproximava cada vez mais de uma
reconciliação com a grosseria do ato e a minha imaginação começou a
relacionar as criaturas das suas próprias fantasias com os belos rapazes
de carne e osso que eu tinha conhecido. Uma noite, na Broadway, tomei
subitamente consciência de um enorme desejo por um jovem que saía de
um hotel por onde passei. Os nossos olhares encontraram-se e demoraram-
se um no outro. Numa montra de uma loja, ele tomou a iniciativa de me
abordar. Era um invertido. Com ele, no seu quarto do hotel de onde o
tinha visto sair, passei uma noite apocalíptica. A partir dessa noite, as
fantasias com rapazes que existiam apenas na minha imaginação,
deixaram de ser um objetivo em si mesmas; as imagens passaram a ser
carnais, desceram do seu pedestal para o nível das ruas verdadeiras.
Aquele rapaz, um anjo descido à Terra, está vivo na minha memória: o
seu cabelo castanho, encaracolado, os seus olhos azuis como o mar, o seu
peito arredondado e amplo, os seus braços arredondados, a sua cintura
delgada, a saliência graciosa dos seus quadris e as suas coxas cheias e
alvas; lembro-me como se fosse hoje das covinhas dos seus joelhos, da
elegância das suas ancas, da suavidade dos seus pequeninos pés, rosados*

como o interior de uma concha. Como me deliciei com as suas formas curvilíneas, as suas ricas ondulações!"

"*Nos últimos oito anos, pratiquei 'fellatio' (nunca 'pedicatio') com mais de trezentos homens e rapazes. Prefiro rapazes entre os 15 e os 20 anos, refinados, bonitos, efeminados e, eles mesmos, homossexuais*".

"*Pessoalmente, salvo este amor por homens, sou completamente masculino, gosto de desportos ao ar livre e de fumar e beber moderadamente. Não aparento ter mais de 18 anos. O meu rosto e a minha figura são, geralmente, considerados belos; não uso barba nem bigode, tenho cabelo preto, encaracolado, face corada e olhos castanhos; os meus traços são suaves e regulares; tenho altura média e o meu corpo é quase desprovido de pelos. Tenho muita força e proporções físicas clássicas, com músculos definidos e arredondados por uma ligeira camada de tecido adiposo, resultantes de vários anos de treino físico. As minhas mãos e os meus pés são pequenos. O meu pénis, embora de formas perfeitas, é enorme: ereto mede 26,5 cm de comprimento e tem um perímetro de 18,5 cm*".

"*Alguma culpa pela minha apostasia dos métodos ortodoxos deve ser, sem dúvida, atribuída a esta hipertrofia do pénis, que já tinha adquirido as dimensões presentes no meu vigésimo aniversário, que tornava o coito impraticável com a maioria das mulheres com quem o tentava e a inserção vaginal dolorosa sempre que concretizada. Desde que caí na inversão, uma única recorrência do desejo normal, há seis anos, convenceu-me a voltar a tentar o coito com onze ou doze prostitutas e, estranhamente, com grande parte do entusiasmo dos velhos tempos, incluindo ereções completas, mas sempre sem sucesso devido à grande disparidade das dimensões complementares*".

Um certo preciosismo na forma da presente carta pode ser atribuído, em parte, à natureza das ocupações literárias do seu autor, mas noutra parte mais fundamental, sem dúvida, ao caráter especial do seu temperamento predominantemente estético e da sua atração pelo exótico. A atração por experiências exóticas não será suficiente, contudo, para justificar o desenvolvimento um pouco tardio de tendências homossexuais, desenvolvimento tardio que permitirá classificar este caso no grupo dos invertidos retardados. Foi o próprio *H. C.* que indicou que a sua aversão por mulheres, que começou por surgir aos dezoito anos, já era bem clara antes de ter alguma vez ouvido falar de atos homossexuais específicos e mais de um ano antes de se ter manifestado qualquer interesse por homens ou rapazes. Para além disso, se é verdade que a própria tendência para a atração homossexual apenas apareceu depois da leitura de Krafft-Ebing e de ter havido contato com invertidos, também é certo que essas influências não seriam por si só suficientes para alterar a orientação sexual de um homem que fosse normalmente constituído.

Posso acrescentar que *H. C.* não se sente atraído por homens normais. No que diz respeito à sua atitude moral, comenta: "*Não tenho escrúpulos relacionados com a satisfação dos meus desejos. Compreendo as objeções morais que são colocadas, mas também percebo que são especulativas e estruturais, ao passo que, no imediato, a inversão é fonte de muitas coisas boas*". Considera que todo o debate sobre preferências sexuais é, essencialmente, um debate sobre gostos pessoais.

Considero o caso anterior como sendo de grande interesse. Apresenta o que se supõe geralmente ser um tipo muito comum de inversão (que tem em Oscar Wilde o seu exemplo maior) em que um indivíduo heterossexual se torna aparentemente homossexual pelo exercício de curiosidade intelectual e de interesse estético. Na verdade, este tipo de homossexualidade está longe de ser frequente; com efeito, é pouco comum encontrar uma curiosidade intelectual e um interesse estético suficientemente fortes para impulsionar o instinto sexual para outro canal, mesmo que só aparentemente. Para além disso, uma leitura crítica desta história sugere que o aparente controlo do impulso sexual pela razão é meramente superficial. Aqui, como sempre, a razão não passa de uma ferramenta nas mãos da paixão. As causas aparentes são, na verdade, resultados, e podemos aqui testemunhar a gradual emergência do impulso homossexual retardado.

CASO 28. - Inglês, com 40 anos de idade, cirurgião. As suas primeiras experiências sexuais ocorreram cedo, quando tinha cerca de 10 anos de idade, com um amigo que o induziu a brincar às relações sexuais com as suas irmãs. Não teve qualquer prazer. Pouco depois, uma criada começou a ser muito carinhosa para ele e, finalmente, chamou-o ao quarto dela, quando já estava parcialmente despida, e acariciou-lhe e beijou-lhe o membro, ensinando-o a masturbar-se. Em ocasiões posteriores, ela tentou uma simulação de relações sexuais da qual ela mesma retirou prazer, sem que tenha induzido nele qualquer emissão. No regresso à escola, começou a praticar masturbação mútua com os colegas e atingiu a primeira emissão aos 14 anos de idade.

Depois de deixar a escola, aos 17 anos, ficou acorrentado aos encantos das mulheres, com quem frequentemente praticava coito, embora preferisse masturbar raparigas e, especialmente, persuadir as raparigas de classe alta, para quem a experiência era uma novidade absoluta, a permitir-lhe tomar certas liberdades com elas. Aos 25 anos ficou noivo e, durante o noivado, praticou inúmeras vezes a masturbação mútua com a sua noiva; depois do casamento teve relações geralmente duas vezes a cada vinte e quatro horas, até à gravidez.

"*A dada altura*", escreve ele, "*fiquei em casa de um antigo colega de escola, precisamente um dos meus amantes de outrora, que tinha tanta gente a visitá-lo que fui obrigado a dormir no quarto dele. A visão do seu corpo originou-me ideias lascivas e quando se apagou a luz meti-me na sua cama. Ele não objetou e passámos a noite em masturbação mútua. Estivemos juntos durante toda a quinzena seguinte e posso dizer que nunca tive tanto prazer no coito com a minha mulher como o que então tive com ele, embora nunca deixasse de cumprir o meu dever para com ela. Ela morreu cinco anos mais tarde e eu dediquei-me de alma e coração ao meu amigo até à sua morte, por acidente, no ano passado. Desde então, perdi todo o interesse pela vida*".

Fico em dívida, por me ter informado deste caso, a um famoso alienista inglês que me referiu que o paciente é muito saudável, embora apresente neurastenia e uma tendência para a melancolia e para a neurose. O seu corpo é masculino e tem pelos púbicos abundantes. Um dos testículos apresenta deficiência.

CASOS 29. e 30. - Apresento a seguinte narrativa nas palavras de um amigo íntimo de um dos indivíduos destes dois casos: "*A minha atenção despertou para o estudo da inversão sexual (embora então considerasse que todas as suas formas eram uma depravação abominável) num colégio interno onde, no meu dormitório, um rapaz de*

15 anos iniciou alguns dos seus melhores amigos nos segredos da masturbação mútua, que ele havia aprendido com o seu irmão, um aspirante da marinha. Nessa altura não me interessei muito pelo assunto, embora posteriormente me viesse a recordar do episódio, quando estava absorvido no estudo de Platão, Lucrécio e dos escritores epicuristas. A minha atenção acabou por se concentrar na inversão sexual aos 20 anos, quando passei umas férias com A., alguém de quem era, e ainda sou, um grande amigo. Tínhamos muitas coisas em comum, estudávamos juntos e discutíamos até as questões menos convencionais, mas nunca falámos deste assunto. Até então tínhamos sempre dormido em quartos separados, mas nesta viagem pelo estrangeiro, num lugar de província, tivemos que nos contentar com o que havia. Não só fomos obrigados a partilhar o quarto, mas tivemos que dormir na mesma cama. Não fiquei surpreendido quando senti o seu braço sobre mim, porque sabia que ele gostava muito de mim e eu sempre me havia sentido um bruto por não ser capaz de retribuir calorosamente a sua amizade. Mas fiquei atónito quando ao acordar, descobri que ele estava ocupado num 'fellatio', esforçando-se por excitar-me. Tivesse sido outra pessoa que não o meu amigo e ter-me-ia ofendido fortemente com tais liberdades e teria cortado imediatamente relações, mas eu gostava muito dele, embora não o demonstrasse muito. Este episódio levou-nos a discutir o tema. Ele disse-me que tinha uma enorme potência sexual, que a tinha testado em várias circunstâncias e que era essencial para o seu bem-estar que a satisfizesse de qualquer maneira. Detestava a prostituição, que considerava degradante; sentia-se atraído fisicamente por algumas mulheres e intelectualmente por outras, mas nunca em simultâneo, e embora tivesse tido relações íntimas com algumas, sentia que não estava a ser correto com elas porque nunca poderia casar com nenhuma, uma vez que tinha padrões de exigência muito elevados para o casamento. Sentiu-se sempre atraído pelos do seu próprio sexo e tinha mantido durante vários anos uma amizade platónica com um amigo de escola, X. (por quem eu sabia que ele estava apaixonado). Ambos consideravam essa amizade perfeitamente moral e ambos se sentiam confortáveis com ela. Ambos abominavam o 'pedicatio'. No entanto, X. sempre se recusou a discutir o assunto e parecia algo embaraçado com o mesmo. A., por outro lado, embora exibindo grande dignidade em tudo o resto, não sentia vergonha alguma, embora se recusasse a falar sobre o assunto, exceto com amigos próximos, ou se lhe pedissem conselhos pessoais".

"*A. é o filho mais velho de um oficial militar. Os seus pais tinham 21 e 19 anos, respetivamente, por altura do seu nascimento. Ambos são saudáveis e os seus dois filhos (dois rapazes) são bem constituídos, sendo o mais velho o mais saudável. A. tem altura média e membros esguios, porte orgulhoso, rosto belo e intelectual (do tipo grego clássico), aparência excelente, bom humor e modos encantadores. Tem um pénis grande, com um prepúcio muito curto. Gosta de filosofia, ciências naturais, história e literatura. É cerebral e paciente, mas não é esperto, embora tenha grande força de vontade e seja muito empreendedor, não descansando até alcançar o que almeja, mesmo se isso lhe demorar vários anos. Canta excelentemente e gosta de ciclismo, canoagem natação e alpinismo. Goza de excelente saúde e nunca adoeceu sequer por um dia desde os 12 anos de idade. Diz que só não consegue dormir bem quando está na cama com alguém que não quer, ou não consegue, satisfazê-lo. Necessita de satisfação sexual pelo menos uma vez por semana, passando a duas ou três vezes na estação quente. Nunca fuma e não bebe cerveja nem bebidas espirituosas. Ainda é solteiro, mas acredita que o casamento é perfeitamente adequado para satisfazer todas as suas necessidades*".

"*X. é também o filho mais velho de pais jovens e saudáveis (com 21 e 24 anos de idade quando ele nasceu), mas de classes sociais diferentes, sendo o pai um construtor civil. Tem uma aparência agradável, mas é não bonito; é muito sensível, muito arrumado e metódico em tudo; não tem grande força de vontade e é muito reservado com mulheres. É muito estudioso, gostando especialmente de filosofia, política e ciências naturais; é bom músico. Pratica exercício físico moderadamente, mas cansa-se com facilidade. É normalmente saudável, mas não é robusto. É vegetariano e foi educado como livre-pensador. Até há dois anos, nunca se sentiu atraído por nenhuma rapariga, (na verdade, não gostava delas) mas atualmente está noivo. Desde há cerca de dezoito meses renunciou à homossexualidade, mas passou a padecer de pesadelos, má digestão e irritação. Acha que o único remédio é o casamento, que está a planear decididamente. Considera a homossexualidade como perfeitamente natural e normal. Os seus desejos não são fortes e tem sido suficiente satisfazê-los uma vez por quinzena. Foi conduzido à prática da homossexualidade pela argumentação de A. e porque sentia uma vaga necessidade que essa prática satisfazia. Acha que é uma questão de temperamento que não deve ser discutida, exceto pelos cientistas. Afirma que nunca o poderia fazer, a não ser com o seu melhor amigo, a cujo pedido não conseguiu resistir. Tem um prepúcio muito longo, o seu corpo tem formas femininas e é bem proporcionado".*

"Ambos são adeptos fervorosos de reformas sociais, em que se empenharam, um ativamente e o outro passivamente. Também consideram que a lei sobre a homossexualidade é absurda e desmoralizante. Julgam que a lei que proíbe a poligamia é, em grande medida, causadora de prostituição, impedindo muitas mulheres de viver vidas honestas e de receber carinho, e muitos homens de casar com uma mulher para obter satisfação física e com outra diferente, para conseguir satisfação intelectual".

"Quando os conheci, eram muito devotados um pelo outro; ainda são amigos, mas estão separados por grande distância. Ambos são extremamente dignos e o segundo é especialmente honesto".

De acordo com as informações mais recentes, *X.* tinha-se casado e as suas tendências homossexuais estavam quase completamente suspensas, em parte, talvez, porque agora mora tranquilamente no campo. *A.* surpreendeu os seus amigos pela sua ligação ardente a uma senhora da sua idade, de quem ficou noivo. Declara que ama essa mulher mais do que amou qualquer homem, mas mesmo assim ainda sente forte paixão pelos seus amigos. É evidente que a tendência homossexual em *A.* é mais pronunciada que em X., o seu amigo. A. é predominantemente masculino (o que é mais comum nos bissexuais do que nos homossexuais), possui grande vitalidade e deseja potenciar todas as suas capacidades. Tem um sistema nervoso sólido e não apresenta qualquer *"nervosismo"*. Escreveu um tratado científico e consegue estudar sem se deixar perturbar, mesmo por ruídos violentos. A sua voz é masculina (a cantar é um baixo profundo). Sabe assobiar. Não é vaidoso, tem boa educação e as suas mãos são delicadas. A sua cor favorita é o verde. O principal traço feminino que se pode observar nele é uma afeição calorosa e extrovertida pelos amigos. Raramente sonha e nunca teve nenhum sonho erótico, o que explica dizendo (antes mesmo que o próprio Freud) que todos os sonhos não induzidos por causas físicas são sonhos relacionados com desejos não satisfeitos e por isso, como nunca deixou nenhum desejo por satisfazer, com amigos ou por masturbação, as suas necessidades sexuais não chegam a ter influência alguma sobre o seu subconsciente.

Poderão existir algumas dúvidas em relação à classificação dos dois casos anteriores; nunca os conheci pessoalmente. Considero o caso seguinte, com o qual estou familiarizado há muitos anos, um genuíno exemplo de bissexualidade:

CASO 31. - Inglês, independente financeiramente, com 52 anos de idade, casado. A sua ascendência é complexa. Julga-se que alguns dos antepassados da sua mãe, no século passado e anteriores, foram, supostamente, invertidos. Ele recorda-se de como gostava das carícias dos criados do seu pai, quando era um menino pequeno. Sonha indiferentemente com homens e mulheres e tem uma forte atração sexual por mulheres. Consegue copular, mas não insiste no ato; tem uma tendência para os prazeres refinados e voluptuosos. Está casado há muitos anos e tem vários filhos.

Não é específico sobre a classe ou a idade dos homens que prefere. Sente em relação aos homens mais velhos o mesmo que as mulheres sentem, e gosta de ser acariciado por eles. É extremamente vaidoso acerca da sua beleza física; evita o *pedicatio* e é indiferente ao ato sexual, embora goste de longas sessões de comunhão voluptuosa durante as quais é admirado pelo seu amante. É sensível à beleza da juventude masculina mas, simultaneamente, sente-se muito atraído por raparigas.

É decididamente feminino na forma de vestir e de andar e por gostar de perfumes, ornamentos e adornos finos. O seu corpo é excessivamente suave e branco, os quadris e as nádegas arredondados. Órgãos genitais normais. O seu comportamento é feminino, especialmente no que respeita à vaidade, irritabilidade e atenção a detalhes. Está sempre muito atento à sua aparência pessoal e gosta de ser admirado; numa ocasião foi fotografado nu, como Baco. É corajoso, tanto física como moralmente. Tem excelente capacidade para a poesia e para a reflexão, com alguma tendência para o misticismo.

Sente que existe um antagonismo entre o seu amor por homens e a sociedade, e também entre o primeiro e o seu amor pela esposa. Considera-o, pelo menos em parte, como hereditário e inato.

CASO 32. - *C. R.*, médico, 38 anos. Nacionalidade irlandesa com raízes portuguesas. *"A minha mãe veio de uma velha família 'quaker'. Nunca percebi nada sobre diferenças sexuais até aos 14 anos de idade, porque sempre me mantiveram cuidadosamente separado das minhas irmãs e, embora de vez em quando me assaltassem estranhos desejos, que não conseguia entender, fui virgem em ações e pensamentos até essa altura da minha vida".*

"Quando tinha 14 anos, um primo, alguns anos mais velho que eu, veio passar uns tempos connosco e ficou a dormir na minha cama. Para minha surpresa, pegou no meu pénis e esfregou-o durante algum tempo até que uma estranha mas agradável sensação se apoderou de mim e aumentou até que o meu órgão produziu uma descarga; em seguida, pediu-me para lhe fazer o mesmo. Repetimos frequentemente este processo durante todo o mês seguinte e não me dei conta de nenhum resultado prejudicial".

"Nesse mesmo ano passei a frequentar a escola, mas por muito tempo nenhum dos meus colegas sugeriu tais atos, até que um dia, um amigo que tinha vindo passar as férias connosco, repetiu o processo na casa de banho, pressionando o seu pénis entre as minhas coxas até que ocorreu uma descarga semelhante. Pouco depois descobri que vários dos meus amigos de escola e vários dos meus primos tinham os mesmos desejos, e um irmão mais velho do primo que me havia iniciado na sexualidade, dormiu repetidamente comigo, ocasiões que aproveitámos para nos divertimos mutuamente da mesma forma".

"Um pouco mais tarde, estando a minha mãe fora de casa, dormi na cama com o meu pai; ele pegou no meu pénis com a mão e afastou-lhe o prepúcio para trás. Eu, pela minha parte, também lhe agarrei no pénis e descobri que estava ereto. Comecei a esfregá-lo e ele mandou-me parar e disse-me que não devia fazer aquilo; que quando fosse um pouco mais velho o poderia fazer com uma mulher a quem amasse e que se eu não me esfregasse a mim próprio agora, nem deixasse que os outros rapazes o fizessem, mais tarde o meu prazer seria muito maior. Tenho a certeza de que o meu pai era invertido pois frequentemente, quando dormia comigo, apertava-me contra o seu corpo nu e tinha sempre uma ereção muito forte. Numa ocasião, esfregou-me até que tive uma descarga e, em seguida, deitando-se de costas, pôs-me o seu pénis na mão e disse-me para eu o

esfregar por uns minutos. Eu costumava gracejar muitas vezes com o meu pai, porque desde os dezassete anos que o meu pénis era maior que o dele. Voltarei a falar do meu pai um pouco mais tarde. Quando tinha 17 anos, um amigo da faculdade partilhou a minha cama e, quando se estava despir, disse-me que tinha inveja de mim porque o meu pénis era muito maior que o dele; depois de estarmos na cama, pediu-me para eu me virar de lado e descobri que estava a tentar o 'pedicatio'. Quando lhe manifestei a minha surpresa pelo que ele estava a fazer, disse-me que, à falta de mulheres, era disto que gostava mais. No entanto, a sua tentativa não resultou em nada e esta foi a única experiência com 'pedicatio' que tive em toda a minha vida".

"Uma noite, quando tinha 18 anos, um amigo da faculdade apresentou-me a uma mulher e ela foi a primeira com que tive contato. Fomos para trás de uns rochedos e ela pegou-me no pénis e apertou-o contra o seu corpo, encostando-se a mim".

"O meu pai deve ter suspeitado, porque quando regressei a casa, alguns dias mais tarde, disse-me que era muito perigoso estar com mulheres, que devia esperar até ser mais velho, mas que quando um rapaz se tornava homem devia ter mulheres de vez em quando e que se algum dia eu tivesse alguma doença má, deveria falar com ele imediatamente para ser tratado e curado adequadamente".

"Na faculdade tive vários amigos que gostavam de partilhar a cama comigo e de praticar masturbação mútua, apertando-se contra mim, cara a cara, até que ocorressem descargas mútuas mas, no entanto, nunca houve qualquer tentativa de relação anal".

"Pouco tempo depois, visitei Bruxelas onde fiz a minha primeira visita a um bordel, perto da catedral. Escolhi uma rapariga de cerca de 18 anos entre oito beldades nuas que desfilaram perante mim. Ela era gananciosa e pediu-me 10 francos, mas eu tinha pago 20 pelo quarto e só me restavam 2. Queria que ela se divertisse comigo, mas ela apenas me agarrou no pénis, puxando-o com tal vigor que ejaculei rapidamente. Fiquei tão aborrecido com o que se passou que me masturbei logo que regressei à pensão onde estava alojado".

"Um ano depois, fui visitar Portugal e os meus amigos de lá levaram-me muitas vezes a bordéis e apresentaram-me mulheres de vida fácil. Tive relações com elas; as prostitutas portuguesas nunca me propuseram nada

contra a natureza e nunca fui abordado por nenhum homem com intenções sexuais".

"Quando comecei a estudar medicina ia frequentemente aos banhos turcos e uma vez, na brincadeira, dei uma palmada no rabo de um amigo meu; o meu pai, que estava presente, disse-me para não o voltar a fazer por não ser conduta apropriada em público, mas que se eu quisesse podia fazê-lo a ele ou a outros em privado, sem problema nenhum. Nos banhos, até que cheguei aos 21 anos, o meu pai tapava sempre o pénis para que eu não o visse, mas depois que atingi a maioridade passou a expor-se completamente e a mostrar-me, repetidamente, fotografias de mulheres nuas; também me ensinou a usar o preservativo".

"Um dia, no meu vigésimo quarto ano, um homem alto e bonito que costumava frequentar os banhos, sentou-se ao meu lado e tocou-me com os pés, na brincadeira; depois encostou a sua coxa nua à minha e, um pouco mais tarde, na sala de repouso, enfiou a mão por baixo da minha toalha e agarrou-me no pénis; em seguida combinou voltar a encontrar-se comigo nos banhos alguns dias depois, dizendo que eu iria gostar do que ele me iria fazer".

"Eu mantive o compromisso e ele levou-me para a sala mais quente, onde nos deitámos no chão; poucos depois, virou-se de lado e passou uma perna por cima de mim; assustei-me e levantei-me; ele tinha uma ereção poderosa e eu não quis voltar a deitar-me, mesmo quando ele puxou o prepúcio dele para trás para tentar excitar-me; tive medo de ser surpreendido por outras pessoas. Por duas vezes, em ocasiões posteriores, voltei a encontrar este homem, que sempre me tentou seduzir. Acredito que me teria rendido aos seus desejos se estivéssemos numa casa particular".

"Pouco depois, conheci nos banhos um cavalheiro idoso que também me fez propostas, mas a que eu resisti por medo. Também não gostava nada dele, porque tinha mau hálito e dentes estragados e, para além disso, eu já podia viajar até ao continente para desfrutar, tanto quanto me apetecesse, dos encantos do sexo feminino".

"Depois de prestar provas, fui mobilizado para o exército na África do Sul e, para meu espanto, descobri que muitos dos meus camaradas apreciavam a companhia masculina; um oficial, que tinha sido ferido, partilhava o meu quarto num hospital militar e, quando eu me despia, ele frequentemente admirava o meu pénis; costumávamos brincar um com o

outro até ficarmos com fortes ereções, mas nunca nos masturbámos, nem tentámos qualquer vício contra a natureza".

"*Costumava ter relações com mulheres tantas vezes quanto possível e frequentava muitas vezes os banhos turcos, onde descobri que havia muitos clientes anormais, incluindo um dos massagistas; este último gostava de acariciar-me o pénis, beijar-me e fazer-me cócegas*".

"*Casei-me aos 28 anos. A minha vida de casado tem sido normal e a minha esposa e eu ainda estamos enamorados um do outro; tivemos vários filhos*".

"*As minhas experiências sexuais mais recentes foram na Austrália; uma vez, em Sidney, um homem nos banhos começou a fazer-me cócegas quando reparou que eu tinha uma ereção; agarrou-me no pénis mas eu levantei-me num pulo e ele disse-me para eu lhe fazer o que me apetecesse. Recusei. Outra vez, a bordo de um navio de cabotagem, conheci um passageiro que costumava despir-se e posar como uma estátua, e que me pediu para passar a noite com ele. Também recusei as suas propostas*".

"*Sou muito saudável e forte, gosto de equitação, pesca e caça. Levo uma vida muito ativa. Não sou músico nem artista, mas gosto de ouvir música e de admirar obras de arte*".

"*Tenho 1,83 metros de altura, tendência para engordar; o meu corpo é muito forte; o meu pénis mede 15 centímetros em repouso e mais de 20 quando está ereto; consigo sem dificuldade ejacular duas vezes seguidas e ter relações sexuais pelo menos duas vezes por semana. O meu escroto é tenso e os dois testículos são grandes. Sou um pouco lento a ejacular. Nunca tive qualquer desejo de ter relações sexuais com outra mulher desde que estou casado, mas já por várias vezes conheci homens que me atraíram. Tenho um amigo (outro médico) com quem tenho grande familiaridade e, quando dormimos juntos, brincamos sempre um com o outro. Desejo fortemente que ele me circuncide. Nunca nos permitimos mais que apalpar ou encostar os corpos como dois meninos de escola*".

"*A minha cor favorita é o verde*".

"*Os meus sonhos eróticos, quando os tenho, são com a minha mulher ou com algum amante*".

"*A inversão sexual está mais difundida do que se supõe popularmente e nunca tive nenhum peso na consciência depois de qualquer das minhas aventuras. Considero que o instinto homossexual é completamente natural e, exceto no que respeita à minha mulher, é mais forte em mim que o instinto heterossexual. Nunca iniciei nenhum jovem na vida sexual nem senti nenhum desejo de seduzir raparigas. Não me sinto atraído por rapazes com menos de 17 anos nem por pessoas de classes sociais inferiores*".

CASO 33. - *M. O.*, 30 anos de idade, nascido nos Estados Unidos de pai inglês e de mãe com ascendência escocesa pelo lado paterno; os outros ascendentes são ingleses há muito residentes na América, mas com um pouco de mistura de sangue holandês. Mede 1,72 metros e tem olhos e cabelos castanhos. Não há problemas hereditários conhecidos. Na infância, por algum tempo, esteve "*ameaçado de coréia*". É suscetível a amigdalites e tem dificuldades digestivas recorrentes, embora pouco graves, provocadas pelos seus hábitos sedentários. Tem um temperamento nervoso e agitado. Tem aversão à maioria dos desportos ao ar livre, mas manifesta uma grande atração estética pela natureza. É altamente educado.

Tanto quanto consegue lembrar-se, morou numa determinada casa com os seus pais até aos 4 anos de idade. Recorda-se distintamente de duas experiências sexuais que ocorreram nessa casa, antes de se mudarem. Noutra ocasião, estava deitado numa rulote com uma menina da sua idade, tentando ter relações sexuais. A irmã mais velha da menina entrou, viu-os e disse: "*Vou contar à mamã; sabes muito bem que ela disse para não voltares a fazer isso*". Estas recordações tão vívidas fazem-no pensar que deve ter tido muitas mais experiências do mesmo tipo. Há cinco anos, *M. O.* encontrou um homem da sua idade que morou no seu antigo bairro, na mesma época em que ele lá viveu. Comparando recordações, descobriram que quase todas as crianças da zona mantinham este tipo de práticas. O bairro era um bairro inteiramente "*respeitável*" de classe média.

Desse bairro, *M. O.* mudou-se para outro, muito idêntico, onde cresceu até aos 11 anos de idade. Deste período mantém memórias frescas e abundantes. Com uma única exceção, todas as crianças entre os 5 e os 14 anos parecem ter participado livremente em jogos sexuais promíscuos. Em pequenos grupos de 4 a 12 meninos, atrás das árvores ou no meio dos arbustos, onde não podiam ser vistos, exibiam os seus corpos uns aos outros e, por vezes, também se tocavam, mas não na forma de masturbação. Em relação à masturbação, *M. O.* era totalmente ignorante. Por vezes, quando só estavam dois ou três, tentavam o coito. *M. O.* tinha uma grande curiosidade sexual acompanhada de desejo mais ou menos intenso, mas os contatos reais não lhe traziam grande satisfação. Em duas ou três ocasiões, as meninas praticaram *fellatio* a que ele reciprocou com *cunnilingus*, mas sem obtenção de prazer. Nestas brincadeiras, as raparigas tomavam a iniciativa tão frequentemente como os rapazes.

Ao longo de todo este período, *M. O.* foi tendo várias namoradas, o que era muito comum entre as crianças e era encorajado pelos comentários dos adultos. A curiosidade sexual de *M. O.* dirigia-se mais para o sexo oposto. No entanto, por esta altura, surgiu a atração homossexual. Ia com um rapaz, dois anos mais velho, para um esconderijo onde apalpavam os órgãos sexuais um do outro. Ele e um outro rapaz foram uma vez para um jardim abandonado e despiram a roupa toda para melhor se observarem mutuamente. Então, o outro rapaz ofereceu-se para lhe beijar o traseiro, e assim o fez, causando a *M. O.* uma surpreendente sensação, distintamente sexual, o primeiro choque sexual de que se recorda. Contudo, não quis reciprocar quando o outro lho pediu.

Perto do final deste período, surgiu e cresceu nele algo de novo, que não identificou imediatamente como sendo de caráter sexual. Começou a sentir-se atraído por certos rapazes de uma forma muito mais viva do que a que alguma vez tinha experimentado por raparigas, embora nessa altura ainda não estivesse consciente disso. Por exemplo, havia um rapaz que ele considerava muito bonito. Visitavam-se mutuamente com frequência e passavam muito tempo a brincar juntos. Na escola, olhavam-se fixamente até não serem capazes de se conter e desatarem a rir deliciosa e incontrolavelmente. Nunca pensavam nem falavam sobre questões sexuais. As suas experiências eram, à sua maneira, muito sentimentais e idealísticas. *M. O.* tem a certeza de que o que o atraía principalmente era a beleza do outro rapaz. Fazia-o recordarse com grande carinho de um certo menino, mais velho e muito belo, que era seu vizinho no primeiro bairro onde morou, e que tinha para consigo inúmeros gestos de afeto. Agora já só o via muito raramente e nunca o procurava, mas ficava imensamente satisfeito quando ele, por acaso, lhe dirigia um olhar ou uma palavra no pátio da escola, e gostava muito de saber o que os outros diziam dele.

Um primo, cerca de dois anos mais novo que *M. O.*, visitou-o e dormiu com ele muitas vezes. Eram muito amigos e manipulavam os órgãos genitais um do outro.

Quando *M. O.* tinha cerca de 11 anos de idade, a sua família mudou-se para um bairro distante, onde não havia quase nenhumas crianças da sua idade e onde era quase impossível contatar com os amigos que deixara para trás. Nesse bairro, até surgirem as alterações da puberdade, a sua vida sexual contrastava fortemente com a promiscuidade que tinha experimentado antes, por ser muito solitária. Lembra-se que gostava de lutar com dois ou três colegas de escola e de lhes prender a cabeça entre as pernas. Julga que eles nunca desconfiaram das suas motivações sexuais. Namorou, conscientemente, com algumas colegas de escola, mas nunca lhes propôs nada de sexual. Encontrou e leu alguns livros da família sobre medicina.

Um dia, deitado num velho sofá estragado, primeiro inocentemente, entregou-se a uma nova e deliciosa sensação, completamente diferente de qualquer coisa que pudesse ter imaginado. Repetiu a coisa e, pouco depois, produziu as primeiras emissões. Posteriormente, começou a masturbar-se com muita frequência. Certos dias, repetia o ato duas e três vezes mas, noutras ocasiões, evitava-o durante vários dias seguidos. Sentia-se culpado e envergonhado e começou logo a lutar contra esta tendência. Rezava a pedir ajuda e, por vezes, chorava quando fracassavam as suas tentativas para quebrar o hábito que tão rapidamente se tinha estabelecido. Por algum tempo, dois ou três anos depois, pensou que tinha conseguido derrotar o vício, mas constatou que passou a ter regularmente, a cada oito dias, sonhos eróticos muito intensos com emissões copiosas. Foi então que reparou em certos anúncios de jornais que o convenceram que se autoinfligira uma condição patológica. Nunca recorreu aos remédios anunciados, mas perdeu o ânimo para lutar contra o mau hábito e como os efeitos nefastos pareciam consistir apenas em perdas seminais, acabou por concluir que provavelmente seria preferível desfrutar do grande prazer que lhe dava a masturbação.

Recorda-se que, por um período curto, teve um interesse intenso, mas repugnante, pelos órgãos sexuais de animais, especialmente cavalos. Os machos interessavam-lhe muito mais.

Aos poucos, começou a desenvolver, interiormente, um ideal de companheiro que seria um rapaz belo e sensível com quem iria estabelecer uma paixão romântica poderosa. Passava horas a sonhar com ele, inventando situações emocionantes. Inesperadamente, na igreja, conheceu o jovem Edmund, que parecia satisfazer todos os seus anseios. *M. O.* tinha então 16 anos e meio e Edmund tinha 15. Seguiu-se um verdadeiro jogo de sedução, com Edmund a ceder hesitantemente aos desejos físicos de *M. O.*, entre vários episódios de ansiedade e receio. Contudo, a rendição acabou por ser completa. Os dois passaram noite após noite juntos, desfrutando de sexo intercrural e, por vezes, masturbação mútua. Os pais de ambos manifestaram algum desconforto com a situação, mas a ligação prolongou-se ininterruptamente durante mais de um ano e meio. Neste período, *M. O.* teve relações sexuais ocasionais com outros rapazes, mas nunca vacilou na sua preferência por Edmund. Não tinha qualquer atração sexual por raparigas, embora gostasse muito da companhia delas.

M. O. e Edmund foram estudar para a faculdade, mas para locais distantes, pelo que só se encontravam nas férias e apenas comunicavam através de cartas de amor ardentes que escreviam frequentemente um ao outro. Ambos tiveram episódios genuínos de saudade e ciúme. Olhando para trás, para esta primeira paixão, *M. O.* não consegue de forma nenhuma arrepender-se. Teve, sem dúvida, uma grande influência na formação da sua personalidade.

Após o primeiro ano de faculdade, Edmund transferiu-se para uma outra escola e ficou ainda mais longe de *M. O.* e as oportunidades de encontro tornaram-se ainda mais raras, mas o seu amor resistiu e sempre que se juntavam tinham relações sexuais. Aos poucos, porém, Edmund começou a interessar-se por mulheres e, finalmente, casou. *M. O.*, pelo seu lado, começou a relacionar-se com vários colegas de faculdade e, ocasionalmente, também com outros homens.

Em geral, *M. O.* prefere rapazes que sejam um ou dois anos mais novos do que ele, mas à medida que foi envelhecendo, esta diferença de idades foi-se ampliando. Aos 30 anos, considerou-se quase "*noivo*" de um jovem de 17 anos, que era invulgarmente maduro, e muito alto que ele.

M. O. fica infeliz quando não consegue fazer com que os seus amores floresçam sem obstáculos. Sente-se muito dececionado com os restantes aspetos da sua vida. As suas maiores alegrias estão relacionadas com o amor. Se conseguir consumar o seu plano atual de união com o rapaz referido, acha que a sua vida será coroada com aquele que poderá ser o melhor desfecho possível; caso contrário, declara que deixará de ter interesse em viver.

Admira apaixonadamente a beleza masculina. Aprecia a beleza feminina objetivamente, como apreciaria um desenho de linhas fluentes e cores delicadas, mas não sente que ela tenha, para ele, qualquer encanto sexual. Muitas mulheres se cruzaram no seu caminho, mas ele sente cada vez mais irritação pelas fraquezas específicas do sexo feminino. Com os homens é, em geral, muito mais paciente e atencioso.

As primeiras obras de literatura que o atraíram foram os *Diálogos* de Platão, que leu pela primeira vez quando tinha 20 anos. Até então julgava que era único, com a sua peculiaridade. Leu tudo o que podia de literatura clássica. Gosta de Pater, apreciando a sua atitude em relação aos do seu próprio sexo. Quatro ou cinco anos depois, descobriu o livro de Raffalovich e, desde então, sente uma verdadeira dívida de gratidão para com este autor.

M. O. não tem nenhum desejo de prejudicar a sociedade em geral. Como indivíduo, afirma que tem o mesmo direito que qualquer outra pessoa a ser como é. Acha que os rapazes entre os 13 e os 15 anos poderão, eventualmente, ser convertidos à inversão, mas acredita que depois dos 16 anos, se ainda não o foram, já não o serão. Poderão ter amizade pelo invertido e, por isso, satisfazer-lhe os apetites sexuais, mas permanecerão essencialmente normais. Os comentários de *M. O.* baseiam-se nos cerca de 30 relacionamentos homossexuais de durações diversas que manteve no passado.

M. O. atribui grande importância ao caráter poético e elevado dos seus principais relacionamentos homossexuais, mas receia parecer demasiado sentimental.

No que respeita a traços femininos nos invertidos, escreve:

"Até aos 11 anos, procurei muito a companhia de um primo que era cinco anos mais velho que eu (o que já foi referido acima) e adorava uma das nossas brincadeiras de então, na qual eu fazia o papel de rapariga num romance interminável, uma história de amor assexual".

"Um pouco mais tarde, antes da puberdade, adorava representar, mas normalmente ficava com os papéis femininos e usava saias, xailes, colares, perucas e chapéus. Quando tinha 13 anos, a minha família começou a troçar de mim por esse motivo. Durante um tempo mantive a prática em segredo mas, depois, acabei por abandoná-la para sempre".

"Porém ainda permanece um pequeno interesse, que começou antes da puberdade, por cartões de namorados. O que sinto por eles é semelhante ao que sinto por flores".

"Antes de chegar à puberdade, o meu pai chamava-me, por vezes, 'mariquinhas'. Tais sarcasmos humilhavam-me mais que qualquer outra coisa alguma vez me humilhou. Após a puberdade, o meu pai deixou de me aplicar essa palavra e, gradualmente, as outras pessoas deixaram de me provocar dessa maneira. Porém, a dor não desapareceu e senti necessidade de perguntar, mais do que uma vez, aos meus amigos próximos, tanto homens como mulheres, se me consideravam um tanto feminino. Todos enfatizaram que em tudo o que é racional, me acham claramente masculino, por ser lógico, imparcial e cético. Um ou outro sugeriu que sou mais ajuizado que a maioria dos homens e que cuido dos meus aposentos como talvez só as mulheres o façam, embora sem usar o

mesmo tipo de decorações. Um homem disse-me que me faltava simpatia por certas 'manifestações grosseiras do caráter masculino, como fumar'. Algumas mulheres pensam que sou invulgarmente atento às modas femininas. Eu próprio não sou nada efeminado no vestir. Tenho força muscular média, mas sou mais flexível que o normal. Se tivesse treinado desde jovem, acredito que daria um bom contorcionista".

"Nunca tive a menor inclinação para fumar tabaco, normalmente não tomo chá nem café, raramente bebo bebidas alcoólicas e nunca bebo uísque. Para mim, a melhor parte da refeição é a sobremesa. Atribuo grande parte destas preferências à minha vida sedentária. Tenho notado que, quando saio para o campo, os meus hábitos se alteram marcadamente em direção a uma alimentação mais substancial e a estimulantes suaves".

"A minha coragem física nunca foi posta à prova, mas julgo que os meus amigos parecem contar com ela. Sou muito agressivo em questões religiosas, políticas ou sociais. Moralmente, sou ou imprudente ou corajoso, não sei dizer ao certo qual".

"Assobio talvez melhor que a maioria dos homens".

"Quando era muito pequeno, a minha avó ensinou-me a fazer certo tipo de bordados, que continuei a fazer de vez em quando até aos meus 24 anos. Nessa altura fiquei tão irritado com um bordado que não me estava a sair bem que o atirei ao fogo e, a partir daí, nunca mais bordei. Para poupar, continuo a fazer quase todos os meus próprios trabalhos de remendar e coser".

"Tenho grande aversão pelo excesso de joias. O meu sentido estético é muito pronunciado quando comparado com o da maior parte dos homens que conheço, embora nunca tenha sido capaz de tirar muito proveito dele. Exige aprumo, ordem e bom gosto, em geral. A minha forma de vestir é económica e não é, de modo algum, exigente; no entanto, parece ser geralmente bem aceite. Tenho sido elogiado diversas vezes pela minha capacidade para escolher presentes e roupas, e para decorar um quarto".

M. O. afirma que dava, por vezes, dentadinhas aos seus amantes, porém muito suavemente. Sentia frequentemente vontade de beliscar os homens que o atraíam sexualmente.

Considera descabida a afirmação de que os invertidos são sempre mentirosos. Muito poucas pessoas, diz ele, são completamente honestas e a desonestidade aumenta tanto quanto mais a nossa sociedade torna perigoso ser honesto. Embora em duas ou três ocasiões não lhe tenha sido possível manter as suas juras de evitar relações sexuais com certos homens atraentes, geralmente não se sente culpado de falsidade em relação às suas relações homossexuais.

Recebi a narrativa acima há oito anos. Desde essa altura a saúde de *M. O.* tem melhorado muito. Nota-se um aumento acentuado de atividades ao ar livre e de interesse pela vida no exterior.

Dois anos depois, *M. O.* consultou um proeminente especialista com quem realizou extensa psicanálise. O médico informou *M. O.* que ele era menos homossexual do que supunha e recomendou o casamento com uma mulher jovem e bonita. Afirmou que a tendência homossexual de *M. O.* se deve ao "*murro no estômago*" que recebeu aos 6 anos de idade com o nascimento do seu irmão mais novo, que passou a receber todos os mimos e atenções. *M. O.* tinha sido, até então, muito afetuoso para a sua mãe e muito dependente dela. Recorda-se que ouvia os amigos e vizinhos a comentarem isso mesmo. A princípio *M. O.* rejeitou esta explicação do especialista mas, depois de longa reflexão, ficou inclinado para acreditar que esse terá sido, realmente, um fator importante, embora talvez não fosse o único. Das suas observações posteriores de crianças e das comparações que fez com as memórias da sua própria infância, *M. O.* diz que tem a certeza de que era muito mais afetuoso e carinhoso do que a média. Ansiava, mais que tudo, por afeto e sofria, mais que tudo, com a crença imaginada de que ninguém gostava dele. Tentou suicidar-se aos 10 ou 11 anos, por este motivo.

Também como resultado da psicanálise, mas tentando eliminar a influência da sugestão, recordou-se da atração que sentia por meninas antes dos 12 anos, a que passou a dar mais relevo agora. Se as suas experiências sexuais posteriores tivessem sido normais, duvida que as suas experiências até aos 12 anos pudessem ser usadas como evidência de homossexualidade. Seriam classificadas apenas como um sintoma de nervosismo e de sensibilidade sexual precoce, fortemente estimulada e direcionada pelas práticas secretas das crianças com quem ele se dava. Não consegue entender porque é que tais experiências o poderão ter levado à homossexualidade em vez de o conduzirem à heterossexualidade. Ao longo da psicanálise, *M. O.* foi-se recordando que, durante o período de namoricos precoces, beijou e abraçou muitas vezes diversas meninas, mas também se lembrou que nessas situações nunca surgiu qualquer tipo de desejo sexual, embora já fosse, provavelmente, capaz de o satisfazer. Este interesse por raparigas cessou completamente, ou quase, à medida que a relação com Edmund se aprofundava. Contudo, nunca sentiu aversão à companhia de raparigas ou mulheres; era sobretudo com elas que mantinha amizades intelectuais; as sentimentais estavam reservadas aos rapazes.

Muito recentemente, *M. O.* passou vários dias com Edmund, que já estava casado há vários anos. Descobriram que ainda subsistia entre eles um grande vínculo de amor, embora já não tivessem absolutamente nenhum interesse sexual um pelo outro. Nem um nem outro se arrependem do passado, e sentem que o resultado final da sua relação foi muito bom. A beleza de Edmund é ainda pronunciada e é comentada por terceiros.

Apesar da sua sexualidade precoce, *M. O.* teve, desde o início, uma grande aversão a histórias obscenas, a anedotas de caráter sexual e a palavrões. Devido, em parte, a isto e, noutra parte, ao seu ceticismo temperamental, nunca acreditou no que os seus amigos lhe contavam acerca de emissões sexuais, só se convencendo quando ele mesmo as experimentou; rejeitou com indignação os factos da reprodução até que leu sobre eles num livro de medicina. Sentia repulsa física intensa, até aos 25 anos, sempre que pensava em reprodução. Conhece outros jovens normais que sentem o mesmo, mas acredita que esse sentimento podia ser evitado se existisse educação sexual do tipo da que está a ser introduzida atualmente nas escolas americanas.

Ainda no que respeita aos seus traços femininos: talvez há dois anos, o impulso de dar dentadinhas amorosas desapareceu subitamente. Ultimamente tem ocorrido um aumento significativo do seu interesse pelo teatro, de forma perfeitamente natural e sem nenhuma das peculiaridades de outrora. O prazer infantil nos cartões de namorados acabou totalmente; *M. O.* acredita que, recentemente, as "*circunstâncias*" têm favorecido o desenvolvimento de um esteticismo mais robusto.

Durante alguns anos, não ouviu nenhum comentário direto sobre os seus traços femininos, embora algumas pessoas digam aos seus amigos que ele é "*muito peculiar*". Faz muitas amizades fortes, duradouras e não-sexuais, tanto com homens como mulheres, e acredita que a peculiaridade que os outros notam não se deve tanto à sua homossexualidade mas mais ao seu esteticismo, ceticismo e às suas opiniões pouco convencionais, que expõe por vezes muito indiscretamente. Com a melhoria do seu estado geral de saúde, surgiram as alterações que seriam de esperar na sua alimentação e noutros assuntos da sua vida diária.

Retomando a sua narrativa no ponto em que a carta anterior a deixara, *M. O.* diz que cerca de um ano depois, o rapaz de 17 anos de quem se considerava praticamente noivo, desistiu do compromisso com ele, mas não da relação sentimental. Embora separados quase sempre por muitos quilómetros de distância, retomavam a relação física sempre que se encontravam. Subsequentemente, no entanto, o jovem apaixonou-se por uma mulher da sua idade e ficou noivo dela. A relação física com a *M. O.* Cessou completamente, mas a amizade entre os dois continua forte.

Pouco depois da primeira rutura dessa relação, *M. O.* estabeleceu, por força de circunstâncias pouco comuns, uma relação amistosa e íntima com uma encantadora jovem. Confessou-lhe a sua anormalidade mas ela não ficou indignada. Provavelmente, aos olhos de terceiros, a sua relação parecia ser de amantes, o que poderá ter provocado uma situação dolorosa criada pelas calúnias de outra mulher, despeitada. *M. O.* sentiu que, por motivos de honra, devia pedir a sua amiga em casamento. A jovem mulher não se quis comprometer, mas convidou *M. O.* para passar vários meses em sua casa. Pouco depois de chegar, teve que regressar apressadamente porque ocorreu algo de triste na sua família, e não se voltaram a encontrar nos quatro anos seguintes. Corresponderam-se, mas cada vez com menos frequência. As suas relações com rapazes prosseguiram.

Antes de se voltar a encontrar com ela, conheceu outra mulher, com quem se casou. A sua relação começou como uma de mera comunhão de interesses, sem nada de sentimental, mas, gradualmente, alargou-se para uma relação intelectual e de compreensão mútua. *M. O.* não tinha segredos para esta mulher. Após ponderação prolongada sobre os diversos ângulos da questão, casaram. Desde então não teve relações sexuais com ninguém exceto com a sua mulher. Não são relações apaixonadas, mas são animadas por um forte desejo de gerar filhos. Ele já tinha reparado no seu instinto paternal há vários anos.

M. O. acredita que não se pode associar qualquer estigma moral à homossexualidade sem se provar antes que esta é provocada por uma vida de depravação de indivíduos que são livres para fazer outras escolhas (mas sobre este assunto é muito cético e não espera nada). Acredita que grande parte dos perigos e da infelicidade associados à homossexualidade poderiam ser evitados por uma educação sexual completa mas discreta, a ser ministrada a todas as crianças, normais ou anormais.

Havelock Ellis

CAPÍTULO IV. INVERSÃO SEXUAL NAS MULHERES

Prevalência da inversão sexual entre as mulheres - Entre as mulheres talentosas - Entre as raças inferiores - Homossexualidade temporária nas escolas, etc. - Casos - Caraterísticas físicas e psíquicas das mulheres invertidas - O desenvolvimento moderno da homossexualidade entre as mulheres.

Prevalência da inversão sexual entre as mulheres

A homossexualidade não é menos comum entre as mulheres que entre os homens. Na teoria sexual sério-cómica apresentada por Aristófanes em *O Banquete*, de Platão, os homens e as mulheres são colocados em completo pé de igualdade e esta teoria, por mais fantasiosa que seja, parece indicar que para a sociedade grega, que estava muito familiarizada com a homossexualidade, as suas manifestações parecem ocorrer com tanta probabilidade nas mulheres como nos homens. E isso é, sem dúvida, o que acontece de facto. Na verdade, à semelhança de outras anomalias, as formas mais pronunciadas de homossexualidade poderão ser menos frequentes nas mulheres, mas as formas menos pronunciadas são seguramente mais frequentes. Um amigo meu contou-me que um padre católico lhe disse que por cada homem que confessa práticas homossexuais, existem três mulheres a fazê-lo. Em grande parte, a homossexualidade feminina tem um percurso paralelo ao da homossexualidade masculina e ocorre nas mesmas condições. É tão comum nas raparigas como nos rapazes; sabe-se que, em certas condições, é frequente nas escolas, nos conventos e nas prisões, bem como noutros enquadramentos sociais. O registo detalhado mais antigo de homossexualidade é sobre uma mulher[137] e foi pela investigação desse caso que Westphal é hoje conhecido como o pioneiro do estudo científico da inversão.

Entre as mulheres talentosas

A probabilidade de coexistência de inversão sexual e de alta capacidade intelectual é semelhante nas mulheres e nos homens. O aprofundamento da compreensão sobre a inversão sexual nas mulheres é, nalguns aspetos e nas presentes condições sociais, provavelmente mais importante do que a compreensão da inversão nos homens. Apesar de, como por vezes se diz da nossa civilização, *"este ser um mundo de homens"*, a grande proporção de mulheres invertidas de grande valor, cuja masculinidade lhes permite facilmente adotar ocupações masculinas, é um facto extremamente significativo[138].

Têm sidos observados com muita frequência alguns traços masculinos nas mulheres ilustres de todas as épocas e de todos os campos de atividade[139]. Mesmo *"a primeira grande mulher da história"*,

---

[137] Catharina Margaretha Lincken, que se casou com outra mulher, um pouco à maneira da condessa húngara Sarolta Vay (isto é, que consumou o casamento com a ajuda de um órgão masculino artificial), foi condenada à morte por sodomia e executada em 1721, aos 27 anos de idade (F.C. Müller, *Ein weiterer Fall von conträrer Sexualempfindung, Friedrich's Blätter für Gerichtliche Medizin*, Heft 4, 1891). Nos tempos modernos, o caso mais investigado de inversão sexual numa mulher foi o da condessa Sarolta Vay (*Friedrich's Blätter*, Heft, 1, 1891; ver também Krafft-Ebing, *Psychopathia Sexualis*, tradução para inglês da 10.ª edição, 416-427; também resumido no Apêndice E da edição anterior do presente *Study*). Sarolta vestia-se sempre como homem e casou com uma rapariga que desconhecia a verdade acerca do sexo do seu 'marido'. Foi julgada, absolvida, autorizada a regressar a casa e a continuar a vestir-se como homem.

[138] Anna Rüling faz alguns comentários sobre este ponto, *Jahrbuch für sexuelle Zwischenstufen"*, vol. VII, 1905, p. 141 *et seq.*

[139] O que não indica, necessariamente, a existência de inversão sexual, tal como a presença de traços femininos em homens ilustres não implica que sejam invertidos. Já tive ocasião de notar anteriormente (por exemplo, em *Man and Woman*, 5.ª ed., 1915, p. 488) que a genialidade em qualquer dos sexos coexiste frequentemente com aspetos masculinos, femininos e infantis.

como é designada por um historiador do Egito, a Rainha Hatschepsu, tinha um forte temperamento viril e fez-se sempre representar, em monumentos, vestindo trajes masculinos e usando uma barba falsa[140]. Por diversas razões, mais ou menos credíveis, tem-se especulado acerca da homossexualidade de outras rainhas famosas, como Catarina II da Rússia, que seria bissexual, e Cristina da Suécia, cujos traços masculinos muito marcados e a grande inteligência parecem ter-se combinado num claro temperamento homossexual ou bissexual[141].

Grandes líderes religiosos e morais, como Madame Blavatsky e Louise Michel, foram homossexuais ou bissexuais ou, pelo menos, manifestaram pronunciada masculinidade[142]. Desde o século XVIII que se aponta, com mais ou menos verdade, a homossexualidade de grandes atrizes, tal como a de muitas outras mulheres famosas de ramos artísticos diversos[143]. Safo, a maior das poetisas, com uma superior capacidade de unir a arte à paixão, ao nível da dos maiores poetas do sexo masculino, deixou o seu nome permanentemente associado à homossexualidade.

> Não posso afirmar a unanimidade desta opinião em relação a Safo, até porque, para além dos fragmentos da sua poesia, a informação que nos chegou sobre ela é muito escassa. A sua fama foi sempre muito grande e no período clássico o seu nome era associado ao de Homero. Mas mesmo na

---

[140] Hirschfeld faz diversas referências à Rainha Hatschepsu (*Die Homosexualität*, p. 739). A lista, pouco exigente, de homossexuais ilustres de Hirschfeld, inclui 18 mulheres. Não seria difícil acrescentar outras.

[141] Sophie Hochstetter, num estudo sobre a rainha Cristina, em *Jahrbuchür für sexuelle Zwischenstufen* (vol. IX, 1908, p. 168 et seq.), considera que ela era bissexual, ao passo que H. J. Schouten (*Monatsschrift für Kriminalanthropologie*, 1912, Heft 6) conclui que ela era homossexual e acredita que foi porque Monaldeschi descobriu que ela era homossexual que ela o mandou matar.

[142] Cf. Hans Freimark, *Helena Petrovna Blavatsky*; Levetzow, *Louise Michel*, *Jahrbuch für sexuelle Zwischenstufen*, vol. VII, 1905, p. 307 *et seq.*

[143] Rosa Bonheur, a pintora, é um exemplo especialmente notável de masculinidade pronunciada numa mulher talentosa. Vestia-se frequentemente como homem e, quando usava roupas femininas, o seu ar masculino suscitava ocasionalmente a atenção de polícias. Ver a sua biografia, por Theodore Stanton.

antiguidade, ela era algo enigmática e surgiram muitas lendas envolvendo o seu nome, tal como a famosa narrativa de que se atirou ao mar por amor a Fáon. Certo é que era vista com grande respeito e admiração pelos seus contemporâneos, que era de família aristocrática, que provavelmente era casada e tinha uma filha, que numa ocasião teve que exilar-se por razões políticas, e que se dirigia às suas amigas de forma análoga à que Alceu de Mitilene usava para se dirigir aos seus jovens amigos. Sabemos que na Antiguidade, a homossexualidade feminina era considerada muito comum em Esparta, Lesbos e Mileto. Horácio, que pode ter lido a poesia de Safo, afirma que as suas lamentações de amor eram dedicadas às jovens raparigas de Lesbos, ao passo que Ovídio, apesar de ter tido um papel considerável na divulgação da poesia de Safo, nunca referiu que as histórias fantasiosas à volta do seu nome fossem verdadeiras. Era inevitável que os primeiros cristãos atacassem avidamente uma figura tão ambígua, e Tatiano (*Oratio ad Graecos*, cap. 52) censurou os gregos por terem erigido estátuas à tríbade Safo, uma prostituta que havia cantado paixões devassas. O resultado foi que, em tempos modernos, coexistem os que criticam fortemente o personagem de Safo com os que, no extremo oposto, tentam a sua "*reabilitação*". W. Mure, na sua *History of the Language and Literature of Ancient Greece* (1854, vol. III, pp. 272-326, 496-8), está disposto a aceitar, embora resignado, muitas das piores histórias sobre Safo. O mesmo autor considera que a homossexualidade feminina é "*muito mais desculpável*" que a masculina e afirma que "*nos tempos modernos, algumas mulheres que se distinguem pelo refinamento dos modos e pela elegância dos atos contam-se entre os adeptos da homossexualidade*". Bascoul, por outro lado, não aceita que se afirme nada sobre Safo que entre em conflito com os conceitos modernos de respeitabilidade, e até tentou reescrever a sua ode mais famosa de acordo com o gosto literário anódino que ele imaginou que teria originalmente (J. M. F. Bascoul, *La Chaste Sappho et le Mouvement Feministe à Athènes*, 1922). Wilamowitz-Moellendorff (*Sappho und Simonides*, 1913) também é um defensor do ponto de vista antiquado, anteriormente representado por Welcker, segundo o qual a homossexualidade é um *"vício"* que deve ser repudiado com indignação. Contudo, a maior parte dos especialistas modernos rejeitam os acrescentos lendários em torno do nome de Safo e, sem deixar de ser respeitosos, não aceitam que se questione a natureza homossexual e pessoal da sua poesia. *"A tradição da antiguidade e o caráter dos fragmentos que chegaram até nós"*, diz o Prof. J. A. Platt (*Encyclopedia Britannica*, 11ª ed., art. *Sappho*), *"mostram que a sua moralidade era o que a partir dessa época se passou a designar por 'Lésbica'"*. O que significava exatamente *"a moralidade lésbica"* não se pode, de facto, saber com segurança. *"É uma completa perda de tempo"*, como A. Croiset observa acerca de Safo (*Histoire de la Littérature Grecque*, vol. II, cap. V), *"discutir a natureza exata desta amizade ou amor, ou tentar determinar com precisão as fronteiras (que a própria linguagem parece querer frequentemente confundir) da amizade mais ou menos estética e sensual e do amor mais ou menos platónico"*. (Ver também J. M. Edmonds, *Sappho in the Added Light of the New Fragments*, 1912). Iwan Bloch também chegou à conclusão (*Ursprung der Syphilis*, vol. II, 1911, p. 507) que Safo provavelmente associava sentimentos de idealismo sublime com uma sensualidade apaixonada, exatamente como ocorre no amor normal.

Temos também que salientar que, na literatura, a homossexualidade feminina tem sido mais abordada pelos escritores do que a homossexualidade masculina. A homossexualidade feminina raramente recebeu consagração literária entre os gregos, e durante a renovação do espírito clássico, na Renascença, a expressão do ideal homossexual continuou a concentrar-se sobretudo nos rapazes adolescentes, tal como podemos verificar, por exemplo, no *Adone* de Marino. No entanto, após a Renascença, a inversão sexual masculina só muito raramente foi abordada na literatura, geralmente de forma satírica, ao passo que a inversão feminina passou a ser um tema que podia ser tratado em pormenor e mesmo com complacência. Poderemos citar, como exemplos, muitos poetas e romancistas, sobretudo franceses.

Tem sido referido que Ariosto descreveu as atrações homossexuais das mulheres. O famoso romance de Diderot, *La Religieuse*, que, quando foi publicado pela primeira vez, se julgava ter sido escrito por uma freira, descreve as desventuras de uma freira assediada pela lúbrica perversidade da sua abadessa, cujo personagem foi inspirado, ao que se conta, na Abadessa de Chelles, uma filha do Regente e, portanto, membro de uma família que por muitas gerações evidenciou forte tendência para a inversão. A narrativa de Diderot tem sido descrita como um relato fiel das atividades homossexuais que ocorrem nos conventos. No século XVIII, a homossexualidade feminina, principalmente em conventos, foi muitas vezes tratada com alguma ligeireza, como acontece numa cena homossexual de *Les Plaisirs du Cloître*, uma peça de teatro escrita em 1773 (*Le Théâtre d'Amour au XVIIIe Siècle*, 1910). Balzac, que abordou de modo mais ou menos velado todos os aspetos psicológicos do amor, escreveu sobre este tema em *La Fille aux Yeux d'Or*, num estilo vago e extravagantemente romântico. Gautier fez das aventuras de uma mulher predisposta à homossexualidade, que lentamente se apercebe disso, o tema central do seu maravilhoso romance *Mademoiselle de Maupin* (1835). O autor escreveu apenas como artista e poeta, mas a sua abordagem revela um conhecimento notável sobre o assunto. Gautier baseou o seu romance, até certo ponto, na vida de Madame Maupin ou, como ela preferia chamar-se a si mesma, Mademoiselle Maupin (o nome de família do seu pai era d'Aubigny), nascida em 1673, que se vestia como um homem e ficou famosa como professora de esgrima e, posteriormente, como cantora de ópera. Era, aparentemente, de temperamento bissexual e a sua devoção por mulheres impeliu-a a diversas aventuras. Finalmente, entrou para um convento e morreu com 34 anos de idade e com reputação de santa. (E. C. Clayton, *Queens of Song*, vol. I, pp, 52-61; F. Karsch, *Mademoiselle Maupin, Jahrbuch für sexuelle Zwischenstufen*, vol. V, 1903, pp. 694 706). Um escritor ainda mais prestigiado, Flaubert, centra o seu romance *Salammbô* (1862) numa heroína homossexual. Zola debruçou-se sobre a inversão sexual em *Nona* e noutras obras. Mais ou menos trinta anos antes, A. Belot, um romancista popular, publicou um romance chamado *Mademoiselle Giraud, ma Femme*, que teve um grande número de leitores; o romancista adotou a postura do moralista que é obrigado a tratar francamente, mas com decoro, um assunto de crescente importância social. O enredo é sobre um homem cuja noiva não permite que ele a toque depois do casamento por causa de uma *liaison* que ela já tinha com outra mulher antes de casar com ele. Este livro parece ter servido de inspiração a um grande número de romances, alguns dos quais abordaram o tema de forma mais indecorosa. Podemos mencionar alguns outros romancistas que lidaram com o assunto, como Guy de Maupassant (*La Femme de Paul*), Bourget (*Crime d'Amour*), Catulle Mendès (*Méphistophéla*) e Willy, na série *Claudine*.

Entre os poetas que usaram o tema da homossexualidade feminina com certa ousadia, destacamos Lamartine (*Regina*), Swinburne (primeira série de *Poems and Ballads*), Verlaine (*Parallèlement*) e Pierre Louys (*Chansons de Bilitis*). O último livro mencionado, uma coleção de poemas-prosa homossexuais, atraíram considerável atenção quando foram publicados porque Louys alegou, fraudulentamente, que eram poemas traduzidos do grego, compostos por uma poetisa oriental recentemente descoberta, Bilitis (mais conhecida por Beltis, o nome de Afrodite na Síria). *Les Chansons de Bilitis* tem algum charme, mas foi muito criticado por Wilamowitz-Moellendorff (*Sappho und Simonides*, 1913, p. 63 et seq.) por ser um "*travesti do Helenismo*" que apresentava um conhecimento inadequado da antiguidade grega. Mais interessante, por ser obra de uma mulher que não era apenas muito talentosa, mas que era também de temperamento homossexual, são os diversos volumes de poemas publicados por *Renée Vivien*. Esta senhora, cujo nome verdadeiro era Pauline Tarn, nasceu em 1877; o seu pai tinha ascendência escocesa e a sua mãe era uma senhora americana de Honolulu. Quando era ainda uma criança, foi levada para Paris e foi educada como francesa. Viajou muito e, por algum tempo, morou numa casa em Mitilene, a principal cidade da antiga Lesbos. Gostava da solidão, detestava publicidade e era muito dedicada às suas amigas, especialmente a uma cuja morte prematura, por volta de 1900, foi o grande desgosto da sua vida. Dizia-se que era muito bonita, muito simples e doce, e foi muito bem-sucedida em diversas áreas.

No entanto, sofria de sobretensão nervosa e melancolia crónica. Perto do final da vida, converteu-se ao catolicismo, tendo morrido em 1909, aos 32 anos de idade. Está enterrada no cemitério de Passy. A sua poesia é considerada por alguns como estando entre o que de melhor se escreveu em língua francesa. (Charles Brun, *Pauline Tarn, Notes and Queries*, 22 de agosto de 1914; o mesmo autor, que a conhecia bem, também escreveu o panfleto, *Renée Vivien*, Sansot, Paris, 1911). Os seus principais volumes de poesia são *Etudes et Preludes* (1901), *Cendres et Poussières* (1902) e *Evocations* (1903). O seu romance, *Une Femme M'Apparut* (1904), parece ser, em certa medida, autobiográfico. *Renée Vivien* escreveu também um livro sobre Safo, com traduções da sua poesia, e um outro volume de poemas, *Les Kitharèdes*, inspirados em fragmentos sobreviventes da obra de algumas poetisas gregas menos importantes, discípulas de Safo.

Para além disso, é de notar que uma proporção notavelmente grande dos casos em que a homossexualidade esteve na origem de crimes violentos, ou dos casos que foram sujeitos a observação médico-legal, aconteceu com mulheres. Sabe-se bem que, geralmente, as mulheres têm uma participação menos importante que os homens na criminalidade em geral, e menor ainda nos crimes violentos[144], mas no campo homossexual, como se poderia prever, observa-se precisamente o contrário. Os homens invertidos, nos quais se pode muitas vezes encontrar um temperamento mais ou menos feminino, raramente são impelidos a atos de violência agressiva, embora frequentemente se suicidem. As mulheres invertidas, em que persiste alguma emotividade feminina associada a um certo grau de impulsividade infantil e de energia masculina, são terreno fértil para as sementes do crime passional, motivado por ciúmes ou por outros sentimentos semelhantes que podem ser observados nos invertidos.

Nos últimos tempos, o exemplo mais notável desta tendência é o caso que ocorreu em Memphis (1892), nos Estados

---

[144] Há alguma divergência de opiniões quanto à existência de um menor nível de delinquência entre as mulheres (ver Havelock Ellis, *Man and Woman*, 6.ª ed., 1915, p. 469), mas, neste caso, estamos apenas interessados em criminalidade.

Unidos. (Arthur Macdonald, *Observation de Sexualité Pathologique Feminine*, *Archives d'Anthropologie Criminelle*, maio de 1895; ver também Krafft-Ebing, *Psychopathia Sexualis*, trad. inglesa da 10ª ed., p. 550). Neste caso, uma invertida sexual congénita, Alice Mitchell, queria casar-se com Freda Ward usando um nome masculino e vestida como um homem. O seu plano gorou-se porque a irmã de Freda se intrometeu; Alice Mitchell acabou por cortar a garganta à sua amada. Não há nenhuma razão para suspeitar que Alice fosse louca na altura do assassinato. A sua inversão era de um tipo muito pronunciado. A sua mãe tinha sofrido de perturbações mentais e tinha impulsos homicidas. Ela mesma tinha sido considerada desequilibrada e apresentava, desde a mais tenra idade, comportamentos masculinos. O seu rosto era claramente assimétrico e aparentava ter menos idade do que realmente tinha. Não era cruel e tinha poucos conhecimentos sobre as questões sexuais, mas quando beijava Freda sentia vergonha e não queria ser vista, ao passo que Freda não via nenhuma razão para se sentir envergonhada. Foi declarada louca.

Mais recentemente, tem havido muitos casos nos Estados Unidos. Um desses casos (agradeço a gentileza do Dr. J. G. Kiernan, de Chicago, pela informação que me enviou) é o das *Irmãs Tiller*, duas irmãs que tinham um bisavô negro e que durante muitos anos atuaram em teatros reles. Uma delas, que era invertida e que tinha horror a homens desde a infância, sentia-se sexualmente atraída pela outra, que não apresentava inversão congénita e que abandonou a irmã a pedido de um homem. A invertida, cega pelo ciúme, entrou no apartamento do casal e assassinou o homem a tiro. Foi julgada e condenada a prisão perpétua. A defesa alegou insanidade, mas não foi capaz de apresentar provas. Num outro caso, também ocorrido em Chicago (descrito em *Medicine*, junho de 1899, e no *Alienist and Neurologist*, outubro de 1899), uma enfermeira viveu durante catorze anos com uma mulher jovem que a deixou em quatro ocasiões diferentes, mas que acabou sempre por regressar; por fim, deixou-a de vez para se casar, o que fez com que a enfermeira disparasse contra o marido dela, mas sem o ferir mortalmente. A culpada, neste caso, havia sido casada duas vezes, mas nunca viveu com nenhum dos maridos; dizia-se que a sua mãe tinha morrido num hospício de loucos e que o seu irmão se tinha suicidado. Foi acusada de conduta desordeira e condenada a pagar uma multa.

Num outro caso, posterior, em Chicago, Anna Rubinowitch, uma mulher russa de 22 anos, disparou por ciúmes sobre outra russa de quem era amiga desde a infância e depois suicidou-se. As relações entre as duas tinham sido de natureza muito íntima. "O *nosso caso de amor é puramente espiritual*", costumava dizer Anna Rubinowitch, "*o nosso amor existe num plano superior ao terreno*". (Informaram-me que, na realidade, ocorreram relações físicas entre as duas e que os seus órgãos sexuais eram normais). A relação durou, com grande paixão mútua, até que a "*namorada*" de Anna começou a aceitar os avanços de um pretendente do sexo masculino, o que despertou os ciúmes incontroláveis de Anna, cujo pai, devemos salientar aqui, se tinha suicidado com uma arma de fogo alguns anos antes.

As relações homossexuais são também causa de suicídio entre as mulheres. Um destes casos foi registado no Massachusetts, no início de 1901. Uma mulher de 21 anos que sofria de prostração nervosa, aparentemente de natureza histérica, esteve durante algum tempo ao cuidado de uma amiga e vizinha, 14 anos mais velha, que era casada e tinha filhos. Entre as duas brotou uma amizade íntima, apaixonada. A mãe da mulher mais nova e o marido da outra tomaram a iniciativa de acabar com a intimidade, e a mais nova foi enviada para uma cidade distante; no entanto, as duas continuaram a encontrar-se furtivamente. Por fim, quando os obstáculos se tornaram inultrapassáveis, a mulher mais nova comprou um revólver e, deliberadamente, na presença da mãe, encostou-o à testa e disparou, tendo tido morte imediata. Apesar de apresentar alguns comportamentos estranhos, todos gostavam dela. Era bonita, muito atlética, amante dos desportos ao ar livre, muito religiosa, possuidora de uma voz encantadora e membro ativo de vários clubes e sociedades. A mulher mais velha pertencia a uma família aristocrática e era apreciada e respeitada por todos. Noutro caso, em Nova Iorque, em 1905, um marinheiro aposentado, o *Capitão John Weed*, que tinha sido comandante de navios transatlânticos durante muitos anos, foi admitido num Lar para marinheiros reformados e, pouco depois, ficou doente e deprimido e cortou a garganta. Só então se descobriu que o *Capitão Weed* era, na verdade, uma mulher. Informaram-me que a causa da depressão e do suicídio do velho marinheiro foi a separação forçada da sua companheira do sexo feminino.

A paixão juvenil das raparigas por atrizes e por outras mulheres proeminentes pode ocasionalmente levar ao suicídio. Em Filadélfia, há alguns anos, uma rapariga de 19 anos, muito bonita e educada, pertencente a uma família muito rica, apaixonou-se por Miss Mary Garden, uma *prima donna* que nem sequer conhecia pessoalmente. A jovem ajoelhava-se em adoração perante o retrato da cantora e estudou para ser cabeleireira e manicura, na esperança de ser aceite como camareira de Miss Garden. Quando percebeu que o seu sonho nunca se iria realizar, atirou sobre si mesma usando um revólver. (Casos mais ou menos parecidos com os que aqui trouxemos acontecem de tempos a tempos em todo o mundo civilizado. Podem encontrar-se relatos jornalísticos deste tipo de casos, bem como de travestismo simples, ou Eonismo, tanto em homens como em mulheres, nas publicações do *Berlin Wissenschaftlich-humanitären Komitee*: até 1909 no *Monatsberichte*, posteriormente no *Vierteljahrsberichte* e de 1913 em diante, no *Jahrbuch für sexuelle Zwischenstufen*).

No entanto, até há muito pouco tempo, sabia-se relativamente pouco sobre a inversão sexual nas mulheres. Já em 1901 (após a publicação da primeira edição do presente *Study*), Krafft-Ebing escreveu que o número de casos registados não chegava aos 50. As monografias principais sobre o tema dedicam muito pouco espaço às mulheres.

O próprio Krafft-Ebing, nas edições anteriores de *Psychopathia Sexualis*, deu pouca atenção à inversão sexual nas mulheres, embora tenha publicado alguns casos. Pelo contrário, Moll incluiu um capítulo valioso sobre o assunto no seu *Konträre Sexualempfindung*, descrevendo um grande número de casos. A inversão nas mulheres também recebeu uma atenção especial no presente *Study*. Contudo, Hirschfeld, no seu *Homosexualität* (1914), foi o primeiro especialista a tratar a homossexualidade

feminina de forma completamente articulada com a
homossexualidade masculina. As duas manifestações, a
masculina e a feminina, são colocadas numa mesma base e
tratadas conjuntamente ao longo da obra.

Não é difícil, sem dúvida, explicar este atraso da investigação sobre a inversão sexual nas mulheres. Não obstante a severidade com que nalguns casos foi tratada a homossexualidade feminina, a atitude prevalecente parece ter sido, em geral, de indiferença; se no caso dos homens tem sido considerada crime ou justa causa para divórcio, nas mulheres, habitualmente, nem sequer tem sido classificada como delito[145]. Outra razão para esta indiferença é que a inversão é mais difícil de detetar nas mulheres; estamos habituados a aceitar uma maior familiaridade e intimidade entre mulheres do que entre homens e, por isso, não suspeitamos tanto que se possa tratar de uma paixão anormal. Para além disso, temos também que ter em mente a enorme ignorância e reticência das mulheres no que respeita a qualquer manifestação (anormal ou, mesmo, normal) da sua vida sexual. Uma mulher pode sentir uma grande atração sexual por outra mulher sem se aperceber que a sua afeição é de caráter sexual e, mesmo quando o compreende, quase sempre se recusa a revelar a natureza da sua experiência íntima, mesmo com as devidas precauções e mesmo sabendo que a revelação da natureza da sua anormalidade poderia ajudar a aliviar o sofrimento de outras mulheres em situação semelhante. Entre as várias confissões voluntariamente enviadas a Krafft-Ebing, não existe uma única de mulheres. Também pode dar-se o caso de que a inversão vincada e completamente desenvolvida seja mais rara nas mulheres (embora a inversão em grau mais suave possa até ser mais comum), tendo em

---

[145] Esta opinião, aparentemente generalizada, é exemplificada pelo comentário de um jovem do século XVIII (referindo-se a uma lésbica amiga da mulher com quem ele desejava casar), citado em *Souvenirs* do Conde de Tilly: "*Confesso que esse é um tipo de rivalidade que não me aborrece; pelo contrário, diverte-me, e sou suficientemente devasso para me rir do assunto*". Esta atitude das pessoas educadas e refinadas não era, provavelmente, partilhada pela populaça. Madame de Lamballe, que foi guilhotinada durante a Revolução, era popularmente considerada uma tríbade e diz-se que foi por isso que a sua elegante cabeça cortada recebeu especiais maus-tratos da multidão.

conta a maior sensibilidade do organismo feminino a estímulos ligeiros e a sua menor propensão para variações severas[146].

No entanto, podem observar-se nas mulheres as mesmas aberrações que se observam nos homens. A inversão feminina foi, por vezes, entendida como um vício da civilização moderna, refinada. No entanto, já era familiar no tempo dos anglo-saxões e o Penitencial de Teodoro, no século VII, já consignava uma penitência de 3 anos (consideravelmente menor do que a que punia os homens ou a bestialidade) para *"a mulher que fornique com uma mulher"*. Encontram-se casos de homossexualidade entre as mulheres de tribos selvagens de todo o mundo, embora tenha sido menos observada do que entre homens[147].

Entre as raças inferiores

Diz-se que Moerenhout afirmou (embora eu não o tenha conseguido confirmar) que na Nova Zelândia as mulheres praticam o lesbianismo. Na América do Sul, onde o fenómeno é comum entre os homens, pode observar-se o mesmo entre as mulheres. Gandavo[148] escreveu sobre as tribos brasileiras que:

> *"Há certas mulheres entre esses índios que prometem manter-se castas e não se dar a nenhum homem. Abandonam todas as ocupações femininas e passam a imitar os homens. Arranjam o cabelo como os homens; vão para a guerra e para a caça, usando os mesmos arcos e flechas; ficam sempre junto dos homens e coabitam com outra mulher, por quem são servidas".*

Isto tem alguma analogia com outros exemplos observados entre os índios norte-americanos. O Dr. Holder, que tem estudado minuciosamente os *boté*, informou-me que não encontrou exemplos correspondentes entre as mulheres índias.

Não há dúvida, no entanto, que a homossexualidade feminina é bem conhecida entre os índios americanos de diversas regiões. Assim, os

---

[146] Havelock Ellis, *Man and Woman*, 5.ª ed., 1915, especialmente os capítulos XIII e XV.

[147] Karsch (*Jahrbuch für sexuelle Zwischenstufen*, vol. III, 1901, pp 85-9) reúne algumas passagens sobre a homossexualidade em mulheres de vários povos.

[148] Gandavo, citado por Lomaeco, *Archivio per l'Antropologia*, 1889, fasc. 1.

índios Salish da Colúmbia Britânica contam a lenda de uma mulher adulta que teve relações sexuais com uma jovem usando um corno como se fosse um pénis[149]. Na mitologia dos índios Assiniboine (do estado americano de Montana e do Canadá) e dos índios Fox (do Iowa), também existem lendas sobre homossexualidade feminina, que se pensa terem origem nos índios algonquinos Cree, com quem os primeiros estavam em contato[150].

Segundo uma lenda dos Assiniboine, uma mulher apaixonou-se pela irmã do marido e fugiu com ela, tendo dessa união resultado o nascimento de uma bebé sem ossos; o marido perseguiu o casal e matou a sua mulher e a criança, sem que ninguém o castigasse. A lenda dos Fox, que se intitula *"Duas moças que se prostituíram uma com a outra"*, dizia o seguinte: *"Conta-se que uma vez, há muito, muito tempo, havia duas mulheres que eram muito amigas uma da outra. Conta-se também que havia dois jovens rapazes que quiseram conquistar as duas donzelas, mas nem sequer foram capazes de falar com elas. Depois de várias tentativas, os jovens começaram a suspeitar que havia algo errado. Então, uma vez, durante o verão, quando as duas jovens se afastaram para recolher casca de árvores, os rapazes seguiram-nas, mantendo-se à distância para poderem observá-las. Enquanto as donzelas descascavam a árvore, os moços permaneceram escondidos. Após algum tempo, deixaram de ouvir os ruídos do trabalho delas. Nessa altura, começaram a rastejar até onde elas estavam. Quando se aproximaram, descobriram que se estavam a despir. A primeira que ficou nua, deitou-se no chão e ficou à espera. Os rapazes, surpreendidos, pensavam: 'Ora esta! O que estarão elas a fazer?' E para seu espanto, as raparigas deitaram-se uma com a outra. Então, os jovens correram para onde elas estavam. A que estava deitada por cima da outra caiu imediatamente de costas para o lado. O seu clítóris estava ereto e tinha uma forma estranha, semelhante ao pénis das tartarugas. As moças começaram a suplicar aos rapazes: 'Oh, não nos denunciem!', diziam elas, 'Por nossa vontade, não o faríamos, mas fomos*

---

[149] *Journal Anthropological Institute*, julho-dezembro de 1904, p. 342.

[150] G. H. Lowie, *The Assiniboine*, Museu Americano de História Natural, *Anthropological Papers*, Nova Iorque, 1909, vol. XIV, p. 223; W. Jones, *Fox Texts, Publications of Am. Ethnological Soc.*, Leyden, 1907, vol. I, p. 151; citado por D. C. McMurtrie, *A Legend of Lesbian Love Among the North American Indians, Urologic Review*, abril de 1914.

obrigadas pelos feitiços de um ser desconhecido'. Conta-se que uma das donzelas ficou grávida e deu à luz uma criança que parecia uma tartaruga de concha mole".

Em Bali, de acordo com Jacobs (citado por Ploss e Bartels), a homossexualidade é quase tão comum entre as mulheres como entre os homens, embora seja mais secreta; os métodos de gratificação adotados são a manipulação com as mãos ou com a língua, ou o encosto das partes (tribadismo).

Baumann, que observou inversão sexual entre a população negra masculina de Zanzibar, julga que também é frequente entre as mulheres. Embora os costumes orientais impeçam as mulheres de usar abertamente roupa masculina, as invertidas fazem-no em privado e são facilmente identificadas pelas outras mulheres porque exibem um comportamento masculino e porque as roupas femininas não lhes ficam bem. Mostram preferência por ocupações masculinas e procuram satisfação sexual entre as mulheres que partilham as suas inclinações ou entre as mulheres normais que se deixam seduzir pela oferta de presentes ou por outros meios. Para além do tribadismo ou do *cunnilingus*, usam um falo de ébano ou de marfim com uma espécie de glande numa das extremidades ou nas duas; neste último caso, pode ser usado simultaneamente pelas duas mulheres e, por vezes, dispõe de um pequeno canal interno por onde pode ser injetada água quente; pensa-se que é uma invenção árabe e sabe-se que também é utilizado por mulheres normais enclausuradas em haréns, privadas de satisfação sexual[151].

Entre as mulheres árabes, de acordo com Kocher, as práticas homossexuais são raras, apesar de serem muito comuns entre os homens árabes. No entanto, no Egito, de acordo com Godard, Kocher e outros, é quase considerada moda e nos haréns não há mulher que não tenha uma *"amiga"*. Há quem diga que na Turquia a homossexualidade é rara entre as mulheres, mas tal parece não ser o caso. Foi observada a sua ocorrência nos haréns e nos banhos de mulheres, tanto neste país como no mundo islâmico em geral. Brantôme, no século XVI, referiu-se ao lesbianismo das mulheres turcas nos banhos, e Leo Africanus, no mesmo século, mencionou o

---

[151] *Zeitschrift für Ethnologie*, Heft 6, 1899, p. 669.

tribadismo das mouras e a existência de prostituição tribádica organizada em Fez. Sabe-se da existência de uma poetisa sáfica otomana, Mihiri, cujo túmulo está em Amasia, e Vambery e Achestorides estão de acordo em relação à prevalência da homossexualidade feminina na Turquia[152]. Entre as negras e mulatas dos países crioulos franceses, de acordo com Corre, a homossexualidade é muito comum. *"Conheço uma senhora de grande beleza, mãe de família,"* refere, *"que veio para Guadalupe mas que não pode frequentar os mercados nem certas lojas por causa da admiração excessiva de que é alvo pelas mulatas e pelas negras, que não se inibem de lhe fazer convites insolentes"*[153]. Refere também vários casos de tentativas de abuso sexual mais ou menos violentos sobre raparigas de cor, de 12 ou 14 anos, levados a cabo por mulheres e observa que são muito mais raras as tentativas de homens sobre rapazes.

Na China (de acordo com Matignon) e na Cochinchina (de acordo com Lorion), a homossexualidade parece ser pouco frequente entre as mulheres. Na Índia, contudo, é provavelmente tão frequente entre as mulheres como entre os homens.

> Na primeira edição deste *Study* citei o parecer do Dr. Buchanan, então Superintendente da Prisão Central de Bengala, em Bhagalpur, que me informou que nunca tinha deparado com nenhum caso e que o chefe dos guardas nunca tinha ouvido falar de tal assunto em mais de 25 anos de trabalho. Outro funcionário público dos Serviços Médicos da Índia garantiu-me, contudo, que não pode haver a menor dúvida sobre a existência de homossexualidade entre as mulheres na Índia, tanto fora como dentro das prisões. Fico-lhe grato pelas seguintes notas sobre este assunto:
>
> *"Que as relações homossexuais são bastante comuns entre as mulheres na Índia é comprovado pela existência na língua hindustani de cinco palavras para descrever as tríbades: (1) dúgáná, (2) zanàkhé, (3) sa'tar, (4) chapatháí, e (5) chapatbáz. O 'modus operandi' geral é o que Marcial apelida de 'geminos committere cunnos', mas por vezes usam um falo, a que chamam 'saburah'. O ato em si é designado por 'chapat' ou 'chapti',*

---

[152] I. Bloch, *Die Prostitution*, vol.I, pp 180, 181.

[153] Corre, *Crime en Pays Creoles*, 1889.

e os poetas hindustanos Nazir, Rangin e Ján S'áheb abordaram o amor lésbico extensivamente e, por vezes, de forma muito grosseira. Ján S'áheb, uma poetisa, canta a satisfação proporcionada pela utilização de um falo nas relações sexuais entre mulheres, que considera superior à que é proporcionada pelos amantes masculinos. O eufemismo geralmente utilizado, quando se fala de duas tríbades que vivem juntas, é que 'vivem à parte''. Tantos testemunhos literários sobre a prevalência daquilo que, *mirable dictu*, o guarda do Dr. Buchanan dizia ignorar.

"Agora, os factos. Na prisão de R., o superintendente descobriu um conjunto de falos no recinto das mulheres; eram de barro seco ao sol e tinham marcas de utilização. Na cadeia de S. havia uma mulher que (como é corrente entre as tríbades da Índia) usava roupa masculina e era famosa pelas suas inclinações sexuais. Um exame detalhado revelou o seguinte: face muito enrugada,' mammæ' de tipo masculino, mas com mamilos alongados e facilmente intumescíveis; regiões ilíacas e glúteas de tipo masculino, tal como as coxas; clitóris com glândulas aumentadas, facilmente intumescível; 'nymphæ' espessas e alargadas; orifício vulvar patente, pois na juventude tinha sido prostituta; voz quase de contralto. A sua parceira era baixa, mas eminentemente feminina na aparência e nos modos. Neste caso, soube que 'o homem' consultou um asceta local e pediu a intercessão da divindade para conseguir engravidar a companheira. ('As obras de medicina hindus mencionam a possibilidade de uma mulher se unir com outra mulher em abraços sexuais e gerar um feto sem ossos'. Short History of Aryan Medical Science, p. 44.)"

"Na cidade de D. 'viviam à parte' duas mulheres, uma de casta brâmane, a outra criadora de gado; segundo uma testemunha, o seu 'modus operandi' era o tribadismo. Em S. fui chamado para tratar a viúva de um muçulmano rico e tive oportunidade de examinar os seus genitais, tendo encontrado o que Martineau teria chamado de estigmas indeléveis da masturbação precoce e do posterior safismo. Ela admitiu a acusação e confessou que se dava muitíssimo bem com as suas três criadas, notavelmente bem constituídas e de boa aparência. Esta senhora disse que começou a masturbar-se muito nova, 'tal como todas as outras mulheres', e que o safismo só aconteceu depois da puberdade. Outra mulher muçulmana que eu conhecia, que tinha um clitóris muito grande, disse-me que tinha sido iniciada no amor lésbico por uma vizinha aos 12 anos de idade e que, desde então, o tinha praticado intermitentemente. Também

poderia dar o exemplo de duas irmãs da casta dos jardineiros, ambas viúvas, que 'viviam à parte' e que se entregavam ao safismo".

"As protagonistas do tribadismo são, por vezes, muito vigorosas, o que pode ser comprovado pela confissão de duas prisioneiras da prisão central de ---, que admitiram que os inchaços das suas vulvas eram causados pelos abraços que davam uma à outra. O subordinado que me contou isto, mencionou-mo acidentalmente quando me relatava as suas experiências como assistente no hospital desta prisão. Quando o questionei, indicou-me que a mulher a quem tinha sido chamado a tratar lhe disse que nunca 'ficava satisfeita' com homens, só com mulheres. E acrescentou que o tribadismo era 'muito comum na cadeia'".

Homossexualidade temporária nas escolas, etc.

O esboço precedente mostra que as práticas homossexuais (e provavelmente a inversão sexual) estão seguramente muito difundidas entre as mulheres de muitas e variadas partes do mundo, embora seja provável que, tal como nos homens, haja variações geográficas, raciais, nacionais e sociais na frequência ou intensidade das suas manifestações externas. Por exemplo, Casanova, no século XVIII, comentou que as mulheres da Provença eram especialmente adeptas do lesbianismo.

As práticas homossexuais florescem entre as mulheres das prisões europeias tanto como, provavelmente, entre os homens. Há mesmo razões para supor que estes fenómenos são, por vezes, mais frequentes que entre os homens[154]. Esta prevalência da homossexualidade entre as mulheres nas prisões está relacionada com a ligação muito próxima que existe entre a criminalidade feminina e a prostituição.

---

[154] Numa prisão espanhola, há alguns anos, quando um novo governador decidiu corrigir os hábitos homossexuais das prisioneiras, estas dificultaram-lhe de tal forma o exercício das suas funções que ele se viu forçado à demissão. Salillas (*Vida Penal en España*) afirma que todos os factos apontam para uma extraordinária expansão do amor lésbico nas prisões. As "*mujeres hombrunas*" utilizam nomes masculinos como Pepe, Chulo, Bernardo, Valiente; as recém-chegadas são rodeadas no pátio da prisão por uma coro de mulheres lascivas, que as inundam de elogios e galanteios e promessas de proteção; as viragos mais poderosas são as mais bem-sucedidas; a iniciação completa-se no decurso do primeiro dia e da primeira noite.

A frequência das práticas homossexuais entre as prostitutas é de algum interesse e precisa de uma explicação especial pois à primeira vista parece contradizer tudo o que sabemos sobre as origens da homossexualidade. Sobre a ocorrência da homossexualidade entre as prostitutas não podem restar dúvidas[155]: tem sido observada por todos os que estão familiarizados com a vida destas mulheres, embora as opiniões difiram em relação à sua prevalência. Em Berlim, fontes bem colocadas informaram Moll que a proporção de prostitutas com tendências lésbicas era de cerca de 25%; em Paris, há muitos anos, Parent-Duchâtelet observou quase a mesma proporção; atualmente, de acordo com Chevalier, é ainda maior, e Bourneville acredita que 75% das mulheres internadas nos hospitais de Paris que tratam doenças venéreas já praticaram a homossexualidade. Hammer, na Alemanha, constatou que de entre 66 prostitutas, 41 eram homossexuais[156]. Hirschfeld pensa que as mulheres invertidas são especialmente propensas à prostituição[157]. Eulenburg acredita, por outro lado, que são as suas condições de vida que favorecem a homossexualidade; *"a união homossexual parece-lhes superior, mais pura, mais inocente, mais perfeita"*[158]. Não existe, contudo, nenhuma contradição fundamental entre estes dois pontos de vista; os dois estão, provavelmente, certos.

Em Londres, tanto quanto as minhas investigações me permitiram apurar, a homossexualidade entre as prostitutas é muito menos frequente e nas formas mais marcadas está confinada a um número relativamente pequeno de casos. Fico grato a um amigo pela seguinte nota: *"Das minhas experiências com prostitutas parisienses, posso concluir que o lesbianismo em Paris é extremamente frequente; com efeito, poderíamos mesmo dizer que é normal. Em especial, quase todas as bailarinas de 'can-can' do*

---

[155] O que se observa mesmo entre as prostitutas árabes, de acordo com Kocher, embora entre as mulheres árabes em geral, seja raro.

[156] *Monatsschrift für Harnkrankheiten*, novembro de 1905; em *Tribadie Berlins*, afirma que entre 3.000 prostitutas observadas, pelo menos dez por cento são homossexuais. Ver também Parent-Duchatelet, *De la Prostitution*, 3.ª ed., vol. I, pp. 159, 169; Martineau, *Les Déformations vulvaires et anales*; e Iwan Bloch, *Beiträge zur Ætiologie der Psychopathia Sexualis*, 1902, vol. I, p. 244.

[157] Hirschfeld, *Die Homosexualität*, p. 330.

[158] Eulenburg, *Sexuelle Neuropathie*, p. 144.

Moulin-Rouge, do Casino de Paris e de outras salas de espetáculos se destacam por gostarem de andar aos pares e, quase sempre, por preferirem ficar juntas, mesmo nos seus momentos mais profissionais com o sexo oposto. Em Londres, a coisa é, naturalmente, muito menos óbvia e, julgo eu, muito menos frequente; mas não é, seguramente, rara. Algumas prostitutas famosas são conhecidas pelas suas tendências nessa direção, o que não interfere notoriamente, porém, no desempenho da sua profissão. Pessoalmente, não conheço uma única prostituta que seja exclusivamente lésbica; ouvi vagamente falar que existem um ou dois desses casos anómalos. Mas também ouvi, no Corinthian, uma 'cocotte' importante anunciar a toda a sala que ia para casa com outra rapariga, sem que ninguém duvidasse da veracidade da sua declaração. O seu nome, de facto, aparecia sempre associado ao de uma atriz de quinta categoria. Outra mulher, da mesma espécie, tem uma pequena clientela de mulheres que lhe compram as suas fotos na Burlington Arcade. Nos escalões mais baixos da profissão tudo isto é menos comum. Muitas vezes deparamos com mulheres que simplesmente nunca ouviram falar de tal coisa; sabem que existe entre homens, mas não entre mulheres. E ficam, na sua maior parte, bastante horrorizadas com a ideia, que consideram fazer parte integrante da 'bestialidade francesa'. É certo que quase todas as raparigas têm a sua amiga especial e que, quando não estão a trabalhar, dormem frequentemente juntas; mas se, em casos especiais e raros, isto significa sem dúvida tudo o que aparenta significar, na maior parte dos casos, tanto como podemos avaliar, não significa mais do que o que significaria entre raparigas comuns".

É evidente que terão que existir algumas causas radicais que expliquem a frequência da homossexualidade entre as prostitutas. Uma dessas causas, sem dúvida, reside no tipo de relações que as prostitutas têm com os homens; tais relações são de caráter profissional e, porque enfatizam a componente de negócio, reduzem a possibilidade de satisfação sexual; para além disso, não há lugar para o sentido de igualdade social, nem para o sentimento de posse ou para o carinho e dedicação femininas. A prostituta é normalmente forçada a encontrar o que lhe falta junto de um "*chulo*" ou de outra mulher[159].

Para além deste facto, deve ter-se em conta que, num número muito grande de casos, as prostitutas apresentam, em maior ou menor grau,

---

[159] Ver vol. VI destes *Studies, Sex in Relation to Society*, cap. VII.

alguns sintomas de neurose hereditária[160] e não seria surpreendente que uma proporção inusitadamente alta hospedasse o embrião da homossexualidade. Pode acontecer que a vida das prostitutas seja favorável ao desenvolvimento de tal embrião, o que explicaria uma maior tendência para a homossexualidade, tal como acontece com os criminosos e, em menor extensão, com as pessoas de grande talento e capacidade intelectual.

A homossexualidade é particularmente favorecida no caso de ocupações que obriguem a grande proximidade entre mulheres, sem companhia de homens, tanto de dia como também à noite. Estão neste caso, por exemplo, os conventos em que, no passado, independentemente do que possa acontecer atualmente, a homossexualidade era considerada muito frequente. Foi especialmente assim no século XVIII, quando muitas jovens sem qualquer vocação religiosa eram obrigadas a ir para conventos[161]. O mesmo se passa hoje com as empregadas dos grandes hotéis, onde as práticas homossexuais são muito comuns[162]. Laycock, há muitos anos, notou a prevalência de manifestações deste tipo, que

---

[160] A prostituta é, por vezes, considerada como um tipo especial, análogo ao do criminoso instintivo. Este ponto de vista foi especialmente salientado por Lombroso e Ferrero, *La Donna Delinquente*. Para além disso, estes autores consideram que a homossexualidade das prostitutas se deve às seguintes causas: (p. 410 *et seq.*): (a) desejo sexual excessivo e frequentemente não natural; (b) confinamento em prisão, sem contacto com homens; (c) coabitação com outras mulheres, como é normal nos bordéis; (d) maturidade e velhice, com inversão das caraterísticas sexuais secundárias e predisposição à inversão sexual; (e) repugnância por homens, causada pela profissão, combinada com o desejo de amar. Para consultar casos de homossexualidade entre prostitutas americanas, ver D. McMurtrie, *Lancet-Clinic*, 2 de novembro de 1912.

[161] Casanova, que conhecia intimamente várias freiras, refere-se à homossexualidade como um pecado infantil tão comum nos conventos que os confessores não lhe impunham qualquer penitência (*Mémoires*, ed. Garnier, vol. IV, p. 517). A homossexualidade nas escolas conventuais foi estudada por Mercante, *Archivos di Psiquiatria*, 1905, pp 22-30.

[162] Cito uma carta particular escrita na Suíça: "*Um residente inglês disse-me que a sua esposa tinha sido recentemente obrigada a despedir uma criada de quarto (uma bonita rapariga) porque ela trazia frequentemente mulheres desconhecidas para dormir com ela. Perguntei-lhe se ela tinha sido empregada de hotel e descobri, como já esperava, que tinha. Mas nem o meu amigo, nem a sua esposa, suspeitavam da verdadeira causa dessas visitas noturnas*".

considerou histéricas, entre as costureiras, bordadeiras, etc. que ficavam confinadas durante horas em salas quentes. As circunstâncias de um grande número de raparigas empregadas em grandes lojas e fábricas, dormindo no estabelecimento, duas em cada quarto ou mesmo em cada cama, são favoráveis ao desenvolvimento de práticas homossexuais.

Em Inglaterra é raro que alguém se preocupe com a investigação destes fenómenos, porém eles existem e têm sido estudados noutros países. Niceforo, que estudou vários aspetos da vida das classes trabalhadoras de Roma, conseguiu obter informações muito precisas sobre os usos e costumes das jovens costureiras e modistas. Salientou que poucos dos que se cruzam nas ruas com as "*virtuosas filhas do povo*", por vezes com menos de 12 anos, carregando nos braços as caixas de costureira, com a cabeça modestamente baixa e um ar virginal, se apercebem do intenso desassossego sexual que frequentemente se esconde sob tão calma aparência. Nas salas de costura, na ausência da patroa ou da encarregada, a conversa gira perpetuamente em torno de assuntos sexuais e, mesmo na presença destas, os diálogos têm sempre duplo significado. O estado de excitação sexual assim criado só é aliviado, por vezes, mentalmente, pelo onanismo psíquico ou, noutras vezes, por algum tipo de masturbação; uma das raparigas admitiu a Niceforo que ao permitir que o seu pensamento se concentrasse no assunto enquanto costurava, conseguia produzir excitação sexual física até 4 vezes num só dia. (Ver também o vol. I destes *Studies*, intitulado *Auto-erotism*.) No entanto, em certos casos, surge uma espécie ténue de homossexualidade, em que as raparigas, já excitadas pelos seus próprios pensamentos e pelas conversas, ficam ainda mais excitadas quando se tocam mutuamente. "*No verão, num quarto de costura, algumas raparigas não usavam ceroulas e desabotoavam os seus corpetes, trabalhando com as pernas cruzadas, mais ou menos destapadas. Nesta posição, as raparigas aproximavam-se umas das outras para se inspecionarem mutuamente; algumas gabavam-se das suas pernas brancas e subiam o corpete para possibilitar uma comparação mais completa. Muitas gostavam desta inspeção à sua nudez que lhes proporcionava prazer sexual. Entre o meio-dia e as duas, as horas de maior calor, quando todas estavam assim e a patroa, na sua camisa de noite (e por vezes sem ela, não manifestando qualquer vergonha na presença das empregadas) se deixava dormir no sofá, todas as raparigas, 'sem exceção', se masturbavam. O calor parecia aumentar-lhes o desejo e despertar-lhes morbidamente os sentidos. As emoções voluptuosas, reprimidas durante o resto do dia, soltavam-se com força irresistível; estimuladas pelo espetáculo da nudez mútua, algumas raparigas encostavam as pernas umas às outras, simulando o contato com homens, para assim aumentar o espasmo"*. É assim que praticam a masturbação mútua. *"É digno de nota, contudo"*, refere Niceforo,*"que estes casais que se formam para masturbação mútua, não são casais de lésbicas. O tribadismo está completamente ausente das fábricas e das salas de costura"*. Ele acredita mesmo que não existe entre as raparigas da classe operária. E vai mais além, descrevendo como, noutro quarto de costura, durante as horas mais quentes do dia, algumas raparigas se retiram para a sala de provas e, depois de ajustarem as camisas à cintura e às pernas com alfinetes para imitar calças, fazem o papel de homem e fingem ter relações sexuais com as outras. (Nicéforo, *Il Gergo*, cap. VI, 1897, Turim). Reproduzi aqui estes detalhes do cuidadoso estudo de Niceforo porque, embora alguns possam parecer triviais, ilustram muito bem as grandes diferenças que existem entre a homossexualidade meramente temporária e a verdadeira inversão sexual. Os divertimentos destas jovens raparigas não podem ser considerados inocentes nem louváveis. Mas, por outro lado, também não são radicalmente mórbidos nem perversos. São apenas *"brincadeiras"* que não se sobrepõem de modo nenhum ao verdadeiro ideal sexual, o de uma relação normal com um homem, e que desaparecem, seguramente, quando algum homem surge nas suas vidas.

Devemos salientar que as observações de Niceforo foram feitas em raparigas que eram maioritariamente muito jovens. Nas grandes fábricas, onde estão empregadas muitas mulheres adultas, o fenómeno tende a ser mais raro, mas menos trivial e mais sério. Em Wolverhampton, há cerca de 40 anos, foi reportado o caso de uma mulher num *"armazém"* de zincagem que, depois do jantar, assediou indecentemente uma rapariga recém-contratada. Duas mulheres seguraram a vítima no chão, o que parece demonstrar que o vício homossexual era aqui muito comum e do conhecimento geral. Sem dúvida, trata-se de um caso de excecional brutalidade. Contudo, ilustra bem as condições prevalecentes nas fábricas. Em Espanha, nas grandes fábricas onde se empregam muitas mulheres adultas, sobretudo nas grandes fábricas tabaqueiras de Sevilha, as relações lésbicas parecem não ser invulgares. As mulheres trabalham num ambiente que, no verão, é tão quente que as obriga a despir a maior parte da roupa que trazem no corpo, a tal ponto que existe uma campainha que toca para as avisar que um visitante está prestes a entrar nos locais de trabalho. Tal ambiente favorece o estabelecimento de relações homossexuais. Quando estive em Espanha, há alguns anos, ocorreu um incidente na Fábrica de Tabacos de Sevilha que atraiu muito a atenção dos jornais e que, embora fosse considerado invulgar, dá uma ideia do que se passava entre estas trabalhadoras. Certa manhã, quando as mulheres estavam a entrar para as salas de trabalho, e no meio da habitual animação que acompanhava a troca dos xailes de Manila pelos vestidos leves que eram usados para trabalhar, uma delas puxou subitamente de um pequeno canivete para infligir seis ou sete cortes na cara e no pescoço de outra, ameaçando matar quem se aproximasse. As duas *cigarreras* eram trabalhadoras de classe superior a quem eram atribuídas apenas as tarefas que requeriam maior destreza e já trabalhavam na fábrica há muitos anos. Diz-se que a sua aparência não podia contrastar mais: a agressora, que tinha 48 anos de idade, tinha um ar masculino, era magra e alta, com uma expressão de firme determinação na cara enrugada; a vítima, por seu lado, tinha 30 anos, era gordinha e bonita, de aparência muito agradável. Inicialmente, pensou-se que o ataque seria para vingar os insultos que a mãe da vítima teria feito ao filho da atacante. No entanto, soube-se que as duas já tinham sido muito amigas e que, ultimamente, a mais nova tinha deixado a mais velha para se juntar à encarregada da sua sala, provocando os ciúmes da atacante, que queria matar as duas, o que não conseguiu concretizar devido à ausência imprevista da encarregada nesse dia.

No teatro, a sexualidade anormal, estimulada pela proximidade no trabalho, é agravada pela inclinação dramática dos homossexuais, um ponto a que terei de voltar a referir-me mais à frente. Fico grato a um amigo pela seguinte nota: *"As amizades apaixonadas entre raparigas, tanto as mais suaves como as mais fortemente lésbicas, são extremamente comuns nos teatros, tanto entre as atrizes como, ainda mais, entre as coristas e as bailarinas. A barafunda dos camarins, as esperas de, por vezes, duas horas entre espetáculos, durante as quais as raparigas ficam confinadas em camarins apertados, num estado de inatividade e de excitação, proporcionam inúmeras oportunidades para o desenvolvimento deste tipo especial de sentimentos. Na maior parte dos teatros existe um pequeno círculo de raparigas que descuidam a convivência com as demais, ou que são por elas evitadas, e que professam uma devoção ilimitada umas pelas outras. A maior parte dessas raparigas são igualmente capazes de namoriscar com o sexo oposto, mas sei de algumas que mal dirigem a palavra aos homens e que nunca são vistas sem estarem acompanhadas pela sua 'amiga' ou 'camarada' especial que, se trabalha noutro local, as vem esperar à saída do teatro, na porta dos atores. Mas, também neste caso, raramente a experiência é muito duradoura. Acontece que as raparigas inglesas, sobretudo as de classe média e baixa, quer tenham ou não perdido a virtude, estão muito constrangidas pelas convenções sociais. A ignorância e os costumes são duas influências inibidoras da concretização deste tipo particular de perversão. É por isso que é entre os escalões superiores da sociedade e entre as prostitutas que se encontra mais frequentemente o lesbianismo, pois aí a liberdade de ação é maior e são menos marcados os preconceitos"*.

Nas raparigas, tal como nos rapazes, é na escola, quando surge a puberdade, que a homossexualidade primeiro se manifesta. A sua origem pode ser essencialmente periférica ou essencialmente central. No primeiro caso, duas raparigas, provavelmente dormindo na mesma cama, excitam-se mutuamente, com maior ou menor intencionalidade, acentuando a excitação sexual por meio de carícias e beijos. Esta homossexualidade é espúria, uma manifestação precoce do instinto normal. Nas raparigas que são congenitamente predispostas à homossexualidade, estas primeiras manifestações irão prosseguir e desenvolver-se; a maioria das outras irá esquecê-las, envergonhadamente, ao encontrar o objeto normal do amor sexual.

Posso citar como exemplo, por ser razoavelmente típico, o das observações seguintes que me foram enviadas por uma senhora que não pode ser considerada invertida: *"Como muitas outras meninas e raparigas, aprendi sobre o autoabuso (N.T.: masturbação) com uma colega de escola e passei essa informação a uma ou duas outras. Recordo-me de ter passado uma noite em jogos sensuais com uma delas quando tínhamos apenas 16 anos. Na manhã seguinte estávamos terrivelmente envergonhadas e nunca mais voltou a acontecer. Quando tinha apenas 8 anos, havia uma rapariga de 13 anos que gostava de brincar com o meu corpo e que me ensinou a brincar com o dela, embora tal não me agradasse. Dormíamos juntas talvez uma vez em cada seis meses. Este tipo de coisas, com o objetivo de obter prazer mas sem paixão, não são invulgares entre as crianças, mas penso que são menos frequentes do que se imagina. Acredito que conseguiria lembrar-me sem grande dificuldade do número de vezes que aconteceu comigo. No caso que mencionei, em que experimentei a paixão sensual por uma noite (ou em que a tentei excitar em mim e na minha companheira de 16 anos), já tínhamos dormido algumas vezes juntas quando éramos crianças e tínhamos feito estas coisas. Quando nos voltámos a encontrar nessa ocasião, falámos sobre as nossas memórias de infância, recordando o que se passou, e fomos assaltadas pelo impulso sexual. Mas não senti qualquer carinho ou paixão especial por ela nessa altura, nem ela por mim. Só sentimos que a nossa natureza sensual era forte e que nos tinha arrastado para algo que nos envergonhou e que, depois desse dia, fez com que nos mantivéssemos afastadas uma da outra sempre que dormíamos juntas. Acho que deixámos de gostar uma da outra e que ficamos irritadas sempre que pensamos sobre essa noite, sentindo que nos desrespeitámos mutuamente"*.

Os casos em que a fonte é essencialmente central, em vez de periférica, confundem-se no exemplo anterior, sem linhas de demarcação claras. Em casos destes, uma rapariga apaixona-se ardentemente por outra, talvez um pouco mais velha, frequentemente uma colega de escola, por vezes a professora, a quem dedica uma quantidade surpreendente de carinho. O seu amor poderá ou não ser correspondido, geralmente sob a forma de uma aceitação cortês do carinho recebido. A rapariga apaixonada mantém-se, muitas vezes, ignorante ou inconsciente acerca do impulso sexual, e não procura nenhuma forma de o satisfazer. No entanto, procura beijar ou dormir com a amiga e, nessas ocasiões, pode acontecer que a amiga, que normalmente não reage, experimente sensações sexuais mais ou menos intensas (turgescência das partes pudendas, com secreção de muco e espasmos involuntários dos músculos próximos), embora lhes dê pouca ou nenhuma importância, ou mesmo, devido à ignorância comum das raparigas no que concerne a sexo, nem sequer as compreenda. Nalguns casos, observa-se a tentativa de aumentar as sensações sexuais através de abraços apertados e de beijos. Julgo que este tipo rudimentar de relacionamento homossexual é mais comum entre raparigas que entre rapazes, o que pode ser explicado por diversas razões: (1) os rapazes estão normalmente mais familiarizados com os fenómenos sexuais e consideram que tais relacionamentos são pouco viris; (2) as raparigas sentem, mais que os rapazes, a necessidade de acarinhar e de dar atenção; (3) as raparigas não têm, nas condições sociais atuais, que obrigam as jovens mulheres a manter os homens à distância, as mesmas oportunidades para encontrar um escape para as suas emoções sexuais; (4) as convenções sociais aceitam um considerável grau de proximidade física entre raparigas o que, ao mesmo tempo, encoraja e encobre as manifestações de homossexualidade.

As ligações ardentes que as raparigas nas escolas e colégios formam entre si e com as suas professoras constituem um assunto que é de considerável interesse psicológico e de grande importância prática[163]. Estas paixões de menina, na fronteira entre a amizade simples e a paixão sexual, podem observar-se em todos os países em que as raparigas estão separadas dos rapazes nas escolas, e os seus sintomas são, em geral, singularmente uniformes, embora até certo ponto variem em intensidade e caráter, de época para época, e de lugar para lugar, por vezes assumindo os contornos de uma epidemia. Têm sido cuidadosamente estudadas, sobretudo na Itália, onde Obici e Marchesini - um alienista e um psicólogo que trabalham em equipa - têm vindo a analisar os fenómenos com extraordinária perspicácia e

---

[163] Para consultar uma série de casos de paixões entre raparigas nos Estados Unidos, em jovens aparentemente normais, ver, por ex., Lancaster, *The Psychology and Pedagogy of Adolescence, Pedagogical Seminary*, julho de 1897, p. 88; para amizades escolares entre raparigas, em tudo semelhantes às amizades entre rapazes e raparigas, ver Theodate L. Smith, *Types of Adolescent Affection*, ib., junho de 1904, pp. 193, 195.

delicadeza e grande riqueza de documentação[164]. Mas podem observar-se exatamente os mesmos fenómenos nalgumas das maiores escolas inglesas de raparigas, mesmo nas mais modernas, e nalgumas das maiores escolas femininas americanas tais fenómenos ganharam contornos tão intensos que provocam muita ansiedade[165]. No entanto, na generalidade, é provável que tais manifestações de afeto sejam aceites com maior indulgência nas escolas de raparigas do que nas de rapazes, o que parece razoável se tivermos em consideração que estas manifestações são mais pronunciadas nas raparigas que nos rapazes. A diretora de um colégio inglês escreve:

"As minhas suposições sobre tais questões têm sido que os afetos fazem parte da natureza do corpo e da mente e que, entre duas mulheres, os afetos se exprimem natural e inocentemente por carícias. Nunca senti necessidade de repreender as raparigas pelos elementos físicos da amizade. As recomendações que poderia fazer-lhes seriam, provavelmente, as mesmas que faria para outros tipos de relações: será que essa amizade está a melhorar-te a vida como um todo, tornando-te mais sagaz, bondosa, industriosa, etc., ou será que está a embaraçar-te a vida?"

As amizades apaixonadas, de caráter sexual mais ou menos consciente, são comuns mesmo fora das escolas. Acontece frequentemente uma jovem apaixonar-se à distância por algum jovem seu conhecido para, logo em seguida, estabelecer ligações íntimas com uma amiga do seu próprio sexo. Geralmente, não se observa inversão congénita nestes casos. Normalmente, o impulso normal acaba por regressar de forma definitiva logo que se estabelece uma relação com um homem ou quando as emoções arrefecem com as dificuldades da vida diária, levando à tomada de consciência sobre a verdadeira natureza de tais sentimentos e à consequente repugnância. Nalguns casos, estas relações, especialmente quando nascem depois da vida escolar, são razoavelmente estáveis e permanentes. Uma mulher enérgica e emocional, não especialmente bela, poderá talvez dedicar-se a outra, quiçá uma mulher pouco prática, que tenha alguma ocupação especializada, que apresente um instinto sexual

---

[164] Obici e Marchesini, *Le "Amicizie" di Collegio*, Roma, 1898.

[165] Ver o Apêndice B, no qual resumo brevemente o resultado da investigação de Obici e Marchesini e onde fiz algumas observações relacionadas com os colégios ingleses.

muito débil e que sinta gratidão pela dedicação da sua amiga, mas que não a retribua ativamente. Os fenómenos sexuais, nestes casos, poderão variar muito. Os sentimentos poderão ser latentes ou inconscientes, ou poderão até ser unilaterais, mas são muito frequentemente reconhecidos e partilhados pelas duas. Tais casos encontram-se na fronteira da verdadeira inversão sexual, mas não poderão ser classificados como tal. O sexo, nestas relações, poderá não ser o elemento essencial e fundamental, assumindo um papel mais ou menos subordinado e secundário. A relação poderá parecer sexual sempre que existam diferenças físicas ou psíquicas acentuadas entre as duas amigas ou quando se observe um desenvolvimento nervoso ligeiramente anormal de uma ou das duas. Teremos de classificar estas relações como amizades hipertrofiadas, uma hipertrofia provocada por um instinto sexual frustrado.

A narrativa seguinte foi escrita por uma senhora que detém uma posição de grande responsabilidade no setor educacional: *"Uma amiga minha, dois ou três anos mais velha que eu (tenho 31 anos) e que vive comigo em minha casa, tem vindo a atravessar um período de grande infelicidade. A tensão nervosa que isso lhe provoca faz com que durma mal e acorde às 3 horas da madrugada, terrivelmente deprimida. Nos primeiros tempos da nossa amizade, há cerca de oito meses, ela desabafava muito comigo. Insisti para que consultasse um médico, que a aconselhou, entre outras coisas, a não dormir sozinha. A partir daí, ao longo dos dois ou três meses seguintes, passou a dormir no meu quarto. Uma semana ou duas depois começou a deitar-se um pouco na minha cama ao início da noite, porque isso parecia ajudá-la a descansar."*

"Antes disso, na segunda ou terceira vez em que ela veio ter comigo logo de manhã cedo, fiquei surpreendida e um pouco assustada por perceber o prazer que me dava tê-la junto a mim, e quanto me custava vê-la partir. Quando começámos a dormir regularmente no mesmo quarto, a parte física do nosso afeto aumentou rapidamente, tornando-se muito forte. É com grande naturalidade que, geralmente, acaricio as minhas amigas, mas rapidamente percebi que não conseguia estar sozinha numa sala com esta sem desejar envolvê-la nos braços. Teria sido intolerável para mim viver com ela sem a poder tocar. Nunca discutimos este assunto, mas era evidente que o desejo era ainda mais forte nela do que em mim."

"Por algum tempo bastou-nos estar juntas na cama. Contudo, uma noite, depois de ela ter tido um dia horrível, quis a todo o custo reconfortá-la e

destapei o meu peito para que ela se aconchegasse. Depois disso, ficou claro que nenhuma de nós se contentaria com menos. Ela aninhou-se como uma criança, o que me excitou muito mais do que desnudar o peito e os braços."

"Grande parte desta excitação era sexual e passei os dias seguintes a sonhar envolvê-la nos meus abraços. Notei também que a minha tendência para acariciar as outras mulheres não diminuiu, tendo, pelo contrário, aumentado. Tudo isto me perturbou bastante. As práticas homossexuais, que eu tinha descoberto recentemente pela leitura, pareciam-me simplesmente sórdidas e nunca me passou pela cabeça que me podia deixar tentar por elas. Ao mesmo tempo, tudo isto era novo para mim, que até então, nem sequer aceitara partilhar a minha cama com ninguém. Já tinha lido que o instinto sexual era inesperado e misterioso e fiquei com a sensação de que tudo me poderia acontecer."

"Só conhecia uma pessoa mais velha a quem (por abertura de espírito e santidade) podia pedir conselhos, e foi a esse homem de meia-idade que escrevi, contando o que se passava. Ele respondeu-me numa longa carta cheia de advertências carinhosas. Aconselhava-me a não afastar subitamente a minha amiga, ou a não o fazer sem o seu acordo, para não enfraquecer a minha influência sobre ela, mas disse-me para ser cuidadosa e para não aprofundar uma relação que podia ser perigosa. Tentei seguir os seus conselhos, contendo-me, por exemplo, quando desejava acariciá-la e percebia que o sentimento era mútuo. O único resultado aparente foi um aumento do desejo, mais atormentado e prolongado do que nunca."

"Se nesse momento a minha amiga morresse ou se partisse para longe e a nossa relação terminasse, eu teria ficado, provavelmente, perturbada emocionalmente durante muitos anos. Teria vacilado na minha opinião de sempre, de que as expressões corporais de amor entre mulheres são tão inocentes como naturais, e ter-me-ia aproximado mais do que nunca da doutrina desses professores dos conventos que proíbem as suas alunas de se abraçarem umas às outras por recearem que certos instintos imprevisíveis as arrastem para o abismo."

"O que aconteceu foi que, após algum tempo, acabei por falar um pouco sobre o assunto com a minha amiga. Estava inclinada a pensar que ela poderia partilhar a minha ansiedade, mas enganei-me completamente. Ela disse-me que não gostava nada que eu pensasse assim, que gostava mais de mim do que alguma vez tinha gostado de alguém, com exceção de

uma pessoa (a que a fazia infeliz), que me queria de todas as formas possíveis e que ficaria extremamente infeliz se eu tentasse afastar-me dela por pensar que estávamos a fazer algo de errado."

"Pela minha parte, sabia muito bem o quanto ela precisava de mim. Sabia que, nas relações com outros, ela estava a tentar esforçadamente seguir os meus conselhos, fazendo o que eu achava que estava certo apesar da forte pressão a que estava sujeita para fazer o contrário, pelo que precisava de todo o carinho e apoio que eu lhe pudesse dar. Pareceu-me, depois da nossa conversa, que a atitude correta seria não ceder a medos ou escrúpulos mas, ao invés, dar frontalmente à minha amiga todo o amor que conseguisse dar-lhe. Decidi prosseguir, mantendo-me alerta em relação a potenciais perigos."

"Por essa época estávamos a viver juntas sozinhas e daí para a frente fizemos tudo o que gostávamos de fazer. Logo que foi possível, trocámos de cama para podermos dormir juntas a noite toda. Durante o dia, quando não havia ninguém em casa, podíamos sentar-nos tão perto uma da outra quanto queríamos, ou seja, mesmo muito juntas. Beijávamo-nos tão frequentemente quanto queríamos, ou seja, muitas vezes por dia."

"Os resultados de tudo isto, tanto quanto posso avaliar, têm sido inteiramente positivos. Amamo-nos calorosamente mas não cedemos à tentação da sordidez e não me parece que venhamos a ceder. Com o hábito, a excitação física localizada praticamente desapareceu e deixei de estar obcecada com abraços imaginários. O lado espiritual do nosso amor parece ter crescido de forma constante a partir do momento em que o lado físico passou a ocupar o seu espaço natural."

Um grupo de mulheres em quem a homossexualidade, embora estando presente, é pouco acentuada, é o daquelas por quem as mulheres invertidas ativas se sentem mais atraídas. Estas mulheres diferem das normais, ou diferem da média, em primeiro lugar, por não sentirem aversão ou repulsa pelas iniciativas amorosas das pessoas do seu próprio sexo. Não são, geralmente, mulheres atraentes para o homem médio, embora existam muitas exceções. Os seus rostos podem ser vulgares ou mal feitos, mas frequentemente possuem um corpo esbelto, o que é mais valorizado pelas mulheres invertidas do que a beleza do rosto. Os seus impulsos sexuais raramente são fortes, mas são muito carinhosas. Em geral, são mulheres pouco robustas, física e emocionalmente imaturas e que não estão bem adaptadas à maternidade, mas que mesmo assim possuem muitas qualidades excelentes, sendo sempre muito femininas. Poderemos dizer, talvez, que são o tipo de mulheres que não atraem o homem médio. Esta é muitas vezes a razão pela qual estão receptivas a avanços homossexuais, mas não penso que seja a única. Na medida em que podemos afirmar que constituem uma classe à parte, estas mulheres parecem possuir uma preferência genuína, embora não exclusivamente sexual, por mulheres, mais que por homens, e é a frieza associada a esta preferência, mais que a falta de charme, que faz com que os homens não se interessem por elas.

Geralmente, as mulheres ativamente invertidas diferem das mulheres do grupo descrito acima por uma característica essencial: um toque mais ou menos marcado de masculinidade. Poderão não ser, e frequentemente não são, aquilo a que usualmente se chama uma mulher-homem, pois essas imitam os homens no que se refere a comportamentos e preferências independentemente de serem sexualmente pervertidas ou não; os traços masculinos fazem parte do instinto orgânico das mulheres invertidas, que elas nem sempre gostam de acentuar. O elemento masculino das mulheres invertidas poderá, em último caso, revelar-se apenas pelas suas tentativas de sedução das mulheres por quem se sentem atraídas, ao mesmo tempo que tratam friamente todos os homens, não os excluindo de relações de camaradagem, mas recusando qualquer tipo de relação sexual, seja apaixonada ou de mera coqueteria. Normalmente, as mulheres invertidas sentem absoluta indiferença em relação aos homens e por vezes sentem repulsa. E este sentimento é, em regra, instintivamente retribuído pelos homens. Por outro lado, a bissexualidade nas mulheres é, pelo menos, tão comum como nos homens.

Casos

CASO 34. - Sra. S., solteira, 38 anos, vivendo numa cidade dos Estados Unidos da América, uma empresária de fina inteligência, proeminente em círculos profissionais e literários. A sua saúde geral é boa, mas pertence a uma família em que há um acentuado elemento neuropático. É de temperamento fleumático, equilibrada, sempre perfeitamente calma e senhora de si, reservada e com uma postura simpática e muito digna.

Diz que não se sente atraída por homens, mas que a sua vida tem sido *"glorificada e embelezada pela amizade das mulheres"*, a quem ama como os homens amam as mulheres. É, no entanto, muito disciplinada e as suas amigas não se apercebem da natureza dos seus afetos. Tenta não concentrar todo o seu amor numa só pessoa e empenha-se em utilizar (tal como ela mesmo o diz) o seu *"dom de amar"* como uma ferramenta para obter satisfação mental e espiritual. Alguém que a conhece de longa data, descreve-a como *"tendo uma natureza privilegiada e um instinto infalível para altos feitos"*.

CASO 35. - Sra. B., solteira, artista, de ascendência alemã pelo lado paterno. Entre os seus irmãos e irmãs, um é neurótico e outro invertido. Ela é saudável. Os homens não a repugnam e até gostaria de tentar o casamento se a união não fosse permanente, mas quase nunca sentiu atração sexual por homens. Uma vez, quando era mais nova, quebrou um noivado quando se apercebeu que nunca se adaptaria a relações heterossexuais. Muito mais tarde na vida, aceitou uma relação estável com um homem de gostos compatíveis com os seus.

Sente-se atraída por mulheres de vários tipos, embora reconheça que existem alguns tipos de mulheres por quem só os homens se sentem atraídos. Há muitos anos, teve uma amiga por quem tinha uma forte paixão, mas as manifestações físicas parecem nunca ter sido pronunciadas neste caso. Depois disso, várias mulheres a interessaram muito, tendo chegado a tentar aproximar-se delas, mas nunca foi além da amizade comum. Num caso, contudo, estabeleceu uma relação íntima com uma rapariga um pouco mais nova e de personalidade muito feminina, que aceitou o amor ardente da Sra. B. com prazer, de forma passiva, mas que nunca considerou que a relação a impedisse de casar, embora nunca tivesse falado do assunto ao marido. Esta relação despertou, pela primeira vez, as emoções sexuais latentes da Sra. B. Os beijos e abraços que dava à sua amiga proporcionavam-lhe grande satisfação sexual mas, aparentemente, nunca atingiu o orgasmo. Esta relação mudou consideravelmente a Sra. B., que passou a ser mais feliz e radiante.

O comportamento da Sra. B. na presença de homens não revela nenhuma timidez sexual. Os homens, geralmente, não se sentem atraídos por ela. A sua aparência não tem nada de surpreendente e a sua personalidade e os seus modos, embora descuidados, não são conspicuamente masculinos. Aprecia o exercício físico e é uma grande fumadora.

CASO 36. - Senhora H., solteira, de 30 anos. Entre os seus familiares do lado paterno existe alguma tendência para a excentricidade e para as doenças nervosas. O seu avô era alcoólico, o seu pai era excêntrico, hipocondríaco e sofria de obsessões. A sua mãe e os parentes dela eram saudáveis e de disposição normal.

Aos 4 anos de idade, gostava de olhar para as nádegas de uma menina que morava perto dela. Quando tinha cerca de 6 anos, ia para o campo com a sua ama e recorda-se de a ver a manipular as partes. Lembra-se que ela lhe dizia para fazer o mesmo, por ser assim que nasciam os bebés. A partir daí, passou a tocar-se ocasionalmente, mas sem qualquer resultado. Quando tinha cerca de 8 anos, lembra-se de ver algumas amas a destapar as partes sexuais dos seus bebés, para as mostrarem às outras. A Sra. H. gostava de imaginar cenas como estas quando estava sozinha e também cenas com chicotes e castigos. Nunca ligou a bonecas e, nos jogos infantis, fazia sempre o papel de homem. As suas primeiras sensações sexuais, rudimentares surgiram quando tinha 8 ou 9 anos, associadas a fantasias sobre chicotear ou ser chicoteada, fantasias que se tornaram mais vívidas entre os 11 e os 14 anos, tendo desaparecido depois com o surgimento da atração por raparigas. A sua primeira menstruação ocorreu aos 12 anos.

Apaixonou-se pela primeira vez, aos 13 anos de idade, por uma colega de escola, uma rapariga graciosa, coquete, com longos cabelos dourados e olhos azuis. Mostrava o seu afeto fazendo-lhe todo o tipo de pequenos favores, pensando constantemente nela e sentindo-se deliciosamente grata por qualquer pequena atenção que ela retribuísse. Aos 14 anos, teve uma paixão semelhante por uma prima. Ansiava com êxtase pelas suas visitas e, especialmente, pelas raras ocasiões em que dormia com ela. A sua excitação era tanta que passava a noite acordada, mas não tem consciência de qualquer manifestação sexual. Quando tinha 15 ou 16 anos, apaixonou-se por outra prima, com quem experimentou deliciosas sensações. Um leve toque da prima no seu pescoço provocava-lhe um arrepio por todo o corpo que ela, hoje em dia, acha que era de cariz sexual. De novo, aos 17 anos, teve uma paixão fascinante e esmagadora por uma colega de escola, uma rapariga bonitinha mas vulgar, que ela idealizava e idolatrava de forma excessiva. Esta paixão foi tão violenta que a sua saúde foi, em certa medida, prejudicada, mas era puramente altruísta, não envolvendo nada de sexual. Ao deixar a escola, aos 19 anos de idade, conheceu uma rapariga da sua idade, muito feminina, mas que não se sentia atraída por homens. Esta rapariga aproximou-se muito dela, tentando ganhar o seu amor. Algum tempo depois, a senhora H. deixou-se envolver neste amor e permitiu que se desenvolvesse entre as duas uma relação de grande proximidade, em parte porque isso lhe dava alguma sensação de poder. Esta relação tornou-se vagamente física por iniciativa da Sra. H. e com a concordância da sua amiga, que também a desejava e da qual obtinha grande prazer. Costumavam beijar-se ternamente (especialmente no *mons veneris*). Ambas sentiam um forte prazer com estas carícias, que lhes provocavam estimulação sexual, mas nunca, aparentemente, orgasmos. Comportavam-se uma com a outra como amantes, mas tentavam esconder a sua relação do resto do mundo. Esta relação prolongou-se por vários anos e teria continuado se a amiga da Sra. H. não tivesse posto um ponto final às relações físicas por escrúpulos religiosos e morais. A Sra. H. sentiu-se muito bem e foi muito feliz durante esta relação, que lhe estimulou o desejo sexual, apesar de não estar ainda completamente consciente acerca da sua natureza, e ficou bastante perturbada quando terminou.

Pouco depois, uma outra rapariga, extremamente voluptuosa, quis fazer amor com a Sra. H. e esta acedeu, apesar de, normalmente, preferir ser ela a tomar a iniciativa. Mais tarde sentiu vergonha por este episódio, mesmo tendo o elemento físico permanecido vago e indefinido. O remorso da Sra. H. foi tão grande que resistiu a todas as tentativas da sua anterior amiga para restaurar a parte física da relação quando esta, arrependendo-se dos escrúpulos religiosos e morais que a tinham afastado, lhe implorou para a retomarem. Manteve esta resolução por alguns anos e tentou ocupar os seus pensamentos com questões intelectuais. Quando voltou a estabelecer uma relação íntima, foi com uma amiga congenial e foi uma relação que durou vários anos.

Nunca se masturbou. Ocasionalmente, mas muito raramente, tem tido sonhos durante os quais experimenta agradáveis sensações sexuais ao montar a cavalo (na realidade, embora goste de montar, não se recorda de alguma vez ter experimentado este tipo de sensações). Nunca teve qualquer tipo de sonhos sexuais em que figurassem homens e nos últimos anos tem tido, ocasionalmente, sonhos eróticos com mulheres.

Sente amizade por homens, mas nunca sentiu qualquer atração sexual por eles. Gosta dos homens como bons camaradas, da mesma maneira que os homens gostam uns dos outros. Gosta da companhia dos homens pela sua intelectualidade. Ela mesmo, é muito ativa nos campos social e intelectual. Sentiu sempre repugnância pelo casamento. Mas consegue imaginar, contudo, que seria capaz de amar e casar com um homem especial.

Sente-se atraída por mulheres femininas, sinceras, reservadas, puras, mas de caráter corajoso. Não se sente atraída por mulheres intelectuais, mas também não suporta mulheres tontas. As qualidades físicas que a atraem mais são, não tanto a beleza do rosto, mas a graciosidade e as curvas do corpo feminino (desde que não seja demasiado magro). As mulheres que a atraem são geralmente um pouco mais novas do que ela. As mulheres sentem-se muito atraídas por ela, sem que ela faça qualquer esforço para isso. Gosta do papel ativo e protetor. Tem um temperamento enérgico e algo neurótico.

Obtém satisfação sexual quando beija e acaricia ternamente o corpo da sua amada. (Não há *cunnilingus* porque ela acha que é repugnante). Sente mais ternura que paixão. Os beijos provocam-lhe um elevado grau de estimulação sexual, mas o orgasmo é raro e acontece normalmente quando se deita sobre a amiga (ou a amiga sobre ela), sem nenhum outro tipo especial de contato. Também gosta de ser beijada, mas prefere ser ela a beijar ativamente.

Acredita que o amor homossexual não é imoral quando faz parte da natureza da pessoa e quando a natureza homossexual desse amor é clara para a mulher amada. Não o aprova como mero mecanismo sensual entre mulheres normais. Tem, por vezes, tentado contrariar aos seus impulsos sexuais, mas sempre em vão, apesar de, numa ocasião, ter resistido por mais de um ano. Acha que amar mulheres é claramente bom para ela, tanto espiritual como fisicamente, ao passo que a repressão do desejo provoca-lhe morbidez e histeria. Sofreu muito com neurastenia em várias ocasiões mas, com tratamento adequado, tem vindo lentamente a melhorar. O seu instinto invertido está muito arraigado para poder ser erradicado, mas está sob controlo.

CASO 37. - Senhora M., solteira, filha de pais ingleses (ambos músicos), ambos com uma personalidade que poderia ser descrita como "intensa". Existem traços neuróticos na família, embora não se saiba de nenhum caso de insanidade ou alcoolismo. A Sra. M. não sofre de perturbações nervosas. Quando nasceu, era muito pequena. Num retrato tirado quando tinha 4 anos de idade, o nariz, a boca e as orelhas são anormalmente grandes, e tem na cabeça uma boina de rapaz. Nunca ligou a bonecas nem a vestidos bonitos e muitas vezes se perguntou qual o prazer que as outras meninas teriam nessas coisas. *"Até onde vai a minha memória"*, escreve ela, *"não me consigo recordar de não ser diferente das outras crianças. Fartava-me rapidamente quando as outras meninas vinham brincar comigo, mas nunca era dura nem rude nos meus jogos"*. Não gostava de costurar. E gostava ainda menos das brincadeiras dos rapazes, preferindo dedicar-se à leitura, em especial de livros de aventuras e de contos de fadas. Foi sempre muito tímida e controlada. O instinto revelou-se pela primeira vez quando tinha 8 ou 9 anos. Sentiu-se fortemente atraída pelo rosto de uma professora, que costumava ver através de uma janela lateral do segundo andar da escola quando esta ia tocar um sino para chamar os alunos para as aulas. O rosto da professora parecia-lhe muito belo, mas triste, e ela não conseguia deixar de pensar nele, embora nunca lhe tivesse sequer falado. Um ano depois, a professora casou-se, deixou a escola e a atração desvaneceu-se gradualmente. *"Não tinha qualquer consciência sexual nessa altura,"* escreveu ela, *"nenhum conhecimento sobre as questões ou práticas sexuais e o que sentia era apenas piedade, compaixão e ternura por uma pessoa que parecia estar muito triste e deprimida. Foi esta qualidade, ou combinação de qualidades, que sempre me atraiu. Posso passar anos em relativa paz, mas de repente acontece algo, apesar da minha vida agitada, que desequilibra tudo".* Voltou a sentir-se atraída por uma rapariga quando tinha cerca de 11 anos de idade. A jovem veio visitar um vizinho e causou-lhe uma impressão tão profunda que preferiu ser ridicularizada pelas outras crianças por querer ficar sentada num canto escuro do relvado (um sítio de onde podia observar a jovem rapariga) em vez de ir brincar com elas. Sendo uma criança sensível, depois desta experiência passou a ter cuidado com os seus sentimentos, para não os revelar a ninguém. Sentia instintivamente que era diferente das outras. A sua sensibilidade para a beleza desenvolveu-se muito cedo, mas coexistiu sempre com um sentimento indefinido de melancolia. O crepúsculo e as noites escuras, em que as estrelas brilhavam mais, atraíam-na mas tinham, simultaneamente, um efeito deprimente sobre ela. Gostava de pintura. Aos 12 anos de idade, apaixonou-se por uma colega de escola, dois anos mais velha, que estava tão ocupada a seduzir rapazes que nunca suspeitou do seu amor. Chorou amargamente por não poderem ser crismadas ao mesmo tempo, mas tinha medo de parecer sentimental e indecorosa se revelasse os seus sentimentos. O rosto desta sua amiga evocava-lhe a imagem de uma das Madonnas de Dolce que ela tanto amava. Mais tarde, aos 16 anos, amou muito uma outra amiga e dedicou-se a cuidar dela. Havia um toque de masculinidade nas mulheres da família da sua amiga, mas é impossível dizer se esta sua amiga seria invertida. Para a Sra.

M., este foi o período mais feliz da sua vida. Com a morte desta amiga, oito anos depois, na sequência de uma doença prolongada, decidiu nunca mais permitir que o seu coração se entregasse a alguém.

A satisfação física não desempenhou nenhum papel nestas relações. Com a puberdade chegaram-lhe as manifestações físicas sexuais, mas nunca associadas a ideais sentimentais. *"Nesse caso"*, escreve ela, *"teria considerado tais coisas um sacrilégio. Lutei contra esses impulsos e, em certa medida, fui bem-sucedida. A prática da autoindulgência (N. T.: masturbação), que se poderia ter transformado num hábito diário, foi apenas ocasional. A imagem da minha amiga, evocada nesses momentos, afastava de mim tais sentimentos, pelos quais sentia repugnância, preferindo associar-lhe sentimentos românticos idealizados. Desta forma, ainda inconsciente de que era em tudo diferente das outras pessoas, consegui ganhar força para suprimir ou, pelo menos, dominar os meus desejos físicos sempre que surgiam. Essa é a razão pela qual a amizade e o amor sempre me pareceram coisas tão belas e sagradas. Nunca consegui compatibilizar estes dois conjuntos de emoções. Penso que sou tão sexual como todos os outros, mas sou capaz de abraçar uma amiga com profundo carinho e tranquilidade, sem ficar perturbada pelo mínimo sintoma de desejo sexual físico. A expressão sexual poderá bem ser muito necessária em determinadas alturas e até correta em certas condições, mas estou convencida que a livre expressão de afetos através de canais sentimentais poderá contribuir muito para minimizar a necessidade de os expressar através de canais especificamente sexuais. Resisti três meses sem a expressão física. A única vez em que estive à beira de uma prostração nervosa foi depois de ter tentado reprimir os meus instintos durante dez meses. O amor, a literatura, a poesia, a música, as atividades filantrópicas e profissionais, a que não atribuo qualquer conotação sexual, preenchem-me a vida tão completamente que consegui deixar de reprimir a parte física. Os impulsos físicos surgem, geralmente, quando não estou a pensar em nenhuma pessoa amada. Poderia facilmente dissipá-los, elevando os meus pensamentos a essas amizades espirituais. Não sei se fazê-lo estará certo ou se será avisado. Apenas sei que é o que me ocorre. Parece-me que poderá ser vantajoso treinar a prática de algum tipo de condicionamento dos centros de desejo para adquirir este tipo de controlo. Porém, isto resultou para mim em grande ansiedade provocada por desejo físico, seguida de horríveis depressões sempre que não o conseguia controlar".*

"Tenho sido capaz", escreve ela, *"de dominar o meu desejo para poder exprimir os meus sentimentos de forma mais completa e perfeita, e tenho-o feito sem prejuízo grave para a minha saúde."*

"Amei poucas pessoas," escreve ela, novamente, *"mas em todos os casos em que permiti que o meu coração se abandonasse a uma amiga, experimentei sempre os sentimentos mais elevados, que me beneficiaram moral, mental e espiritualmente. O amor é para mim uma religião".*

No que se refere à sua atitude para com o sexo oposto, ela escreve: *"Nunca senti antipatia pelos homens e tenho bons camaradas entre eles. Durante a minha infância, gostava tanto da companhia de meninas como de meninos, mas não percebia a atração que as raparigas tinham pelos rapazes. Mais tarde na vida, tive outras amizades com homens, alguns dos quais gostaram muito de mim, o que lamento porque, naturalmente, nunca quis casar".*

Gosta de música, que sabe tocar, e atribui a sua natureza, em parte, ao seu temperamento artístico. É inteligente e tem talento assinalável para vários ramos da ciência. Tem cerca de 1 metro e 63 de altura e as suas características físicas são bastante pronunciadas. As medidas pélvicas são normais e os órgãos sexuais externos são razoavelmente normais em quase todos os aspetos, embora algo pequenos. Cerca de dez anos após a data desta história, um novo exame ginecológico, sob anestesia, revelou a falta de um dos ovários. A conformação geral do corpo é feminina. Mas, com os braços estendidos em frente, com as palmas das mãos viradas para cima e a parte de dentro das mãos a tocar-se, não consegue juntar a parte de dentro dos antebraços, ao contrário da maior parte das mulheres, o que demonstra que o ângulo feminino do braço se perdeu.

É canhota e mostra um melhor desenvolvimento de todo o lado esquerdo. É calma e digna, mas tem muitos tiques juvenis na fala, que parecem ser instintivos, mas de que está sempre consciente e que tenta controlar continuamente para evitar que afetem a sua feminilidade.

A Sra. M. não encontra nada de errado nos seus sentimentos e, até que aos 28 anos descobriu a tradução do livro de Krafft-Ebing, não fazia a mínima ideia de que "*sentimentos como os meus estavam 'banidos da sociedade', como ele diz, ou que eram considerados não naturais e depravados*". Afirma que gostaria de ajudar a esclarecer e divulgar o assunto para evitar que outras vidas sejam prejudicadas como a sua foi. "*Protesto enfaticamente*", escreve ela, "*contra a inutilidade e a desumanidade das tentativas de 'curar' os invertidos. Tenho a certeza de que eles têm o direito absoluto de viver em liberdade e alegria se viverem vidas altruístas. Não podemos esquecer-nos que é a alma que precisa de ser satisfeita, não apenas os sentidos*".

CASO 38. - Senhora V., solteira, com 35 anos de idade. Durante toda a juventude e até à idade adulta, foi um mistério para si própria, morbidamente consciente de que existia alguma diferença fundamental entre si e o resto das pessoas. Não havia ninguém com quem pudesse falar sobre esta peculiaridade. No esforço para a ultrapassar, ou ignorar, dedicou-se arduamente ao estudo e alcançou grande sucesso na profissão que escolheu. Há alguns anos, descobriu um livro sobre inversão sexual que se constituiu numa revelação completa sobre a sua própria natureza e que, por lhe mostrar que não era uma anomalia repugnante, lhe trouxe conforto e tranquilidade. Deseja que as suas experiências sejam publicadas para evitar que outras mulheres sofram como ela sofreu.

"*Sou professora num colégio de raparigas. Tenho 34 anos e sou de tamanho médio. Até aos 30 anos de idade tive uma aparência mais jovem do que a que correspondia à minha idade e, a partir daí passei a parecer mais velha do que realmente sou. Até aos 21 anos, tive uma aparência impressionantemente infantil. Fisicamente, que eu note, não tenho nada de masculino, mas estou consciente de que a minha forma de andar não é muito feminina e dizem-me frequentemente que faço algumas coisas 'à homem' como, por exemplo, coser. A minha voz tem um tom muito baixo, mas não é grossa. Não gosto de trabalho doméstico, mas adoro desporto, jardinagem, etc. Aprendi a assobiar muito nova, tão nova que já nem me consigo recordar quando, e ainda assobio muito bem. Comecei a fumar quando era uma rapariga, coisa que ainda aprecio hoje*".

"*Tive bons amigos do sexo masculino, mas poucos pretendentes. Quase nunca me sinto à vontade com homens, mas tenho facilidade em compreender as mulheres e ser amiga delas*".

"*Tenho ascendência escocesa e irlandesa. A família do meu pai era respeitável, próspera e religiosa. Os membros da família da minha mãe viveram vidas duras, eram menos respeitáveis, mas eram espertos sem ser inteligentes, não eram industriosos e gostavam de bebida e paródias. Havia muitos filhos ilegítimos entre eles. As minhas duas avós, embora de pouca instrução, eram mulheres fora do vulgar. Três dos meus quatro tios maternos bebiam em excesso*".

"*Nasci quando a minha mãe tinha já 43 anos e fui a mais nova de oito irmãos. De entre os que chegaram à idade adulta, dois parecem ser perfeitamente normais em termos sexuais, um é extremamente errático, sem escrúpulos, ladrão e falsário, provavelmente bígamo, que traiu várias mulheres respeitáveis. Para além dos seus impulsos sexuais excessivos, não lhe conheço nenhuma outra anormalidade sexual. Outro dos meus irmãos, casado e pai de filhos, foi muito dado a entusiasmos por homens quando era menino. Penso que nunca passou disso e ultimamente já não se nota nada. Um outro irmão, solteiro, embora muito cortejado por mulheres, por ser bem-parecido e charmoso, fica-lhes completamente indiferente e não é namoradeiro, nem nunca foi, tanto quanto sei. No entanto, aprecia muito a companhia de mulheres, especialmente mais velhas. Tem uma voz e uma forma de andar algo efeminadas. Embora ultimamente tenha começado a fumar e a beber um pouco, não parece muito à vontade a fazê-lo. Quando era criança, um dos seus jogos de faz-de-conta favoritos era fingir que era uma cantora famosa. Na escola, andava sempre com as raparigas mais velhas*".

"*Quando eu era criança, adorava ir para o campo, recusava usar chapéu para me proteger do sol, costumava fingir que era um rapaz, subia às árvores e jogava à bola. Gostava de brincar com bonecas, mas não lhes fazia festas nem gostava de lhes fazer vestidos. Fiquei feliz quando me cortaram o cabelo e obriguei toda a gente a chamar-me 'John'. Gostava de usar os chapéus de abas largas dos homens e fazia cachimbos com o caroço das maçarocas de milho. Gostava muito do meu pai e tentava imitá-lo em tudo. No que respeita a animais, era completamente destemida*".

"*Penso que não fui uma criança sexualmente precoce, embora tenha sempre desconfiado que havia dois sexos. Desde muito pequena que senti vergonha de expor o meu corpo. Recordo-me de uma ocasião em que não conseguiram convencer-me a tirar a roupa junto de uma menina que estava de visita. Naquela época, devia ter uns 3 anos de idade. Aos 4 anos, um vizinho que me acariciava com frequência, pôs-me ao colo e levou a minha mão a agarrar o seu pénis. Embora este episódio tenha durado apenas uns breves segundos, ficou-me marcado para sempre na memória. Fisicamente, não senti nada e também não percebi o significado do ato. No entanto, recordo-me de sentir uma leve repulsa e devo ter desconfiado que se tratava de algo errado porque não contei nada à minha mãe. Não estava habituada a desabafar com ela porque era muito reservada".*

"Aos 5 anos de idade, comecei a frequentar a escola local. Recordo-me que me senti atraída, logo no primeiro dia, por uma menina que trazia um vestido vermelho vivo".

"A primeira vez que ouvi falar de sexo foi assim: num sábado, quando estava na escola, decidi ler a Bíblia toda. Já tinha chegado ao nascimento de Esaú e Jacó, algo que me tinha despertado muita curiosidade. Quando cheguei a casa, perguntei à minha mãe qual o significado de uma das palavras dessa passagem. Ela ficou embaraçada e furtou-se à pergunta. A sua atitude estimulou-me a curiosidade, e li e reli o parágrafo até que o compreendi bem. Mais tarde, as minhas colegas de escola encarregaram-se de me contar tudo. Julgo que gostei de as ouvir e de lhes contar o que sabia, mais porque os assuntos sexuais estavam envolvidos em grande mistério do que por ter nisso algum prazer sensual".

"Não me lembro de fazer nada com conotação sexual explícita antes dos 10 anos de idade. Eu e várias outras meninas, por duas ou três vezes, já tínhamos mostrado as nossas partes privadas umas às outras. Numa das vezes, pelo menos, fui eu a principal instigadora. Fazer isso, dava-me algum prazer mas não me proporcionava qualquer sensação física específica. Um incidente de que me recordo bem, aconteceu quando eu tinha uns 10 anos. Estava a brincar aos 'papás e mamãs' com uma prima. Não me lembro bem porquê, mas começámos a falar uma com a outra como se fôssemos rapazes e tentámos urinar usando uns tubos compridos. Também me recordo de sentir um vago interesse pelos animais a urinar, que observava atentamente no ato".

"A partir dessa altura e até fazer 14 anos, fiquei mais rude, mais turbulenta e difícil de controlar. Antes, era uma criança bem comportada.

Aos 12 anos interessei-me por um rapaz da escola que estava no mesmo ano que eu, mas quando tentei atrai-lo, falhei. Uma vez, numa festa de crianças, onde estávamos a brincar aos beijinhos, tentei fazer com que ele me beijasse, mas ele não reagiu. Acho que nunca mais quis saber dele. Um ano depois, fiz um grande amigo e um dos meus professores costumava gozar-me por isso, o que eu achava ridículo. A minha primeira menstruação ocorreu aos 13 anos, o que me deixou envergonhada e furiosa. Lentamente, comecei a achar-me peculiar, mas não era capaz de explicar porquê. Achava que não era como as outras meninas que conhecia. Para me defender, passei a ser brusca e desafiadora. Passava muito tempo a brincar sozinha no nosso quintal, onde fiz umas andas e praticava equilibrismo e coisas assim. Na escola, senti que as raparigas mais interessantes não gostavam de mim e passei a andar com algumas raparigas que, ao que sei hoje, eram imorais, mas que na altura me pareciam não fazer nada de errado a não ser dizer obscenidades. Copiei os seus modos e tornei-me ainda mais imprudente e incontrolável. Soube depois que o diretor do liceu onde eu andava disse que eu tinha sido a aluna mais difícil que ele tinha tido. Por esta altura, li um livro em que havia uma rapariga que afirmava que tinha a 'alma de um rapaz num corpo de rapariga'. Pensei imediatamente que comigo se passava o mesmo e fui imediatamente ler a frase à minha mãe que ficou chocada, o que me desiludiu muito".

"*Durante este período, comecei a apaixonar-me, uma prática que mantive até perto dos 30 anos. Lembro-me de várias mulheres mais velhas e de um homem por quem me enamorei. De todas estas, só com uma cheguei a relacionar-me com familiaridade suficiente para conseguir mostrar algum afeto. Outra era uma professora e outra era uma jovem mulher casada para quem eu olhava ardentemente durante a missa inteira. Fui algo sentimental para todas as minhas professoras. Elas estimulavam-me, ao passo que os professores me deixavam completamente indiferente. Este sentimentalismo anormal poderá ter tido origem ou, pelo menos, ter sido reforçado pela leitura de romances, alguns de natureza fortemente voluptuosa. Comecei a ler romances aos 7 anos e, dos 11 aos 14, devorei muitos romances indesejáveis, o que me levou a imaginar um futuro de cenas românticas, com amantes que me abraçavam e acarinhavam. Parti sempre do princípio que iria casar. Quando tinha cerca de 5 anos, decidi que quando fosse crescida iria casar com um certo jovem que nos visitava frequentemente. Vários anos mais tarde ele casou-se com outra mulher, para minha grande deceção. Apesar de não sentir qualquer afeto por ele, achava que daria um marido desejável".*

"Durante a minha infeliz adolescência, soube que uma ex-companheira de brincadeiras iria visitar-nos. Comecei a esperar pela visita com muito entusiasmo e estava muito animada quando ela chegou. Queria ficar sozinha com ela para a acariciar, e quando dormimos juntas, pressionei o meu corpo sensualmente contra o dela, sem que ela se opusesse, mas sem manifestar qualquer emoção. Fiquei muito excitada e quase não consegui dormir. Esta foi a primeira vez que fiz uma coisa destas e depois de ela se ter ido embora, fiquei envergonhada e senti antipatia por ela. Nunca mais, em encontros posteriores, houve a mínima sensualidade entre nós e apesar de sermos amigas, embora não íntimas, nunca conversámos sobre essa primeira visita".

"O diário que escrevi entre os 14 e os 15 anos está cheio de sentimentos românticos e palavras apaixonadas dedicadas sucessivamente a três raparigas da minha idade. Não eram mais que minhas conhecidas, mas estava fortemente enamorada por elas. Também houve um rapaz que foi objeto da minha adoração".

"Durante o meu décimo terceiro ano tornei-me, por algum tempo, muito devota e dedicada às obrigações religiosas. Mas no meu décimo quarto ano tornei-me herética, embora ainda muito permeável a influências religiosas".

"Quando tinha acabado de fazer 16 anos, dormi uma noite com uma mulher libertina, que me tocou sensualmente, despertando-me desejos sexuais. Nessa altura, senti que era pecado, mas deixei-me levar pelas emoções. Posteriormente, odiei a mulher e desprezei-me a mim mesma".

"Parti, então, para um colégio interno coeducacional, onde fui feliz pela primeira vez. Uma rapariga da minha idade, de fino caráter e requinte, apaixonou-se por mim e eu retribuí. Em retrospetiva, acredito que foi um belo e genuíno amor mútuo. Passados alguns meses, a nossa relação passou a ser física por minha iniciativa e contra a vontade da minha amiga. Manifestávamos o nosso amor por carinhos mútuos e abraços apertados. Eu, por vezes, acariciava-lhe sensualmente os órgãos sexuais. Estes contatos provocavam-me excitação intensa. Ao fim de três anos, tivemos uma discussão e separámo-nos. Fiquei triste e perturbada por muitos anos e senti muito a falta das relações físicas que existiam entre nós. Com o tempo, a minha amiga acabou por se apaixonar e casar. Tive

vários outros namoros com mulheres e fui cortejada por vários homens a quem correspondi com frieza e tédio (exceto num caso, a que fui um pouco sensível). Finalmente, estabeleci uma relação duradoura com uma mulher que se tinha apaixonado profundamente por mim quando ainda éramos estudantes e que não tinha sido capaz de se interessar por mais ninguém. É uma mulher de considerável talento literário, muito habilidosa e de altos ideais. Os homens, geralmente, gostam muito dela. O seu amor é para mim a coisa mais real do mundo e parece-me eterno. Inicialmente, o meu interesse era puramente físico, embora nunca tivessem ocorrido relações sexuais. Odiava sentir-me assim, mas consegui ultrapassar, em grande parte, este sentimento. Por vezes, após longas separações, os nossos abraços eram fortemente apaixonados, pelo menos da minha parte. As separações tiveram sempre impactos físicos muito negativos em mim. Atualmente, no entanto, estes abraços são muito raros. Ambas consideramos que o desejo sexual é degradante e prejudicial ao verdadeiro amor. Não consigo dizer se algumas vezes atingimos a satisfação ou gratificação física plena. Pela minha parte, experimentei prazer físico muito intenso, misturado com uma grande exaltação mental e um turbilhão emocional, quando ficava em contato próximo com o corpo da minha amiga, geralmente quando me colocava por cima dela. Mas se por 'gratificação' se entende que o desejo, estando completamente satisfeito, desaparece temporariamente, então julgo que nunca experimentei tal condição. Se aconteceu, foi quando tinha uns 18 anos e morava com uma amiga com quem tinha relações íntimas. Ultimamente, nunca me aconteceu e os abraços, por mais apertados que sejam, deixam-me sempre ansiosa por uma união mais forte, tanto física como espiritual. É por isso que, desde há alguns anos, acredito que é impossível obter satisfação física com a mulher amada. Cheguei a esta conclusão por causa dos efeitos negativos que os contatos físicos me provocam. Os meus órgãos sexuais ficam altamente sensíveis e inflamados, o que me provoca dores e leucorreia, condição que regressa sempre que me permito trocar carícias. A minha amiga, felizmente, embora seja muito afetiva para mim, tem pouco impulso sexual. A possibilidade do nosso relacionamento se basear na satisfação física é muito repugnante para ela. Por algum tempo, há uns anos, fiquei desanimada e sem esperança por pensar que não ia conseguir ultrapassar os meus apetites e tomei a decisão de não me relacionar com ela se as minhas tentativas não fossem bem-sucedidas. Presentemente, com ajuda, tenho conseguido viver com a minha amiga numa base de companheirismo normal, embora terno e afetuoso. Aprendi mais com este companheirismo do que com qualquer outra coisa. O vivo prazer que senti em resultado desta relação compreensiva, nunca senti com a masturbação. Tanto quanto me recordo, nunca me masturbei antes da adolescência e, depois, nunca com regularidade, exceto no primeiro verão em que estive separada da minha namorada de escola. Pensar nela despertava em mim sentimentos que eu tentava acalmar dessa forma, mas a sensualidade do ato rapidamente me levou a parar e a perceber que não era isso que eu queria".

"Um incidente peculiar, que pode ter algum significado, ocorreu há cerca de cinco anos. Estava sentada numa pequena sala onde decorria um seminário. O líder da discussão era um homem de 50 anos que eu admirava pelas suas realizações e que respeitava como homem, embora só o conhecesse socialmente. Eu tinha perdido a noite com dor de dentes e estava agitada. Estava completamente concentrada no assunto em discussão quando senti, subitamente, uma estranha e forte compulsão física direcionada para esse homem. Não imaginava qual seria a minha reação, mas senti que estava quase a perder o controlo sobre mim mesma. Tinha medo de sair da sala por recear entrar em pânico ao menor gesto. A atração era completamente física e não se parecia com nada que eu tivesse sentido antes. E tinha a estranha sensação de que a origem dessa atração estava naquele homem, que era ele que determinava que fosse assim, que eu era apenas uma espetadora do que se estava a passar. A reunião terminou pouco depois e só então deixei de me sentir 'possuída', coisa que nunca mais voltou a acontecer".

"No que respeita a sonhos, direi que só nos últimos dois anos tive consciência de sonhar com coisas concretas. Antes, ficava apenas com impressões muito vagas, como a sensação de montar a cavalo ou de tentar executar uma tarefa árdua. Já há muitos anos que não tenho sonhos sexuais, mas ocasionalmente acordo com um sentimento desconfortável de desejo sexual que parece estar relacionado com a necessidade de urinar. Entre os 17 e os 22 anos de idade, aproximadamente, tive sonhos sexuais pouco marcados, que ocorriam várias vezes por mês. Penso que aconteciam sempre que dormia com alguém que, no meu sonho, eu confundia com uma amiga íntima, e quase sempre acabavam comigo a abraçar, mais ou menos apaixonadamente, a minha companheira de cama. Consegui finalmente compreender-me a mim mesma e deixei de me

sentir infeliz e melancólica. Lamento não ser homem, porque se fosse poderia ter família e filhos".

CASO 39. - Senhora D., solteira, envolvida ativamente na sua profissão, com 40 anos de idade. Bons antecedentes hereditários, sistema nervoso sólido, saúde geral satisfatória. Aspeto geral feminino, mas os modos e os gestos são um tanto arrapazados. Menstruação escassa e indolor. Quadris normais, nádegas pequenas, órgãos sexuais mostrando alguns traços infantis, com os *labia minora* muito grandes e, provavelmente, uma vagina muito pequena. Tendência para crescimento de pelos no corpo e, sobretudo, nos membros inferiores. A narrativa é feita pela própria:

"Não me lembro de alguma vez pensar em mim mesma como rapariga, o que sempre me criou problemas. Quando tinha 5 ou 6 anos de idade, comecei a pensar que, independentemente do que dissessem os outros, se não fosse rapaz, então também não era, de modo algum, rapariga. E ao longo de toda a minha vida tenho mantido inalterada esta crença".

"Quando era pequena, nada me fazia duvidar disso, nem mesmo o meu aspeto exterior feminino. Considerava a forma do meu corpo como um misterioso acidente. Não conseguia perceber o que é que o meu corpo tinha que ver com o assunto. O que era realmente importante para mim eram as coisas de que gostava e não gostava, e o facto de não me ser permitido seguir os meus gostos. Achavam que eu devia apreciar as coisas que me davam: bonecas, vestidos e jogos de que eu não gostava nada. Imagino que me comportava mais como um 'menino' do que a maioria dos meninos vulgares. Quando ainda só sabia gatinhar, tinha um interesse absorvente por martelos e pregos de tapete. Ainda não tinha aprendido a andar e já suplicava que me deixassem montar a cavalo. Parece, por isso, que devo ter nascido com uma paixão por ferramentas e animais, que nunca me abandonou".

"Não brincava com bonecas, embora a minha irmãzinha o fizesse, e recebia repreensões frequentes por não participar nas brincadeiras dela. Escolhia sempre brinquedos de meninos, como pistolas e cavalos, odiava que me obrigassem a ficar em casa e pedia sempre para sair. Quando cheguei aos 7 anos, tudo o que me atraía parecia ser errado para meninas. Desabafei, contando aos meus pais aquilo de que realmente gostava. Eles confundiram-me e cansaram-me com a sua conversa sobre meninos e

meninas. Não acreditei neles, nem acreditei que eles acreditassem neles próprios. Aos 8 ou 9 anos, costumava perguntar-me se eles seriam ingénuos, mentirosos, hipócritas ou as três coisas ao mesmo tempo. Em consequência, nunca mais acreditei nem confiei nos adultos. Conseguia convencer os meus irmãos mais novos de tudo. Não fui, de todo, uma criança feliz e chorei e irritei-me muitas vezes. Estava tão baralhada pelos sermões sobre meninas e meninos. Era tida como mau exemplo para as outras meninas, que me desprezavam virtuosamente".

"Quando tinha cerca de 9 anos, comecei a frequentar um externato e a minha vida começou a melhorar. Dos 9 aos 13 anos, fui praticamente dona do meu destino. Aprendi muito pouco na escola, que odiava abertamente, mas lia muito em casa e absorvi muita informação. Sempre que podia, no entanto, passava o tempo fora de casa. Gastava toda a minha mesada em ferramentas, coelhos, pombos e muitos outros animais. Tornei-me uma ardente colecionadora, para não dizer uma ladra, embora nunca me apercebesse que estava, de facto, a roubar".

"Os meus irmãos eram tão dedicados aos animais como eu. Era suposto serem os adultos a cuidar deles, mas nós fazíamos tudo sozinhos. Nós observávamos, acasalávamos, separávamos e criávamos os nossos animais com considerável sucesso. Não tínhamos sequer uma linguagem para discutir estes assuntos, mas inventámos a nossa. Éramos absolutamente inocentes e docemente simpáticos para todos os animais. Penso que nunca relacionávamos o que observávamos entre os animais com os comportamentos humanos, mas como acho que sempre soube tudo sobre sexo e reprodução, presumo que foi pela observação dos animais que aprendi e devo dizer que, depois de crescida, a vida não me trouxe nenhuma surpresa em relação a estes assuntos. Embora tenha visto muitas coisas que não seria suposto uma criança ver, nunca refleti muito sobre elas. Todos os animais, grandes ou pequenos, desde os coelhos até aos homens, tinham comportamentos semelhantes, todos naturais e todos corretos. A minha iniciação neste campo foi, a meus olhos, a mais perfeita que uma criança poderia ter. Nunca fiz perguntas aos adultos sobre estes assuntos. Achava todos os adultos vulgares e mentirosos e detestava todas as suas horríveis insinuações".

"Sempre que tinha uma manhã ou tarde livres, saía para brincar com os colegas dos meus irmãos. Embora fossem malcriados, queriam sempre que eu brincasse com eles e foram sempre bem-educados e corteses comigo. Eu organizava jogos e fortificações que eles nunca teriam sido capazes de

imaginar sozinhos, liderava ataques de grupo, guerras e lutas, que por vezes eram deveras perigosos. Ensinei os meus irmãos a atirar pedras. Por vezes, levava-os para aventuras, como explorar casas abandonadas. Adorava estar na rua à noite".

"No inverno, construía barcos à vela e saía a navegar, andei de jangada e saltei com vara. Tornei-me uma excelente saltadora e escaladora, sabia subir cordas, jogar à bola, atirar pedras como os rapazes e assobiar de três maneiras diferentes. Colecionava besouros e borboletas e aprendi a pescar e a apanhar camarão. Tinha muito pouco dinheiro para gastar, por isso usava coisas velhas para fazer as minhas armadilhas, redes, gaiolas, etc. Aprendi, com todos os trabalhadores que encontrava, a utilizar as ferramentas de carpintaria, a soldar com ferro quente, a colocar pavimentos, a assentar tijolos, a plantar relva e assim por diante".

"Quando tinha uns 11 anos, os meus pais ficaram tão envergonhados com o meu comportamento que ameaçaram enviar-me definitivamente para um internato. Disseram-me, durante meses consecutivos, que o internato me 'endireitaria', que 'faria de mim uma senhora'. Finalmente, anunciaram a minha ida, que não foi mais que um castigo só por eu ser como era".

"Claro que o horror de ir para esta escola e a forma cruel e antipática como me enviaram para lá, causaram-me um choque de que nunca mais recuperei. A única coisa que me reconciliava com a escola era a minha intensa indignação contra os que me tinham enviado para lá. Pedi autorização para aprender latim e outras disciplinas de rapazes, mas riram-se do meu pedido".

"Estava tão desanimada por saber que não podia escapar sem ser apanhada, que não tentei fugir de casa nem da escola. Nunca chorei nem amuei, mas ardia de raiva e sentia-me como um coelho engaiolado".

"Não tenho palavras para descrever a gravidade do choque nervoso e do sofrimento que experimentei no meu primeiro ano de escola. A escola era famosa pela sua severidade e contava-se que tinha havido tantas fugas de raparigas mais velhas que todas as alunas passaram a ser obrigadas a usar uniformes. Eu conhecia duas que tinham tentado escapar. As professoras do meu tempo eram ignorantes, autoindulgentes, não se preocupavam com os problemas das raparigas nem com a sua educação e apenas queriam ganhar muito dinheiro à custa delas. Havia uma

atmosfera suspeitosa de reformatório, liam as minhas cartas e apropriavam-se do meu dinheiro".

"Eu era intensamente tímida. Odiava as outras raparigas. Ali não havia requintes e eu não tinha privacidade nenhuma no meu quarto, que estava sempre sobrelotado. Não tínhamos água quente nem banheiras, a alimentação não prestava e a educação era inexistente. Não éramos autorizadas a trocar de roupa de cama com a frequência adequada pelo que, nesses cinco anos, nunca me senti limpa".

"Nunca tive um momento só para mim, não me deixavam ler nada, nem sequer tinha livros de estudo suficientes, não me ensinavam nada de jeito exceto um pouco de desenho e de música menor. Nunca fiz exercício suficiente, estava sempre cansada e aborrecida, e tinha problemas digestivos constantes. O meu orgulho e autorrespeito foram degradados de inúmeras formas, sofri profundamente e tudo era como uma triste sentença de prisão".

"Nunca reclamei. Tornei-me amiga de umas quantas raparigas. Algumas das raparigas mais velhas sentiram-se atraídas para mim. Algumas falavam-me de homens e de namoros, mas eu nunca mostrei grande interesse e mais ninguém me falou sobre outros assuntos relacionados com sexo, talvez porque a maioria das raparigas fossem tímidas comigo e eu com elas".

"Ao fim de dois anos, as professoras acabaram por gostar de mim e diziam que eu era uma das suas alunas mais simpáticas. Por minha influência, deram mais liberdade às outras raparigas".

"Dei muita importância às privações físicas e à tristeza que senti durante esses anos. O jejum mental só não foi maior porque elas nunca conseguiram esmagar-me o espírito como me esmagaram o corpo. Tenho a certeza que tudo isto ajudou substancialmente a limitar o meu desenvolvimento físico".

"É difícil avaliar as influências sexuais das quais, enquanto criança, não tinha praticamente nenhuma consciência. Por certo, sempre admirei as raparigas mais divertidas e inteligentes, de quem me fiz amiga, e não gostava das mais vulgares, malfeitas, mal-educadas, ou seja, de dois terços das minhas colegas. As divertidas gostavam de mim e fiz várias amigas entre elas, que tenho mantido desde então. Uma rapariga, que tinha cerca de 15 anos, apaixonou-se violentamente por mim e, figurativamente, lambia as solas dos meus sapatos. Se não fosse isso nunca teria reparado

nela. Quando tinha mais ou menos 16 anos, uma das minhas professoras começou a dar-me muita atenção e a ser muito simpática para mim. Tinha mais vinte anos que eu. Parecia ter pena da minha solidão e levou-me a passear e a desenhar, e encorajou-me a falar e a refletir. Foi a primeira vez na minha vida que alguém simpatizou comigo ou tentou compreender-me, e foi a coisa mais linda que me aconteceu então. Sentia-me como uma órfã que subitamente tinha encontrado a sua mãe e foi por causa dela que deixei de antipatizar tanto com os adultos e que comecei a ouvi-los com algum respeito. Ela foi-me conduzindo a um estado de relativa docilidade e fez com que as outras professoras passassem a gostar de mim e a confiar em mim. O meu amor por ela era completamente puro e exclusivamente filial. Ela nunca despertou em mim nenhum sentimento que eu possa classificar como sexual. Eu gostava que ela me tocasse e ela por vezes abraçava-me ou sentava-me ao seu colo. Quando era hora de ir para a cama, costumava vir desejar-me boa-noite e beijar-me a boca. Hoje parece-me que tudo isto era, até certo ponto, incorreto, e gostaria de poder acreditar que ela o fazia sem malícia, pensando apenas no meu bem-estar. Depois de ter deixado a escola, correspondi-me com ela e visitei-a frequentemente durante alguns anos. Uma vez escreveu-me dizendo que se eu lhe arranjasse emprego, viria morar comigo. Numa outra vez, quando ela estava doente com neurastenia, os seus amigos pediram-me para a levar para a beira-mar comigo, o que fiz. Ela, neste caso, comportou-se de forma extraordinária, ficando cheia de ciúmes de uma outra amiga minha, mais velha, que lá encontrámos. Eu não queria acreditar no que via e fiquei tão surpreendida e revoltada que nunca mais me aproximei dela. Ela também me acusou de não ser "leal" para ela; nunca consegui perceber o que é que ela queria dizer com isso. Pouco depois, escreveu-me a perguntar o que é que se passava entre nós, ao que eu respondi que, após as palavras que ela me tinha dito, a minha confiança nela cessara completamente. Não me custou nada fazê-lo porque, por essa altura, já tinha ultrapassado a gratidão infantil que tinha sentido por ela e já não nutria nenhum outro sentimento mais forte. Toda a vida senti a mais profunda aversão a 'discussões' entre mulheres".

"Eu tinha muito menos interesse pelas questões sexuais do que as outras crianças da minha idade. Era menos precoce, mas acho que sabia mais sobre o assunto do que as outras raparigas. No entanto, quando tinha 15 anos, comecei a interessar-me muito por questões sociais. É difícil dizer porque é que isso aconteceu, dado que estava proibida de ler livros e

jornais (exceto nas minhas férias, quando aproveitava para fazer orgias de leitura, embora não dos livros que desejava ou precisava). Tinha oportunidades abundantes para especular sobre estas questões, mas não tinha acesso a nenhuma obra que me proporcionasse matéria sólida para reflexão".

"Era obrigada a sonhar. À noite, imaginava contos de fadas e, de dia, projetos sociais. Nos meus sonhos noturnos, e por vezes nos diurnos, o papel do príncipe ou do pirata era sempre meu, salvando corajosamente belas raparigas em apuros e matando todos os malvados. Havia um sonho que se repetia frequentemente, de que eu gostava muito e que ainda sonho, por vezes. Nesse sonho, estou sempre a caçar e a lutar, muitas vezes no escuro, e há sempre, geralmente, uma mulher ou uma princesa que eu admiro muito, mas que nunca consigo localizar nem ver bem no meio da escuridão. Por vezes, viajo clandestinamente a bordo de um navio ou sou um caçador índio ou um lenhador a construir uma cabana para a sua mulher ou para alguma acompanhante. Os meus sonhos diurnos não eram sobre as mulheres que me rodeavam, nem mesmo sobre a professora que era tão carinhosa para mim; eram quase sempre impessoais. Desenvolvi sozinha um ideal muito bonito de amizade humana sólida, em que todos eram fortes e saudáveis, mas onde quase não havia sexo. Neste ideal, todas as situações familiares, sociais e educacionais eram imaginadas por mim e eram muito diferentes de tudo o que eu conhecera até então. Esta era a base das minhas reflexões que, em grande parte, se debruçavam sobre questões sociais. Quaisquer que fossem as minhas reflexões, adotava sempre o ponto de vista dos rapazes. Esperava pacientemente por uma oportunidade para escapar à escravidão e à fome, tentando manter a abertura de espírito que mencionei, mesmo sem nunca ter aberto um único livro de poesia ou um romance ou um conto, e regressava naturalmente à minha atitude de não-rapariga, interpretando tudo por mim própria. A minha vida superficial era uma farsa e só pelos livros, que eram poucos, podia olhar naturalmente para o mundo. A importância que dava às questões sociais levou-me a ter muita pena das mulheres que eu achava que eram deliberadamente educadas, tal como eu, para serem tontas. Senti cada vez mais que os homens deviam ser invejados e as mulheres lamentadas. Insisto neste ponto porque foi o que desencadeou em mim o interesse pelas mulheres como mulheres. Comecei a ser protetora e bondosa para as mulheres e para as crianças e a deixar de responsabilizar as mulheres por determinadas calamidades, como a minha

carreira escolar, por exemplo. Nunca imaginei que os homens precisassem ou agradecessem a minha simpatia. Tanto quanto me recordo, tudo isto aconteceu assim, por mim própria, sem a menor ajuda de ninguém, de tal forma que aos 19 anos já estava fortemente interessada em todos os tipos de questões: a opressão das mulheres, as questões do sufrágio universal, as leis do casamento, as questões da liberdade, o pensamento independente, a proteção dos pobres e os pontos de vista sobre a Natureza, o Homem e Deus. A minha mente estava cheia de todas estas ideias e não se ocupava de casos concretos de homens ou mulheres. Logo que deixei a escola, mergulhei de cabeça nas leituras sobre estes temas para tentar encontrar respostas a todas as perguntas que se tinham acumulado ao longo de tantos anos de privação forçada. Tive que trabalhar muito para conseguir obter os conhecimentos que me faltavam. As teorias e os livros não vieram ter comigo, fui eu que tive que os procurar arduamente. Outra coisa que me ajudou a ter uma visão aberta da vida foi o meu amor intenso pela Natureza. A beleza e a graça de todos os pássaros e animais sensibilizavam-me profundamente e sempre senti forte carinho por eles, em conjunto com um qualquer tipo de entendimento subtil que me permitia domá-los, por vezes de forma surpreendentemente fácil. Não só amava todas as outras criaturas, mas acreditava também que o homem e a mulher eram as mais belas criações do universo e, de entre todas as coisas naturais que observava, admirá-los (despidos) era o que mais prazer me dava. Amava-os porque os achava bonitos. Quando chegou a hora de deixar a escola, fiquei um pouco apavorada, sobretudo porque temia a vida que me esperava ao regressar a casa. O meu grande desejo, nessa altura, era fugir e tentar a minha sorte noutro lugar qualquer e, se fosse mais corajosa, talvez o tivesse feito. Mas a minha saúde física, tal com a minha saúde mental, estava fragilizada pelos anos de repressão a que fora sujeita. Continuava a sentir-me prisioneira e estava amargamente dececionada e envergonhada por não ter nenhuma educação. Só mais tarde aprendi aritmética e outras coisas".

"O período seguinte da minha vida, que abrangeu cerca de seis anos, não foi menos importante para o meu desenvolvimento e foi um período de extremo tormento para mim. Sentia que, depois de sair da escola, ainda era uma criança. Este período, entre os 18 e os 24 anos, deve ser considerado como a época da minha adolescência e puberdade, coisa que na maior parte das raparigas acontece nos anos finais da sua vida escolar".

"Foi nessa época que comecei a fazer alguns bons amigos e a ganhar consciência da atração física e sexual. Nunca me tinha deparado com qualquer teoria sobre o assunto, mas decidi que pertencia a um qualquer tipo de terceiro sexo. Costumava perguntar-me a mim mesma se seria como as abelhas-neutras! Eu sentia impulsos físicos e sexuais que, no entanto, me pareciam substancialmente diferentes dos das outras mulheres e homens. Ficava cheia de dúvidas sobre se suportaria a vida de uma mulher casada e sobre se conseguiria ter e criar filhos. Espantava-me perceber que havia uma separação entre o meu corpo e os meus sentimentos, e surpreendia-me com os fortes impulsos físicos que me dominavam e que eram independentes da minha vontade. [Experimentei as primeiras sensações sexuais físicas aos 16 anos; descobri acidentalmente a masturbação aos 19 anos, tendo-a abandonado aos 28 e retomado aos 34 anos, deliberadamente, como método de consolo puramente físico]. Estas três coisas simplesmente não se conciliavam na minha cabeça e decidi que tinha que encontrar uma filosofia de vida em que houvesse tão pouco sexo quanto possível. Havia qualquer coisa que, simplesmente, estava ausente de mim e disso tinha a certeza. Curiosamente, cheguei a pensar que a explicação poderia estar na possibilidade de existirem mentes masculinas em corpos femininos, mas estava demasiado ocupada a tentar encontrar uma forma de vida aceitável para estar a perder tempo com enigmas sem resposta".

"Pensava que um dia, quando tivesse dinheiro e condições, começaria a vestir roupa de homem e mudar-me-ia para outro país, onde pudesse libertar-me de todas as convenções sexuais. Estava determinada a viver uma vida honrada, frontal, mas simples".

"Inicialmente, não imaginava que pudesse existir atração homossexual entre mulheres, mas a observação da mesma em animais inferiores fez-me surgir a ideia de que seria possível entre humanos. Não planeei nada no que respeita a sexualidade, mas achei sempre que seria muito triste reprimir continuamente os meus impulsos físicos".

"As minhas relações com outras mulheres eram inteiramente castas. A minha atitude em relação aos meus sentimentos sexuais físicos era de reserva e repressão e a crescente convicção de que seria portadora de alguma deficiência grave fazia com que considerasse imprópria e de mau gosto qualquer demonstração de carinho íntimo por alguém".

"No entanto, entre os 21 e os 24 anos aconteceram-me outras coisas".

"*Durante esses anos, conheci muitos homens e muitas mulheres. Gostava muito dos homens, mas nunca considerei viver com nenhum. Havia vários homens que eram muito simpáticos para mim, em especial três deles, que me escreviam cartas fazendo-me confidências. Convidei dois deles para me visitarem em minha casa. Falaram comigo abertamente, tendo-me até contado as suas aventuras sexuais. Um deles queria que eu acreditasse que tinha uma vida boa; os outros dois diziam que não tinham. Um deles, que nunca tinha casado, discutiu comigo a questão da homossexualidade. Eu gostava muito de um deles porque me sentia atraído pela sua gentileza e suavidade e pela sua voz quase feminina. Esperava-se que eu me enamorasse dele e ele, muito cuidadosamente, declarou-me o seu amor. Permiti-lhe beijar-me algumas vezes e respondi-lhe encorajadoramente a algumas cartas, tentando perceber o que é que me agradava nele. Uma vez, alguém fez um comentário sobre a nossa relação e mencionou a palavra 'casamento' e foi então que despertei para o facto de que realmente não queria casar com ele. Penso que ele, por seu lado, achava a nossa amizade muito insípida e ficou satisfeito quando terminou. Estes homens tinham alguns comportamentos um pouco femininos e dois deles não praticavam qualquer desporto. Achei muito estranho que todos manifestassem admiração pelas minhas características arrapazadas de que geralmente as outras pessoas não gostavam. Um quarto homem, do mesmo tipo, disse a um outro amigo que sempre se admirou por ser capaz de conversar tão abertamente comigo, como se eu não fosse uma mulher. Dois deles tinham uma inteligência brilhante; os outros dois eram artistas*".

"*Por esse tempo, ou um pouco antes, fiz amigas com quem passei a conviver muito. Escolhi algumas e fui escolhida por outras. Julgo que se sentiram atraídas por mim tanto ou mais que eu por elas. Neste caso concreto não me recordo exatamente se foi mesmo assim que aconteceu, mas sei que, enquanto estive na escola, foi. Havia três ou quatro jovens brilhantes e inteligentes com quem travei conhecimento e de quem fui muito amiga. Partilhávamos interesse por livros, teorias sociais e políticas, e arte. Por vezes visitava-as ou partíamos em passeios para explorar cidades ou lugares da província. Todas elas acabaram por ter casos amorosos e casar. Tenho a certeza de que, apesar da liberdade que existia nas nossas conversas, elas nunca falavam comigo como falavam umas com as outras e eram sempre um pouco tímidas comigo. Mas acabei por sentir grande amizade por quatro delas. Admirava-as muito e, quando estava*" *cansada e preocupada, muitas vezes dava comigo a pensar em como poderia facilmente casar com qualquer uma delas se eu fosse homem. Costumava pensar que deveria ser muito agradável trabalhar para sustentar uma mulher e cuidar dela. Senti uma forte atração por estas mulheres, mas penso que elas não se aperceberam disso. Quase nem chegava a beijá-las, mas abraçá-las-ia e beijá-las-ia alegremente se não achasse que isso era inconveniente e errado. O meu desejo de as beijar era muito maior do que o desejo de ser beijada por elas. Naqueles anos, sentia o mesmo por todas as mulheres que me atraíam".*

"Por vezes, sentia-me excitada quando me aproximava de outras mulheres. Tenho a certeza de que não foi nenhum pensamento deliberado que causou esta excitação e, como também ficava inesperadamente excitada noutras situações, penso que estas ocorrências poderiam ser acidentais. As minhas emoções pareciam nunca estar alinhadas com os desejos do meu corpo. Não consigo descrever com precisão o interesse e a atração que as mulheres tinham, nessa altura, para mim. Só sei que nunca senti nada parecido pelos homens. O meu desejo de ser amável, de dar presentes, de ser respeitada e amada, e todos esses pequenos detalhes naturais, eram direcionados para mulheres, não para homens, e eu estava plenamente consciente de que gostava mais de mulheres. Devo dizer que, neste período, estava a ser pressionada para casar e isso deve ter influenciado as minhas preferências, provavelmente mais do que eu consigo avaliar agora".

"Os meus impulsos sexuais físicos estiveram bem presentes durante esses anos, mas penso que raramente me dedicava a devaneios eróticos. No entanto, quando isso acontecia, imaginava-me sempre no papel de um homem apaixonado por uma mulher. Não me lembro de alguma vez ter imaginado o contrário e acredito que o píncaro das sensações sexuais não está associado ao sexo".

"Com o passar do tempo e com a convergência dos meus sentimentos físicos e psíquicos, entendi plenamente o significado do amor e até das possibilidades homossexuais".

"Eu deveria, provavelmente, ter dedicado mais tempo a pensar sobre este aspeto das coisas se não fosse a permanente luta contra as dificuldades que tinha por viver sozinha na minha casa e contra o incómodo de estar sempre a ser comparada com outras pessoas. A minha vida foi uma farsa: sentia-me como um ator sempre em palco. Tinha que fingir ser alguém que

não era, de manhã à noite, numa continuação do enorme esforço que tinha feito durante os anos de escola, e adicionalmente tinha que lidar ativamente e conscientemente com os meus impulsos sexuais".

"Olhando para trás, para esses vinte e quatro anos da minha vida, só vejo um imenso sofrimento. A tensão nervosa era enorme, tal como a tensão moral. Sempre que queria agradar a alguém, sentia que não era uma criança, mas antes um macaquinho amestrado. Era impedida de fazer o que gostava de fazer ou era censurada sempre que o fazia. Ninguém me ensinava nada e diziam que eu era tonta. Todos estavam contra as minhas opiniões. Nem consigo perceber como é que, com a minha imaginação vívida e a minha força de vontade, não me transformei numa imbecil moral com instintos pervertidos. Lembro-me de mim como uma criança dócil, mas cheia de vontade de me rebelar. Houve momentos em que fiquei em silêncio ante certas atitudes de algumas pessoas, mas desejosa de lhes enfiar uma faca no corpo, se tivesse uma à mão. Se alguém tivesse desejado fazer de mim um ser completamente pervertido, não consigo imaginar melhor forma de o fazer que obrigar-me à força a comportar-me como uma rapariga modelo".

"Refletindo sobre os meus instintos de infância e sobre a minha confusão mental, não acredito que qualquer tratamento científico bem-intencionado me pudesse transformar numa menina típica, mas não vejo razão para que os meus gostos não se aproximassem mais dos de uma mulher normal se tivesse tido um desenvolvimento físico melhor, proporcionado por condições físicas adequadas. Isto independentemente de eu nem sequer desejar agora ser uma mulher normal".

"Em vez de receber ajuda, sofri profunda comoção mental e física durante toda a puberdade, que se prolongou por vários anos e que foi acentuada pelas críticas que faziam a todos os sentimentos bons e fortes que eu tentava demonstrar. Estou perfeitamente convencida que todas estas coisas, ao limitarem o meu desenvolvimento físico, deram um impulso traumático à minha anormalidade geral, a que acresceu a constante exigência (no despertar da minha sexualidade, quando ainda era quase uma criança) de pensar em homens e em casamento, coisas tão desadequadas para mim como para qualquer rapaz ou rapariga de 15 anos de idade. Se tivesse adotado um rapaz de 13 anos e se o tivesse sujeitado às condições em que eu cresci; se lhe tivesse amarrado as mãos e as pernas; se sempre que ele se assustasse eu o acarinhasse até ele ficar calmo; se o lançasse ao mundo e lhe exigisse, por um lado, uma

sexualidade normal mas, por outro, se o criticasse por isso mesmo; se tudo isto acontecesse qual seria o desfecho mais provável?"

"Olhando para trás, só posso dizer que acho que os resultados no meu caso acabaram por ser inesperadamente bons e que fui poupada a coisas piores pela minha inocência e pelo físico pouco desenvolvido que a natureza, provavelmente por misericórdia, me concedeu".

"Não consigo explicar concisamente porque é que atraio as outras mulheres nem porque é que as acho atraentes. Só posso registar a minha convicção de que atraio um grande número de mulheres, não sei se anormalmente ou não, e que, se eu o permitisse, elas se apaixonariam por mim com grande facilidade. Também acredito que as mulheres se comportam comigo mais timidamente do que com outras mulheres".

"Também tenho dificuldade em descrever o efeito que as mulheres têm sobre mim. Só sei que algumas me atraem e que outras me tentam fisicamente, o que me tem acontecido desde os meus 22 ou 23 anos. Tenho a certeza que, fisicamente, sempre me interessei mais por mulheres do que por homens, mas nunca as preferi como companhia ou para confidências. Tenho sentimentos de proteção em relação às mulheres, nunca senti ciúmes por outras mulheres e detesto discutir com elas. E sinto sempre que sou diferente delas. Se nalgum período da minha vida se tivessem reunido as condições de saúde, de finanças, de tentação e de oportunidade que facilitassem os relacionamentos homossexuais, penso que não teria conseguido resistir. Acho que nunca tive nenhuma destas relações simplesmente porque fui, de certa forma, salvaguardada delas. Durante bastante tempo acreditei que devia viver sem ter quaisquer relações sexuais reais e comportei-me de acordo com aquilo em que acreditava. Se tivesse acreditado que alguma relação era possível e aceitável, penso que me teria esforçado por ter experiências heterossexuais devido ao respeito que tenho cultivado, e que sempre cultivei, pelo normal e natural. Se tivesse acreditado que algum tipo de satisfação sexual ao meu alcance era aceitável, penso que provavelmente teria escolhido o homossexual, por ser talvez a mais conveniente e agradável. Coloquei sempre o amor e a amizade em primeiro lugar; mais tarde achei que o ideal seria, se possível, satisfazer também os meus desejos sexuais, mas por essa altura já podia ignorá-los, ou pelo menos achava que podia".

Algum tempo depois, a senhora D. apaixonou-se por um homem de temperamento algo feminino e anormal. Mas depois de refletir sobre o assunto, decidiu que seria melhor não se casar com ele.

Caraterísticas físicas e psíquicas das mulheres invertidas

A caraterística mais comum das mulheres sexualmente invertidas é um certo grau de masculinidade. Como já salientei, o travestismo, tanto nos homens como nas mulheres, não indica, obrigatoriamente, que exista inversão. No volume *Women Adventurers*, editado pela Sra. Norman para a Série Aventura, não existem indícios de inversão. De facto, na maioria desses casos, foi precisamente o amor por homens que motivou a adoção de vestuário e comportamento masculinos. O mesmo se passa com Charlotte Charke, a filha de Colley Cibber, uma mulher cheia de vida, que durante grande parte da sua vida vestiu roupas masculinas e que escreveu um vívido livro de memórias, que parece nunca se ter sentido atraída por mulheres, embora muitas mulheres se sentissem atraídas por ela, julgando que era um homem. É digno de nota que as mulheres, com muita frequência, apaixonam-se por mulheres disfarçadas de homem[166]. Há, no entanto, uma

---

[166] Um exemplo antigo, muito interessante, de uma mulher com um impulso irresistível para usar roupas de homem e para viver como um homem mas, tanto quanto sei, sem qualquer conotação sexual, é o de Mary Frith, mais conhecida por Moll Cutpurse, que viveu em Londres no início do século XVII. O livro *The Life and Death of Mrs. Mary Frith* foi publicado em 1662; Middleton e Rowley basearam nele a sua deliciosa comédia, *The Roaring Girl* (*Mermaid Series*, *Middleton's Plays*, volume II), embora tenham romantizado um pouco a sua vida. Ao que se sabe, tinha antecedentes familiares neuróticos e excêntricos; o seu biógrafo diz que "*cada membro da família tinha uma aberração particular*". Durante a infância, apenas se divertia com jogos de meninos e, depois de crescida, nunca se conseguiu adaptar às ocupações femininas. "*Tinha uma aversão natural a cuidar de crianças*". O seu comportamento era completamente masculino; "*não tinha tento na língua em relação a obscenidades, dizia livremente o que tinha para dizer*". Nunca teve filhos e nunca foi acusada de deboche; "*ninguém lhe conheceu uma namorada ou qualquer aventura passageira*"; a única coisa viva pela qual ela manifestava algum interesse era pelo seu mastim. No entanto, a sua vida não foi completamente honesta, não tanto devido a qualquer tendência orgânica para o crime, ao que parece, mas porque a sua natureza anormal e inquieta a isolava. Gostava muito de beber e diz-se que foi a primeira mulher a fumar. Nada se sabe sobre eventuais práticas homossexuais, mas podemos aqui perceber claramente a existência de uma diátese homossexual.

tendência muito pronunciada entre as mulheres sexualmente invertidas para adotarem trajes masculinos sempre que podem. Em tais casos, o vestuário do sexo masculino não é utilizado por conveniência prática, nem mesmo com intenção de impressionar outras mulheres, mas apenas porque as mulheres se sentem melhor assim. Moll menciona o caso de uma jovem governanta de 16 anos que, embora inconsciente da sua perversão sexual, gostava de vestir as roupas de um dos rapazes da família.

Foram registados casos de mulheres invertidas que usaram roupas masculinas durante a maior parte da sua vida e que foram geralmente confundidas com homens. Posso citar o caso de Lucy Ann Slater, mais conhecida por Rev. Joseph Lobdell, descrito por Wise (*Alienist and Neurologist*, 1883). Tinha aparência e comportamento masculinos, e vestia roupa de homem. Tinha-se casado precocemente e tinha tido um filho, mas não amava o marido, que acabou por a deixar. Como é habitual nestes casos, os seus comportamentos masculinos surgiram logo na infância. Era muito boa atiradora e vivia entre os Índios, como os caçadores, sendo conhecida por "*a caçadora de Long Eddy*". Publicou um livro onde descreveu as suas experiências. Não o consegui encontrar, mas diz-se que é original e que está bem escrito. Considerava-se um homem e juntou-se com uma rapariga de boas famílias que também havia sido abandonada pelo marido. O amor que sentiam uma pela outra era forte e emocional e, é claro, completamente honesto. A relação foi interrompida quando Lucy foi descoberta, acusada de vagabunda e detida, só sendo libertada após petição da sua '*esposa*': "*Num certo sentido posso ser mulher,*" disse ela, "*mas tenho órgãos peculiares que fazem de mim mais homem que mulher*". Aludia a um clitóris muito maior do que o normal, que ela conseguia colocar em estado de ereção como, nas suas palavras, quando as tartarugas põem a cabeça de fora, mas que não podia ser utilizado para o coito. Foi finalmente levada para um hospício com crises paroxísticas de exaltação, erotomania (aparentemente sem masturbação) e correspondentes períodos de depressão, padecendo de demência progressiva quando morreu. Posso também mencionar o caso (brevemente descrito no *Lancet* de 22 de fevereiro de 1884) de uma pessoa chamada John Coulter, que estava empregado há doze anos no *Belfast Harbor Commissioners*. Quando morreu, na sequência de ferimentos resultantes de uma queda numa escada, descobriu-se que era mulher. Tinha cinquenta anos de idade e tinha, aparentemente, vivido a maior parte da sua vida como homem. Quando era mais nova, foi trabalhador rural numa quinta e casou com a filha da patroa. As duas estiveram casadas durante vinte e nove anos, mas nos últimos seis anos viviam separadas, devido, ao que se dizia, aos hábitos dissolutos do '*marido*'. Nunca ninguém suspeitou que ele era uma mulher. Tinha aparência masculina e bom desenvolvimento muscular. A '*esposa*' reclamou o corpo e enterrou o '*marido*'.

Um caso mais recente do mesmo tipo é o de '*Murray Hall*', que morreu em Nova Iorque, em 1901. O seu nome verdadeiro era Mary Anderson, natural de Govan, na Escócia. Quando já era órfã e o seu único irmão morreu, vestiu as roupas dele e foi para Edimburgo trabalhar como homem. O seu segredo só foi descoberto quando adoeceu. Depois emigrou para a América, onde viveu como homem durante trinta anos, ganhando muito dinheiro e tornando-se conhecida como um político algo turbulento da sociedade *Tammany*. A verdade só foi descoberta quando morreu, tendo constituído uma surpresa absoluta mesmo para a sua filha adotiva. Casou-se duas vezes. O primeiro casamento terminou em divórcio mas o segundo parece ter sido muito feliz pois durou vinte anos, até à morte da '*esposa*'. Procurava a companhia de jovens bonitas e era muito ciumenta. A sua constituição era, em geral, franzina e pouco máscula, com uma voz esganiçada, mas os seus modos, atitude e hábitos eram essencialmente masculinos. Convivia com políticos, bebia bastante, embora não excessivamente, dizia palavrões, fumava e mascava tabaco, cantava canções obscenas, corria, dançava e lutava como um homem, tendo eliminado de si mesma todos os traços de delicadeza feminina. Usava roupas demasiado grandes para esconder as suas formas, vestia calças largas e, mesmo no verão, usava sempre sobretudo. Diz-se que morreu de cancro da mama. (Cito uma fonte que parece credível, do *Weekly Scotsman*, 9 de fevereiro de 1901).

Outro caso, relatado pelos jornais de Londres, é o de Catharine Coome, que durante quarenta anos se disfarçou de homem e adotou comportamentos masculinos. Casou-se com a criada de uma aristocrata, com quem viveu durante catorze anos. O seu caso ficou conhecido nos jornais como o da *"mulher-homem"*, sobretudo depois de se descobrir que se dedicava a atividades fraudulentas.

Em 1901, foi registada a morte da Sra. Caroline Hall, solteira, a bordo de um navio. A Sra. Hall era natural de Boston e residia há muitos anos em Milão, onde se dedicava a pintar aguarelas. Três anos antes havia abandonado os trajes femininos e iniciado uma vida a dois, no papel de *'marido'*, com uma senhora italiana, também artista, que já conhecia há mais de sete anos. Chamava-se a si mesma *"Sr. Hall"* e aparentava ser um homem perfeitamente normal, que gostava de espingardas e de muitos outros desportos masculinos. Os oficiais do navio declararam que fumava e bebia muito, convivia com outros passageiros do sexo masculino e era uma simpatia para toda a gente. A morte deveu-se a tuberculose pulmonar avançada, precipitada por excesso de bebida e tabaco.

Ellen Glenn, conhecida por Ellis Glenn, um vigarista notório que teve grande destaque público em Chicago, em 1905, foi outra *"mulher-homem"*, do tipo masculino forte. Vestia-se como um homem e tinha muitas aventuras amorosas com mulheres. *"É um dos melhores tocadores de rabeca do Estado,"* disse um homem que a conhecia, *"dá socos como um pugilista e sabe dançar e jogar à batota"*.

Em Sevilha, há alguns anos atrás, um polícia de idade avançada, que tinha protegido os sucessivos governadores da cidade durante mais de trinta anos, ficou gravemente ferido num acidente de rua. Foi levado para o hospital e o médico descobriu que *"o"* polícia era na realidade uma mulher. Utilizava o nome de Fernando Mackenzie e durante toda a sua longa carreira profissional nunca houve suspeitas sobre o seu sexo. Era francesa, nascida em Paris em 1836, filha de pai inglês e mãe espanhola. Assumiu o seu disfarce masculino quando ainda era uma rapariga, tendo cumprido o serviço militar obrigatório no exército francês, após o que emigrou para Espanha, com 35 anos de idade, decidida a ser admitida nas forças policiais de Madrid, disfarçada de homem. Casou-se por lá e fingiu que o filho da sua mulher era seu filho. Partiu para Sevilha, ainda como polícia, e foi contratado para ser cozinheiro e ordenança no palácio do governador. Trabalhou sucessivamente para sete governadores. Depois de ter sido descoberta a verdade sobre o seu sexo, foi demitida da polícia sem direito a pensão. A sua mulher tinha morrido dois anos antes e *"Fernando"* tinha gasto tudo o que possuía no funeral dela. Mackenzie tinha uma voz suave, um rosto refinado com traços delicados e vestia-se muito bem, com roupas masculinas. Quando lhe perguntaram como tinha conseguido esconder a verdade durante tanto tempo, respondeu que sempre tinha vivido tranquilamente na sua casa, com a sua mulher, e feito o seu dever para com os seus patrões, para que ninguém implicasse com ele.

Em Chicago, em 1906, o caso de *"Nicholai de Raylan"* atraiu muita atenção. Raylan era o secretário privado do cônsul da Rússia e quando morreu aos 33 anos de idade (de tuberculose), descobriu-se que era uma mulher. Tinha nascido na Rússia e era, em muitos aspetos, muito feminino, de constituição pequena e delicada, mas era visto, tanto pelos homens como pelas mulheres que o conheciam bem, como um homem muito *"viril"*. Foi sempre muito elegante no vestir, exigente no que respeita a camisas e gravatas, e usava um casaco de cintura baixa para disfarçar as formas do seu corpo. Foi casada duas vezes na América, sendo que a primeira mulher conseguiu o divórcio após um casamento de dez anos, alegando tratamento cruel e má conduta com coristas. A segunda mulher, uma corista que já tinha sido casada e tinha um filho, foi muito dedicada ao seu *'marido'*. As duas mulheres estavam firmemente convencidas de que o seu marido era um homem e consideravam ridícula a ideia de que *'ele'* pudesse ser uma mulher. Disseram-me que Raylan usava um pénis artificial de construção elaborada. No seu testamento, deixou indicações cuidadosas para impedir a deteção do seu verdadeiro sexo, que só não foram bem-sucedidas porque morreu num hospital.

Em St. Louis, em 1909, foi divulgado o caso de uma jovem de 22 anos que tinha vivido disfarçada de homem nos últimos nove anos. A sua carreira masculina tinha começado aos 13 anos de idade, depois das inundações de Galveston que lhe mataram toda a família. Ela salvou-se e saiu do Texas vestida como um rapaz. Trabalhou em estábulos, numa fábrica de arados e como coladora de cartazes. Durante algum tempo, foi filho adotivo de uma família com quem vivia e não teve dificuldade alguma para iludir as suas irmãs sobre o seu sexo. Ao chegar a St. Louis, em 1902, fez cadeiras e cestas para a *American Rattan Works*, procurando a companhia dos seus colegas de trabalho do sexo masculino. Um dia, um dos operários reparou nas suas mãos extremamente pequenas e hábeis. *"Ei! Bill, tu nasceste para ser menina"*. *"Como sabes que não sou?"* – retorquiu ela. Era desta forma que, com inteligência e bom humor, desarmava qualquer suspeita em relação ao seu sexo. Nunca fugia aos trabalhos difíceis e nunca evitava os desafios mais severos. *"Ela bebia, ela praguejava, ela trabalhava no duro como todos os outros homens, ela pescava e acampava, ela contava histórias e nem pestanejava quando as coisas começavam a ficar feias. Ela até mascava tabaco"*. As raparigas da zona começaram logo a apaixonar-se por este rapaz tão bem-parecido e ela gabava-se frequentemente das suas conquistas femininas; chegou a falar-se de casamento com uma das raparigas que a amava mais. Por falta de estudos, fazia exclusivamente trabalhos manuais e, muitas vezes, escolhia os trabalhos mais árduos. Certa vez tornou-se aprendiz de caldeireiro, empunhando o martelo e aplicando rebites em brasa. Tornou-se muito popular e foi nomeada secretário local da Irmandade Internacional dos Caldeireiros. O seu físico era agora quase o de um atleta. *"Ela corria mais depressa que qualquer dos seus amigos, chutava mais alto, jogava basebol, batia a bola como os homens e gostava de jogar futebol. Em luta-livre, conseguia derrubar a maioria dos membros do clube"*. O médico que a examinou, a pedido de uma companhia de seguros, comentou: *"Jovem, você é um belo exemplar do físico masculino. Não deixe de cuidar bem do seu corpo"*. Finalmente, num momento de fraqueza, confessou a verdade em relação ao seu sexo e tornou a vestir roupas de mulher.

Em Londres, em 1912, uma criada de 23 anos foi acusada no Tribunal de Polícia de Acton por "*desordem e disfarce*" porque vestia trajes masculinos e vivia maritalmente com outra rapariga, mais alta e mais bonita que ela. Durante a infância tinha tido problemas mentais ligeiros, mas era muito inteligente, com um cérebro demasiado ativo. Nos seus tempos livres, escrevia contos para revistas. As duas raparigas tinham-se conhecido quando faziam trabalho social voluntário para uma associação cristã e tinham decidido viver como marido e mulher para impedir os avanços de eventuais pretendentes. O '*marido*' tinha-se tornado amigo de um canalizador e gostava de andar à pancada. Foi desmascarada pelo irmão da '*mulher*' e daí a sua comparência no Tribunal de Polícia. Ambas as raparigas foram enviadas de volta às suas famílias e foram-lhes arranjados empregos como criadas de dia. Mas, como continuavam a amar-se, permitiram-lhes continuar a viver juntas.

Outro caso que podemos mencionar é o de Cora Anderson, "*a mulher-homem de Milwaukee*", que se disfarçou de homem durante treze anos e que viveu com duas mulheres sem que o seu disfarce fosse descoberto. (As suas *Confissões* foram publicadas no *Day Book* de Chicago, no mês de maio de 1914).

Seria fácil apresentar outros casos. Alguns exemplos de casamento entre mulheres podem ser consultados no *Alienist and Neurologist*, novembro de 1902, p. 497. Em todos esses casos existe alguma dose de mentira, mas sei de um caso, provavelmente o único, em que a cerimónia do casamento aconteceu sem recurso a fraude: uma inglesa, invertida congénita, de excelente capacidade intelectual, já falecida, envolveu-se numa relação com a mulher de um clérigo que, tendo conhecimento prévio de toda a verdade, aceitou casá-las em privado na sua própria igreja.

Sempre que estas mulheres usam roupas femininas, escolhem vestuário simples, como o dos homens, e manifestam, quase sempre, algum desdém pelos pequenos artifícios da elegância feminina.

Mesmo quando não é óbvio a nível do vestuário, existem vários pequenos gestos instintivos e hábitos que podem suscitar comentários das amigas e conhecidas, tais como *"esta devia ser um homem"*. Os movimentos bruscos e enérgicos, a atitude dos braços, a frontalidade do discurso, as inflexões de voz, a simplicidade e o sentido de honra masculinos, mas especialmente a forma como se comportam com homens, que é isenta de qualquer sugestão de timidez ou audácia, sugerem com frequência ao observador atento que existe alguma anormalidade psíquica subjacente.

No que se refere a hábitos, não só existe frequentemente o hábito de fumar cigarros, que também se encontra muitas vezes em mulheres muito femininas, mas também uma grande paixão e tolerância por charutos. Observa-se também uma aversão e, por vezes, uma enorme falta de jeito para bordar e para outras ocupações domésticas femininas, ao mesmo tempo que se manifesta, frequentemente, alguma capacidade para desportos atléticos.

No que respeita à postura geral da mulher invertida na sua forma mais marcada e menos disfarçada, posso citar a admirável descrição do Prof. Zuccarelli, de Nápoles, sobre uma mulher não casada, de classe média, com 35 anos de idade: *"Embora continuando a vestir roupa feminina, a sua postura era, tanto quanto possível, a de um homem. Usa o seu cabelo fino penteado descuidadamente para trás, 'alla Umberto', e preso com um simples nó atrás da cabeça. Os seus seios são pouco desenvolvidos e ela comprime-os debaixo de um espartilho alto; os seus vestidos são justos, sem a roda exigida pela moda atual. O seu chapéu de palha de tranças largas é adornado, quando muito, por uma pena, mas também usa, por vezes, um pequeno chapéu como os dos rapazes. Nunca anda de guarda-chuva nem chapéu-de-sol e sai sozinha, recusando a companhia de homens; prefere a companhia de mulheres, oferecendo-lhes o braço e colocando-lhes a mão à cintura, dando-se ares de cavalheiro educado. Nas carruagens, o seu porte é peculiar e oposto ao que é habitual nas mulheres. Sentada no meio do banco duplo, cruza a perna sobre o joelho ou, em alternativa, senta-se com as pernas bem abertas, com um ar viril e com movimentos descuidados, olha em todas as direções, observando quem passa e saudando com um gesto largo da mão os homens e as mulheres conhecidos com quem se cruza, como se fosse um homem de negócios. Quando conversa, a sua pose é semelhante; gesticula muito, tem um discurso vivo, muito expressivo, e ao falar arqueia os ângulos internos das sobrancelhas, formando rugas no centro da testa. O seu riso é aberto e explosivo, e quando ri mostra os seus dentes brancos. Relaciona-se com homens de uma forma descuidadamente igualitária".* (Inversione congenita dell'istinto sessuale in una donna, L'Anomalo, fevereiro de 1889).

"A mulher invertida", comenta com razão Hirschfeld (*Die Homosexualität*, p. 158), *"tem mais vida, é mais empreendedora, tem mais sentido prático, é mais agressiva, mais heroica, mais propensa à aventura do que as mulheres heterossexuais e os homens homossexuais".* Por vezes, acrescenta, a sua masculinidade pode aproximar-se da brutalidade irrefletida e a sua coragem, da imprudência. No entanto, o autor observa noutro local (p. 272) que, para além deste grupo de mulheres invertidas com caraterísticas masculinas, existe um outro grupo, *"não menos grande"*, de mulheres igualmente invertidas que aparentam ser tão femininas como as mulheres normais. Esta é uma observação que não consigo confirmar. Parece-me que a grande maioria das mulheres invertidas possuem alguns traços masculinos, embora por vezes tão ligeiros como os que ocasionalmente apresentam as mulheres normais. Nas minhas observações, a feminilidade extrema é muito mais frequente nas mulheres bissexuais do que nas mulheres homossexuais, tal como a masculinidade extrema é muito mais frequente nos homens bissexuais do que nos homossexuais.

Embora as mulheres invertidas transmitam frequentemente, mas nem sempre, uma impressão de masculinidade, não existem caraterísticas anatómicas comuns e invariáveis associadas a essa impressão. Não há, por exemplo, qualquer tendência uniforme para uma distribuição masculina de pelos. Não se pode concluir que a presença de barba numa mulher indique a existência de tendência homossexual. As *"mulheres barbudas"*, como salienta Hirschfeld, raramente são invertidas e parece que a homossexualidade está mais associada a pequenas alterações das caraterísticas sexuais secundárias do que a reversões mais fortes[167]. De forma alguma os bigodes ralos ou as outras manifestações ligeiras de hipertricose indicam homossexualidade. Até certo ponto, trata-se de uma questão de raça;

[167] Hirschfeld, *Die Homosexualität*, p. 137.

em Constantinopla, no bairro de Pera, Weissenberg registou que, num grupo de quase setecentas mulheres entre os 18 e os 50 anos de idade, cerca de 10 por cento tinham pelos no lábio superior; a maior frequência encontrava-se nas mulheres arménias seguidas das gregas[168].

Mesmo ignorando o aspeto da homossexualidade, tem havido alguma controvérsia sobre se a hipertricose nas mulheres pode ser considerada como uma indicação geral de masculinidade. Max Bartels (no seu estudo detalhado, *Ueber abnorme Behaarung beim Menschen, Zeitschrift für Ethnologie*, 1876, p. 127; 1881, p. 219) considera que não e, no que respeita à insanidade, L. Harris-Liston (*Cases of Bearded Women, British Medical Journal*, 2 de junho de 1894) também considera que não. Por outro lado, J. H. Claiborne (*Hypertrichosis in Women, New York Medical Journal*, 13 de junho de 1914) acredita que os pelos na cara e no corpo das mulheres são sinal de masculinidade: *"as mulheres com hipertricose têm caraterísticas masculinas"*.

Parece não haver muitas dúvidas de que as *"mulheres barbudas"* adultas são, na maior parte dos casos, mas possivelmente não todos, claramente femininas em todos os outros aspetos. Um exemplo típico é o de Annie Jones, a *"Lady Esaü"* da Virgínia. Pertencia a uma família grande e perfeitamente normal, mas tinha uma barba completa, com suíças e bigodes espessos, de aspeto inteiramente masculino. Também tinha pelos escuros nos braços e nas mãos, parecidos com os dos homens. Para além desta heterodoxia, era totalmente normal e feminina. Aos 26 anos de idade, quando foi examinada em Berlim, os seus cabelos já eram muito compridos e a sua expressão facial era completamente feminina, tal como a voz; a figura era elegante, os pés e as mãos de tipo inteiramente feminino, tal como os órgãos genitais externos e internos. Annie Jones era casada. Max Bartels, que estudou Annie Jones e publicou o seu retrato (*Zeitschrift für Ethnologie*, 1891, Heft 3, p. 243), observa que a este respeito, Annie Jones assemelhava-se a outras *"mulheres barbudas"* que casam e têm filhos, e que amamentam. A barba nas mulheres, tal como acreditam Dupré e Duflos (*Revue*

---

[168] S. Weissenberg, *Zeitschrift für Ethnologie*, 1892, Heft 4, p. 280.

Neurologique, 30 de agosto de 1901), está mais correlacionada com neuropatia do que com masculinidade; em Paris, compararam mil mulheres saudáveis com mil mulheres dementes e descobriram um grau invulgar de pilosidade em 23 por cento das primeiras e 50 por cento das últimas, e descobriram antecedentes familiares de neuropatia em todas as mulheres barbudas que eram saudáveis. A tendência para a hipertricose ligeira, distribuída por todo o corpo e não apenas concentrada ou fortemente desenvolvida na face, parece estar mais associada à masculinidade do que a barba, mesmo quando ocorre na infância. Virchow apresentou uma menina de 5 anos deste tipo à Sociedade Antropológica de Berlim que, para além da hipertricose, possuía uma voz grave e profunda (*Zeitschrift für Ethnologie*, 1891, Heft 4, p. 469). Um exemplo típico de hipertricose ligeira nas mulheres, associada a traços gerais masculinos, é o da descrição e do desenho do corpo de uma mulher de 56 anos num instituto anatómico, feitos por C. Strauch (*Zeitschrift für Ethnologie*, 1901, Heft 6, p. 534). Neste caso, houve crescimento de pelos em volta dos dois mamilos e uma linha de pelos que se estendia da púbis até ao umbigo, o que só ocorre muito raramente nas mulheres. (Em Viena, entre quase setecentas mulheres, Coe apenas encontrou uma distribuição pilosa em direção ao umbigo em cerca de um por cento dos casos). Nesta mulher, o restante cabelo era razoavelmente normal, mas havia diversas aproximações ao tipo masculino noutros aspetos: os músculos eram bem desenvolvidos, os ossos fortes, os braços e as pernas longos, as articulações poderosas, os pés e as mãos grandes, o tórax bem desenvolvido, a mandíbula inferior sólida, o corpo não tinha curvas femininas e quase não se notavam os seios. Por outro lado, os órgãos genitais eram normais e ela já tinha tido filhos. Ainda mais notável foi o facto desta mulher se ter suicidado por autoestrangulamento, um método raro que requer uma grande força de vontade e uma resolução firme, uma vez que o suicida pode facilmente interromper o processo em qualquer altura.

Parece não haver dúvidas de que as mulheres invertidas tendem a apresentar frequentemente pequenas alterações do sistema pilífero, em especial hipertricose ligeira e distribuição pilosa masculina. Num caso típico de inversão, o de uma rapariga italiana de 19 anos, que se vestia como os homens e que tinha fugido de casa, a parte inferior dos braços e das pernas apresentava pelos, o que é pouco usual, que também eram abundantes nas axilas e no púbis, com tendência para uma distribuição do tipo masculino[169]. Dos três casos de mulheres que conheço melhor, descritos neste capítulo, uma possui uma quantidade invulgarmente escassa de pelos no púbis e nas axilas (*oligotrichosis terminalis*), assemelhando-se ao tipo infantil, ao passo que outra apresenta uma heterogenia pilífera muito complexa e rara. Tem pelos escuros e fortes sobre o lábio superior, os pelos púbicos são espessos e tem pelos nos dedos dos pés, nos pés e nas pernas, até ao umbigo, e apresenta ainda alguns em volta dos mamilos. Uma médica dos Estados Unidos, que conhece muitas mulheres invertidas, informou-me que também observou a tendência para o crescimento de pelos nas pernas. Se, como não é improvável, a inversão estiver associada a qualquer desequilíbrio anormal das secreções internas, não será difícil explicar esta tendência para alterações pilíferas; sabemos que a secreção da tiroide, por exemplo, e mais ainda as secreções testiculares e ovarianas, têm uma influência poderosa sobre o cabelo.

Ballantyne, há alguns anos, discutindo a hipertricose congénita (*Manual of Antenatal Pathology*, 1902, pp. 321-6), concluiu que a teoria da interrupção do desenvolvimento enquadra adequadamente os factos observados; a persistência de lanugo é um exemplo de interrupção e a hipertricose pode, em grande parte, ser considerada uma persistência de lanugo. Esta conclusão é ainda hoje defensável — embora existam algumas dificuldades e incoerências — e explica em grande parte o que conhecemos sobre esta condição quando associada à inversão nas mulheres. Começamos agora a observar que esta interrupção do desenvolvimento pode estar definitivamente associada a anomalias nas secreções internas ou até a alterações químicas especiais das mesmas. Sempre se associou cabelo com força viril, como a lenda de Sansão testemunha. Ammon descobriu entre os recrutas de Baden (*L'Anthropologie*,

---

[169] Este caso foi descrito por Gasparini, *Archivio di Psichiatria*, 1908, fasc. 1-2.

1896, p. 285) que, quando se dividiam os homens em grupos em função da quantidade de cabelo na cabeça e no corpo, o grupo que tinha menos cabelos tinha também a menor circunferência testicular, o menor número de ocorrências de glande peniana exposta, o maior número de vozes infantis, a maior proporção de olhos azuis e cabelo claro, a menor média de alturas, peso e perímetro peitoral, ao passo que em todos estes aspetos, os homens do grupo com mais cabelos estavam no outro extremo. Sabe-se desde a antiguidade que a castração precoce de homens afeta o crescimento do cabelo. Atualmente, sabemos que a presença ou ausência de ovários nas mulheres, tal como de outras glândulas, afeta o cabelo e o desenvolvimento sexual. Hegar (*Beiträge Zur Geburtshülfe und Gynäkologie*, vol. I, p. 111, 1898) descreveu uma rapariga com uma pélvis de tipo infantil e uma malformação uterina que, desde a infância, apresentava pelos na face e no corpo e uma distribuição masculina de pelos na púbis e no abdómen; a menstruação era escassa e os seios atróficos; os pelos eram do tipo lanugo; podemos observar neste caso como, nas mulheres, algumas caraterísticas infantis e masculinas se apresentam associadas, e ambas com origem provável em defeitos de glândulas sexuais. Plant (*Centralblatt für Gynäkologie*, n.º 9, 1896) descreveu outra rapariga com ovários muito pequenos, útero rudimentar, vagina pequena e vulva proeminente, que não apresentava menstruação e tinha um cabelo forte e longo, mas não tinha pelos nas axilas e muito poucos no *mons veneris*. Estes dois casos parecem inconsistentes no que se refere a cabelos e seria bom saber em que condição se encontravam as glândulas internas. Sabe-se hoje, por exemplo, que a tiroide, tal como as glândulas sexuais, controla o cabelo; Gautier demonstrou (*Académie de Médecine*, 24 de julho de 1900) que e a tiroide produz arsénico e iodo, nutrientes para a pele e para o cabelo; descobriu que a administração de cacodilato de sódio a uma mulher jovem provocou crescimento abundante de cabelo na cabeça. Também os rins, e especialmente as glândulas adrenais, têm influência sobre o cabelo. Há muito que se sabe que em raparigas com tumores renais congénitos existe um crescimento precoce anormal de pelos axilares e púbicos; Goldschwend (*Präger medizinische Wochenschrift*, nºs. 37 e 38, 1910) descreveu o caso de uma mulher de 39 anos com ovários pequenos e um tumor adrenal a quem começaram a crescer pelos no queixo e na face. (Ver também C. T. Ewart, *Lancet*, 19 de maio de 1915). A hipófise também afeta o crescimento do cabelo e Lévi (citado em *Archives d'Anthropologie Criminelle*, agosto-setembro, 1912, p. 711) descobriu que a administração de extrato de hipófise a uma mulher de 27 anos, careca, de aparência infantil e sem desejo sexual, produziu uma tendência geral para o crescimento de pelos. Estes factos não só ajudam a explicar as anomalias do desenvolvimento do cabelo, mas também indicam a direção que deveremos seguir para encontrar uma explicação para as anomalias do impulso sexual.

Para além dos complexos problemas apresentados pelo cabelo, existem outras aproximações genuínas ao tipo masculino. Os músculos tendem a ser firmes por todo o corpo, com ausência comparativa de tecidos conjuntivos frouxos, fazendo com que as mulheres invertidas possam causar uma impressão de não feminilidade quando são tocadas. De fato, tem-se observado frequentemente uma certa tonicidade muscular nas mulheres homossexuais. Hirschfeld descobriu que dois terços das mulheres invertidas são mais musculosas que as mulheres normais, ao passo que, por outro lado, os homens invertidos são menos musculosos que os homens normais.

O tom da voz é, muitas vezes, diferente, mas há razões para supor que isso é devido a alterações anatómicas. Por sugestão de Moll, Flatau examinou a laringe de um grande número de mulheres invertidas e descobriu que várias delas tinham uma laringe do tipo masculino, sobretudo nos casos em que a inversão tinha uma origem congénita clara. Hirschfeld confirmou as observações de Flatau sobre este ponto. Poderemos acrescentar que as mulheres invertidas sabem, geralmente, assobiar muito bem; Hirschfeld conhece mesmo duas que assobiam em espetáculos públicos. Não será preciso salientar que, apesar do provérbio popular associar o assobio nas mulheres ao cantar-de-galo nas galinhas, não existe nada que prove que uma mulher que assobie tenha qualquer tipo de inversão física ou psíquica.

No que respeita aos órgãos sexuais, poderei ser mais conclusivo, com base nas minhas observações, acerca das mulheres invertidas do que dos homens invertidos. Em todos os três casos sobre os quais tenho informações precisas, de entre todos os casos que foram apresentados no presente capítulo, se manifesta interrupção de desenvolvimento ou infantilismo. Num dos casos, existe uma vagina pequena e uma vulva proeminente, com sensibilidade local, associadas a oligotricose. Noutro, as partes sexuais são, nalguns aspetos, anormalmente pequenas e não existe qualquer vestígio de um dos ovários. No terceiro caso, para além de hipertricose, as nádegas são pequenas, a vulva grande, o clitóris muito profundo, o hímen espesso e a vagina é, provavelmente, pequena. Estas observações, embora em pequeno número, são significativas e estão de acordo com as de outros investigadores[170]. Krafft-Ebing descreveu muito bem um caso que eu estou inclinado a considerar como típico: órgãos sexuais femininos, mas com o desenvolvimento suspenso, como se fossem os de uma menina de 10 anos, clitóris pequeno, vulva proeminente em forma de crista, vagina pequena, inadequada para o coito normal e muito sensível. Hirschfeld concorda com a descrição de Krafft-Ebbing e considera que as anomalias atróficas são mais comuns do que as hipertróficas, referindo-se à espessura do hímen e à tendência para a existência de úteros e ovários anormalmente pequenos. Podem observar-se mais frequentemente clitóris demasiado pequenos do que demasiado grandes; as mulheres que têm um clitóris grande (como já há muito tempo referiu Parent-Duchâtelet) raramente são do tipo masculino.

No entanto, não obstante estas tendências, a inversão sexual nas mulheres é, em regra, menos evidente que nos homens. Ao mesmo tempo, as mulheres invertidas não são, normalmente, atraentes para os homens. Elas mesmas sentem, geralmente, uma grande indiferença pelos homens e, muitas vezes, não conseguem

---

[170] Em dez mulheres invertidas, cujos casos foram descritos em várias fontes (incluindo os três casos originais mencionados antes), apenas quatro tinham órgãos sexuais normais; nas restantes, estavam subdesenvolvidos em menor ou maior grau.

compreender porque é que existem mulheres que gostam de homens, embora percebam facilmente porque é que os homens gostam de mulheres. Não exibem, portanto, a timidez sexual e o ar de fragilidade e de dependência que são interpretados pelos homens como um convite. Os homens que se apaixonam por mulheres invertidas são, geralmente, de tipo feminino. Por exemplo, num caso que me vem à mente, o indivíduo tinha antecedentes familiares neuróticos, era pouco desenvolvido fisicamente, não era sexualmente atrativo para mulheres e era muito caseiro; em suma, era um homem que poderia com facilidade apaixonar-se por alguém do seu próprio sexo.

Nas suas relações com homens, as mulheres invertidas são frias ou, quanto muito, camaradas, mas podem mostrar-se tímidas e confusas na presença de mulheres atraentes, evitando até despir-se em frente delas, e podem encher-se de ternura pela mulher amada[171]. A paixão homossexual entre mulheres expressa-se quase sempre por beijos, abraços apertados e pelo prazer que têm em dormir juntas, na posição que se designa por vezes por *"duas colheres deitadas"*, quando as duas se deitam de lado, com uma de costas viradas para a outra, que a abraça por detrás, encaixando as suas pernas nas pernas da companheira para que o seu *mons veneris* fique em contacto com as nádegas dela, de forma a conseguir um eretismo suave com movimentos leves das ancas. Podem também deitar-se uma sobre a outra, ou pode haver masturbação mútua. O contacto e a fricção mútua dos órgãos sexuais parece ser relativamente raro, mas talvez fosse comum na antiguidade, se atendermos à origem do termo *tribadismo*, utilizado por vezes como sinónimo de homossexualidade feminina, um método que se diz ser ainda praticado atualmente pelas mulheres eslavas do sul, nos Balcãs[172]. A maior satisfação erótica é conseguida pelo *cunnilingus*, ou estimulação oral dos órgãos sexuais femininos, que normalmente não é mútuo, sendo praticada pela

---

[171] Geralmente os homossexuais, tanto do sexo masculino como do feminino, ao contrário dos heterossexuais, sentem maior timidez junto de pessoas do mesmo sexo que junto de pessoas do sexo oposto. Ver, por exemplo, Hirschfeld, *Die Homosexualität*, p. 76.

[172] Kryptadia, vol. VI, p. 197.

parceira mais ativa e masculina; esta prática é por vezes denominada, pouco satisfatoriamente, por *safismo* e *lesbianismo*[173].

Raramente se encontram clitóris aumentados em mulheres invertidas, e o clitóris desempenha um papel pouco importante na gratificação do desejo homossexual feminino. Kiernan refere-se a um caso, que ocorreu na América, de uma mulher invertida, casada e mãe, que possuía um clitóris que, ereto, media 6,35 centímetros. Casanova descreveu uma mulher invertida, de naturalidade suíça, de aspeto completamente feminino, mas cujo clitóris excitado era maior que o seu dedo mindinho e capaz de penetração[174]. A literatura mais antiga contém muitos casos semelhantes. Na sua maioria, no entanto, estaremos provavelmente perante alguma forma de pseudohermafroditismo e o '*clitóris*' deverá ser, mais corretamente, um pénis, pelo que poderá não haver inversão sexual[175]. Embora o uso do clitóris seja raro entre mulheres homossexuais, o uso de um pénis artificial é muito comum e está muito difundido. Em vários dos casos modernos nos quais mulheres invertidas se casaram com outras mulheres (como o de Sarolta Vay e o de De Raylan), a crença da mulher na masculinidade do '*marido*' deve-se à utilização de um dispositivo deste tipo para consumação das relações sexuais. O pénis artificial (o *olisbos* ou *baubon*) já era utilizado pelos gregos e foi descrito por Herondas. A sua invenção foi atribuída por Suidas às mulheres de Mileto, que era o centro principal da sua produção,

---

[173] O termo "*cunnilinctus*" foi-me sugerido pelo falecido Dr. J. Bonus e passei a utilizá-lo desde então; os autores latinos utilizavam normalmente "*cunnilingus*" para o sujeito que praticava o ato, mas não tinham nenhuma designação para o próprio ato. Hirschfeld passou a utilizar o termo "*cunnilinctio*" com o mesmo sentido, mas esta forma é absolutamente inadmissível. Para mais informações sobre os termos clássicos para esta perversão, ver, por exemplo, Iwan Bloch, *Ursprung der Syphilis*, vol. II, p. 612 *et seq.* (N. T.: Nas restantes menções ao termo no texto, optámos pela utilização da designação mais comum modernamente: "*cunnilingus*").

[174] Casanova, *Mémoires*, ed. Garnier, vol. IV, p. 597.

[175] Hirschfeld analisa, de forma completa e autorizada, o diagnóstico diferencial da inversão e de outros grupos de sexualidade intermédia em *Die Homosexualität*, cap. II; e também no seu livro ilustrado, *Geschlechtsübergänge*, 1905.

segundo Aristófanes, na Lisístrata[176]. Ainda era conhecido na Idade
Média e, no século XII, o Bispo Burchard, de Worms, fala da sua
utilização como *"uma coisa que algumas mulheres se habituaram a fazer"*.
No início do século XVIII, Margaretha Lincken, na Alemanha, casou
com outra mulher, iludindo-a pela utilização de um órgão masculino
artificial[177]. O pénis artificial é também utilizado por mulheres
homossexuais em diversas zonas do mundo, sendo possível
encontrar menções à sua existência em lendas de índios norte-
americanos e à sua utilização em Zanzibar e Madagáscar[178].

O sadismo, o masoquismo e o fetichismo, espontâneos ou
influenciados, das relações dos amantes normais ou de
homens invertidos, podem também observar-se nas relações
entre mulheres invertidas embora, provavelmente, quase
nunca assumam formas extremas. No entanto, Moll descreve
um caso (*Konträre Sexualempfindung*, 1899, pp. 565-70) em que
diversas perversões ligeiras, mas bem marcadas, coexistiam
com a inversão. Uma jovem de 26 anos, com bons
antecedentes familiares, sentia-se exclusivamente atraída pelo
seu próprio sexo desde os 6 anos de idade e já durante a
infância tinha praticado *cunnilingus*. Era extremamente

---

[176] Havelock Ellis, *Auto-erotism*, no vol. I destes *Studies*; Iwan Bloch, *Ursprung der Syphilis*, vol. II, p. 589; *ib.*, *Die Prostitution*, vol, I, pp. 385-6; para referências mais antigas, ver Crusius, *Untersuchungen zu den Mimiamben der Herondas*, pp. 129-30.

[177] Soube de um caso semelhante em França, durante o século XVI, pelo *Journal du Voyage en Italie en 1850,* de Montaigne (escrito pelo seu secretário), que ocorreu perto de Vitry le François. Sete ou oito raparigas de Chaumont, de acordo com o que se diz, resolveram vestir-se e trabalhar como homens; uma delas foi para Vitry, para trabalhar em tecelagem, e era considerada um belo rapaz de que toda a gente gostava. Em Vitry, ficou noiva de uma mulher mas, depois de uma briga, o casamento foi cancelado. Depois disso, *"apaixonou-se por uma mulher com quem casou e com quem viveu feliz durante quatro ou cinco meses, segundo a esposa, mas depois foi reconhecida por alguém de Chaumont, acusada e condenada à forca. Declarou que preferia morrer a voltar a viver como uma rapariga, e foi enforcada por ter utilizado estratagemas ilícitos para suprir as insuficiências do seu sexo"* (*Journal*, ed. d'Ancona, 1889, p. 11).

[178] Roux, *Bulletin Société d'Anthropologie*, 1905, n.º 3. Roux conheceu uma mulher das ilhas Comores que, aos 50 anos de idade, após a morte do seu marido, se tornou homossexual e fez um pénis artificial para utilizar com mulheres mais novas.

inteligente, generosa e bem-humorada, com várias preferências de tipo masculino mas, no geral, a sua constituição era de tipo feminino, tal com a sua laringe. Ao longo de sete anos, viveu exclusivamente com outra mulher. Tinha grande prazer no *cunnilingus* ativo. Durante a sua relação surgiram espontaneamente, ao que parece, vários outros métodos de excitação e gratificação sexual. Descobriu que obtinha muito prazer com práticas de urofilia e coprofilia. Para além destas perversões e de outras semelhantes, a mulher gostava de ser mordida, especialmente no lóbulo da orelha, e ficava altamente excitada quando era chicoteada pela sua amiga, que deveria estar, se possível, nua; mas só as nádegas deviam ser chicoteadas e só com uma vara de bétula, caso contrário o efeito desejado não seria obtido. Nenhuma destas práticas seria possível se não existisse uma relação de grande intimidade e entendimento mútuo com a amiga, que era a única com quem ocorriam. Neste caso, a perversidade era masoquista, mais que sádica. No entanto, muitas mulheres homossexuais apresentam tendências sádicas em maior ou menor grau. O Dr. Kiernan falou-me de um caso norte-americano em que ele esteve profissionalmente envolvido com o Dr. Moyer (ver também o artigo de Kiernan e Moyer no *Alienist and Neurologist*, maio de 1907), sobre uma mulher invertida e sádica de uma pequena cidade do Illinois, casada e com dois filhos pequenos. Tinha, sem dúvida, problemas neuropáticos, um historial de masturbação pré-matrimonial e de bestialidade com um cão. Era uma mulher de destaque no clube da sua cidade e líder em assuntos sociais e religiosos; como acontece frequentemente com os sádicos, era prurientemente pudica e era considerada um exemplo de castidade e modéstia por clérigos, senhoras da sociedade e magnatas locais. A vítima da sua paixão sádica era uma rapariga que ela havia adotado num Lar, mas que obrigava a passar fome. Feriu esta rapariga em mais de três centenas de sítios. Muitos dos ferimentos foram feitos com garfos e tesouras, rasgando-lhe apenas a pele, sobretudo nas mamas, lábios vaginais e clitóris. A mulher experimentava excitação intensa quando infligia ferimentos, mas sempre controladamente, pois quando ouvia alguém aproximar-se, parava imediatamente. Foi considerada saudável e imputável no período em causa, mas o júri determinou que, por ter passado a apresentar perturbações mentais, deveria ser internada num Hospício de Loucos para cumprir uma sentença de dois anos de prisão. O Dr. Kiernan acrescenta que a alegada insanidade era do tipo maníaco-depressivo e seria, talvez, provocada sobretudo por orgulho ferido.

As mulheres invertidas são admiradoras entusiastas da beleza feminina, especialmente da beleza escultural do corpo, ao contrário das mulheres normais, em quem a correlação entre questões estéticas e excitação sexual é muito pequena. Os seus hábitos sexuais são, talvez, menos promíscuos que os dos homens invertidos, e poderemos provavelmente concordar com Moll quando afirma que as mulheres homossexuais são mais capazes de manter relações amorosas duradouras e com fidelidade do que os homens homossexuais. Hirschfeld observou que, durante a adolescência, as mulheres invertidas não se sentem geralmente atraídas pelos vícios autoeróticos e homossexuais da vida escolar[179], e quase todas as mulheres dos casos que relatei neste capítulo sentiam profunda repugnância por tais manifestações, acalentando, pelo contrário, ideais sublimes de amor.

Não é raro encontrar mulheres invertidas casadas. Moll, com base em diversas confidências que lhe foram feitas, acredita que as mulheres invertidas não sentem a repugnância pelo coito que exibem os homens invertidos, o que se poderá dever ao facto de que as mulheres, em tais circunstâncias, podem manter uma certa passividade. Noutros casos, há um certo grau de bissexualidade, embora, tal como entre os homens invertidos, seja o instinto homossexual que lhes proporciona maior satisfação e alívio sexual.

O desenvolvimento moderno da homossexualidade entre as mulheres

Muitos observadores – na América, em França, na Alemanha e em Inglaterra – têm vindo a afirmar que a homossexualidade está a

[179] Hirschfeld, *Die Homosexualität*, p. 47.

aumentar entre as mulheres[180]. Há muitas influências na nossa civilização atual que incentivam tais manifestações[181]. O moderno movimento de emancipação feminina – o movimento para obtenção de direitos e deveres iguais aos dos homens, da mesma liberdade e responsabilidade, da mesma educação e dos mesmos empregos – deve ser olhado, na generalidade, como um movimento saudável e inevitável. Mas é acompanhado de certas desvantagens[182]. Com muita justiça, as mulheres consideram que têm tanto direito ao conhecimento e à experiência como os seus irmãos do sexo masculino. Mas quando se aplica esta doutrina à esfera sexual, surgem certas limitações. As intimidades, de qualquer natureza, entre um rapaz e uma rapariga são tão desencorajadas hoje como sempre o foram; no que se refere à educação superior, a partilha de salas de aulas, de laboratórios ou de hospitais por ambos os sexos é

---

[180] Há alguns traços de homossexualidade feminina na história social da Inglaterra. Na corte de Carlos II, segundo as *Mémoires de Ghrammont*, dizia-se que Miss Hobart tinha tendências lésbicas. "*O boato, verdadeiro ou falso, acerca desta singularidade, rapidamente se espalhou pela corte. Os cortesãos eram tão rudes que nunca tinham ouvido falar das requintadas e carinhosas práticas da Grécia antiga, e convenceram-se que a ilustre Hobart, que parecia tão afetuosa para as mulheres bonitas, devia ser completamente diferente do que aparentava*". Esta passagem é interessante porque nos mostra quão rara era a exceção. No entanto, um século depois, os franceses consideravam que a homossexualidade entre mulheres inglesas era muito comum, e Bacchaumont, ao registar no dia 1 de janeiro de 1773 que a Sra. Heinel, da Opera de Paris, vinha para Inglaterra, acrescentou: "*O seu gosto por mulheres será aqui convenientemente satisfeito, pois embora Paris disponha de muitas tríbades, diz-se que Londres é, neste aspeto, superior*".

[181] "*Acredito*", escreve um meu correspondente americano, bem informado, "*que a inversão sexual está a aumentar entre os americanos, tanto nos homens como nas mulheres, e as razões óbvias são: primeiro, a independência crescente das mulheres, que deixaram de ter tanta necessidade de casar; segundo, a tensão nervosa que a concorrência empresarial desencadeou por toda a nação. Numa palavra, a masculinidade crescente das mulheres e a fragilidade nervosa dos homens proporcionam o ambiente ideal para o aparecimento de inversão sexual nos filhos*".

[182] As mulheres homossexuais, tal como os homens homossexuais, passaram a publicar anúncios nos jornais, procurando "*amigos*". Nacke (*Zeitungsannoncen von weiblichen Homosexuellen*, *Archiv für Kriminal-Anthropologie*, 1902, p. 225) apresentou um conjunto destes anúncios obtidos em jornais de Munique, a maior parte dos quais eram bastante diretos: "*Atriz de ideias modernas deseja conhecer senhora rica com perspetivas semelhantes, para amizade, etc.*"; "*Jovem de 19 anos, loira, bonita, procura outra como ela para passeios, idas ao teatro, etc.*", e por aí.

desencorajada em Inglaterra e na América. Os homens têm liberdade sexual, ao passo que o horizonte sexual das mulheres está a ficar limitado aos namoricos triviais com o sexo oposto e à intimidade com o próprio sexo. Tendo aprendido a ser independentes dos homens e a desdenhar a velha teoria que indica que o lugar da mulher é em casa, a suspirar pelo marido que tarda em chegar, as mulheres desenvolveram uma tendência para alargar a sua independência e para procurar amor onde encontram trabalho. A influência inquestionável destes movimentos modernos sobre as mulheres, não está na origem da inversão sexual, mas pode alimentar o seu embrião e pode, provavelmente, causar imitações espúrias. Estas imitações espúrias devem-se ao facto de a anomalia congénita ocorrer com especial frequência em mulheres de grande inteligência que, voluntaria ou involuntariamente, influenciam as outras.

Kurella, Bloch e outros acreditam que o movimento feminista ajuda a desenvolver a homossexualidade (ver, por ex., I. Bloch, *Beiträge zur Ætiologie der Psychopathia Sexualis*, 1902, vol. I, p. 248). Várias "*Strindbergas do movimento feminista*", como lhes chamaram, demonstram forte hostilidade contra os homens. Anna Rüling alega que muitas líderes do movimento, desde que se iniciou até à atualidade, são invertidas. No entanto, Hirschfeld (*Die Homosexualität*, p. 500), depois de dar especial atenção ao assunto, conclui que tanto entre as *suffragettes* inglesas como entre as *Verein für Frauenstimmrecht* alemãs, a percentagem de invertidas é menor que 10 por cento.

CAPÍTULO V. A NATUREZA DA INVERSÃO SEXUAL

Análise de casos - Raça - Hereditariedade - Saúde geral - Primeira manifestação do impulso homossexual - Precocidade Sexual e Hiperestesia - Influência e outros estímulos geradores de inversão - Masturbação - Atitude para com as mulheres - Sonhos eróticos - Métodos de relacionamento sexual - Atração pseudo-sexual - Anormalidades sexuais físicas - Aptidões artística e outras - Atitude moral do invertido.

Antes de passar a uma descrição breve das minhas conclusões quanto à natureza da inversão sexual, proponho-me analisar os factos presentes nos casos que pude estudar[183].

Raça

Todos os meus 80 casos são de britânicos e norte-americanos, sendo que 20 vivem nos Estados Unidos e os restantes na Grã-Bretanha. A ascendência, do ponto de vista racial, não foi objeto de investigação especial neste estudo. Apesar disso, pode-se constatar que 44 são ingleses (ou principalmente ingleses), 10 são escoceses ou de origem escocesa, dois são irlandeses e quatro outros têm ascendência irlandesa, quatro são filhos de pai, ou mãe, alemão, um outro é alemão pelos dois lados e outros dois tem origem alemã remota, dois são em parte e um inteiramente, franceses. Dois têm uma costela

---

[183] A análise a seguir baseia-se em versões um pouco mais completas, dos meus casos, do que aquelas que foram publicadas em capítulos anteriores, bem como em casos que não foram publicados, o que poderá explicar as aparentes divergências.

portuguesa e pelo menos dois são mais ou menos judeus. Exceto pela presença frequente do elemento alemão, não há nada de extraordinário no campo da ascendência.

Hereditariedade

É sempre difícil afirmar com segurança qual a importância da hereditariedade e mesmo estabelecer uma base factual precisa. Não consegui evitar esta dificuldade pois, nalguns casos, nem sequer tive oportunidade de reinquirir os sujeitos dos casos que documentei. Ainda assim, os factos, tal como se apresentam, têm algum interesse. Recolhi informação acerca da hereditariedade em 62 dos meus casos. Destes, pelo menos 24 (ou quase 39%) indicam que têm razões para acreditar que existem outros casos de inversão nas suas famílias. Se nalguns se trata apenas de forte suspeição, noutros não existe dúvida alguma. Num dos casos existe suspeita de inversão tanto no lado paterno, como no materno. Normalmente, os familiares invertidos são irmãos, irmãs, primos ou tios. Num caso, um bissexual é filho de um pai que deve ter sido bissexual.

> O caráter hereditário da inversão (que foi negado por Näcke) é uma questão da maior importância e, por ocorrer em casos que conheço muito bem, não tenho dúvidas em relação à existência desta tendência. A influência da sugestão pode ser frequentemente excluída, especialmente quando as pessoas são de sexos diferentes. Tanto Krafft-Ebing como Moll observaram uma tendência semelhante. Von Römer afirma que num terço dos seus casos havia inversão noutros membros da família. Hirschfeld também descobriu uma proporção elevada de invertidos em famílias em que existem outros casos de inversão.

Tanto quanto sei, 26 dos meus casos pertencem a famílias razoavelmente saudáveis, embora seja provável que uma investigação minuciosa reduzisse este número, mas mesmo algumas destas famílias saudáveis apenas tiveram um filho. Em 28 casos ocorre, com mais ou menos frequência, alguma anormalidade ou morbidez em um ou nos dois ramos familiares: alcoolismo, excentricidade, neurastenia, insanidade ou doença nervosa, a que se pode, ou não, juntar a inversão. Nalguns destes casos, o filho invertido resulta da união de um progenitor muito saudável com outro muito mórbido;

nalguns outros existe algum grau de anormalidade em ambos os progenitores.

Saúde geral

É possível falar com mais certeza sobre a saúde dos indivíduos do que sobre a das suas famílias. Dos meus 80 casos, podemos considerar que 53 (cerca de dois terços) desfrutam de boa ou muito boa saúde. Em 22 dos casos, a saúde é frágil ou, quando muito, razoável; nestes casos há, por vezes, tendência para a tuberculose, frequentemente para a neurastenia grave e para uma personalidade mais ou menos desequilibrada. Quatro dos casos são mórbidos em grau considerável; o derradeiro caso já apresentou delírios dementes que exigiram tratamento em hospício. Uma proporção considerável, incluindo alguns dos que dispõem de saúde boa ou razoável, tem um temperamento muito nervoso e estão conscientes disso; destes, alguns combinam uma grande energia física e sobretudo mental, com nervosismo; todos apresentam, sem dúvida, um caráter neurótico[184]. Muito poucos apresentam uma ostensiva falta de energia. Em conclusão, podemos dizer que a grande maioria destes indivíduos está a passar pela vida num estado de perfeita saúde, o que lhes permite ser elementos úteis à sociedade; numa proporção considerável dos casos que estudei, a sua contribuição para a sociedade é de elevado valor intelectual. Apenas em 5 casos, como veremos, ou no máximo 6, pode dizer-se que o estado geral de saúde é nitidamente mau. Este resultado pode, talvez, parecer surpreendente. Devo, no entanto, salientar que os meus casos não retratam completamente o subconjunto dos invertidos sexuais que sofrem de um grau mais ou menos severo de esgotamento nervoso e que só um clínico poderia registar.

A homossexualidade e a insanidade só muito raramente estão associadas, e a homossexualidade que se encontra nos hospícios é sobretudo de caráter espúrio. Este ponto foi

---

[184] Esta frequência de sintomas neuróticos está em conformidade com a observação mais fiável de todas. Assim, Hirschfeld (*Die Homosexualität*, p. 177) afirma que 62% de um conjunto de 500 invertidos apresenta sintomas neuróticos de uma espécie ou de outra: insónia, sonolência, tremores, gaguez, etc.

especialmente enfatizado por Näcke (por exemplo, em *Homosexualität und Psychose, Zeitschrift für Psichiatrie*, vol. LXVIII, no. 3, 1911), que citou os pareceres de vários alienistas distintos sobre a dificuldade de encontrar invertidos genuínos e que registou as suas próprias experiências. Ao longo da sua extensa carreira, nunca encontrou nenhum invertido genuíno num hospício, embora admita que possam existir invertidos não declarados. Referiu que um paciente o tinha informado, depois de ter alta, que era invertido e que já tinha sido interrogado pela polícia antes e depois de ter estado no hospício, embora nada tenha acontecido durante o seu internamento. Entre os 1.500 pacientes que passaram pelo hospício durante o período de 1 ano, registou-se *pedicatio* ativo em cerca de 1 por cento dos casos. Os pacientes envolvidos eram frequentemente idiotas ou imbecis e praticavam masturbação, solitária ou mútua. Hirschfeld informou Näcke que entre os homossexuais, o histerismo (normalmente sem base hereditária) é muito comum e a neurastenia aguda é frequente, mas que embora se verifiquem fases de depressão, nunca tinha observado melancolia e raramente mania, embora os delírios paranoicos fossem frequentes; concordou com Bryan de Broadmoor que afirmava que as alucinações religiosas não eram incomuns. Verificam-se ocorrências de paralisia geral, embora sejam relativamente raras, e o mesmo se pode dizer da *dementia præcox*. No conjunto, embora Hirschfeld não conseguisse dar números precisos, não há qualquer razão para pensar que se verifique uma ocorrência anormal de insanidade. Esta era também a opinião de Nacke. É bem verdade, concluiu Nacke, que ocorrem atos homossexuais associados a todas as formas de psicose, especialmente em dementes congénitos e secundários e em períodos de excitação, mas nestes casos trata-se mais de "*pseudo-homossexualidade*" do que de verdadeira inversão. Hirschfeld determinou que 75% dos invertidos tem antecedentes hereditários sólidos, o que parece ser uma proporção demasiado grande; de qualquer forma, temos que descontar eventuais diferenças metodológicas ou de minuciosidade da investigação.

Estou razoavelmente seguro de que uma investigação mais aprofundada encontraria uma proporção maior de casos de hereditariedade mórbida. Ao mesmo tempo, penso que o aumento seria devido principalmente à descoberta de alterações menores e, nesse caso, seria necessário demonstrar até que ponto essas mesmas alterações não se manifestam em famílias de pessoas médias ou normais. Por vezes pergunta-se: Existe alguma família livre de traços de neuropatias? Atualmente é difícil responder a esta pergunta com certeza. Há boas razões para acreditar que uma proporção relativamente grande de famílias está livre de tais nódoas. Em qualquer caso, parece provável que as famílias dos invertidos não apresentem geralmente, como supúnhamos, sintomas marcados de debilidade nervosa. Aquilo a que chamamos, vagamente, "*excentricidade*" é comum entre os invertidos, a loucura é muito mais rara.

Primeira manifestação do instinto homossexual

Em 8 de 72 casos, o instinto sexual direcionou-se para o mesmo sexo na idade adulta ou, quando muito, depois da puberdade; em 3 destes casos ocorreu um desapontamento amoroso com uma mulher e não se encontra nenhuma outra causa, para além desta, que possa explicar tal alteração; é notável que, em pelo menos 2 destes casos, o instinto sexual não estava desenvolvido ou era morbidamente fraco, enquanto um terceiro indivíduo tinha um *physique* algo frágil e um outro apresentava já há muito tempo uma saúde delicada. Num outro caso, também um tanto mórbido, a evolução foi um pouco mais complexa.

Em 64 casos (88%), o instinto anormal surgiu na juventude, sem que tivesse ocorrido qualquer atração prévia pelo sexo oposto[185]. Em 27 destes casos, pode ter surgido por altura da puberdade, aparecendo usualmente na escola. Em 39 casos, a tendência apareceu antes da puberdade, entre os 5 e os 11 anos de idade, com maior incidência entre os 7 e os 9, e por vezes tão cedo quanto o sujeito se consegue

---

[185] Hirschfeld determinou que 54% dos invertidos ganha consciência da sua anomalia antes dos 14 anos de idade. Nos restantes casos, a anomalia pode já estar presente nesta idade, embora só mais tarde o invertido fique consciente dela, o que explica a maior percentagem apresentada antes.

recordar. Não devemos pressupor que em todos estes casos numerosos de homossexualidade precoce, as manifestações de homossexualidade tenham caráter especificamente físico, embora se observassem ereções nalguns casos. Em grande parte, as manifestações sexuais nestas idades, sejam homossexuais ou heterossexuais, são puramente psíquicas[186].

Precocidade sexual e hiperestesia

É um fato de grande interesse e significado que num número tão grande dos meus casos se verifique uma precocidade sexual clara, tanto física como psíquica. Não podem restar muitas dúvidas que, como diversos estudiosos observaram antes, a inversão tende a estar fortemente associada a precocidade sexual. Complementarmente, penso que podemos dizer que a precocidade sexual, sempre que existe, parece favorecer a tendência para a inversão. A razão é óbvia se acreditarmos (e há motivos para acreditar) que na infância o instinto sexual é relativamente indiferenciado nas suas manifestações. A acentuação precoce do impulso sexual leva a uma cristalização definitiva das emoções numa fase prematura. Tenho que acrescentar que é muito provável que a energia sexual precoce se mantenha débil e que essa debilidade sexual se adapte melhor a relações homossexuais (em que não há atos específicos a concretizar) do que a relações normais. É difícil dizer quantos dos meus casos apresentam debilidade sexual. Em 6 ou 7 casos essa debilidade é evidente e podemos suspeitar que exista em muitos outros, especialmente nos que são (e que frequentemente assim se descrevem a si mesmos) "*sensíveis*" ou "*nervosos*" bem como naqueles em que o desenvolvimento sexual foi muito tardio. Em muitos casos

---

[186] A este respeito, posso citar uma observação de Raffalovich: "*É natural que o invertido se recorde claramente quão precoces foram as suas inclinações. Na existência de todos os invertidos há sempre um momento em que ele descobre o enigma das suas preferências homossexuais. Então, reclassifica todas as suas recordações e, para se justificar aos seus próprios olhos, recorda-se que sempre foi o que é desde a mais tenra idade. A homossexualidade influenciou toda a sua juventude, os seus pensamentos, os seus sonhos, as suas reflexões, muitas vezes inocentemente. Quando era muito pequeno, imaginava que tinha sido raptado por bandidos ou selvagens; aos 5 ou 6 anos, sonhava com o calor do peito deles e dos seus braços nus. Sonhava que era escravo e adorava a escravidão e o seu dono. Nenhum dos seus sonhos tinha algum cariz sexual, mas já revelavam a sua vocação sentimental*".

ocorre hiperestesia aguda ou irritabilidade. A hiperestesia aparenta força e, se não restam dúvidas de que alguns invertidos sexuais (e mais especialmente, os bissexuais) possuem realmente uma invulgar energia sexual, noutros a força quase não se percebe; a repetição frequente de emissões seminais, por exemplo, pode ser resultado tanto de fraqueza como de força. Temos que acrescentar que esta sensibilidade dos centros sexuais está, numa considerável proporção de invertidos, associada a uma acentuada tendência emocional para o afeto e para o autossacrifício. Tem sido frequentemente observado que, na extravagância do seu carinho e da sua dedicação, os invertidos do sexo masculino fazem lembrar as mulheres normais.

Influência e outros estímulos geradores de inversão

Em 18 dos meus casos é possível que, durante a infância, algum evento ou algum ambiente específico tenha contribuído para desviar o instinto sexual para canais homossexuais ou para despertar uma inversão latente. Em 3 casos, uma deceção amorosa heterossexual parece ter produzido um profundo choque nervoso e emocional que, ao que tudo indica, levou a que um indivíduo, que era predisposto, desenvolvesse uma tendência razoavelmente estável para a inversão. Em 8 casos, houve sedução por uma pessoa mais velha, mas em pelo menos 4 ou 5 destes, já havia uma predisposição nítida para a inversão. Em pelo menos outros 8, podemos considerar que foi o exemplo de terceiros, normalmente em escolas, que exerceu alguma influência. Vale a pena salientar que em muito poucos dos meus casos se pode identificar a influência da "*sugestão*", como definida por Schrenck-Notzing, que acredita que as principais causas da inversão (tal como, sem dúvida, do fetichismo erótico) são "*fatores fortuitos relacionados com a educação ou com alguma influência externa*". Schrenck-Notzing observou o caso de um menino que foi severamente castigado fisicamente por ter olhado inocentemente e por mera curiosidade para o pénis do seu pai quando este estava a urinar e que, por isso, desenvolveu sentimentos e emoções que resultaram em completa inversão sexual. Em dois dos casos que relatei temos incidentes semelhantes a este, mas nestes casos pude constatar que a tendência homossexual já existia antes. Não questiono a ocorrência deste tipo de incidentes, mas recuso-me a aceitá-los como causa para a inversão e não há nenhumas provas, entre as que fui capaz de obter, que não suportem esta minha opinião.

Concordo com um correspondente meu que me enviou o seguinte texto:

> "*Considerando que todas as crianças são expostas ao mesmo tipo de influências (verem os órgãos sexuais de um homem, dormirem com um homem, estarem ao colo de um homem) mas que apenas um número reduzido acaba por se tornar pervertido sexualmente, julgo ser razoável concluir que alguns já teriam predisposição para receber estas influências. Efetivamente, a sugestão parece desempenhar exatamente o mesmo papel, tanto no despertar sexual normal como no invertido*".

Eu iria ainda mais longe e afirmaria que todos os meninos e meninas normais sentem quase sempre uma certa fascinação, que pode ser atração ou repulsa, pelos órgãos sexuais dos adultos, seja pelo seu tamanho, pela pilosidade ou pelo mistério de que estão rodeados[187]. Mas esse fascínio não está nada relacionado com a homossexualidade e só muito pouco com a sexualidade em geral. Num caso que observei, um menino de 6 ou 7 anos acariciou os órgãos sexuais de um rapaz com o dobro da sua idade, que ficou indiferente e não reagiu; o menino cresceu sem nunca manifestar qualquer instinto homossexual. As sementes da influência apenas germinam quando caem em terrenos adequados. Para produzir efeito, num indivíduo normal, a influência perversa tem que ser muito poderosa ou muitas vezes repetida e, mesmo assim, será provavelmente apenas temporária, desaparecendo na presença do estímulo normal[188].

Não só a "*sugestão*" é desnecessária ao desenvolvimento do impulso sexual que já está enraizado no indivíduo como, quando exercida em sentido contrário, é impotente para alterar esse impulso. Podemos

---

[187] Leppmann cita um caso (certamente extremo e anormal) de uma menina de 8 anos de idade que passou uma noite escondida no telhado só para poder espreitar na manhã seguinte os órgãos sexuais de um primo, já adulto (*Bulletin de l'Union Internationale de Droit Pénal*, 1896, p. 118).

[188] Admito totalmente, como todos os investigadores têm que admitir, a dificuldade de identificar qual o papel da sugestão na infância, sobretudo em pessoas que não estão habituadas a fazer autoanálise. A pergunta direta não é uma ferramenta adequada para identificar a sugestão formativa na infância, sobretudo no que concerne ao fetichismo erótico, mas por vezes a existência de sugestão é descoberta casualmente numa ocasião subsequente.

verificar isto em vários dos casos que apresentei, como por exemplo, num rapaz de 14 anos que foi seduzido por uma criada e que teve prazer com isso mas em quem, passado um ano, o instinto homossexual se afirmou. Noutro caso, as influências heterossexuais estiveram presentes e foram aceites desde a infância mas, no entanto, a atração homossexual foi-se desenvolvendo lentamente por si mesma.

Julgo, portanto, que a importância da influência, que anteriormente era elevada a uma posição de grande destaque nos livros sobre inversão sexual, é reduzida. Mas não penso assim por subestimar o papel importante que a influência exerce sobre muitos aspetos da vida normal e anormal. Penso assim porque não encontrei mais que ténues vestígios de influência nos casos de inversão sexual que estudei. Em muitos casos há, sem dúvida, alguns elementos de sugestão no desenvolvimento da inversão, embora a relação causa-efeito não possa ser estabelecida[189]. A sua importância parece ser normalmente questionável, mesmo quando se conseguem identificar. Por exemplo, no caso relatado por Schrenck-Notzing, em que um

---

[189] Posso acrescentar que não vejo nenhuma incompatibilidade fundamental entre este ponto de vista e os factos apresentados (e erradamente interpretados) por Schrenck-Notzing. No seu *Beiträge zur Ætiologie der Conträrer Sexualempfindung* (Vienna, 1895), este autor afirma: "*A disposição neuropática é congénita tal como a tendência para o aparecimento do desejo, a falta de resistência psíquica e a tendência para associações imperativas. Mas não se demonstra que a hereditariedade possa alargar-se ao objeto de desejo e influenciar traços de caráter. Todas as experiências psicológicas são contra esta hipótese e contra a possibilidade, que apresentei, de alterar estes impulsos pela experimentação para, desta forma, remover o perigo para o caráter do indivíduo*". Não é preciso afirmar que "*a hereditariedade pode alargar-se ao objeto de desejo*", mas simplesmente que a hereditariedade culmina num organismo que é sexualmente melhor satisfeito por esse objeto. Também é um erro supor que os traços de caráter congénitos não podem, nalguns casos, ser fortemente modificados pelos processos pacientes e laboriosos aplicados por Schrenck-Notzing. No mesmo folheto, o autor refere-se a idiotice e a insanidade moral para apoiar o seu ponto de vista. É curioso que estas duas manifestações congénitas me tenham ocorrido independentemente como argumentos desfavoráveis à posição de Schrenck-Notzing. As experiências realizadas no Elmira Reformatory e em Bicêtre, para não falar de instituições mais modernas, há muito que demonstram que tanto os que sofrem de idiotice como os que sofrem de insanidade moral podem melhorar muito com tratamento apropriado. Schrenck-Notzing parece ter sido indevidamente influenciado pelo seu interesse no hipnotismo e na sugestão.

menino foi punido fisicamente por algo que o seu pai considerou ser curiosidade indecente, não me parece fácil que se possa desencadear com este tipo de influência qualquer inversão do instinto sexual, a menos que já exista uma forte predisposição emocional para a receber; neste caso a semente caiu em solo fértil e preparado. Será que a existência generalizada da sexualidade normal se deve aos castigos corporais com que se puniram tantos rapazes por tomarem certas liberdades impertinentes com mulheres? Se assim for, estou preparado para aceitar a tese de Schrenck-Notzing como uma explicação cabal para esta questão. De facto, conheço um caso em que se pode detetar algo do que poderá ser justamente denominado como influência. Trata-se de um médico que cultivou sempre relações muito amistosas com homens, mas que tinha relações sexuais satisfatórias exclusivamente com mulheres até que uma confissão de um paciente invertido foi para ele uma revelação; a partir daí adotou práticas invertidas e deixou de se sentir atraído por mulheres. Mesmo neste caso, tal como eu o entendo, a influência apenas serviu para despertar a verdadeira natureza do médico. Dificilmente a adoção de hábitos pervertidos por um médico, após uma visita casual de um doente, poderá ser um fenómeno de pura sugestão. Não temos nenhuma razão para supor que este médico adote todas as práticas pervertidas dos seus pacientes; penso que adotou esta porque se ajustava à sua natureza[190]. Num outro caso, um jovem foi alvo de avanços homossexuais aos quais anuiu, mas já se tinha sentido atraído por homens na infância. Ainda num outro caso, de um indivíduo que se tornou bissexual, registaram-se influências homossexuais na adolescência, mas como o seu pai também era bissexual não podemos valorizar aqui apenas a influência. Noutro caso, constatámos a existência de influências homossexuais na infância, mas a criança já era delicada, tímida, nervosa e feminina, possuindo claramente um temperamento predestinado a um desenvolvimento em direção à homossexualidade.

A potência irresistível do impulso interior é bem ilustrada por um caso apresentado por Hirschfeld e Burchard: "*A minha filha*

---

[190] "*Se um invertido adquire um hábito sob influência de condições externas*", escreve Féré, acertadamente (*L'Instinct Sexuel*, p. 238), "*é porque nasceu com capacidade para tal aquisição: uma capacidade que não existe nos que foram expostos às mesmas condições sem terem adquirido tais hábitos*".

Erna", disse a mãe, "*revelou comportamentos de menino aos 3 anos de idade, comportamentos que se foram acentuando ano após ano. Nunca gostou de brincar com bonecas, apenas com soldadinhos de chumbo, pistolas e castelos. Gostava de trepar árvores e saltar valas; fez amizade com todos os carroceiros que faziam entregas em nossa casa, que pegavam nela e a montavam nos seus cavalos. Ficou tão entusiasmada com uma ida ao circo que falou disso durante o ano inteiro. Quando ainda só tinha 4 anos, era tão destemida com cavalos que os passantes a aplaudiam com 'Bravos!' e afirmavam que era uma verdadeira amazona. O seu maior desejo era ser um rapaz. Apesar da indignação da sua avó, usava sempre as roupas do seu irmão mais velho. Era exímia (e adorava) andar de bicicleta, fazer ginástica e nadar. Quando cresceu, odiava chapéus e roupas demasiado ornamentados. Tive muita dificuldade com ela porque nunca quis usar coisas bonitas. Quanto mais adulta, mais comportamentos masculinos passou a ter. Tudo isto gerou muito escândalo e controvérsia. As pessoas diziam que a minha filha era pouco feminina e desagradável, mas nada do que eu lhe dissesse a convencia a mudar*". Na realidade, esta jovem mulher, que resistiu a tornar-se feminina apesar de estar sujeita a todas as influências de um ambiente feminino normal, não era fisiologicamente uma mulher; nela coexistiam todas as caraterísticas externas de uma mulher com tecido testicular interno, capaz de produzir verdadeiro sémen masculino que era escoado através da uretra feminina. Nenhuma influência social poderia ser capaz de alterar este facto decisivo da fisiologia interna. (Hirschfeld e Burchard, *Spermasekretion aus einer weiblichen Harnröhre, Deutsche medizinische Wochenschrift*, n°. 52, 1911).

Posso citar também três casos americanos (nunca antes publicados), pelos quais fico agradecido ao Prof. G. Frank Lydston, de Chicago. Parecem-me ilustrar bem o único tipo de sugestão que desempenha um papel importante na evolução da inversão. Apresento-os nas palavras do Dr. Lydston:

CASO I. - Um homem, de 45 anos de idade, atraído pela alusão ao meu ensaio sobre *Sexual Perversion* na tradução inglesa de *Psychopathia Sexualis* de Krafft-Ebing, consultou-me sobre uma possível cura para a sua condição. Este indivíduo era finamente educado, muito inteligente, excelente linguista, com considerável vocação para a música e trabalhava numa firma que exigia dos seus empregados experiência em transações imobiliárias, capacidade de expressão escrita e conhecimentos profundos da legislação. Este homem contou-me que durante a puberdade, sem antes ter tido qualquer contato com sentimentos sexuais perversos, conheceu intimamente alguns homens mais velhos que empregaram diversos estratagemas para o excitar sexualmente, o que resultou no desenvolvimento dos hábitos sexuais perversos que manteve durante vários anos. Depois disso passou a sentir aversão às mulheres. Por pressão da família, acabou por aceder a casar-se, sem saber muito bem qual deveria ser o seu papel numa relação conjugal. A consequência lamentável foi a impotência absoluta ou, mais concretamente, uma enorme repugnância pelas relações com a sua esposa. Estava-se a preparar o divórcio quando, felizmente para todos os interessados, a mulher morreu subitamente. Sendo um homem de inteligência superior à média, este indivíduo, antes de me procurar, tinha tentado em vão encontrar uma cura para a sua condição infeliz. Declarou que julgava existir algum elemento hereditário no seu caso pois o seu pai tinha sido dipsomaníaco e um dos seus irmãos tinha morrido louco. No entanto, afirmou que acreditava que se não fosse pelas impressões adquiridas na puberdade, e não obstante a questão hereditária, teria sido perfeitamente normal do ponto de vista sexual. Este homem apresentava um *physique* de tipo claramente neurótico, queixava-se de ser profundamente nervoso, envelheceu prematuramente, era apenas de estatura mediana e, segundo disse, padecia desde há uns quinze anos de um nistagmo incontrolável. Como seria de esperar, o tratamento neste caso não resultou. Comecei por tentar a sugestão hipnótica com um hipnotizador profissional especializado. O paciente, que teve que se deslocar para fora do Estado, acabou por desistir do tratamento e não estou em condições de saber qual a sua situação presente.

CASO II. - Uma paciente minha, que por acaso era atriz e, consequentemente, uma mulher do mundo, pediu-me opinião sobre a correspondência em tons muito íntimos que era mantida entre o seu irmão mais novo e um homem que vivia noutro Estado. Numa dessas cartas eram mencionadas várias viagens a Chicago para conhecer o rapaz, que tinha então apenas 17 anos de idade. Da leitura das cartas percebia-se também que, em diversas ocasiões, o rapaz tinha sido levado pelo seu amigo, que tinha um cargo importante nos caminhos-de-ferro, a viajar em carruagens Pullman. O tom geral da correspondência era semelhante ao que um homem comum saudável utilizaria para escrever a uma mulher por quem estivesse apaixonado. O autor das cartas tratava o seu jovem amigo por Cinderela e as declarações apaixonadas que fazia à sua Cinderela teriam agradado à mais exigente das mulheres. Posteriormente, o próprio rapaz desabafou comigo e eu pus-me em contato por carta com o seu amigo, que acabou por me visitar, o que me permitiu obter uma descrição completa da situação. Neste caso, o método habitual de gratificação sexual foi o de masturbação oral, com o rapaz a desempenhar o papel passivo. Não consegui obter qualquer informação precisa sobre a história familiar do homem mais velho, mas soube que existiam problemas de insanidade mental na sua família. Era um homem robusto, de boa aparência, um pouco acima da meia-idade, bem-educado e muito inteligente, como teria que ser para poder ocupar a posição de destaque que ocupava numa importante companhia de caminhos-de-ferro. Devo acrescentar, por me parecer interessante, que o rapaz que agora já tem 23 anos, me consultou recentemente sobre *impotentia coëundi* (N.T.: disfunção erétil), manifestando frieza pelas mulheres. Pelas suas declarações estou convencido que está irremediavelmente encaminhado para a perversão sexual.

Um ponto interessante neste contexto é que a irmã deste jovem, a atriz, teve recentemente um ataque agudo de mania.

Tive outros casos inéditos que podem ser do seu interesse, mas estes dois são, de certo modo, clássicos e representativos, em maior ou menor grau, da maioria dos meus outros casos. No entanto, vou mencionar um outro caso que ocorreu com uma mulher.

CASO III. - Uma mulher casada, de 40 anos de idade, foi abandonada pelo seu marido devido à sua sexualidade pervertida. História de neuroses nos dois ramos da família e vários casos de demência no ramo materno. Neste caso, coexistia a afinidade pelo mesmo sexo com o desejo pervertido pelo sexo oposto, uma combinação de modo nenhum rara. Tentada a sugestão hipnótica, mas sem sucesso. A causa evidente da perversão foi a influência e o exemplo de uma outra mulher pervertida com quem ela convivia antes de se casar. O casamento foi tardio, aos 35 anos de idade. Em todos estes casos houve um elemento daquilo a que podemos chamar sugestão mas, de facto, não foi apenas isso o que se passou; mais importante foi provavelmente a ocorrência de sedução de uma jovem, que apresentava predisposição para a perversão, por uma pessoa mais velha e insistente. Podemos observar que em cada um destes casos havia, pelo menos, uma base orgânica neurótica favorável à influência e à sedução. Não posso considerar que estes casos sejam suficientes para modificar a nossa atitude em relação à sugestão.

Masturbação

Moreau acreditava que a masturbação era uma causa da inversão sexual e Krafft-Ebing considerava que a masturbação conduzia a todos os tipos de perversões sexuais; vários autores da época tinham a mesma opinião. Atualmente estes pontos de vista já não são aceites. Moll rejeitou enfaticamente a ideia de que a masturbação possa ser causa de inversão; Näcke negou repetidamente que a masturbação, tal como a sedução, possa alguma vez produzir verdadeira inversão. Hirschfeld não lhe atribui nenhuma importância etiológica. Já há muitos anos atrás, estudei com atenção especial este assunto e cheguei à mesma conclusão. Tenho a certeza que a masturbação, especialmente em idade precoce, pode por vezes enfraquecer a atividade sexual e promover manifestações de inversão. Mas para além disto, há pouco na história dos meus casos masculinos que indique que a masturbação seja uma causa de inversão. É verdade que 44 de 51 dos meus casos, admitem a prática da masturbação, muitas vezes apenas ocasionalmente ou só durante um certo período, e é possível que esta proporção seja superior à que se verifica entre as pessoas normais. Contudo, mesmo se assim for, tal não é difícil de compreender se tivermos em conta que os homossexuais não têm as mesmas oportunidades que têm os heterossexuais para satisfação dos seus instintos e que a masturbação pode, por vezes, aparecer-lhes legitimamente como o menor de dois males[191]. Não só a masturbação nunca foi praticada em pelo menos 7 dos meus casos (pois sobre alguns outros casos não disponho desta informação), como em vários outros só começou a ser praticada muito tempo depois de surgir o instinto homossexual (num dos casos apenas depois dos 40 anos) e, mesmo então, apenas esporadicamente. Em pelo menos 8, só ocorreu na puberdade; contudo, em pelo menos 8 outros casos, começou antes da puberdade; 9 ou mais, abandonaram a prática por volta dos 20 anos. Infelizmente, por enquanto, temos pouca informação segura quanto à prevalência e extensão da masturbação entre indivíduos normais.

Entre as mulheres, a masturbação ocorre em pelo menos 5 de 7 casos. Num dos casos a masturbação só surgiu em idade comparativamente tardia e, mesmo então, apenas em circunstâncias excecionais e muito intervaladamente. Noutro caso, começou a ser praticada, embora nunca em excesso, alguns anos após o aparecimento da atração homossexual, durante a puberdade, e continuou por quatro anos, mas depois foi abandonada; durante esses anos os impulsos físicos sexuais foram mais urgentes, mas posteriormente acalmaram. Em 2 casos, a masturbação foi descoberta espontaneamente pouco depois da puberdade e num destes casos foi praticada excessivamente antes que as manifestações de inversão se tornassem evidentes. Em todos os casos, estas mulheres afirmaram enfaticamente que esta prática não causava nem conduzia à atração homossexual, que consideravam um sentimento de ordem superior. Tenho que sublinhar aqui que a prática ocasional da masturbação está longe de ser rara entre as mulheres normais[192].

---

[191] Um dos sujeitos que estudei escreve: "*Os invertidos são, penso eu, naturalmente mais propensos à autossatisfação do que as pessoas normais, em parte devido à frustração e supressão permanentes dos seus desejos, mas também porque têm em si mesmos a forma masculina desejada. Esta ideia não é de fácil explicação, mas tente simplesmente imaginar o frenesim de autoabuso a que um homem normal seria impelido se contivesse nele mesmo a forma feminina*".

[192] Não faço aqui considerações sobre a prevalência normal e o significado da masturbação e fenómenos conexos porque tratei este tema no estudo *Auto-erotism*, no volume I destes *Studies*.

Se por um lado é verdade que a masturbação não é causa de inversão sexual, por outro estou inclinado para acreditar que a indulgência excessiva e prematura na masturbação, embora não seja suficiente, possa ser uma condição favorável ao desenvolvimento da inversão, sobretudo nas mulheres. Não duvido que a precocidade sexual sugerida pela masturbação prematura e excessiva revela, por vezes, um organismo já predisposto à homossexualidade. Mas, para além disto, quando a masturbação surge espontaneamente numa idade precoce com contornos puramente físicos parece tender a levar a um divórcio entre os aspetos físicos e psíquicos do amor sexual. Todas as manifestações sexuais são encaminhadas na direção física e a criança permanece ignorante da relação que normalmente existe entre estes fenómenos físicos e o amor; posteriormente, na adolescência, este divórcio pode perpetuar-se ao surgirem as primeiras atrações sentimentais. Em vez de aparecem conjuntamente com os impulsos psíquicos com a chegada da idade da atração sexual, os impulsos físicos são prematuramente distorcidos do seu objetivo natural ficando, assim, facilitada a intrusão de uma pessoa do mesmo sexo que tome o lugar que por direito devia pertencer a uma pessoa do sexo oposto. Este parece-me ter sido, seguramente, o curso dos eventos nalguns dos casos que estudei.

Atitude para com o sexo oposto

Em 17 casos (dos quais 5 são casados e outros tencionam casar) existe atração sexual por ambos os sexos, uma condição que anteriormente se designava por hermafroditismo psicossexual, mas a que agora mais usualmente se chama bissexualidade. Embora exista prazer e satisfação nas relações com ambos os sexos, existe geralmente um maior grau de satisfação com um deles. A maior parte dos bissexuais prefere o seu próprio sexo. Curiosamente, é raro encontrar uma pessoa, seja homem ou mulher, que por opção se relacione com ambos os sexos e que prefira o sexo oposto. Isto parece indicar que os bissexuais podem ser, afinal, invertidos.

Em qualquer caso, a bissexualidade confunde-se impercetivelmente com a simples inversão. Em pelo menos 16 de 52 casos de inversão simples em homens, registam-se ligações a mulheres, por vezes apenas esporadicamente, outras vezes durante vários anos, mas sempre em esforço, forçadas pelo sentido do dever ou pela ânsia de ser normal; nunca tiveram prazer no ato sexual nem nenhuma sensação de alívio depois dele. Quatro destes homens são casados, mas as relações conjugais terminam geralmente após poucos anos. Pelo menos quatro outros sentiram-se atraídos por mulheres na juventude, mas já deixaram de sentir essa atração; um outro, numa ocasião, sentiu-se atraído sexualmente por uma mulher arrapazada, mas nunca fez nenhuma tentativa para conseguir ter relações sexuais com ela; noutros 3 ou 4 casos, houve tentativas de ligação a mulheres, mas falharam. A maioria dos homens dos meus casos nunca experimentou nenhum tipo de intimidade sexual com o sexo oposto[193] e alguns sentem o que se designa, no caso dos invertidos do sexo masculino, por *horror feminæ*. Mas se as mulheres são repugnantes como objeto de desejo sexual para os invertidos e se normalmente é difícil a um invertido genuíno ter relações sexuais com uma mulher exceto pela invocação de imagens de homens, a maior parte deles é capaz de amizades genuínas, sem discriminação do sexo.

Talvez não seja difícil explicar o horror que o invertido sente pelos órgãos sexuais de pessoas do sexo oposto, muito mais forte do que o que normalmente se sente pelos das pessoas do mesmo sexo. Não se pode dizer que a visão de órgãos sexuais excitados sexualmente, de qualquer dos sexos, seja esteticamente agradável; só se tornam desejáveis se o observador estiver também excitado sexualmente. Quando a ausência de excitação do observador é acompanhada de desconhecimento, como na infância, ou de hipersensibilidade neurótica, estão criadas as condições para o aparecimento de um intenso *horror feminæ* ou *horror masculis*, consoante os casos. É possível que, como Otto Rank argumenta no seu interessante estudo *Die Naktheit im Sage und Dichtung*, este horror pelos órgãos sexuais do

---

[193] Hirschfeld também constatou entre os invertidos alemães (*Die Homosexualität*, cap. III) que a maioria (embora uma maioria mais pequena do que a que eu encontrei em Inglaterra e nos Estados Unidos) nunca teve relações sexuais com mulheres; afirma que 53%, incluindo alguns homens casados, nunca tentaram o coito e mais de 50% são, presumivelmente, impotentes. O número de mulheres invertidas que nunca tiveram relações sexuais com homens é ainda maior.

sexo oposto, sentido em certa medida mesmo pelas pessoas normais, esteja imbuído em lendas do tipo da de Melusina[194].

Sonhos eróticos

Os nossos sonhos seguem, em regra geral, os impulsos que agitam a nossa vida psíquica quando estamos acordados. O homem e a mulher normais, saudáveis do ponto de vista sexual, sonham com o amor de uma pessoa do sexo oposto; o homem invertido sonha com o amor de outro homem, a mulher invertida sonha com o amor de outra mulher[195]. Os sonhos têm, por isso, algum valor como ferramenta de diagnóstico, especialmente porque há menos pudor na confissão de um sonho perverso do que na admissão de uma ação perversa.

Ulrichs foi o primeiro a mencionar a importância dos sonhos dos invertidos. Mais tarde, Moll destacou que podem ter algum valor de diagnóstico quando não estamos seguros até que ponto é radical a tendência para a inversão. Posteriormente, Näcke enfatizou várias vezes a importância dos sonhos por serem, segundo acreditava, o teste mais inócuo que possuímos para diagnosticar a homossexualidade[196]; há aqui algum exagero pois este argumento não considera os diversos estímulos que podem influenciar os sonhos. Hirschfeld é o autor da investigação mais extensa sobre este ponto e descobriu que 87 dos 100 invertidos que estudou tinham exclusivamente sonhos homossexuais, ao passo que a maior parte dos restantes pura e simplesmente não sonhavam[197]. Entre os meus

---

[194] Otto Rank, *Imago*, Heft 3, 1913.

[195] Os sonhos eróticos foram estudados em *Auto-erotism*, volume I, destes *Studies* e as questões mais latas relacionadas com o tema em *The Study of Dreams*. Estas duas obras incluem muitas referências à vasta literatura existente.

[196] Por exemplo, *Archiv für Psychiatrie*, 1899; *Archiv für Kriminal-Anthropologie*, 1900.

[197] Hirschfeld, *Die Homosexualität*, p. 71 et seq. Hirschfeld considera que os sonhos dos invertidos podem ser classificados em dois grupos: um, em que quem sonha se imagina a abraçar uma pessoa do mesmo sexo, e outro, em que se imagina a si mesmo como sendo do sexo oposto. Penso que este último grupo de sonhos, de cariz pseudo-heterossexual, é muito raro e pode ocorrer também em pessoas heterossexuais.

casos, apenas 4 afirmam conclusivamente que não têm sonhos eróticos, enquanto 31 reconhecem que os seus sonhos estão sempre mais ou menos relacionados com pessoas do mesmo sexo. Destes, pelo menos 16 afirmam ou sugerem que os seus sonhos são exclusivamente homossexuais. Dois, apesar de serem aparentemente invertidos congénitos, já tiveram sonhos eróticos com mulheres, sendo que um deles sonha mais frequentemente com mulheres do que com homens; estas duas exceções não têm nenhuma explicação óbvia. Um outro parece ter pesadelos sexuais com mulheres. Noutro caso, houve sempre sonhos com mulheres, mas este indivíduo não é completamente indiferente a mulheres e chegou a ter relações com prostitutas, ao passo que um outro, cujos sonhos continuam a ser heterossexuais, teve na juventude alguma atração por raparigas. Nos casos de bissexualidade nítida não há unanimidade; 2 sonham com o seu próprio sexo, 2 sonham com ambos os sexos, 1 sonha geralmente com o sexo oposto e 1 homem, embora sonhando com ambos, não gosta dos sonhos em que figuram mulheres. Em pelo menos 3 casos, os sonhos de natureza sexual começaram aos 8 anos de idade ou antes.

Os fenómenos representados nos sonhos eróticos, tanto em pessoas normais como anormais, são algo complexos e os sonhos não são, de forma nenhuma, um indicador seguro sobre a real postura sexual do sonhador. As flutuações das representações oníricas podem ser ilustradas pelas experiências de um dos meus sujeitos que sumariza assim, embora na terceira pessoa, as suas próprias experiências: "*Quando ele era criança, costumava ser assombrado por sonhos indecentes e grotescos sobre homens adultos nus, que eram seguramente eróticos. Com a puberdade passou a ter dois tipos de sonhos, mas sempre sobre machos. O primeiro era uma espécie de visão altamente idealizada: aparecia-lhe um rosto de um homem novo, brilhante e encantador, com o cabelo flutuando, sobre um fundo de trevas sombrias. O outro era obsceno, consistindo geralmente na visão dos genitais de um criado ou de um carroceiro numa situação de violenta ereção. Nunca teve sonhos eróticos ou sentimentais sobre mulheres, mas quando os sonhos eram desagradáveis, a personagem aterrorizadora era invariavelmente feminina. Nos seus sonhos comuns, as mulheres da família ou conhecidas desempenhavam apenas papéis triviais. Aos 24 anos, determinado a ultrapassar as suas paixões homossexuais, casou-se e não encontrou nenhuma dificuldade em conviver com a sua mulher nem em gerar vários filhos, embora o ato sexual não lhe desse quase nenhum prazer. Continuou a sonhar exclusivamente com homens durante vários anos e os sonhos obscenos passaram a ser mais frequentes que os idealísticos. Gradualmente passou a ser atormentado por sonhos eróticos grosseiros e desinteressantes com mulheres. Um detalhe curioso em relação a este novo tipo de sonhos era que ele nunca sonhava com o corpo feminino, apenas com os seus órgãos genitais, que via difusamente, e as emissões seminais que acompanhavam estas imagens mentais provocavam-lhe uma sensação de repugnância e fadiga. Com o decorrer do tempo, ele e a sua esposa combinaram viver separadamente no que respeita a relações sexuais. Ele entregou-se à sua paixão por homens e os sonhos rudimentares sobre mulheres, que se haviam instalado durante o período de coabitação nupcial, desapareceram completamente".*

Não só é possível treinar invertidos genuínos para terem sonhos eróticos heterossexuais, como as pessoas que são, e sempre foram, exclusivamente heterossexuais também podem ocasionalmente ter sonhos homossexuais. Posso suportar estas afirmações com muitos testemunhos (ver *Auto-erotism* no vol. I destes *Studies*).Tantos os homens como as mulheres que sempre apresentaram tendências heterossexuais acentuadas, sem traço de inversão, podem esporadicamente ter sonhos homossexuais, não envolvendo necessariamente orgasmo ou excitação sexual e sendo acompanhados, por vezes, por sentimentos de repugnância. Como exemplo, posso apresentar um sonho (de que desconheço a origem) de uma senhora exclusivamente heterossexual de 42 anos; sonhou que estava na cama com outra mulher, desconhecida, deitada de barriga para baixo e com a mão direita estendida, de forma a tocar nos órgãos sexuais da outra. Conseguia perfeitamente sentir o clitóris, a vagina, etc.; sentiu uma espécie de indignação consigo mesma pelo que estava a fazer, mas continuou até que acordou; percebeu então que estava deitada de barriga para baixo, como no sonho, e começou por pensar que se estava a acariciar a si mesma, mas depois percebeu que isso não podia ter acontecido. (Niceforo, que acredita que a inversão pode ser causada pela masturbação, considera que, por associação de ideias, os sonhos sobre masturbação podem incluir um personagem invertido [*Le Psicopatie Sessuale*, 1897, pp. 35, 69]; o que, no entanto, é pouco frequente e não acontece na maior parte dos sonhos em questão).

Há alguns anos, Näcke e Colin Scott referiram-se, independentemente um do outro, a casos em que pessoas normais tinham sonhos homossexuais, e Féré (*Revue de Médecine*, dezembro de 1898) referiu-se a um homem que tinha aversão a mulheres, mas que aparentava manifestar homossexualidade apenas nos seus sonhos. Näcke (*Archiv für Kriminal-Anthropologie*, 1907, Heft I, 2) designa por *sonhos de contraste* os sonhos que representam uma reação de oposição à vida comum do sonhador. Hirschfeld, que aceita os *sonhos de contraste* de Näcke no que respeita à homossexualidade, considera que eles indicam a existência de uma bissexualidade latente. Podemos aceitar que seja assim, do mesmo modo que o negativo de uma imagem, em cor complementar, evoca a imagem na cor original. Na maioria dos casos, porém, parece-me que os sonhos homossexuais em pessoas normais podem ser explicados simplesmente pelos caminhos inesperados e pouco claros pelos quais a imaginação nos leva quando sonhamos (ver Ellis, *The World of Dreams*, em especial o cap. II).

Métodos de relacionamento sexual

Saber com exatidão qual foi a forma de satisfação do instinto invertido é frequentemente importante do ponto de vista médico-legal[198]; do ponto de vista psicológico tem pouca importância, sendo apenas relevante para compreender até que ponto o indivíduo se afastou dos instintos dos seus semelhantes normais.

De um total de 57 homens invertidos que conheço bem, 12, constrangidos por considerações morais ou outras, nunca tiveram relações sexuais com outros homens. Em cerca de 22 casos, o relacionamento sexual raramente foi para além do contato físico ou de carícias e, quando muito, da masturbação mútua e do sexo intercrural. Em 10 ou 11 casos, a forma preferida foi o *fellatio*

---

[198] Ver Thoinot e Weysse, *Medico-legal Aspects of Moral Offenses*, pp. 165, 291, etc.

(excitação oral) usualmente, mas nem sempre, recebido pelo ativo e complementando frequentemente a masturbação mútua. Em 14 casos, registou-se a prática de *pedicatio*[199] (geralmente ativo, não passivo). Nestes casos, contudo, o *pedicatio* não é de forma alguma o método habitual ou, mesmo, preferido de gratificação. Parece ser o método preferido em apenas cerca de 7 casos. Muitos dos que nunca o experimentaram, incluindo alguns que nunca mantiveram nenhuma relação física, afirmam que não têm nenhuma objeção ao *pedicatio*; alguns fazem esta afirmação em relação ao *pedicatio ativo*, outros em relação ao passivo. A proporção de invertidos que praticam ou que alguma vez praticaram *pedicatio* é, nos meus casos, grande (quase 25%); na Alemanha, Hirschfeld registou uma proporção de apenas 8% e Merzbach de apenas 6%. No entanto, considero que entre os ingleses e os americanos se encontraria uma proporção semelhante à encontrada para a Alemanha se a amostra fosse de maior dimensão[200].

Atração pseudo-sexual

Por vezes supõe-se que numa relação homossexual um dos indivíduos é sempre ativo, física e emocionalmente, e o outro passivo. Contudo, quase nunca é isso que acontece entre homens e os invertidos não conseguem indicar se se sentem mais homem ou mulher. Nas palavras de um dos meus pacientes:

---

[199] *Pedicatio* (ou *pædicatio*) é o termo técnico mais comumente aceite para o ato de introdução sodomita do pénis no ânus. A sua origem etimológica está, normalmente, associada à palavra grega *pais* (rapaz), mas alguns especialistas traçam a sua origem nos termos *pedex* or *podex* (ânus). As palavras "*pederastia*" e "*pederasta*" são por vezes utilizadas para indicar o referido ato e o seu agente. Esta utilização, contudo, é indesejável. É preferível reservar a palavra "*pederastia*" para a sua utilização mais adequada que é a de designar a instituição específica do amor grego por rapazes. Podemos acrescentar que os próprios gregos tinham diversos nomes (pelo menos 74) para pederastia. Ver, sobre esta questão de nomenclatura, Iwan Bloch, *Der Ursprung der Syphilis*, vol. II, pp. 527, 563.

[200] Em todas as áreas de especialidade, as formas mais grosseiras de perversão são as primeiras a ser reveladas. Na primeira edição deste Estudo, a frequência de *pedicatio* era ainda maior. O *pedicatio* não é praticado por nenhum dos sujeitos dos casos que foram acrescentados à presente edição, embora vários não lhe oponham nenhuma objeção.

"Na cama com o meu amigo, sinto o que ele sente e ele sente o que eu sinto. O resultado é masturbação e eu não quero nem desejo mais nada. E tento que seja o mais rápida possível, para chegarmos logo à melhor parte: ficarmos aninhados nos braços um do outro a dormir ou a conversar".

No entanto, é verdade que podemos geralmente identificar o que poderei denominar de atração pseudo-sexual, ou seja, a tendência do invertido para se sentir atraído por pessoas diferentes por forma a que nas suas relações sexuais exista alguma aparência do oposto sexual. Numa Praetorius considera que a atração pelo oposto na homossexualidade, a atração por soldados e por tipos vigorosos e rudes, é mais marcada do que entre amantes normais[201]. Apesar disso, esta atração pseudo-sexual não é, como Hirschfeld aponta[202] e como podemos observar nos casos aqui apresentados, de forma alguma invariável.

M. N. escreve: *"A mim parece-me que o elemento feminino tem que estar necessariamente presente no corpo que deseja o macho e que a natureza obriga ao cumprimento da sua lei, se não na forma pelo menos no espírito. O resto é tudo uma questão de temperamento individual e de envolvente. A natureza feminina do invertido, embora embaraçada pelo seu disfarce físico, continua a ser capaz de exercer formidável influência e a seduzir insistentemente o macho. Esta capacidade de influência aparece mais violentamente na presença de machos possuidores de forte magnetismo sexual. Estes homens têm, geralmente, alguma perceção mais ou menos instintiva desta influência e o resultado é uma simpatia difusa, que faz com que se perguntem porque é que se dão tão bem com o invertido, ou um sentimento de incongruência ou anormalidade, que será tratado em conformidade. Por vezes, com efeito, o sentimento de atração é recíproco e (se as circunstâncias e a oportunidade o permitirem) pode ser suficientemente forte para induzir relações sexuais. Nestes casos, a razão geralmente sobrepõe-se ao instinto e o sentimento de atração, que começou por surgir inconscientemente, provavelmente dará lugar a repulsa. Mais ainda, esta influência também tem efeito sobre as mulheres que, sobretudo se são fortemente sexuais, antipatizam involuntariamente com os*

---

[201] *Jahrbuch für sexuelle Zwischenstufen*, vol. VIII, 1906, p. 712.

[202] Hirschfeld, *Die Homosexualität*, p. 276 e segs.

invertidos. Há, no entanto, uma realidade terrível que o invertido tem que enfrentar, por mais que deseje evitá-la e que procure enganar-se a si mesmo. Para ele não existe possibilidade de satisfação absoluta de afetos e desejos. Passa a vida a procurar e a ansiar em vão pelo macho, a antítese da sua natureza, mas ao associar-se com invertidos tem forçosamente que se contentar apenas com o corpo masculino, que não é mais que a sombra da verdadeira substância do macho que ele deseja. Com efeito, o invertido considera necessariamente os outros invertidos como pertencendo ao mesmo, indesejado, sexo feminino a que ele pertence e por esta razão podemos observar que embora as amizades entre invertidos sejam frequentes (e são caraterísticamente femininas, instáveis e sujeitas a traição) as relações amorosas são menos comuns e, quando ocorrem, são naturalmente baseadas numa dose considerável de autoilusão. A gratificação venal é sempre, obviamente, possível mas não é satisfatória e talvez sobre este tema seja necessário algum esclarecimento sobre as peculiaridades de gosto que acompanham a inversão. Ao avaliar a predileção peculiar que os invertidos demonstram pelos jovens, pelos homens de uniforme e pela virilidade e robustez física extremas, não necessariamente acompanhadas de intelectualidade, temos que refletir sobre qual seria a conduta provável das mulheres se colocadas numa posição de completa irresponsabilidade, combinada com liberdade absoluta de ação e oportunidade para a promiscuidade. Parece-me que nunca é demais insistir na importância do reconhecimento do elemento feminino subjacente à inversão sexual".

"A maioria" [dos invertidos], escreve "Z", *"é igual aos homens normais em todos os detalhes da sua aparência exterior, do seu 'physique' e da sua forma de vestir. São atléticos, de hábitos masculinos, de modos francos, frequentando a sociedade ano após ano sem levantar a menor suspeita acerca do seu temperamento interior; se não fosse assim, a sociedade já há muito tempo teria ganho consciência da verdadeira dimensão da sexualidade perversa que existe no seu seio".* Estas linhas foram escritas não em oposição às distinções mais subtis apontadas antes, mas para refutar o erro vulgar que confunde o invertido típico com as criaturas maquilhadas e efeminadas que aparecem ocasionalmente nos tribunais ou com os retratos pintados por Lombroso, Legludic e outros. Noutra ocasião, o mesmo autor comentou que, embora expressando concordância geral com a teoria da atração pseudo-sexual: *"A 'liaison' não é sempre procurada e iniciada pelos anormalmente*

*constituídos. Posso citar casos de machos sólidos que se ligaram a
invertidos e encontraram felicidade nessa paixão retribuída. Um destes
machos pronunciados, disse-me uma vez, 'os homens são muito mais
carinhosos que as mulheres.' [Um dos meus sujeitos usou exatamente as
mesmas palavras.] Para além disso, a 'liaison' surge por vezes
acidentalmente por justaposição, mesmo quando é difícil dizer ao certo se
algum dos dois apresentava inicialmente alguma tendência marcada para
a inversão. Nestes casos, a relação sexual parece ser o culminar da afeição
caraterística da camaradagem e é considerada agradável e, por vezes,
surpreendentemente segura e satisfatória. Por outro lado, tanto quanto sei,
a existência de 'liaisons' permanentes entre dois invertidos pronunciados é
extremamente rara".*

A tendência para a atração pseudo-sexual no homossexual
parece, assim, envolver uma preferência por pessoas normais,
mas parece difícil saber até que ponto é mesmo assim. Pode
dizer-se que os invertidos se apaixonam (tal como as pessoas
normais) tipicamente sem refletir antes sobre se o objeto do
seu amor lho poderá retribuir. Naturalmente, no entanto, não
poderá haver retribuição adequada sempre que o amado não
seja de índole homossexual, real ou latente. Sobre este ponto,
um correspondente americano (H. C.), que está familiarizado
com a inversão em diversos países, escreve: "*Um dos seus
correspondentes declara que os invertidos anseiam por relações sexuais com
homens normais e não com outros invertidos. Isto pode ser verdade, mas
nem uma única vez o encontrei exemplificado entre o vasto número de
invertidos que conheço. Enviei esta declaração para mais de 50 invertidos.
Todos me responderam dizendo invariavelmente que a menos que se seja
homossexual, não se tem quase nenhum prazer no 'fellatio'. A verdade é
que a maioria dos invertidos se junta não por exigência, mas por opção.
O simples ato sexual não é o único objetivo das relações entre invertidos,
tal como o não é entre um homem e uma mulher normais. Por que é que
um invertido deveria suspirar por relações sexuais com homens normais,
em que não existe amor, nem confidências, nem carinhos mútuos?
Pessoalmente, recuso-me a praticar 'fellatio' com um homem que prefere as
mulheres; e basta a ideia para me repugnar. E todos os invertidos que
questionei têm a mesma opinião. As respostas que mais se aproximaram
da teoria do seu correspondente ocorreram quando alguns invertidos
extremamente femininos me referiram que desejavam que alguns homens*

normais 'fossem' invertidos. Com efeito, entre os invertidos pode observar-se um leque de temperamentos que é suficientemente amplo para abraçar ideais largamente divergentes entre si. Tal como os meus desejos mais remotos se satisfazem na fruição de rapazes belos e gentis, também coexiste em mim uma afinidade por homens robustos. Se os invertidos fossem realmente mulheres, então o seu ideal seriam, de facto, os homens normais. Mas os invertidos não são mulheres. Os invertidos são homens capazes de amizade apaixonada, que desejam encontrar outro homem que retribua a paixão que têm para dar".

Em pelo menos 24 dos meus casos masculinos, mas provavelmente em muitos mais, há um grande contraste entre o sujeito e os indivíduos por quem ele se sente atraído (num número ainda maior de casos, o contraste é relativamente menos marcado); pode acontecer que o sujeito seja algo feminino ou sensível e nesse caso admira naturezas viris, mais simples, ou é vigoroso e admira rapazes, frequentemente de classes sociais mais baixas. As mulheres invertidas também se sentem atraídas por mulheres mais frágeis[203]. A atração sexual por rapazes é, sem dúvida, como Moll salienta, a forma de inversão que mais se aproxima da sexualidade normal, pois os sujeitos deste tipo de atração são os que mais se assemelham aos homens médios, tanto física como mentalmente. A razão para que assim seja é óbvia: os rapazes jovens são mais femininos do que os homens adultos e por isso não é preciso um esforço orgânico tão profundo para se ser atraído sexualmente por eles. Quem tenha visto teatro amador em escolas masculinas certamente já reparou como é fácil para os rapazes fazer com muito sucesso o papel de mulheres, e é do conhecimento geral que até meados do século XVII, os papéis teatrais femininos eram sempre desempenhados por rapazes, com ou sem ofensa à moral própria ou à dos espetadores[204]. Também é digno

---

[203] "*Os homens*", comenta 'Q.', "*tendem a apaixonar-se por rapazes ou jovens; os rapazes ou os jovens por homens adultos; os de natureza feminina por naturezas viris e "vice versa" e os de diferentes raças, uns pelos outros*".

[204] Stubbes, na sua *Anatomy of Abuses*, afirmou que "*nas suas reuniões secretas, atores e espetadores encenam os 'Sodomites', e refere-se a alguns exemplos recentes de homens que se apaixonaram desesperadamente por estes rapazes-atores, que fazem papéis femininos, ao ponto de lhes oferecerem dinheiro em troca de favores sexuais e de abusarem sexualmente deles*". Em 1633, Prynne, na sua *Histrio-Mastix* (parte 1, p. 208 et seq.), condenou veementemente pelas mesmas razões "*este vestir roupas de mulher*" pelos atores e acrescentou que tinha ouvido relatos credíveis sobre

de nota que na Grécia, onde a homossexualidade floresceu tão extensamente e, ao que parece, sem provocar quase nenhuns problemas de saúde mental, se insistia em que apenas os rapazes com menos de 18 anos deviam ser amados; o amor pelos rapazes fundia-se e transformava-se, assim, em amor pelas mulheres. Nos meus casos, mais ou menos 18 indivíduos sentem-se mais atraídos por jovens, de preferência com idades entre os 18 e os 20 anos. Estes indivíduos são, quase todos, dos mais normais e saudáveis entre todos os que estudei. A preferência por homens mais velhos ou um grau considerável de indiferença pela idade é mais comum e indica, talvez, um grau mais profundo de perversão.

Pondo de parte a idade do objeto desejado, temos que concluir que os invertidos sexuais apresentam uma clara tendência geral, embora não universal, de preferência por tipos femininos (emocionalmente, fisicamente ou ambos)[205]. Não consigo dizer até que ponto a explicação para esta constatação se pode atribuir a um sistema nervoso irritável ou a uma saúde delicada, problemas que estão frequentemente associados à inversão, embora estes sejam seguramente fatores importantes. Embora muitos invertidos gostem de afirmar corajosamente a sua masculinidade e embora a sua feminilidade possa não ser muito óbvia, a ampla prevalência da mesma entre os invertidos pode ser garantida com um considerável grau de segurança, e não apenas entre a pequena minoria que assume exclusivamente o papel passivo, embora nestes a feminilidade seja normalmente mais marcada. Sobre este ponto sou apoiado por "Q.", que escreve: "*Em todos, ou certamente quase todos, os casos que conheço de invertidos congénitos do sexo masculino (excluindo os hermafroditas psico-sexuais) há a notável delicadeza, sensibilidade, simpatia e intuição que geralmente se associa ao sexo feminino, embora o corpo possa ser decididamente masculino tanto*

---

um professor de Balliol College que estava violentamente apaixonado por um rapaz-ator. No Japão, tal como na China, onde os papéis femininos no palco são desempenhados por homens (sobretudo jovens), a homossexualidade dos atores tornou-se, nos séculos XVII e XVIII, tão notória que foram classificados como *Joro*, ou prostitutos, com regulamentação específica.

[205] Isto foi observado até pelos primeiros autores modernos que escreveram sobre homossexualidade, como Hössli. Ver Hirschfeld, *Vom Wesen der Liebe*, *Jahrbuch für sexuelle Zwischenstufen*, vol. VIII, 1906, p. 124 et seq.

na forma como no comportamento"[206]. Contudo, quando um distinto invertido disse a Moll: "*Somos todos mulheres, não o negamos*", estava a ser demasiado radical. Os traços femininos dos homossexuais não são, geralmente, evidentes. "*Acredito que os invertidos de natureza francamente feminina são raras exceções*", escreveu Näcke[207] e a sua afirmação é aceitável mesmo para os que enfatizam a prevalência de traços femininos entre os invertidos.

Nas mulheres invertidas prevalece também um certo grau de masculinidade que não se encontra nas mulheres por quem elas se sentem atraídas. Mesmo nos invertidos, a necessidade de alguma oposição sexual, um anseio por algo que não se possui, ainda é muito frequente. Expressa-se, por vezes, na atração entre pessoas de diferentes raças. Informaram-me que nas prisões americanas para mulheres, as relações lésbicas são especialmente frequentes entre brancas e pretas[208]. Algo semelhante existe entre os árabes, diz Koche, e se uma mulher árabe tem uma amiga lésbica é quase certo que esta última é uma europeia. Também na Cochinchina, de acordo com Lorion, os chineses são principalmente pederastas ativos enquanto os anamitas são sobretudo passivos.

No entanto, temos que recordar que no amor normal a homogamia, a atração pelo semelhante, prevalece sobre a heterogamia, a atração pelo diferente, que está principalmente confinada a traços que pertencem à esfera das caraterísticas sexuais secundárias[209]; o mesmo parece ser verdade com a inversão e os homossexuais serão

---

[206] Numa Praetorius também afirma (*Jahrbuch für sexuelle Zwischenstufen*, vol. VIII, p. 732) que até mesmo os homens homossexuais mais viris exibem traços femininos e acrescenta que outra coisa não seria de esperar pois todas as mulheres homossexuais apresentam sempre algumas caraterísticas masculinas.

[207] Nacke, *Die Diagnosticar der Homosexualität, Neurologisches Centralblatt*, 16 de abril de 1908.

[208] O mesmo se passa entre as raparigas dos internatos femininos americanos. Margaret Otis (*Journal of Abnormal Psychology*, junho de 1913) descreveu de forma semelhante a atração que as raparigas negras exercem sobre as raparigas brancas nas escolas. A correspondência entre estes amantes e, por vezes, o seu método de gratificação sexual, pode ser de natureza ainda mais rudemente apaixonada.

[209] Ver *Sexual Selection in Man*, vol. IV destes *Studies*.

provavelmente, na globalidade, mais atraídos pelos traços que eles mesmos aparentam possuir do que pelos que lhes são alheios[210].

Anormalidades físicas

As circunstâncias em que investiguei muitos dos meus casos dificultaram a obtenção e a verificação da informação que utilizei para redigir esta secção. Em pelo menos 4 dos casos, o pénis é muito grande ao passo que em 3 é pequeno e pouco desenvolvido, com testículos pequenos e flácidos. Parece provável que estas variações, nos dois sentidos, sejam comuns, mas não é certo se terão mais significado que a tendência para o infantilismo de órgãos sexuais que as mulheres invertidas parecem manifestar. Hirschfeld considera que os órgãos genitais dos invertidos se assemelham aos das pessoas normais. No entanto, observou que a fimose é bastante comum[211].

Talvez mais significativas que certas peculiaridades genitais específicas, são as variações que se podem observar na constituição geral do corpo[212].

Em pelo menos 2 casos há seios bem desenvolvidos, sendo que num, os seios incharam e estão a ficar vermelhos[213]. Num dos casos,

---

[210] Hirschfeld (*Die Homosexualität*, p. 283) constatou que 55% dos invertidos se sentem atraídos por traços diferentes dos seus e 45% por traços semelhantes aos seus, sem ter em consideração se esses traços pertencem, ou não, à esfera sexual secundária. Podemos acrescentar que, no que se refere à idade das pessoas pelas quais se sentem atraídas, Hirschfeld (p. 281) considera dois grupos principais, cada qual contando com 45% dos homossexuais: os *ephebophils*, que são atraídos por jovens entre os 14 e os 21 anos de idade, e os *androphils*, que são atraídos por adultos na força da vida. Esta divisão, como se pode constatar pela leitura dos casos incluídos no presente volume, parece adequar-se bem aos invertidos britânicos e americanos.

[211] Hirschfeld, *Die Homosexualität*, cap. V

[212] Krafft-Ebing relata a história de um médico invertido (um homem de gostos e desenvolvimento masculino), que teve relações sexuais com 600 homens, mais ou menos invertidos. Este homem não reparou em nenhuma tendência para a malformação sexual entre os seus amantes, mas muito frequentemente constatou que tinham formas femininas, pouco cabelo, compleição delicada e voz aguda. Com alguma frequência havia peitos bem desenvolvidos e notou, em cerca de 10%, uma tendência para apreciarem as ocupações das mulheres.

existem sintomas "menstruais", físicos e psíquicos, que regressam a cada 4 semanas. Em vários casos as ancas são largas e os braços rotundos, ao passo que alguns são destros a lançar a bola. Um nasceu com estrabismo duplo. Pelo menos 2 foram prematuros, nascidos com 7 meses de gestação. No capítulo anterior referi-me à tendência para a hipertricose e, ocasionalmente, para a oligotriquia nas mulheres invertidas; nos homens, é esta última condição que parece ser mais comum e, em vários casos, os corpos são completamente desprovidos de pelos. Alguns são canhotos, embora numa proporção que não deve ser anormal[214]. A caraterização sexual da caligrafia é, nalguns casos, claramente invertida, com os homens a escreverem com letra feminina e as mulheres com masculina[215]. Por vezes regista-se uma voz feminina muito aguda[216].

Uma caraterística marcante de muitos invertidos, mas que não é fácil de definir com precisão, é a sua aparência jovem e, frequentemente, o seu rosto infantil, o que ocorre igualmente nos dois sexos. Esta caraterística já foi muitas vezes observada[217] e é pronunciada em muitos dos meus pacientes.

A incapacidade de assobiar, que é frequente entre os homens invertidos, foi apontada em primeiro lugar por Ulrichs, tendo Hirschfeld indicado que afetava 23 por cento do total.

---

[213] Moll, Laurent, Wey, etc. Olano (*La Secrecion Mamaria en los Invertidos Sexuales, Archivos de Criminologia*, maio de 1902, p. 305) verificaram a existência de uma condição similar de ginecomastia nos invertidos e observaram alguma secreção mamária num homem invertido de 20 anos, em Lima.

[214] Dados de Hirschfeld: 7% de invertidos canhotos e 6% parcialmente canhotos. Fliess atribui especial importância à relação entre a inversão e o ser canhoto, acreditando que nos homens canhotos as caraterísticas sexuais secundárias femininas são mais marcadas e nas mulheres esquerdinas estão mais acentuados os traços sexuais masculinos (*Der Ablauf des Lebens*, 1906). Não estou preparado para refutar esta afirmação sem estudos adicionais.

[215] Este ponto foi discutido por Hirschfeld, *Die Homosexualität*, pp. 156-8.

[216] Bloch (*The Sexual Life of Our Time*, p. 500) atribui grande importância a esta peculiaridade, mas temos que salientar que as vozes de timbre muito agudo também ocorrem em homens inegavelmente heterossexuais, em que aparecem frequentemente associadas a grande talento intelectual (Havelock Ellis, *A Study of British Genius*, p. 200).

[217] Ver, por exemplo, Hirschfeld, *Die Homosexualität*, p. 151.

Muitos dos meus casos admitem esta incapacidade, ao passo que algumas das mulheres invertidas assobiam admiravelmente. Embora esta incapacidade dos invertidos do sexo masculino apenas se manifeste numa minoria dos casos, considero-a importante por ser tão marcada numa minoria tão considerável. Um dos meus correspondentes, M. N., escreve: "*Em relação à incapacidade geral dos invertidos para assobiar (eu também não sou capaz de assobiar), à sua preferência pelo verde (a minha cor favorita), à sua caligrafia feminina, à sua destreza em ocupações femininas, etc., tudo isto me parecem indícios da sua natureza. Posso ir mais longe e incluir indícios triviais: poucos invertidos fumam da mesma maneira e com o mesmo prazer que os homens, raramente têm a aptidão masculina para jogos, não conseguem atirar ao alvo com precisão e não sabem cuspir!*"

Quase todas estas peculiaridades são sintomas de uma pequena perturbação nervosa e levam a alterações, como o meu correspondente aponta, na direção feminina. Certamente não será preciso acrescentar que de modo algum estas peculiaridades comprovam, necessariamente, a ocorrência de inversão. Shelley, por exemplo, não sabia assobiar, mas nunca manifestou sinais de inversão, embora fosse uma pessoa com algo anormal e feminina, que ilustra bem a tendência para que estas anomalias funcionais, aparentemente insignificantes, se correlacionem com outras anomalias psíquicas, mais importantes. A maior parte destas peculiaridades anatómicas e destas anomalias funcionais apontam, com mais ou menos segurança, para a prevalência de uma tendência para o infantilismo entre os invertidos, combinada com feminismo nos homens e masculinismo nas mulheres[218]. Esta tendência não é aceite por Hirschfeld, mas está bem representada entre os indivíduos cujas histórias eu pude apresentar e é também, de facto, sugerida pelos resultados detalhados do próprio Hirschfeld, pelo que não pode deixar de ser considerada. Julgo que é uma tendência altamente relevante e que está em harmonia com o que temos vindo a descobrir sobre o importante papel desempenhado pelas secreções internas

---

[218] Sobre os sintomas gerais destas condições, ver, por exemplo, H. Meige, *L'Infantilisme, Le Féminisme et les Hermafrodites Antiques, L'Anthropologie*, 1895; e também Hastings Gilford, *Infantilism, Lancet*, 28 de fevereiro e 7 de março de 1914.

tanto sobre a inversão como sobre as alterações orgânicas em direção ao infantil, ao feminino ou ao masculino.

Se for verdade que se verifica uma tendência para a interrupção de crescimento nos invertidos, mantendo-os infantis, poderemos estabelecer uma ligação entre este facto e a precocidade sexual que é por vezes evidente nos invertidos, pois a precocidade é acompanhada normalmente por uma paragem súbita do desenvolvimento.

Um correspondente meu, que é invertido, registou as seguintes notas sobre alguns casos que conhece bem e que eu transcrevo aqui por ilustrarem anormalidades comuns:

"1. 'A.', sexo masculino, filho mais velho de família tipicamente neurótica. Três filhos ao todo: 2 do sexo masculino e 1 do sexo feminino. Os outros 2 são um pouco excêntricos, pouco sociais e sexualmente frígidos, 1 dos quais em grau acentuado. O ponto curioso sobre este caso é que 'A.', o único da família que apresenta capacidade intelectual e social, deve ser invertido. O casamento dos pais não resultou, por incompatibilidade, e foi pouco harmonioso. O pai era de grande estatura e a mãe anormalmente baixa e possuidora de um temperamento muito instável, e ambos de saúde frágil. Ascendência infeliz, sobretudo pelo lado materno.

2. 'B.', sexo masculino, invertido, o mais novo de 2 irmãos, tem comportamento e aparência extremamente femininos, muito agradável e com enorme talento musical. Pénis muito pequeno e notável desenvolvimento do peito.

3. 'C.', sexo masculino, invertido, o mais novo de 2 irmãos, sem irmãs. Intervalo de seis anos entre ele e o irmão. Casamento dos pais muito afetuoso, mas ascendência frágil pelo lado materno. Antecedentes de cancro e escrófula na família.

4. 'D.', sexo masculino, invertido, segundo de 6 irmãos; único rapaz. Posição social humilde. Depravação considerável observada em todos os membros desta família, com exceção de 'D.', o único que se mostra estável, honesto e trabalhador.

5. 'E.', sexo masculino, invertido, segundo filho de uma família de 3 irmãos, sendo o mais novo, uma menina que nasceu morta. Temperamento extremamente neurótico promovido pela educação que teve. Constituição e disposição efeminadas; talento musical.

6. 'F.', *sexo masculino, invertido, segundo filho de família de 5 irmãos. O irmão mais velho, uma rapariga, morreu na juventude. Depois de 'F.', nasceu um rapaz, 'G.', uma menina, 'H.', e mais outra menina, que nasceu morta. Pais mutuamente incompatíveis; a mãe possui considerável força física e mental; o pai é o último descendente de uma família em declínio, resultado de casamentos consanguíneos. Crianças todas parecidas com o pai fisicamente e com a mãe em feitio. Tendência para abuso do álcool nos dois rapazes, a que se pode dever a morte de 'F.' aos 30 anos de idade. 'G.' suicidou-se alguns anos mais tarde. 'H.', uma rapariga, casou-se numa família com antecedentes ainda piores do que a sua. É mãe de dois filhos:*

7. 'I.' e 'J.', *um rapaz e uma rapariga, os dois invertidos, tanto quanto consigo perceber. O rapaz nasceu com os pés e os tornozelos deformados, tem aparência e gostos femininos. O rapaz parece-se com a mãe e a rapariga, que é fisicamente forte, parece-se com o pai".*

O mesmo correspondente acrescenta:

"*Tenho notado poucas anormalidades no que respeita à formação dos genitais dos invertidos. Existem, no entanto, anormalidades frequentes nas suas proporções físicas: as mãos e os pés visivelmente mais pequenos e bem torneados, a cintura mais marcada, o corpo mais suave e menos muscular. Quase invariavelmente apresentam malformação craniana ou um formato e tipo de cabeça que se assemelham ao feminino".*

Aptidões artísticas e outras

Todas as profissões se encontram representadas entre os invertidos. Entre os sujeitos que aqui estudámos encontramos, num extremo, numerosos operários e, no outro, por vezes provenientes de famílias nobres, um número igual de invertidos que não fazem rigorosamente nada. Há 12 médicos, 9 homens de letras, pelo menos 7 estão envolvidos em atividades comerciais, 6 são artistas, arquitetos ou compositores e 4 são, ou foram, atores. Estes números não são suficientes para avaliar a extensão relativa da inversão em cada profissão, mas são evidência de que nenhuma ocupação serve para proteger contra a inversão.

Existem, no entanto, certas ocupações pelas quais os invertidos parecem sentir-se mais atraídos[219]. Uma das principais é a literatura. Entre os meus casos verifica-se uma maioria de médicos, que é facilmente explicável, mas que não deve corresponder à realidade. A frequência com que a literatura está representada neste estudo é, provavelmente, mais genuína. É no campo das letras que, realmente, os invertidos parecem encontrar maior sucesso e renome. Pelo menos meia dúzia dos indivíduos que estudei têm êxito como homens de letras e eu poderia facilmente acrescentar muitos outros cujas histórias não inclui neste estudo. Cultivam sobretudo os campos das *belles-lettres* que se situam na fronteira entre a prosa e o verso. Embora não alcancem normalmente grande notoriedade como poetas, são frequentemente talentosos versejadores. Quando se sentem atraídos por história, raramente se lançam em projetos de grande vulto, que envolvam trabalho minucioso, embora haja exceções a esta regra. A ciência pura parece ter relativamente poucos atrativos para os homossexuais[220].

Um exame das histórias que estudei revela o facto interessante de que 45 dos sujeitos (ou 56% do total) possuem aptidões artísticas em maior ou menor grau. Galton, ao investigar quase 1000 indivíduos

---

[219] Merzbach tem trabalhado sobre a tendência dos invertidos para adotar certas profissões especiais: *Homosexualität und Beruf, Jahrbuch für sexuelle Zwischenstufen*, vol. IV de 1902.

[220] A experiência de Moll na Alemanha também revela a prevalência da inversão entre os homens de letras, embora, a proporção mais elevada de invertidos numa profissão se possa encontrar entre os atores. Jäger referiu-se à frequência da homossexualidade entre os barbeiros. Soube que entre os cabeleireiros de Londres a homossexualidade é tão frequente que existe mesmo uma forma especial para os clientes se sentarem na cadeira da barbearia quando querem revelar que são invertidos. O Dr. Kiernan informou-me que também em Chicago se observa uma especial prevalência de inversão entre os barbeiros e acrescenta que sabe de dois casos de inversão de mulheres-barbeiro, uma fração relativamente grande do total. Não é difícil compreender as razões para isto, tendo em conta a grande proximidade física que existe entre o barbeiro e os seus clientes. "*W. G. era um ajudante de barbeiro*", escreve um dos meus sujeitos, "*e gostei muito dele logo à primeira vista. Ele costumava ensaboar-me a cara e o toque dos seus dedos era para mim um enorme prazer. Mais tarde, começou a barbear-me e eu estava sempre ansioso por ir cortar a barba. Se ele não me pudesse atender, sentia uma enorme deceção. O dia parecia-me aborrecido e inútil. Eu costumava registar no meu diário de bolso todas as vezes que ele me barbeava*".

em Inglaterra, descobriu que apenas 30% revelava gosto pelas artes. Devo acrescentar que julgo que os meus números subavaliam a realidade pois este não era um ponto específico da minha investigação e também porque, nalguns casos, os talentos artísticos observados são notáveis.

Sugere-se que a teoria *Minderwertigkeit*, de Adler, segundo a qual reagimos fortemente contra as nossas fraquezas orgânicas congénitas e as transformamos em forças, pode ser aplicada aos invertidos no que se refere à aquisição de talentos artísticos (G. Rosenstein, *Die Theorien der Organminderwertigkeit und die Bisexualität, Jahrbuch für Psychoanalytische Forschungen*, vol. II, 1910, p. 398). Esta teoria tem, nalguns casos, aplicações válidas mas parece duvidoso que seja útil no presente contexto. As aptidões artísticas dos invertidos podem ser melhor compreendidas como parte das suas tendências orgânicas do que como uma reação contras essas mesmas tendências. Sobre este assunto, posso citar os comentários de um correspondente americano, ele mesmo homossexual: "*No que respeita à ligação entre a inversão e o talento artístico, tanto quando posso alcançar, todos os invertidos parecem buscar alguma expressão artística, sofisticada ou não. Em regra, os invertidos procuram percursos de vida que os levem para lugares agradáveis, resistem a enfrentar obstáculos, as suas ocupações nunca são extenuantes (caso possam evitá-las) e as suas realizações raramente têm qualquer utilização prática. Tudo isto se pode aplicar também aos que nascem com vocação de artista. Tanto os invertidos como os artistas adoram, excessivamente, ser elogiados e ambos aspiram a uma vida em que a admiração seja a recompensa pelos seus parcos esforços. Numa palavra, parecem ter 'nascido cansados', filhos de pais que também estavam cansados*".

Hirschfeld (*Die Homosexualität*, p. 66) lista um conjunto de fotos e de esculturas que são especialmente do agrado dos homossexuais. Destacados nesta lista estão as representações de São Sebastião, o *Blue Boy* de Gainsborough, os jovens de Vandyck, o *Hermes* de Praxiteles, o *Escravo* de Miguel Ângelo e os homens rudes de Rodin e de Meunier.

A aptidão para a música, uma aptidão particularmente comum entre os invertidos, tal como tem vindo a ser referido por outros investigadores, é frequente entre os meus casos. Já se disse, exageradamente, que todos os músicos são invertidos, mas é certo que muitos músicos famosos, mortos e vivos, foram, ou são, homossexuais. A este respeito, Ingegnieros fala de uma *sinestesia genitomusical*, análoga à sinestesia cor-som. Calesia (*Archivio di Psichiatria*, 1900, p. 209) afirma que 60% dos invertidos são músicos. Hirschfeld (*Die Homosexualität*, p. 500) considera que essa estimativa é excessiva, mas ele mesmo, noutras passagens (p. 175), afirma que 98% dos invertidos do sexo masculino se sentem fortemente atraídos por música, sendo essa proporção seguramente menor nas mulheres. Oppenheim (num artigo resumido em *Neurologische Centralblatt*, 1 de junho de 1910, e em *Alienist and Neurologist*, de novembro de 1910) observa corretamente que as pessoas com inclinação para a música revelam uma forte instabilidade emocional e que essa instabilidade origina perturbações do sistema nervoso. É por isso que a neurastenia é tão comum entre os músicos. O músico não se torna neurótico por ser músico, a sua neurose (como também a sua tendência para a homossexualidade) resulta da mesma inclinação emocional que lhe proporcionou talento musical. Para além disso, muito frequentemente os músicos não são possuidores de quaisquer outros dons e a posse de um talento hipertrofiado está claramente relacionada com a diátese neuropática e psicopática.

A tendência para o teatro (que encontrei numa grande proporção dos sujeitos do meu estudo que nunca foram atores profissionais) já foi alvo da atenção dos investigadores desta temática[221]. Moll refere-se à frequência de talento artístico, e especialmente dramático, entre os invertidos e comenta que a causa não é evidente. Depois de referir

---

[221] Ver, por exemplo, *Vom Weibmann auf der Bühne, Jahrbuch für sexuelle Zwischenstufen*, vol. III, 1901, p. 313. É curioso encontrar um registo médico-legal desta relação muito antes da inversão sexual ter sido reconhecida. Em junho de 1833 (ver *Annual Register* desta data), morreu um homem que tinha vivido como mulher e que usava o nome de Eliza Edwards. Tinha uma aparência muito feminina, cabelo com belos caracóis de 60 cm e uma voz fina; fazia papéis femininos no teatro, "*do melhor que há em tragédia*" e "*parecia uma dama*". O médico legista "*recomendou vivamente às autoridades competentes que fossem adotados procedimentos especiais para enterrar o corpo de forma a salientar a ignomínia do crime*".

que a vida de mentira a que são obrigados torna os invertidos atores permanentes, prossegue, dizendo:

"Para além disto, parece-me que a capacidade e a inclinação para inventar situações e para as representar magistralmente corresponde a uma predisposição anormal do sistema nervoso, tal como acontece com a inversão sexual, de tal forma que os dois fenómenos devem ter a mesma origem".

Concordo com esta declaração. Acredito que os invertidos congénitos podem ser considerados um grupo de indivíduos de índole nervosa o que, até certo ponto, os aproxima dos génios artísticos. Por isso, as aptidões dramáticas e artísticas dos invertidos são devidas, em parte, às suas circunstâncias de vida, que os obrigam a ser atores (e que, nalguns casos, os levam a recorrer à mentira tal como as mulheres histéricas) mas também, provavelmente, a uma predisposição neurótica congénita aliada ao talento para o teatro.

Um dos meus correspondentes, que há muito se interessa pela questão da inversão entre atores e atrizes, conhece um ator invertido que lhe disse que se tornou profissional do teatro porque isso lhe permitia satisfazer as suas inclinações, mas, de uma forma geral, encara essa tendência como sendo devida à *"flexibilidade imaginativa e curiosidade dos indivíduos. O ator, 'ex hypothesi', é aquele que usa de simpatia (intelectual e emocional) para assumir estados emocionais que não são os seus. Aprende a compreender (ou melhor, a mergulhar em) relações que eram originalmente estranhas à sua natureza. A capacidade para fazer isto (o talento inato do ator) implica a existência de uma faculdade de trazer para a vida real a sua experiência artística adquirida. Na sua atividade profissional, o ator está permanentemente atento às emoções humanas e, sendo a sexualidade o apetite menos condicionado pela razão logo a seguir à fome, pode acabar por descobrir em si mesmo uma espécie de indiferença sexual a partir da qual pode surgir facilmente uma aberração sexual. Um homem destituído desta flexibilidade imaginativa não poderá ser um ator de sucesso. O homem que a possui estará exposto a alterações do instinto sexual induzidas por influências estéticas ou meramente sensuais. Pode-se aplicar o mesmo tipo de raciocínio aos músicos e aos artistas, em que a inversão sexual existe em proporção superior à média. Os artistas são condicionados pela sua sensibilidade estética e encorajados pelas suas circunstâncias de vida a sentir e a expressar toda a gama de emoções.*

Assim se envolvem num ambiente que (a menos que se isolem acentuadamente) os leva com facilidade a experienciar a paixão. Tudo isto se associa ao que você chama de 'diátese variante' dos homens de talento. Mas eu procuraria a explicação do fenómeno menos na constituição sexual original do sujeito do que no exercício de qualidades emocionais assimilativas de simpatia, poderosamente estimuladas e enformadas pelas condições de vida do indivíduo. O artista, o cantor, o ator e o pintor estão mais expostos às influências que podem promover a diferenciação sexual em direção anormal. Algumas pessoas são, certamente, anormais por natureza; outros, de índole artística, podem tornar-se anormais pelas suas simpatias e pelas suas condições de vida".
É possível que haja alguma verdade neste ponto de vista, que o meu correspondente considerou puramente hipotético.

A este respeito posso talvez mencionar uma característica moral que é muitas vezes associada ao talento dramático e também, mas com menor frequência, à degeneração neurológica, que é a vaidade e o prazer de ser elogiado. Embora num conjunto considerável de invertidos esta característica não esteja mais acentuada (ou até seja, efetivamente, menos marcada) do que nos não-invertidos, nos restantes existe em grau exagerado. Em pelo menos um dos meus casos, a vaidade e o deleite em ser admirado, tanto no que se refere às suas qualidades pessoais como às suas realizações artísticas, alcança um nível quase mórbido. E as cartas escritas por vários outros sujeitos que estudei revelam uma curiosa complacência na descrição das suas características físicas pessoais, que está marcadamente ausente noutros casos. Alexander Schmid sugere, com base no ponto de vista de Adler, que a vaidade que nos artistas invertidos por vezes toma a forma de orgulho exaltado, qual guardião de mistérios sagrados, pode ser considerada como uma tentativa de compensar a auto-consciência do defeito de ser efeminado[222].

Um exemplo da preocupação extrema com a beleza pessoal está bem ilustrada na carta que um jovem de boas famílias italianas enviou a Zola narrando a sua história pessoal, na esperança (em si mesma, sinal de vaidade) que o famoso romancista se inspirasse nela para escrever uma das suas obras.

---

[222] A. Schmid, *Zur Homosexualität, Zentralblatt für Psychoanalyse*, vol. I, 1913, p. 237.

A história é reproduzida em *Archives d'Anthropologie Criminelle* (1894) e em *L'Homosexualité et les Types Homosexuels* (1910) por "Dr. Laupts" (G. Saint-Paul). Cito a seguinte passagem: "*Quando tinha 18 anos já era, com pequenas diferenças, o que sou hoje (com 23 anos). Tenho uma altura (1,65 metros) um pouco abaixo da média, sou bem proporcionado e elegante sem ser magro. O meu torso é soberbo: nenhum escultor lhe conseguiria encontrar defeitos e afirmá-lo-ia muito parecido com o de Antinotis. O meu dorso é bem arqueado, talvez até demais, e as minhas ancas são bem desenvolvidas. A minha pélvis é ampla, como a de uma mulher, e os meus joelhos ligeiramente próximos. Tenho os pés pequenos, as mãos esplêndidas, com dedos curvados para trás e unhas brilhantes, rosadas e polidas, cortadas a direito como as das estátuas antigas. O meu pescoço é longo e redondo, a nuca encantadoramente adornada com uma penugem fina. A minha cabeça é encantadora e ainda o era mais aos 18 anos. A sua forma oval é perfeita e ainda deslumbra toda a gente pelo seu aspeto infantil. Aos 23 anos julgam que ainda tenho 17, no máximo. A minha pele é branca e rosada, enrubescendo com a mais leve emoção. A testa não é bonita; está ligeiramente inclinada para trás e as têmporas são algo côncavas mas, afortunadamente, está quase completamente coberta pelo meu longo cabelo, de um louro profundo, que encaracola naturalmente. A cabeça é perfeita na forma, por causa do cabelo encaracolado, mas olhando melhor é possível descobrir uma pequena protuberância no occipital. Os meus olhos são ovais, de um azul cinzento, e tenho pestanas castanho-escuras e sobrancelhas espessas e arqueadas. Os meus olhos são transparentes, mas com olheiras acastanhadas, e são atreitos a inflamações leves temporárias. A minha boca é bastante grande, com grossos lábios vermelhos, o inferior pendente: dizem que tenho uma boca austríaca. Os meus dentes são deslumbrantes, embora 3 estejam cariados ou inclusos; felizmente, não se conseguem ver. As minhas orelhas são pequenas com lóbulos muito rosados. O meu queixo está demasiado gordo, mas aos 18 era suave e aveludado como o de uma mulher; atualmente uso uma barba curta, sempre aparada. Dois sinais, pretos e aveludados, no lado esquerdo da minha cara, fazem ressaltar os meus olhos azuis. O meu nariz é fino e direito, com narinas delicadas e uma ligeira, quase impercetível, curvatura. A minha voz é gentil e todos lamentam que eu não tenha aprendido a cantar.*" Esta descrição é digna de nota por ser um retrato detalhado de um certo tipo de invertido sexual; a sua história completa é interessante e instrutiva.

Têm sido atribuídas aos invertidos, correta ou incorretamente, algumas peculiaridades na forma de vestir, para além da tendência de alguns para usarem roupas femininas. Há muitos anos, Tardieu referiu-se à preferência dos invertidos por manter o pescoço descoberto. Esta peculiaridade ainda pode, ocasionalmente, observar-se entre os invertidos, especialmente nos de temperamento mais artístico. A causa não parece ser vaidade, mas uma certa autoconsciência física que é muito marcada nos invertidos e que induz os mais femininos de entre eles a cultivar a forma e a graça feminina, enquanto os mais masculinos preferem uma imagem mais atlética.

Também tem sido salientada a preferência dos invertidos por roupas verdes. Por esta razão, em Roma, os *cinædi* eram chamados *galbanati*. Chevalier indica que, alguns anos atrás, um bando de pederastas em Paris usava gravatas verdes e um crachá. Esta preferência pelo verde é bem marcada em vários dos meus casos de ambos os sexos e, pelo menos nalguns deles, esta preferência surgiu espontaneamente. O verde (como Jastrow e outros têm demonstrado) é muito raramente a cor favorita de adultos de raça anglo-saxónica, embora alguns estudiosos tenham constatado que era mais comummente preferida por crianças, especialmente meninas, e mais preferida por mulheres dos que por homens[223]. A cor favorita das mulheres normais é o vermelho que é também, a seguir ao azul, uma das cores preferidas dos homens normais. Curiosamente, os invertidos têm vindo recentemente a adotar a gravata vermelha como uma das suas marcas distintivas. Tal comportamento nota-se especialmente entre *"os fairies"* (a alcunha dos *fellators*) em Nova Iorque. "*Foi o vermelho*", escreve um dos meus correspondentes americanos, ele mesmo um invertido, "*que quase se tornou sinónimo de inversão sexual, não só entre os invertidos, mas na opinião pública. Usar uma gravata vermelha na rua incita os ardinas e outros a dichotes sobre as práticas sexuais dos invertidos. Um amigo disse-me uma vez que quando um bando de rapazes de rua repararam na sua*

---

[223] Ver, para um resumo de várias estatísticas em vários países, Havelock Ellis, *Man and Woman*, 5ª ed., 1914, p. 174; também ib, *Psychology of Red*, *Popular Science Monthly*, agosto e setembro de 1900.

gravata vermelha começaram a chupar os dedos numa imitação de 'fellatio'. Os prostitutos masculinos que andam pelas ruas de Filadélfia e de Nova Iorque usam, quase invariavelmente, gravatas vermelhas. É o emblema de toda a sua tribo. Os quartos de muitos dos meus amigos invertidos estão decorados em tons de vermelho. Entre os meus colegas da faculdade de medicina, poucos tiveram coragem para usar uma gravata vermelha e os que o fizeram, nunca mais repetiram a experiência."

Atitude moral do invertido

Um tema de investigação interessante é o da atitude do invertido em relação à sua própria anomalia, bem como a sua avaliação moral da mesma. Como os meus casos não são de pacientes que procurem ser curados da sua perversão, não podemos assumir que considerem a sua atitude imoral. Registei a atitude moral em 57 casos. Em 8 casos, os sujeitos detestam-se a si mesmos e têm lutado em vão contra a sua perversão, que consideram ser um pecado. Nove ou dez têm dúvidas e não têm quase nada a dizer para justificar a sua condição, que consideram mórbida, *"uma doença moral"*. Um deles, apesar de achar que tem direito a satisfazer os seus instintos naturais, admite que poderão ser vícios. Por outro lado, os restantes, que constituem a grande maioria (incluindo todas as mulheres), são enfáticos na afirmação de que a sua posição moral é precisamente a mesma que a dos indivíduos normais sendo, quando muito, uma questão de gosto. Pelo menos 2 defendem que uma relação homossexual deve ser considerada como sacramental, um santo matrimónio. Dois ou três consideram mesmo que o amor invertido é mais nobre do que o amor sexual normal; vários ressalvam que deve haver compreensão e consentimento mútuos e nenhuma tentativa de aliciamento. O principal lamento de 2 ou 3 é serem obrigados a levar uma vida dupla.

Ao que parece, quando os invertidos enfrentam e refletem corajosamente sobre a sua própria natureza não é a sua consciência que os preocupa, nem mesmo o medo da polícia, mas a atitude dos outros. Um meu correspondente americano escreve: *"É o medo da opinião pública que paira sobre nós como uma espada de Dâmocles. Este medo é uma herança que todos recebemos. Não é o medo de estar mal com a nossa consciência e não resulta de termos feito algo de errado. Pelo contrário, é uma submissão silenciosa aos preconceitos com que deparamos em cada esquina. A atitude típica do invertido sexual (e eu conheço centenas) em relação às suas paixões não é essencialmente diferente da de qualquer homem normal em relação às dele."*

É muito raro encontrar um invertido que deseje alterar as suas preferências sexuais, mesmo quando considera a sua condição como mórbida e mesmo quando escolheu deliberadamente uma vida de castidade por causa da sua inversão. O homem invertido não vê, e não deseja ver, nenhum encanto sexual nas mulheres pois encontra todo o encanto do mundo concentrado nos homens. E uma mulher invertida escreve: "*Não posso conceber um destino mais triste que ser uma mulher, mas uma mulher comum reduzida à necessidade de amar um homem!*"

Poder-se-á constatar que as minhas conclusões sobre este ponto estão em flagrante oposição com as de Westphal, que acreditava que todos os invertidos se consideravam mórbidos). Os meus casos incluem provavelmente uma maior proporção de invertidos com elevada autoestima do que qualquer outra série estudada anteriormente[224], provavelmente, porque não são casos de doentes de consultórios médicos e representam, em certo grau, a aristocracia intelectual dos invertidos, incluindo indivíduos que, por vezes depois de duras provações, encontraram consolo no exemplo dos gregos e outros, e conseguiram adaptar o seu *modus vivendi* à moralidade vigente na sociedade.

---

[224] No entanto, a proporção não é tão grande, como Hirschfeld (*Die Homosexualität*, p. 314) agora indica para a Alemanha, onde os invertidos estão melhor informados sobre esta anomalia, pois aqui 95% consideram que os seus sentimentos são naturais.

CAPÍTULO VI. A TEORIA DA INVERSÃO SEXUAL

O que é a Inversão Sexual? - Causas dos pontos de vista divergentes - A invalidade da teoria da influência - Importância do elemento congénito na inversão - A teoria freudiana - Hermafroditismo embrionário como uma chave para a inversão - Inversão como uma variante ou como "mutação" - Comparação com daltonismo, sinestesia e anormalidades similares - O que é uma anormalidade? Não necessariamente uma doença - Relação da inversão com a degeneração - Estímulos causadores de inversão - Não operativo na ausência de predisposição.

O que é a Inversão Sexual?

A análise destes casos conduz diretamente a uma questão de importância fundamental: o que é a inversão sexual? Será, como muitos nos querem fazer acreditar, um vício abominável, adquirido, destinado a ser suprimido na prisão? Ou será, como alguns afirmam, uma variante benéfica de entre o leque de emoções humanas, que deve ser tolerada ou mesmo acarinhada? Será uma condição patológica que convida a internamento em hospício? Ou será uma monstruosidade natural ou uma *"mutação"* humana cujas manifestações devem ser reguladas quando se tornam antissociais? Há provavelmente um pouco de verdade em mais do que um destes pontos de vista.

Causas dos pontos de vista divergentes

Os pontos de vista fortemente divergentes sobre a inversão sexual podem ser amplamente justificados com a atitude e a postura dos investigadores. É natural que o polícia considere que os seus casos são, em grande parte, meros exemplos de um vício nojento e criminoso. É natural que o diretor de um hospício considere que lida principalmente com casos de insanidade. É igualmente natural que o invertido sexual considere que ele e os seus amigos invertidos não são assim tão diferentes das pessoas comuns. Temos que reconhecer o peso do preconceito profissional e pessoal e a influência do meio envolvente.

A invalidade da teoria da influência - Importância do elemento congénito na inversão

Os dois pontos de vista principais sobre a inversão sexual são: um, que procura salientar a importância do adquirido (representado por Binet, que, apesar de tudo, reconhece a existência de predisposição, por Schrenck-Notzing e, mais recentemente, pelos freudianos) e outro, que procura salientar a importância do congénito (representado por Krafft-Ebing, Moll, Féré e, atualmente, pela maior parte dos especialistas). Há, como geralmente acontece, alguma verdade em cada um destes pontos de vista. Mas, na medida em que os que defendem que a inversão sexual é adquirida, frequentemente negam a existência de qualquer elemento congénito, julgamos necessário debater aqui a questão. A opinião de que a inversão sexual pode ser completamente explicada pela influência de estímulos precoces ou por "*sugestão*" é sedutora e à primeira vista parece explicar bem o que conhecemos acerca do fetichismo erótico, em que o cabelo, os pés ou mesmo a roupa de uma mulher se pode transformar no objeto das aspirações sexuais de um homem. Mas é preciso lembrar que o fetichismo erótico é apenas um excesso do impulso sexual normal; todos os amantes se sentem excitados, em maior ou menos grau, pelo cabelo, pelos pés ou pela roupa da sua amada. Assim, até mesmo neste caso, observamos um pouco do que razoavelmente se pode designar por elemento congénito e, para além disso, temos razões para acreditar que o fetichista erótico é condicionado também por mais um elemento congénito, a neurose hereditária. Pelo exposto, a analogia com o fetichismo erótico contraria os que argumentam que a inversão é exclusivamente adquirida. Não podemos deixar de salientar que ao defender que a inversão é adquirida ou sugerida, logicamente temos que aceitar que a sexualidade normal também é adquirida ou sugerida. Se aceitarmos que um homem começa a sentir-se atraído por pessoas do seu próprio sexo simplesmente porque se depara com uma concretização ou com uma imagem dessa atração, então somos obrigados a acreditar que um homem só começa a sentir-se atraído pelas pessoas do sexo oposto se se deparar com uma concretização ou com uma imagem dessa outra atração. Esta teoria é inviável. Em quase todos os países do mundo, os homens convivem com homens e as mulheres com mulheres; se a sugestão e a convivência fossem as únicas influências, então a inversão, em vez de ser a exceção, seria a regra em toda a espécie humana ou, mesmo, em todos os ramos da zoologia. Para além disso, seríamos obrigados a aceitar que o instinto sexual, o instinto humano mais fundamental, está tão bem adaptado para a esterilidade como para a propagação da raça, apesar desta última ser, de facto, predominante em todos os seres vivos. Devemos, portanto, pôr inteiramente de lado a noção de que a orientação do impulso sexual depende meramente de fenómenos de sugestão; tal noção está totalmente em oposição com os factos observados e com a experiência, e dificilmente encaixa num esquema biológico racional.

A teoria freudiana

Os freudianos, tanto os das escolas ortodoxas como os das heterodoxas, têm por vezes contribuído, involuntariamente ou não, para fazer reviver o conceito ultrapassado de que a homossexualidade é um fenómeno adquirido, e têm insistido na afirmação de que o seu mecanismo é um processo puramente psíquico, embora inconsciente, que pode ser reajustado para a normalidade pela utilização de métodos psicanalíticos. Freud avançou pela primeira vez com uma descrição completa do seu ponto de vista sobre a homossexualidade no pequeno livro, original e inspirador, *Drei Abhandlungen zur Sexualtheorie* (1905), e tem frequentemente escrito sobre este assunto, tal como outros psicanalistas, incluindo Alfred Adler e Stekel, que já não pertencem à escola freudiana ortodoxa. Freud acredita que quando se estudam psicanaliticamente homens invertidos se descobre que na infância passaram por uma fase breve, mas intensa, de fixação por uma mulher, normalmente a mãe ou a irmã. Então, para superar a autocensura que lhes inibe o impulso incestuoso, identificam-se com mulheres e refugiam-se no narcisismo, fazendo do ego o seu objeto sexual; finalmente, procuram outros jovens rapazes como eles, a quem passam a amar como as suas mães os amaram a eles. A sua atração pelos homens é, portanto, determinada pela fuga das mulheres. Esta opinião foi apresentada não apenas por Freud, mas também por Sadger, Stekel e muitos outros[225]. Contudo, o próprio Freud teve o cuidado de referir que este processo apenas explica um tipo de sexualidade deficiente e que a problemática da inversão é mais complexa e diversificada.

Pode dizer-se que este ponto de vista assume que a bissexualidade é normal e que a homossexualidade surge por supressão fortuita da componente heterossexual e por um processo autoerótico que leva do narcisismo à homossexualidade. Surgiram numerosas variações sobre esta conceção freudiana da homossexualidade, com diversos psicanalistas a dar ênfase especial a algumas das suas caraterísticas. Assim, Sadger considera que há sempre uma mulher por detrás de cada homem que o invertido ama, facto que pode ser desvendado usando psicanálise, pois esta remove a camada superior do palimpsesto psíquico; Sadger defende que esta disposição do invertido é frequentemente favorecida pela mistura de traços masculinos e femininos em parentes próximos ou, citando: "*não é o homem que é amado e desejado pelo homossexual, mas a fusão do homem e da mulher numa única forma*"; o elemento heterossexual é posteriormente suprimido, restando a inversão pura. Para além disso, e alargando o ponto de vista de Freud sobre a importância do erotismo anal (Freud, *Sammlung Kleiner Schriften zur Neurosenlehre*, vol. II), Sadger acredita que, por regra, os invertidos passivos tiveram alguma experiência de erotismo anal na infância e foram sujeitos a enemas frequentes o que explica o desejo de penetração anal por pénis (*Medizinische Klinik*, 1909, n.º 2). Jekels aprofunda ainda mais esta doutrina e declara que todos os invertidos são, na realidade, passivos; afirma que o invertido é, no amor, simultaneamente o sujeito e o objeto; identifica-se com a mãe e encontra o objeto do seu amor na criança que a sua mãe

---

[225] Ver *Jahrbuch für Psychoanalytische Forschungen, Zentralblatt für Psychoanalyse*, passim, e *Internationale Zeitschrift für Aerztliche Psychoanalyse*; também Sadger, *Zur Aetiologie der Konträren Sexualempfindung, Medizinische Klinik*, 1909, n.º 2.

amou, ou seja, nele mesmo. E, questiona-se Jekels, qual será o objetivo deste arranjo mental? Dificilmente pode ser outro, responde o psicanalista, do que, como sujeito, no papel de mãe, estimular a região anal do objeto, que agora é ele mesmo, para obter o mesmo prazer que teve na infância quando o seu erotismo anal era estimulado pela sua mãe. Jekels considera que este ponto de vista consubstancia a continuação e a concretização da interpretação de Freud e que a principal razão de ser da homossexualidade, mesmo quando aparentemente passiva, passa a ser a necessidade de satisfação do erotismo anal (L. Jekels, *Einige Bemerkungen zur Trieblehre, Internationale Zeitschrift für Aerztliche Psychoanalyse*, setembro de 1913). A maioria dos psicanalistas são cautelosos quanto a negar a origem constitutiva ou congénita da inversão, mas colocam o assunto em segundo plano. Ferenczi, numa interessante tentativa de classificar os homossexuais (*Internationale Zeitschrift für Aerztliche Psychoanalyse*, março de 1914), observa: "*A investigação psicanalítica mostra que o termo 'homossexualidade' serve para agregar estados psíquicos muito diversos, incluindo, por um lado, as verdadeiras anomalias constitutivas (inversão ou homoerotismo do sujeito) mas também, por outro lado, as condições obsessivas psiconeuróticas (homoerotismo do objeto ou homoerotismo obsessivo). Os indivíduos do primeiro tipo sentem-se sobretudo como mulheres que querem ser amadas por um homem, ao passo que os do outro tipo manifestam um distanciamento neurótico das mulheres mais do que um desejo de aproximação aos homens*". A base constitutiva da inversão é muito claramente aceite por Rudolf Ortvay, que indica que (*Internationale Zeitschrift für Aerztliche Psychoanalyse*, janeiro de 1914) a doutrina biológica sobre recessivos e dominantes em hereditariedade ajuda a compreender a emergência ou supressão da homossexualidade num organismo bissexual. "*Os acontecimentos na infância*", acrescenta, "*que, de acordo com Freud, determinam as relações sexuais na idade adulta, só podem produzir efeito se operarem sobre uma base de predisposição orgânica, sendo a extensão dos efeitos dessas impressões infantis condicionada pela predisposição hereditária*". Isador Coriat, por outro lado, embora reconhecendo dois tipos de inversão, completo e incompleto, afirma decididamente que a inversão nunca é congénita e nunca é transmitida hereditariamente; é sempre "*originada por um mecanismo inconsciente específico*" (Coriat, *Homosexuality, New York Medical Journal*, 22 de março de 1913). O ponto de vista de Adler sobre a homossexualidade, tal como sobre algumas condições conexas, difere do da maior parte dos psicanalistas ao insistir na existência de um defeito orgânico originário que o sujeito tenta superar, transformando-o num ponto forte. Adler aceita duas componentes principais na inversão: uma certa confusão em relação a diferenças sexuais e um processo de autoconfiança que toma a forma de rebeldia e provocação, em que o invertido chega a usar a sua feminilidade para obtenção de poder (A. Adler, *Ueber den Neurösen Charakter*, 1912, p. 21).

O mecanismo de génese da homossexualidade apresentado por Freud não deve ser descartado com leveza. Freud teve frequentemente inspirações de génio e absteve-se de moldar as suas ideias nas formas inflexíveis que foram muitas vezes adotadas pelos psicanalistas mais dogmáticos que se lhe seguiram. Nem precisamos de ficar excessivamente chocados com o tom "*incestuoso*" do *Complexo de Édipo*[226], como é comummente chamado, que figura como componente do processo. A palavra "*incesto*", embora tenha sido usada por Freud, parece um termo pouco adequado no contexto destes sentimentos vagos e elementares de crianças, sobretudo quando não chegam a ser orientados para ninguém, ou seja, quando são sentimentos realmente pré-sexuais (no sentido mais comum do termo "*sexual*") que podem ser considerados naturais ou normais. Esta conceção freudiana é deturpada e vítima de preconceito por se pensar que está associada a "*incesto*"[227]. Quando uma criança ama a

---

[226] Para uma exposição deste assunto por um competente representante inglês das doutrinas freudianas, ver Ernest Jones, *The Oedipus Complex As An Explanation of Hamlet's Mystery, American Journal of Psychology*, janeiro de 1910.

[227] O amor familiar pode ser pigmentado por vários graus de amor sexual, alguns são tão fracos e vagos que não podem ser classificados como não naturais ou anormais; é enganador classificá-lo sempre como incestuoso. O romancista russo, Artzibascheff, no seu romance *Sanine*, descreveu a afeição de um homem pela sua irmã como sendo tocada pela perceção do encanto sexual dela (refiro-me à tradução francesa), e o livro foi, por isso, muito caluniado como "*incestuoso*", embora as atitudes descritas sejam convencionais quando comparadas com a paixão romântica cantada por

sua mãe com um amor incondicional, esse amor contem em si mesmo, necessariamente, o embrião do que mais tarde na vida se transformará num amor sexual independente do amor maternal; é, assim, incorreto designar este amor infantil como "*incestuoso*". É muito fácil acreditar que o mecanismo psíquico de estabelecimento da homossexualidade seja, nalguns casos, o descrito por Freud. Pode também aceitar-se, tal como defendem os psicanalistas, que o pronunciado *horror feminæ* que ocasionalmente se observa nalguns invertidos do sexo masculino pode plausivelmente ser considerado como a inversão de uma atração feminina precoce que terminou em desilusão. Mas não é possível considerar este mecanismo como invariável, nem mesmo frequente. É realmente verdade (encontrei inúmeros exemplos deste facto) que muitas vezes os invertidos se ligam fortemente às suas mães, mais até do que as crianças normais, e que apreciam muito a convivência permanente com elas. Mas esta atração seria muito mal interpretada se fosse classificada como uma atração sexual peculiar. Na verdade, o que se passa com esta atração é que os invertidos sentem vagamente o seu lado feminino e, por isso, trocam a convivência e os divertimentos desagradáveis do seu próprio sexo pela simpatia e comunhão de interesses que encontram concentrados na sua mãe. Por isso, longe de ser evidência de atração sexual, esta associação com a mãe pode ser considerada mais razoavelmente como uma prova da sua ausência; tal como a convivência de rapazes entre si, ou de raparigas entre si, mesmo em escolas mistas, é considerada uma prova da prevalência da heterossexualidade, mas não da homossexualidade. A confirmação deste ponto de vista pode ser obtida pelo facto (ignorado e, por vezes, até mesmo negado pelos psicanalistas) de que frequentemente, mesmo na mais tenra infância e em simultâneo com a comunhão de interesses com a mãe, os meninos homossexuais já se sentem predominantemente fascinados pelo masculino. Sentem isso muito antes da idade em que pode surgir o narcisismo ou em que a sua autoconsciência já está suficientemente desenvolvida para permitir que a censura interna iniba emoções proibidas ou ações que essas emoções possam desencadear. Para além disso, é muito difícil

---

Shelley em *Laon and Cythna*, ou a exaltação trágica da mesma paixão na peça de Ford, *'Tis a Pity She's a Whore*.

encontrar provas sólidas de atração sexual de meninos invertidos pela mãe ou pela irmã[228]; a atração sexual pelo pai ou pelo irmão parece ser mais fácil de descobrir e, quando descoberta, é incompatível com o processo freudiano típico. Nas minhas próprias observações, entre os casos que aqui descrevi, há pelo menos 2 exemplos claros de tal atração na infância. Tenho ainda que acrescentar que não é aceitável nenhuma teoria sobre a etiologia da homossexualidade que não tenha em conta o fator hereditário da inversão. Os indícios que apontam para a existência de uma frequência mais elevada de homossexualidade entre os familiares próximos do invertido são atualmente indiscutíveis. Encontrei-os numa proporção considerável dos meus casos e em muitos deles as provas são irrefutáveis e totalmente independentes das afirmações do próprio sujeito, cuja opinião poderia ser eventualmente tendenciosa ou incorreta[229]. A própria teoria freudiana parece precisar de considerar este fator hereditário. Para aceitar a teoria freudiana teremos que ser capazes de explicar como é que um sujeito pode passar por uma certa sequência de fases psíquicas até atingir uma disposição emocional tão contrária à das pessoas normais. A existência de uma tendência hereditária específica orientada para a homossexualidade remove esta dificuldade. O próprio Freud reconhece isso e defende claramente a existência de uma constituição psicossexual congénita, que está obrigatoriamente associada a predisposição. Resumindo, parece afigurar-se que na vertente psíquica poderemos aceitar a existência de processos dinâmicos inconscientes que, em casos especiais, podem ser do tipo freudiano ou similar. Mas se o estudo de tais mecanismos pode iluminar a psicologia da homossexualidade, eles não refutam de

---

[228] Numa Praetorius, um observador sagaz com um conhecimento muito amplo da homossexualidade, é assim incapaz de aceitar a explicação da origem da inversão baseada no "*complexo de Édipo*" (*Jahrbuch für sexuelle Zwischenstufen*, julho de 1914, p. 362).

[229] Não se pode afirmar que a frequência de inversão entre os familiares próximos do invertido seja uma coincidência fortuita, pois não podemos ignorar que poucas estimativas sobre a prevalência da inversão têm resultados superiores a 3%.

modo nenhum os fatores orgânicos fundamentais que atualmente são aceites pela maioria dos especialistas[230].

Hermafroditismo embrionário como uma chave para a inversão

À luz da razão, o instinto sexual normal deve ser considerado como um impulso orgânico inato que atinge o seu desenvolvimento pleno durante a puberdade[231]. Durante o período de amadurecimento, a sugestão e a associação podem ter alguma importância na definição do objeto da atração; embora o terreno esteja preparado, só algumas variedades de sementes conseguirão aí germinar. Podemos aceitar que possa existir uma maior indefinição quanto à orientação do impulso sexual durante este período. Tal é demonstrado não só por eventuais sinais preliminares de atração sexual direcionados para o mesmo sexo durante a infância, mas também pelo idealismo difuso que frequentemente caracteriza a paixão normal durante a

---

[230] Ver também a argumentação de Hirschfeld sobre o ponto de vista freudiano (*Die Homosexualität*, p. 344), em que conclui que o mecanismo freudiano só pode ser pouco frequente e, em todos os casos, subordinado a uma predisposição orgânica.

[231] Alguns autores (Meynert, Nacke, etc) negaram a existência do "*instinto*" sexual. Devo, portanto, explicar o sentido em que utilizo a palavra. (Ver também *Analysis of the Sexual Impulse* no vol. III destes *Studies*). O significado que atribuo a "*instinto sexual*" é o de uma aptidão herdada que exige, para a sua satisfação completa, a presença de uma pessoa do sexo oposto. Poder-se-á afirmar que não existe o instinto para comer, que se trata apenas de imitação, etc. Em certo sentido, é verdade, mas continua a observar-se um automatismo. Uma galinha de uma incubadora não necessita do exemplo de outra galinha para aprender a comer. Parece descobrir o que comer e beber, por assim dizer, ao acaso, começando por comer desajeitadamente tudo o que lhe aparece à frente, até que aprende o que é melhor para a satisfação dos mecanismos do seu organismo. Talvez não haja instinto para comer, mas há um instinto que só fica satisfeito com comida. O mesmo se passa com o "*instinto sexual*". As experiências omnívoras dos frangos podem comparar-se com a incerteza do instinto sexual na puberdade, ao passo que o tarado sexual é como a galinha que prolonga pela idade adulta o seu gosto por comer papel ou tecido. Podemos acrescentar aqui que a questão da natureza hereditária do instinto sexual foi exaustivamente discutida e decididamente defendida por Moll em *Untersuchungen über die Libido Sexualis*, 1898. Moll atribui grande importância à transmissão hereditária em grau anormalmente fraco das aptidões normais para a sexualidade como uma fator para o desenvolvimento de perversões sexuais.

puberdade. No entanto, não é por isso que as emoções sexuais passam a ser anormais. Sempre que isso acontece somos obrigados a acreditar (e temos muitos motivos para acreditar) que estamos na presença de um organismo que, desde a sua conceção, já é anormal. A mesma semente da sugestão é semeada em vários terrenos; morre na maior parte deles; nalguns germina e floresce. A razão para esta diferença só pode estar no próprio terreno.

Se somos obrigados a postular uma anomalia congénita para explicar satisfatoriamente uma grande proporção dos casos de inversão sexual, então em que consiste essa anomalia? Ulrichs respondeu a esta pergunta dizendo que nos invertidos sexuais o corpo masculino coexiste com uma alma feminina: "*anima muliebris in corpore virile inclusa*". Mesmo alguns cientistas eminentes, como Magnan e Gley, adotaram esta frase embora modificada na forma, considerando que na inversão, um cérebro feminino está associado a um corpo masculino ou a gónadas masculinas. No entanto, isto não é uma explicação, mas apenas a cristalização num epigrama de impressões superficiais sobre a matéria[232].

> Podemos provavelmente compreender melhor a natureza desta anormalidade se refletirmos sobre o desenvolvimento dos sexos e sobre a bissexualidade orgânica latente em cada sexo. Numa fase inicial de desenvolvimento, os sexos são indistinguíveis e ao longo da vida permanecem alguns traços desta primitiva comunhão sexual. A galinha retém, de forma rudimentar, as esporas que são tão grandes e formidáveis no galo e, por vezes, começa a cocoricar e a desenvolver plumagem masculina. Entre os mamíferos, os machos possuem mamilos inúteis, que ocasionalmente têm a dimensão de seios, e as fêmeas possuem um clitóris, que não passa de um pénis rudimentar mas que, nalguns casos, pode ser maior. Os invertidos sexuais não apresentam normalmente nenhum

[232] Esta opinião foi retomada, embora de forma modificada, por Nacke (*Zeitschrift für die gesamte Neurologie und Psychiatrie*, vol. XV, Heft 5, 1913), que supunha que poderia haver um "*centro homossexual*" anatómico no cérebro, isto é, um centro de libido feminina no homem invertido e um centro de libido masculina na mulher invertida. Nacke expressou a esperança de que, futuramente, o cérebro das pessoas invertidas pudesse ser cuidadosamente investigado.

exagero grave nestes sinais de associação ao sexo oposto. Mas, como vimos, nos invertidos há um número considerável de associações ao sexo oposto mais subtis do que estas, tanto físicas como psíquicas. De um ponto de vista puramente especulativo, poderemos considerar que no momento da conceção o organismo é composto por cerca de 50% de sementes masculinas e por cerca de 50% de sementes femininas e que, à medida que o organismo se desenvolve, as sementes masculinas (ou as femininas) vão passando a ser dominantes até que, no individuo adulto completamente desenvolvido, apenas restam algumas sementes definhadas do sexo oposto. Contudo, nos homossexuais e nos bissexuais podemos imaginar que o processo não decorre normalmente devido a alguma particularidade nas sementes originais masculinas, femininas ou em ambas, resultando numa pessoa que está organicamente, melhor preparada para a sexualidade invertida do que para a normal ou, então, está igualmente adaptada às duas[233].

O conceito da bissexualidade latente de todos os homens e mulheres não pode deixar de ser bastante óbvio para os estudiosos atentos do corpo humano. Surgiu muito cedo na história do pensamento filosófico e, desde o início, tem vindo a ser ocasionalmente utilizado como explicação para a homossexualidade. O mito de Platão no seu *O Banquete* e as estátuas hermafroditas da antiguidade revelam como algumas mentes astutas, antecipando o método científico, se exercitavam na resolução destes problemas. (Para um estudo completamente ilustrado da antiga conceção do hermafroditismo aplicado à escultura, consultar L. S. A. M. von Römer, *Ueber die Androgynische Idee des Lebens, Jahrbuch für sexuelle Zwischenstufen*, vol. V, 1903, pp. 711-939). De acordo com Gomperz (*Greek Thinkers*, tradução para inglês., vol. I, p. 183), Parménides, nas pegadas de Alcmáeon, o médico filósofo que descobriu que o cérebro é o órgão central da

---

[233] Só apresento este ponto de vista como um esquema geral que nos auxilia a compreender os fenómenos reais que observamos na homossexualidade, embora deva acrescentar que um teratologista tão competente como o Dr. J. W. Ballantyne considera que *"parece ser uma teoria muito credível"*.

inteligência, usou a ideia de diferentes proporções de elementos embrionários masculino e feminino para explicar as idiossincrasias de caráter sexual. Muitos anos depois, Hössli, o alfaiate suíço invertido, no seu livro *Eros* (1838), deu novo impulso ao ponto de vista grego. Schopenhauer, também com base em reflexão filosófica, reconheceu a natureza bissexual humana (consultar Juliusburger, *Allgemeine Zeitschrift für Psychiatrie*, 1912, p. 630) e Ulrichs, a partir de 1862, adotou uma doutrina semelhante, de cariz platónico, para explicar a natureza "*uraniana*". Depois disto, esta ideia começou a ser investigada cientificamente com mais detalhe (inicialmente sem referências à homossexualidade) sobretudo pelos grandes pioneiros da teoria da Evolução. Darwin salientou a importância dos factos observados sobre esta questão, o que posteriormente também fez Weismann, ao passo que Haeckel, que foi um dos primeiros darwinianos, reconheceu recentemente a importância, para a interpretação atual da homossexualidade, de se ter constatado que os antepassados dos vertebrados eram hermafroditas, tal como o são ainda os próprios vertebrados em fase embrionária (Haeckel, em *Jahrbuch für sexuelle Zwischenstufen*, abril de 1913, pp. 262-3, 287). No entanto, esta teoria já tinha sido proposta antes por alguns médicos, em particular na América por Kiernan (*American Lancet*, 1884, e *Medical Standard*, novembro e dezembro de 1888) e por Lydston (*Philadelphia Medical and Surgical Reporter*, setembro de 1889, e *Addresses and Essays*, 1892).

Em 1893, no seu *L'Inversion Sexuelle*, Chevalier, um aluno de Lacassagne (que já havia aplicado o termo "*hermafroditismo moral*" para designar esta anomalia), explicou a homossexualidade congénita usando o conceito de bissexualidade latente. O Dr. G. de Letamendi, o decano da Faculdade de Medicina de Madrid, num artigo lido perante o Congresso Internacional de Medicina, em Roma, em 1894, estabeleceu o princípio do pan-hermafroditismo, uma bipolaridade hermafrodita, que incluiria a existência de sementes femininas latentes no homem e sementes masculinas latentes na mulher, em luta por um predomínio que por vezes alcançam. Em fevereiro de 1896, foi publicada a primeira versão deste capítulo no *Centralblatt für Nervenheilkunde und Psychiatrie*, que estabeleceu o conceito de inversão como um desenvolvimento psíquico e somático a partir de uma base de bissexualidade latente. Kurella (ib., maio de 1890), adotou um ponto de vista algo similar, argumentando adicionalmente que o invertido é uma forma intermédia entre o homem (ou a mulher) completo e o hermafrodita. Na Alemanha, um paciente de Krafft-Ebing tinha já trabalhado sobre a mesma ideia, relacionando a inversão com a bissexualidade do feto (oitava edição *Psychopathia Sexualis*, p. 227). Krafft-Ebing começou por afirmar simplesmente que, quer seja congénita ou adquirida, tem que haver "*Belastung*"; a inversão é um "*fenómeno degenerativo*", um sintoma funcional de degeneração (Krafft-Ebing, *Zur Erklärung der conträren Sexualempfindung, Jahrbuch für Psychiatrie*, 1894). Contudo, nas edições posteriores de *Psychopathia Sexualis* (de 1896 em diante e, nomeadamente, em *Jahrbuch für sexuelle Zwischenstufen*, vol. III, 1901), foi ainda mais longe, adotando a explicação fundamentada na bissexualidade inicial (tradução para inglês da décima edição, pp. 336-7). Usando quase a mesma terminologia que eu usei, argumentou que existe uma luta entre centros; quando o centro oposto ao que é representado pela gónada sai vencedor o resultado é a homossexualidade; quando ambos os centros são fracos demais para que um deles consiga vencer, o resultado é o hermafroditismo psicossexual; em qualquer dos casos, esta perturbação não configura nenhuma doença ou degeneração psíquica, mas simplesmente uma anomalia comparável a uma malformação, sem impacto considerável na saúde psíquica. Este ponto de vista é agora amplamente aceite pelos investigadores da inversão sexual. (Hirschfeld reuniu muita informação sobre a história deste conceito em *Die Homosexualität*, ch. XIX, e antes em *Vom Wesen der Liebe, Jahrbuch für sexuelle Zwischenstufen*, vol. VIII, 1906, pp. 111-133).

Um ponto de vista semelhante pode agora encontrar-se em artigos científicos de autores que apenas incidentalmente estão interessados no estudo da inversão sexual. Assim, Halban (*Die Entstehung des Geschlechtscharaktere, Archiv für Gynäkologie*, 1903) considera que o hermafroditismo, que ele viria a associar à esfera psíquica, é um estado em que um impulso sexual duplicado define o curso do desenvolvimento fetal. Shattock e Seligmann (*True Hermaphroditism in the Domestic Fowl, with Remarks on Allopterotism, Transactions of Pathological Society of London*, vol. LVII, part I, 1906), salientam que a mera atrofia do ovário não pode justificar o aparecimento, nas galinhas, de caraterísticas masculinas que não sejam retrogressivas (isto é, que sejam progressivas), e argumentam que tais aves são na realidade bissexuais ou hermafroditas, ou porque têm apenas um "ovário" que é realmente bissexual (como no caso de uma ave que eles examinaram), ou porque as gónadas estão emparelhadas, sendo uma masculina e outra feminina, ou então porque existe tecido masculino junto das vísceras próximas, como a glândula supra-renal ou o rim, correspondendo a um desenvolvimento dos elementos masculinos quando os elementos femininos degeneram. "*O hermafroditismo*", concluem os autores, "*longe de ser um fenómeno completamente anormal entre os vertebrados superiores, deveria antes ser encarado como uma reversão para uma fase primitiva ancestral em que o bissexualismo era a normalidade... Tendo sido estabelecida a existência do verdadeiro hermafroditismo no homem, devemos questionar-nos se o mesmo não ocorrerá noutros graus, menos agudos... Os fenómenos físicos da inversão e da perversão sexual poderão ser testemunhos da existência primitiva da bissexualidade nos seres humanos*". Da mesma forma, no caso de um faisão fêmea que apresentava uma caraterística masculina secundária unilateral, C. J. Bond demonstrou recentemente (*Section of Zoölogy, Birmingham Meeting of British Medical Association, British Medical Journal*, 20 de setembro de 1913) que existia um ovotestis (N.T.: uma gónada onde coexistem folículos ovarianos e elementos tubulares testiculares), em que o tecido ovariano tinha degenerado e o tecido testicular se tinha desenvolvido, e existiam ilhas de tecido masculino ainda em crescimento, tal como se pode frequentemente observar, afirma o autor, nos ovários atrofiados de aves do sexo feminino que exibem plumagem do sexo masculino. Sir John Bland-Sutton, referindo-se ao facto de que a forma exterior do corpo não possibilita nenhuma certeza em relação à natureza das glândulas sexuais internas, acrescenta (*British Medical Journal*, 30 de outubro de 1909): "*É razoável presumir que alguns exemplos de frigidez e perversão sexual poderão ser explicados pela possibilidade dos indivíduos em causa terem gónadas do sexo oposto ao que é indicado pela configuração externa dos seus corpos*". Considerando a questão de forma mais ampla e sobretudo nos seus aspetos normais, Heape declara (*Proceedings of the Cambridge Philosophical Society*, vol. XIV, part II, 1907) que "*não existem animais puramente masculinos ou femininos pois todos possuem um sexo dominante e um sexo recessivo, exceto os hermafroditas em que ambos os sexos estão representados com igual peso... Parece-me haver ampla evidência para suportar a conclusão de que não existem animais puramente machos ou fêmeas*". Também F. H. A. Marshall, no seu manual, *The Physiology of Reproduction* (1910, p. 655 et seq.), se inclina para aceitar o mesmo ponto de vista. "*Se é verdade*", observa, "*que todos os indivíduos são potencialmente bissexuais e se uma alteração de circunstâncias, causando uma alteração do metabolismo, pode, em casos excecionais, mesmo durante a vida adulta, provocar o desenvolvimentos de caraterísticas recessivas, então é extremamente provável que o predomínio de um conjunto de caraterísticas sexuais sobre outras possa ser determinado, nalguns casos, numa fase precoce do desenvolvimento em resposta a um estímulo que pode ser interno ou externo*". Do mesmo modo, Berry Hart (*Atypical Male and Female Sex-Ensemble*, um artigo lido na *Edinburgh Obstetrical Society, British Medical Journal* em 20 de junho de 1914, p. 1355) considera que os machos ou as fêmeas normais incorporam um máximo de órgãos potentes do seu próprio sexo e um mínimo de órgãos não-potentes do sexo oposto, apresentando caraterísticas sexuais secundárias congruentes com esta proporção. Qualquer aumento no mínimo reduz o máximo e aumenta a incongruência das caraterísticas secundárias.

Vemos assim que a antiga conceção médico-filosófica de bissexualidade orgânica proposta pelos gregos como chave para a compreensão da inversão sexual, depois de andar desaparecida durante dois mil anos, foi ressuscitada no início do século XIX por dois filósofos amadores que eram, eles mesmos, invertidos (Hössli, Ulrichs), mas também por um verdadeiro filósofo que não era invertido (Schopenhauer). Posteriormente, foi desenvolvido o conceito científico de bissexualidade latente por si só, independentemente do conceito de homossexualidade (por Darwin e pelos evolucionistas em geral). Em seguida, o conceito de bissexualidade latente foi adotado por psiquiatras e outras autoridades científicas que se dedicaram ao estudo da homossexualidade (Krafft-Ebing e outros). Finalmente, os embriologistas, fisiologistas do sexo e os biólogos em geral, não só aceitaram o conceito da bissexualidade latente, mas admitiram a possibilidade de que o mesmo poderia ser útil para explicar a homossexualidade. Deste modo, podemos afirmar que este conceito passou a ser parte integrante do pensamento atual. Não poderemos chegar ao ponto de afirmar que constitui uma explicação adequada para a homossexualidade, mas permite, até certo ponto, compreender o que para alguns é um enigma misterioso, e proporciona uma base útil para a classificação não só da homossexualidade, mas de outras anomalias sexuais intermédias ou mistas do mesmo tipo. As principais anomalias sexuais intermédias são: (1) hermafroditismo físico nos seus vários graus; (2) ginandromorfismo ou eunucoidismo, em que os homens possuem caraterísticas semelhantes às dos castrados precoces e as mulheres possuem caraterísticas masculinas; (3) inversão sexo-estética, ou eonismo (para Hirschfeld, travestismo) em que, excluindo as emoções especificamente sexuais, os homens apresentam sensibilidade de mulher e as mulheres de homem.

> Hirschfeld discutiu estes estágios intermédios sexuais em várias obras, nomeadamente em *Geschlechtsübergänge* (1905), *Die Transvestiten* (1910) e no capítulo XI de *Die Homosexualität*. O hermafroditismo (condição que só ultimamente foi reconhecida mas que ainda é polémica) e o pseudo-hermafroditismo, nas suas diversas variantes físicas, são completamente descritos na excelente obra, ricamente ilustrada, *Hermaphroditismus beim Menschen*, do investigador de Varsóvia, F.L. von Neugebauer. Neugebauer tinha já publicado uma versão mais curta desta sua obra sobre o hermafroditismo em *Jahrbuch für sexuelle Zwischenstufen*, vol. IV, 1902, pp. 1-176, com bibliografia no vol. VIII (1906) do mesmo *Jahrbuch*, pp. 685-700. Hirschfeld enfatiza o facto de que nem o hermafroditismo nem o eunucoidismo estão normalmente associados a homossexualidade e que, de acordo com a sua definição, uma grande proporção de casos de

travestismo são heterossexuais. Contudo, a inversão verdadeira parece não ser rara entre os pseudo-hermafroditas; Neugebauer registou inúmeros casos; Magnan publicou o caso de uma rapariga criada como rapaz (*Gazette médical de Paris*, 31 de março de 1911) e Lapointe um caso de um homem criado como rapariga (*Revue de psychiatrie*, 1911, p. 219). Tais casos poderão ser explicados pela educação que estes indivíduos tiveram e que decorreu do erro inicial na identificação do sexo a que pertenciam ou, talvez mais, da sua predisposição verdadeiramente orgânica para a homossexualidade, embora as caraterísticas psíquicas sexuais não sejam obrigatoriamente determinadas pelas correspondentes glândulas sexuais. Halban (*Archiv für Gynäkologie*, 1903) vai ainda mais longe e classifica os homossexuais como "*pseudo-hermafroditas verdadeiros*", tal como os homens com seios femininos ou as mulheres barbudas, e propõe designar a homossexualidade por "*pseudohermaphroditus masculinus psychicus*". Esta é, no entanto, uma confusão desnecessária e pouco satisfatória.

A classificação do grupo de fenómenos homossexuais entre os outros grupos intermédios de base bissexual orgânica é uma classificação conveniente, embora incompleta. É provável que se venha a descobrir que algumas secreções internas têm um papel fundamental, estimulante ou inibidor, nesta gama de fenómenos[234]. Já possuímos conhecimento suficiente acerca da importância da ligação entre hormonas e fenómenos sexuais; a complexa interação entre as secreções glandulares internas e a sua capacidade para alterar equilíbrios pode ser suficiente para explicar a complexidade destes fenómenos. Seria compatível com o que sabemos acerca das manifestações ocasionais de homossexualidade tardia e não estaria em contradição com a sua natureza congénita, pois sabemos bem, por exemplo, que algumas doenças do timo podem ter origem

---

[234] Esta explicação da homossexualidade já foi tentativamente apresentada. Assim, Iwan Bloch (*Sexual Life of Our Time*, cap. XIX, Apêndice) sugere vagamente uma nova teoria da homossexualidade baseada em processos químicos. Hirschfeld também acredita (*Die Homosexualität*, cap. XX) que o estudo das secreções internas é o caminho para o conhecimento dos fundamentos básicos da inversão.

hereditária e que o linfatismo pode ser congénito ou adquirido[235]. As caraterísticas sexuais normais parecem depender da regular coordenação das secreções internas e é razoável supor que os desvios sexuais serão causados pela sua incoordenação. *"Se um homem é homem e uma mulher, mulher, por causa do conjunto completo das suas secreções internas* (frase de Blair Bell), *os graus sexuais intermédios entre homem e mulher serão explicáveis por uma redistribuição dessas mesmas secreções"*[236].

Sabemos que diversas secreções internas têm influência a nível sexual. Assim, a atrofia do timo parece ter impacto no desenvolvimento sexual durante a puberdade; a tiroide reforça as gónadas; o desenvolvimento anormal da suprarrenal pode dar origem, nas mulheres, a caraterísticas secundárias masculinas e causar masculinidade precoce; etc. "*Uma alteração do metabolismo pode*", como sugere F. H. A. Marshall," *mesmo em idade relativamente avançada, pôr em marcha alterações no sentido do sexo oposto*". Podemos assim considerar que os processos químicos metabólicos são uma chave para explicar as variações sexuais complexas e subtis, tanto somáticas como psíquicas, embora sejamos obrigados a olhar para tais processos no enquadramento de uma predisposição inata.

Inversão como uma variante ou como "mutação"

Seja qual for a verdadeira explicação, a inversão sexual pode assim ser razoavelmente considerada como uma "*mutação*", ou variação, uma dessas aberrações orgânicas que podemos observar por toda a natureza viva, em plantas e animais.

Comparação com daltonismo, sinestesia e anormalidades similares

Devo ser cuidadoso e salientar que não estou a afirmar que o instinto sexual invertido, ou os órgãos que sustentam tal instinto, se desenvolve durante os estágios iniciais de vida embrionária; tal noção é absurda e deve ser justamente rejeitada. O que podemos considerar

---

[235] A. E. Garrod, *The Thymus Gland in its Clinical Aspects*, British Medical Journal, 3 de outubro de 1914.

[236] "As *fêmeas e os machos puros são o produto de todas as secreções internas*", Blair Bell, *The Internal Secretions, British Medical Journal*, 15 de novembro de 1913.

com razoabilidade que já existe, mesmo num estágio primário de desenvolvimento, é uma predisposição para a inversão; isto é, algum tipo de alteração do organismo que o adapta melhor para receber a atração sexual pelo mesmo sexo do que o organismo normal, ou médio. O invertido sexual pode, assim, ser grosseiramente comparado com o idiota congénito, com o criminoso instintivo ou com o homem de génio, que também não são estritamente concordantes com a variante biológica comum (pois esta é de caráter menos subtil), mas que se tornam um pouco mais fáceis de compreender se tivermos em conta a semelhança das suas variações. Symonds comparou a inversão ao daltonismo, e essa é uma comparação razoável. Tal como o daltónico comum é congenitamente insensível à luz vermelha-verde, que é precisamente aquela a que o olho normal é mais sensível, e avalia erradamente as outras cores (afirmando que o sangue é da mesma cor que a relva, ou que uma paisagem florida é o céu), também o invertido falha na avaliação de emoções que são óbvias para as pessoas normais, efetuando associações emocionais que, para o resto do mundo, são completamente estranhas. Também podemos comparar a inversão com o fenómeno da sinestesia cor-som, que não é tanto um defeito mas mais uma anormalidade dos feixes nervosos que origina combinações diferentes e involuntárias. Assim como quem apresenta sinestesia cor-som associa instintivamente cores a sons (uma jovem japonesa disse-me, ao ouvir cantar um rapaz, *"A voz daquele rapaz é vermelha!"*) também no invertido a sensibilidade sexual se associa a objetos que não têm qualquer encanto sexual para as pessoas normais[237].

A inversão, tal como a sinestesia cor-som, é mais comum em jovens, tornando-se menos marcada ou desaparecendo, após a puberdade. A sinestesia cor-som, embora sendo um fenómeno anormal, não pode ser classificada como uma doença e está, provavelmente, muito menos associada a outros condições anormais ou degenerativas do

---

[237] Depois de este capítulo ter sido publicado pela primeira vez (na *Centralblatt für Nervenheilkunde*, fevereiro de 1896), Féré também comparou a inversão congénita ao daltonismo e a anormalidades similares (Féré, *La Descendance d'un Inverti*, *Revue Générale de Clinique et Thérapeutique*, 1896), ao passo que Ribot referiu-se à analogia com a sinestesia cor-som (*Psychology of the Emotions*, parte II, cap. VII).

que a inversão; observa-se com frequência um elemento congénito, comprovado pela tendência para a transmissão hereditária, e as associações surgem na infância e são demasiado uniformes para serem um simples resultado de sugestão[238].

O que é uma anormalidade? Não necessariamente uma doença

Todas estas variações orgânicas são anormalidades. É importante definir bem o que é uma anormalidade. Muitos imaginam que o que é anormal é obrigatoriamente doentio. Mas isso não é verdade, a menos que a definição de doença seja ilegítima e inconvenientemente alargada. É desadequado e inexato falar de daltonismo, criminalidade e genialidade da mesma forma que falamos da escarlatina, tuberculose ou paralisia geral. Todas as anomalias congénitas são, sem dúvida, causadas por alguma peculiaridade no esperma, nos óvulos, na junção dos dois ou no seu desenvolvimento inicial. Mas o mesmo se pode dizer, sem dúvida, das normais diferenças entre irmãos e irmãs. É bem verdade que qualquer destas aberrações pode ser devida a uma doença pré-natal, mas pode existir anormalidade sem ter ocorrido doença. Caso se julgue necessária a opinião de um especialista de renome em relação a esta matéria, dificilmente se poderá encontrar alguma com mais peso do que a de Virchow, que insistiu repetidamente na utilização correta da palavra "*anomalia*" e que nos ensinou que, apesar das anomalias favorecerem a doença, o estudo das anomalias (patologias, como ele as designou, ou teratologias, como preferimos designá-las) não é o estudo das doenças, a que chamou nosologia; o estudo do anormal é, portanto, distinto do estudo do mórbido. Virchow considera que o anormal está no domínio da patologia e que o estudo da doença tem que ser diferenciado e designado por nosologia. Adotar, ou não, esta terminologia, ou considerar que o estudo do anormal é, ou não, parte da teratologia, são questões secundárias, sem influência sobre o

---

[238] Ver, por exemplo, Flournoy, *Des Phenomènes de Synopsie*, Genebra, 1893; e para uma breve discussão do fenómeno geral da sinestesia, ver E. Parish, *Hallucinations and Illusions (Contemporary Science Series)*, capítulo VII; o artigo de Bleuler, *Secondary Sensations* no *Dictionary of Psychological Medicine*, de Tuke; e Havelock Ellis, *Man and Woman*, 5ª ed., 1915, pp. 181-4.

significado da palavra "*anomalia*" nem sobre o que a distingue do conceito de "*doença*".

Na reunião de Innsbruck da Sociedade Alemã de Antropologia, em 1894, Virchow expressou-se assim: "*Antigamente, uma anomalia designava-se por 'pathos' e, por isso, qualquer desvio da norma é, para mim, um evento patológico. Ao observarmos um evento patológico somos levados a investigar qual o 'pathos' específico que o causou... A causa pode ser, por exemplo, uma pressão externa, uma substância química ou um agente físico que produziu uma alteração na condição normal do organismo, o 'pathos' da anomalia. Tudo isto pode tornar-se hereditário em determinadas circunstâncias e constituir a fundação para certas pequenas caraterísticas hereditárias que se propagam numa família; em si mesmas, são parte da patologia, mesmo que não sejam prejudiciais. E tenho que salientar que patológico não significa nocivo; não é sinal de doença; em grego, doença é 'nosos' e é a nosologia que estuda as doenças. O patológico, em certos casos, pode até ser vantajoso*" (*Correspondenz-blatt Deutsch Gesellschaft für Anthropologie*, 1894). Estas observações são muito interessantes para a investigação dos fundamentos de uma anomalia como a inversão sexual.

A mesma diferença foi, mais recentemente, destacada pelo Professor Aschoff (*Deutsche medizinische Wochenschrift*, 3 de fevereiro de 1910; *British Medical Journal*, 9 de abril de 1910, p. 892) contra a opinião de Ribbert e outros que desejariam limitar excessivamente o conceito de *pathos*. Aschoff observa que, não apenas por uma questão de precisão e uniformidade da terminologia, mas também para maior clareza de raciocínio, é desejável que se mantenha a distinção em relação a uma questão sobre a qual Galeno e os médicos da antiguidade tinham uma posição bem definida. Eles usaram *pathos* como o termo mais genérico que envolvia afeção (*affectio*) em geral, sem comprometer obrigatoriamente tecidos vitais; quando estes eram afetados, falavam de *nosos*, doença. Temos que reconhecer esta distinção, mesmo se rejeitarmos a terminologia.

Relação da inversão com a degeneração

Poderemos escrever agora algumas palavras sobre a relação entre a inversão sexual e a degeneração. Desde os dias de Morel que, sobretudo em França, se discute muito a problemática da degeneração. A inversão sexual é frequentemente considerada como uma degeneração, isto é, um síndrome episódico de doença hereditária, pertencente ao mesmo grupo de outras condições psíquicas como a cleptomania e a piromania. Krafft-Ebing há muito que classifica desta maneira a inversão; este é também o ponto de vista de Magnan, um dos primeiros estudiosos da homossexualidade[239], e foi adotado por Möbius. Em sentido estrito, o invertido é um degenerado; desviou-se das caraterísticas do género a que pertence. Tal como um daltónico. Mas o conceito de degenerescência de Morel tem vindo a ser, infelizmente, banalizado e empobrecido[240]. Com o significado que lhe damos atualmente, pouca ou nenhuma informação obtemos quando nos dizem que alguém é um "*degenerado*". Tal como Nacke repetiu constantemente, só quando observamos um conjunto de anormalidades bem definidas temos justificação razoável para afirmar que estamos perante uma situação de degeneração. Por vezes, podemos encontrar inversão numa dessas situações de degeneração. Com efeito, já sugeri que uma condição de anormalidade difusa pode ser considerada como uma base para a inversão congénita. Por outras palavras, a inversão está relacionada com uma modificação das caraterísticas sexuais secundárias. Mas estas anomalias e modificações não são invariáveis[241] e não são, normalmente, graves; a inversão é rara em degenerados agudos. É indesejável chamar a estas modificações "*estigmas de degeneração*", uma expressão que pode estar a desaparecer da terminologia científica,

---

[239] Magnan tem recentemente reafirmado este ponto de vista (*Inversion Sexuelle et Pathologic Mentale*, *Revue de Psychothérapie*, março de 1914): "*O invertido é uma pessoa doente, um degenerado*".

[240] É este facto que faz com que os italianos evitem usar a palavra "*degeneração*"; assim, Marro, na sua grande obra, *I Caratteri del Delinquenti*, fez uma tentativa notável para analisar estes fenómenos agrupando-os, como degenerados, em três grupos; atípicos, atávicos e mórbidos.

[241] Hirschfeld e Burchard encontraram marcas de degeneração em apenas 16% dos 200 invertidos que estudaram (Hirschfeld, *Die Homosexualität*, cap. XX).

ficando destinada apenas a ser usada como insulto jornalístico ou literário. Pouco mais se pode dizer sobre um conceito ou uma expressão que foi excessivamente deturpada na literatura popular. Na melhor das hipóteses, será pouco precisa e inadequada para utilização científica. Hoje em dia já é comummente aceite que pouco se ganha por classificar a inversão como uma degeneração. Näcke, que valorizava os sintomas de degeneração, quando numerosos, foi especialmente insistente na afirmação de que os invertidos não são degenerados. Löwenfeld, Freud, Hirschfeld, Bloch e Rohleder rejeitam o conceito de inversão sexual como uma degeneração.

> Moll, que considera que a inversão envolve um desequilíbrio entre a disposição psíquica e a conformação física, ainda não conseguiu afastar-se completamente da posição de que temos que a considerar como mórbida, mas reconhece (como Krafft-Ebing) que é adequado classificá-la como uma deformidade, isto é, uma anomalia, comparável ao hermafroditismo físico. (A. Moll, *Sexuelle Zwischenstufen, Zeitschrift für aerztliche Fortbildung*, n.º 24, 1904). Näcke apresentou repetidamente o seu ponto de vista de que a inversão é uma anormalidade congénita não-mórbida; nesse sentido, no último ano da sua vida, escreveu (*Zeitschrift für die Gesamte Neurologie und Psychiatrie*, vol. XV, Heft 5, 1913): "*Não podemos conceber a homossexualidade como uma degeneração ou como uma doença, quando muito como uma anormalidade devida a uma perturbação do desenvolvimento*". Löwenfeld, um observador clínico sempre cauteloso e sagaz, concordando com Näcke e Hirschfeld, considera que a inversão é, certamente, uma anormalidade, logo não mórbida; pode estar associada a uma doença ou a uma degeneração, mas geralmente é apenas uma simples variação da norma, que não deve ser considerada mórbida, nem degenerada, nem redutora do valor do indivíduo como membro da sociedade (Löwenfeld, *Ueber die sexuelle Konstitution*, 1911, p. 166; também *Zeitschrift für Sexualwissenschaft*, fevereiro de 1908, e *Sexual-Probleme*, abril de 1908). Aletrino de Amesterdão leva ao extremo o ponto de vista de que a inversão é uma anormalidade não-mórbida, afirmando que "*o uranista é uma variedade normal da espécie Homo sapiens*" (*Uranisme et Dégénérescence, Archives d'Anthropologie Criminelle*, agosto-setembro de 1908); a

inversão pode ser considerada como (na verdadeira aceção da palavra, aqui adotada) uma anormalidade patológica, mas não uma variedade antropológica humana comparável ao homem negro ou ao mongol. (Para outras opiniões a favor da inversão como uma anomalia, ver Hirschfeld, *Die Homosexualität*, p. 388 e segs).

Por conseguinte, a inversão sexual, continua a ser uma anomalia congénita, que deve ser classificada em conjunto com outras anomalias congénitas acompanhadas por concomitantes psíquicas. Tal anomalia congénita existe, geralmente, pelo menos como uma predisposição para a inversão. É provável que muitas pessoas passem pelo mundo com uma predisposição congénita para a inversão que se mantem sempre latente, sem nunca ser estimulada; noutros o instinto é tão forte que força o seu caminho, apesar dos obstáculos; noutros, ainda, a predisposição é mais débil e o papel principal acaba por ser desempenhado por outro estímulo mais poderoso.

Estímulos causadores de inversão

Somos assim levados à reflexão sobre as causas que estimulam esta predisposição latente. A estimulação da inversão sexual tem sido atribuída a uma grande variedade de causas. Apenas mencionarei aquelas que julgo serem influentes. A que nos ocorre primeiro é o nosso sistema escolar, que segrega os sexos, separando os rapazes das raparigas durante a puberdade e a adolescência. Muitos invertidos nunca frequentaram a escola e muitos passaram pela vida escolar sem nunca estabelecer qualquer relacionamento apaixonado ou sexual; mas existe um grande número de invertidos que indicam que o desenvolvimento da sua homossexualidade se deve às influências e aos exemplos que tiveram em ambiente escolar. As influências então recebidas não são menos potentes por serem muitas vezes puramente sentimentais e sem nenhum traço sensual. É duvidoso se serão suficientemente fortes para gerar, por si só, inversão permanente mas, se for verdade que na infância os instintos sexuais ainda não estão tão definitivamente definidos como na adolescência, é aceitável, embora não esteja provado, que algumas influências muito fortes, mesmo se exercidas sobre um organismo normal, possam provocar a suspensão do desenvolvimento sexual a nível psíquico.

Outra causa estimulante da inversão é a sedução. Com isto quero dizer a iniciação de rapazes ou de raparigas por pessoas mais velhas e mais experientes, em que a inversão já está desenvolvida, que procuram a satisfação dos seus instintos anormais. Este tipo de incidentes parece não ser raro na infância e na juventude dos invertidos sexuais. É altamente improvável que a sedução (por vezes um ato rude e irrefletido de mera satisfação sexual) seja suficiente para incutir o gosto pela homossexualidade; é mais provável que provoque repugnância nos indivíduos que não tenham já alguma predisposição, tal como aconteceu no caso do jovem Rousseau. "*Só pode ser seduzido*", como diz Moll,"*quem está habilitado a ser seduzido*". Sem dúvida que muitas vezes, neste tipo de sedução tal como na "*sedução*" normal, a vítima se oferece para ser "*seduzida*", voluntária ou involuntariamente.

Outra causa estimulante da inversão, que normalmente não é considerada relevante mas que eu julgo ter algum peso, são os desgostos no amor normal. Acontecem quando os homens cujo instinto homossexual é latente, ou constantemente reprimido, tentam relacionar-se com mulheres. Esta relação pode ser ardente para ambas ou só para uma das partes mas não resulta, frequentemente, sem dúvida, devido à homossexualidade latente do amante. Todos experimentamos desgostos de amor, mais ou menos agudos, mas, nos invertidos, o desapontamento com uma mulher é motivo suficientemente forte para criar aversão a todo o sexo feminino e para reorientar a atração para o sexo masculino. É evidente que o instinto que pode assim ser tão facilmente redirecionado, dificilmente pode ser forte; e parece provável que nalguns destes casos, o episódio de amor normal sirva apenas para fazer com que o invertido constate que não nasceu para esse tipo de amor. Noutros casos, ao que parece (sobretudo os casos em que os indivíduos apresentam alguma debilidade mental ou desequilíbrio), um desgosto de amor acaba por envenenar o instinto normal, e a incapacidade de amar mulheres, mais ou menos marcada, transforma-se numa incapacidade igualmente marcada para amar homens. A prevalência da homossexualidade entre os prostitutos pode ser, em grande medida, explicada por uma aversão semelhante à sexualidade normal[242].

Estas três influências (exemplo na escola, sedução e desgosto de amor normal), afastando os sujeitos das pessoas do sexo oposto e atraindo-os às do seu próprio sexo, são causas que estimulam a inversão; mas exigem uma predisposição orgânica favorável para funcionar, embora haja um grande número de casos em que não se descobriu nenhuma causa estimulante mas em que, desde a infância, o interesse dos sujeitos pareceu sempre dirigir-se aos do seu próprio sexo e assim permaneceu pela vida fora.

Neste ponto, concluo a análise da psicologia da inversão sexual tal como ela se me apresenta. O meu objetivo foi apenas realçar as questões mais importantes, não dando atenção a questões menores nem a grupos de invertidos que podem ser considerados de importância secundária. O invertido médio, vivendo em sociedade, é uma pessoa de saúde geral normal, embora muito frequentemente com familiares que apresentam traços neuróticos marcados. Tem, geralmente, uma predisposição congénita para a anormalidade, ou para um conjunto de anormalidades menores, fazendo com que lhe seja difícil ou impossível sentir atração sexual pelo sexo oposto e com que lhe seja fácil sentir atração sexual pelo próprio sexo. Esta

---

[242] O álcool tem sido por vezes considerado uma importante causa estimulante da homossexualidade e o alcoolismo é, certamente, comum nos ascendentes dos invertidos. De acordo com Hirschfeld (*Die Homosexualität*, p. 386), o alcoolismo está presente de forma clara num dos progenitores em 21% dos casos. Mas provavelmente não tem mais influência como causa estimulante em indivíduos homossexuais do que em heterossexuais. Do ponto de vista freudiano, de facto, Abraham acredita (*Zeitschrift für Sexualwissenschaft*, Heft 8, 1908) que o álcool remove a inibição da homossexualidade latente mesmo em pessoas normais, e Juliusburger, partindo do mesmo ponto de vista (*Zentralblatt für Psychoanalyse*, Heft 10 and 11, 1912), pensa que a tendência para o alcoolismo é inconscientemente despertada pelo impulso homossexual por forma a conseguir a sua própria satisfação. Mas podemos aceitar as conclusões de Näcke (*Allgemeine Zeitschrift für Psychiatrie*, vol. LXVIII, 1911, p. 852) de que (1) o álcool não pode provocar homossexualidade em pessoas que não tenham uma predisposição para ela, que (2) pode despertá-la nos que têm essa predisposição, que (3) os efeitos do álcool são semelhantes nos homossexuais e nos heterossexuais, e que (4) o alcoolismo não é comum entre os invertidos.

anomalia pode aparecer espontaneamente desde o princípio, pode desenvolver-se, pode resultar de uma suspensão do desenvolvimento ou pode ser ativada por alguma circunstância acidental.

Havelock Ellis

CAPÍTULO VII. CONCLUSÕES

Prevenção da homossexualidade - A influência da Escola - Educação mista - O tratamento da inversão sexual - Castração - Hipnotismo - Terapia de associação - Psicanálise - Higiene mental e física - Casamento – Os filhos dos invertidos - A atitude da Sociedade - O horror despertado pela homossexualidade - Justiniano - O Código Napoleónico - O estado do Direito na Europa de hoje - Alemanha - Inglaterra - Qual deverá ser a nossa atitude em relação à Homossexualidade?

Prevenção da homossexualidade - A influência da Escola - Educação mista

Tendo agora terminado a análise psicológica do invertido sexual, tanto quanto me foi possível estudá-lo, só me falta discutir brevemente a atitude da lei e da sociedade. No entanto, devo antes dedicar algumas palavras aos aspetos médicos e de saúde da inversão. A questão preliminar, sobre como prevenir a homossexualidade, ainda só mereceu abordagens vagas e não pode, por isso, ser discutida adequadamente. Os verdadeiros invertidos congénitos não deverão reagir aos esforços de prevenção, mas a adoção de padrões de higiene social poderá dificultar a aquisição da perversidade homossexual, a chamada pseudo-homossexualidade, por quem não a tem congenitamente. A escola é o teatro natural das manifestações homossexuais imaturas e passageiras, em parte porque a vida escolar coincide largamente com o período durante o qual o impulso sexual tende a ser, frequentemente, indiferenciado e em parte porque uma certa homossexualidade artificial está fortemente enraizada nos costumes das grandes escolas tradicionais.

A homossexualidade nas escolas inglesas já foi brevemente discutida no capítulo III. Para uma imagem precisa e interessante da ocorrência do fenómeno nas escolas francesas posso referir Albert Nortal, em *Les Adolescentes Passionnés* (1913), escrito imediatamente após o autor ter concluído os seus estudos universitários, mas que só foi publicado vinte e cinco anos depois e que é claramente baseado em observação e experiência pessoal. No que se refere às escolas alemãs, ver, por exemplo, Moll, *Untersuchungen über die Libido Sexualis*, p. 449 *et seq.*, e para a generalidade das manifestações sexuais na infância, do mesmo autor, *Sexual Life of the Child*; também Hirschfeld, *Jahrbuch für sexuelle Zwischenstufen*, vol. V, 1903, p. 47 *et seq.* e, como referência, *Hirschfeld, Die Homosexualität*, p. 46 *et seq.*

Embora muito possa ser feito ao nível da saúde física para impedir a difusão da homossexualidade nas escolas[243], é impossível, mas também indesejável, reprimir completamente todas as manifestações emocionais de carácter sexual em rapazes ou raparigas que tenham atingido a idade da puberdade[244]. É nossa obrigação recordar que não é possível combater eficazmente os impulsos orgânicos profundamente enraizados utilizando apenas métodos diretos. Escrevendo sobre o que se passou há dois séculos, Casanova, ao relatar a sua infância como seminarista, descreve as precauções que eram tomadas para evitar que os jovens se enfiassem nas camas uns dos outros e aponta a insensatez de tais precauções[245]. Como esse

---

[243] A este respeito posso remeter para *Sexual Life of the Child,* de Moll; para os escritos do Dr. Clement Dukes, médico da Rugby School, que reconhece os riscos da vida escolar; e para a discussão sobre a imoralidade sexual nas escolas, iniciada por um discurso do Rev. J. M. Wilson, diretor do Clifton College, na edição inglesa do *Journal of Education*, 1881-1882.

[244] No que diz respeito à importância das emoções sexuais em geral e à sua formação, ver o livro muito conhecido de Edward Carpenter, *Love's Coming of Age*; consultar também o Professor Gurlitt (*Knabenfreundschaften Sexual-Probleme*, outubro de 1909) que é a favor das amizades íntimas de juventude que, com base na sua própria experiência, não tiveram sequer suspeição de homossexualidade.

[245] Casanova, *Mémoires*, vol. I (edição Garnier), p. 160. Ver também as observações feitas por um mestre experiente de uma das maiores escolas

mestre do amor observa, tais proibições apenas servem para intensificar o mal que pretendem impedir, invocando o impulso natural para a desobediência que existe em todos os filhos de Adão e Eva, caraterística que tem sido observada por todos os professores desde então. Temos provavelmente que reconhecer que uma forma de tornar tais manifestações saudáveis, bem como de preparar os jovens para a vida adulta, é a adoção, tanto quanto possível, do método de educação mista[246] (sem estabelecer, obviamente, o mesmo conteúdo educativo para cada um dos sexos) uma vez que uma certa dose de convivência entre os sexos ajuda a promover comportamentos emocionais e sexuais mais saudáveis. A convivência entre sexos não irá, é claro, prevenir o desenvolvimento da inversão congénita. Neste contexto, Bethe salientou que apesar de, tanto quanto sabemos, existir uma grande convivência entre os sexos em Esparta e Lesbos, mais do que em qualquer outro estado grego, a homossexualidade era aí bem vista socialmente[247].

O tratamento da inversão sexual

A questão do tratamento da homossexualidade tem que ser abordada com discernimento, cuidado e ceticismo. Hoje em dia não podemos ter simpatia pelos que, a todo custo, querem "curar" os invertidos. Não há nenhum método sólido de cura para os casos radicais.

Castração

Em tempos idos, defendeu-se o método radical da castração, que chegou a ser ocasionalmente executada, como por exemplo num caso que referi num capítulo anterior (caso XXVI). Como em todos os métodos de tratamento, o seu autor acreditava no seu sucesso,

---

públicas inglesas, que apresentei no vol. I destes *Estudos, Auto-erotismo*, 3 ª edição, 1910.

[246] Ver, por exemplo, o professor J. R. Angell, *Some Reflections upon the Reaction from Coeducation, Popular Science Monthly*, novembro de 1902, também *Sexual Life of the Child* de Moll, cap. IX, e para uma discussão geral da educação mista, S. Poirson, *La Coéducation*, 1911.

[247] Bethe, *Die Dorische Knabenliebe, Rheinisches Museum für Philologie*, vol. LXII, Heft 3, p. 440, cf. Edward Carpenter, *Intermediate Types among Primitive Folk*, cap. VI.

mas frequentemente, após um breve período, constata-se o insucesso do tratamento e, nalguns casos, a condição geral do paciente, em especial a sua condição mental, piorava. Não é difícil entender porque é que isto acontecia. A inversão sexual não é uma condição genital localizada. É uma condição difusa, e solidamente integrada no todo psíquico. Pode haver razões que justifiquem uma castração ou uma, menos radical, vasectomia, mas embora a tensão sexual possa diminuir, nenhuma autoridade acredita atualmente que qualquer uma destas operações altere a inversão. Não é expectável que uma castração física em idade adulta produza uma castração emocional. Moll, Féré, Nacke, Bloch, Rohleder, Hirschfeld são todos contra a castração como tratamento da inversão ou, pelo menos, têm muitas dúvidas quanto a qualquer resultado benéfico.

Num caso que me foi comunicado pelo Dr. Shufeldt, um invertido de 26 anos castrou-se a si mesmo para diminuir o nível de desejo sexual, para se tornar mais parecido com as mulheres e para parar o crescimento da barba. "*Mas o único efeito físico aparente*", escreveu ele, "*foi aumentar de peso em 10% e tornar-me um semi-inválido para o resto da minha vida. Dois anos depois, a minha sexualidade reduziu-se, mas tal pode ter-se devido a saciedade ou à idade. Passei a ficar mais facilmente irritado com ninharias e mais vingativo. Passaram-me pela cabeça ideias criminosas, o que nunca tinha acontecido antes.*" Féré (Revue de Chirurgie, 10 de março de 1905) publicou o caso de um invertido de origem inglesa, que tinha sido castrado. O impulso invertido manteve-se inalterado, bem como o desejo sexual e a capacidade de ereção; os sintomas neurasténicos, que já existiam antes, agravaram-se; o invertido sentia-se menos capaz de resistir aos seus impulsos, passou a ter hábitos de vagabundagem e viciou-se no consumo de láudano. Num caso registado por C. H. Hughes (*Alienist and Neurologist*, agosto de 1914) os resultados foram menos graves; neste caso o nervo dorsal do pénis foi excisado, sem qualquer resultado (ver também *Alienist and Neurologist*, fevereiro de 1904, p. 70, no que respeita á inutilidade do corte do nervo pudendo) e, mais ou menos um ano depois, os testículos foram também removidos e o paciente ganhou tranquilidade e satisfação; aparentemente, as suas inclinações homossexuais desapareceram e começou a mostrar inclinação para mulheres estéreis, ficando particularmente desejoso de conhecer uma mulher a quem os ovários tivessem sido removidos para tratamento da inversão. (Podemos também referir Nacke, *Die Ersten Kastrationen aus sozialen Grunden auf europäischen Boden, Neurologisches Centralblatt*, 1909, n.º 5, e E. Wilhelm em *Juristisch-psychiatrische Grenzfragen*, vol. VIII, Heft 6 e 7, 1911.)

Hipnotismo

O tratamento psicoterapêutico da homossexualidade tem merecido, geralmente, mais confiança que o tratamento cirúrgico. Houve um tempo em que a sugestão hipnótica foi frequentemente praticada em homossexuais. Krafft-Ebing terá sido o primeiro cientista distinto a advogar a utilização do hipnotismo em homossexuais. O Dr. von Schrenck-Notzing utilizou este tratamento com zelo e persistência excepcionais. Decidiu mesmo tratar os casos mais acentuados de inversão em sessões consecutivas que se prolongaram por mais de um ano e que incluíram, pelo menos num caso, quase 150 sessões de hipnose. Prescreveu a esse paciente visitas frequentes a bordéis após a ingestão de grandes doses de álcool; uma prostituta acabou por conseguir provocar-lhe uma ereção após prolongada manipulação, método experimentado noutras ocasiões com resultados diversos. Nalguns casos este tratamento teve algum sucesso para o qual, é desnecessário dizer, contribuiu largamente o forte empenho dos sujeitos. No entanto, o tratamento era geralmente interrompido por recaídas em práticas homossexuais e, por vezes, a cura "brindava" os doentes com uma doença venérea. O paciente de von Schrenck-Notzing ficou reabilitado ao ponto de casar e de ter filhos[248]. É um método de tratamento que parece ter encontrado poucos seguidores, o que não lamentamos. Os casos que descrevi nos capítulos anteriores demonstram que mesmo os invertidos agudos conseguem por vezes praticar o coito, o que se torna mais fácil pela evocação de imagens relacionadas com atos homossexuais. Mas a perversão permanece inalterada; o sujeito está apenas (como um dos invertidos de Moll expressou) a masturbar-se "*per vaginam*". Este tratamento apenas agrava o vício e, como Raffalovich aponta, a inversão é

[248] Schrenck-Notzing, *Die Suggestionstherapie bei krankhaften Erscheinungen des Geschlechtsinnes*, 1892. (Tradução inglesa. *Therapeutic Suggestion*, 1895.)

deturpada e arrastada para o nível de depravação que carateriza a perversidade[249].

Não pode haver dúvida de que nos casos ligeiros e superficiais de homossexualidade, a sugestão pode realmente exercer influência. No entanto, dificilmente podemos esperar que tenha alguma influência quando a tendência homossexual está profundamente enraizada num temperamento congénito orgânico. Com efeito, nesses casos, o sujeito pode resistir à sugestão mesmo quando em estado hipnótico. Isto é referido por Moll, uma grande autoridade em hipnotismo e com muita experiência na sua aplicação à homossexualidade, mas que nunca declarou a sua eficácia. Forel, outra autoridade em hipnotismo, também manifestou dúvidas quanto ao valor do hipnotismo para tratamento da inversão, especialmente em casos claramente inatos. Krafft-Ebing acabou por se referir pouco a este tema e Nacke (que não acreditava neste método de tratamento da inversão) afirmou que o último homossexual tratado por Krafft-Ebing com recurso ao hipnotismo lhe tinha dito que, apesar de toda a sua boa vontade, o tratamento tinha sido bastante inútil. Fere também não acreditava na eficácia da sugestão como tratamento, tal como Merzbach e Rohleder. Numa Praetorius afirma que os homossexuais que ele conheceu e que tinham sido tratados por este método, não se tinham curado e Hirschfeld observa que os invertidos "curados" por hipnose não foram realmente curados ou então não eram invertidos[250].

Terapia de associação

Moll mostrou dúvidas quanto à ampla aplicabilidade da terapêutica de sugestão ao homossexualismo, desenvolvendo recentemente aquilo a que deu o nome de terapia de associação. De acordo com Moll, em quase todos os indivíduos perversos há uma ponte, mais ou

---

[249] Raffalovich, *Uranisme et Unisexualité*, 1896, p. 16. Ele observa que o invertido congénito que nunca teve relações com mulheres e cuja anormalidade, para usar a nomenclatura de Krafft-Ebing, é uma perversão e não uma perversidade, é muito menos perigoso e menos capaz de seduzir outros do que a pessoa mais versátil e corrupta que conhece todos os métodos de gratificação.

[250] Ver, por exemplo, Moll, *Die Konträre Sexualempfindung*, cap. XI; Forel, *Die Sexuelle Frage*, cap. XIV; Nacke, *Die Behandlung der Homosexualität*, *Sexual-Probleme*, agosto de 1910; Hirschfeld, *Die Homosexualität*, cap. XXII.

menos frágil, que leva à vida sexual normal. Moll acredita que ao incentivar o desenvolvimento de laços de associação com a normalidade, pode ser possível exercer uma influência curativa sobre o homossexual. Desta forma, um homem que se sente atraído por rapazinhos pode ser levado por associação a amar uma "maria-rapaz"[251]. Já há algum tempo que terapias deste tipo são utilizadas, embora não se tenham transformado num processo sistemático de tratamento. É provável que este método beneficie os indivíduos bissexuais ou os indivíduos jovens cuja homossexualidade ainda não esteja completamente desenvolvida. Contudo, é difícil acreditar que possua qualquer influência marcante nos casos pronunciados de inversão[252].

Psicanálise

Com objetivo semelhante ao da terapia de associação de Moll, embora com base numa teoria mais elaborada, temos o método psicanalítico de Freud para tratamento da homossexualidade. Para a teoria psicanalítica (a que nos referimos no capítulo anterior), o elemento congénito da inversão é raro e geralmente pouco importante; o papel principal é desempenhado por mecanismos psíquicos perversos. A ambição da psicanálise é corrigir estes mecanismos e dar protagonismo aos elementos heterossexuais da constituição bissexual, que Freud considera ser a norma, de modo a reconstruir uma personalidade normal, incluindo novos ideais sexuais, a partir da natureza subconsciente e latente do sujeito. Sadger tem-se dedicado sobretudo ao tratamento psicanalítico da homossexualidade e afirma ter tido bons resultados[253], mas admite

---

[251] Moll, *Zeitschrift für Psychotherapie*, 1911, Heft 1; id, *Handbuch. der Sexualwissenschaften*, 1912, p. 662 e segs.

[252] Esta é também a opinião de Numa Praetorius, *Jahrbuch für sexuelle Zwischenstufen*, janeiro de 1913, p. 222.

[253] Ver, especialmente, Sadger, *Zeitschrift für Sexualwissenschaft*, Heft 12, 1908; também *Jahrbuch für sexuelle Zwischenstufen*, vol. IX, 1908; os métodos de Sadger são criticados por Hirschfeld, *Die Homosexualität*, cap. XXII e defendidos por Sadger, *Internationale Zeitschrift für Aerztliche Psychoanalyse*, julho de 1914, p. 392. Para uma discussão sobre o tratamento psicanalítico da homossexualidade por um americano especialista em Freud, ver Brill, *Journal American Medical Association*, 2 de agosto de 1913.

que há diversos limites ao sucesso do tratamento e que este não afeta os fatores inatos da homossexualidade, quando presentes. Outros psicanalistas são menos otimistas quanto à cura da inversão. Stekel parece ter afirmado que nunca viu uma cura completa atribuível à psicanálise e Ferenezi não consegue explicar razoavelmente os resultados que obteve. Nos casos a que ele chama de homossexualidade obsessiva, afirma que nunca conseguiu uma cura completa, embora as obsessões, em geral, sejam especialmente adequadas a tratamento psicanalítico[254].

Encontrei-me com pelo menos duas pessoas homossexuais que foram submetidas a tratamento psicanalítico e que o consideraram benéfico. Um deles, no entanto, era bissexual, pelo que os obstáculos ao sucesso do tratamento, partindo do princípio de que este sucesso foi real, não eram grandes. No outro caso, a inversão persistiu sem alterações após o tratamento. O benefício que o paciente identificou no tratamento foi que ficou a compreender-se melhor a si próprio e conseguiu superar algumas barreiras mentais. No seu caso, o tratamento não foi um método de cura, mas de melhoria da saúde psíquica, aquilo a que Hirschfeld chamaria de "terapia de adaptação". Não podem restar dúvidas de que subsiste um largo campo de investigação no tratamento da homossexualidade, mesmo se deixarmos de nos concentrar na cura e passarmos a considerar que a inversão é uma condição congénita e permanente.

Higiene mental e física

Como vimos nos dois capítulos anteriores, a inversão sexual não pode ser considerada essencialmente um estado psicopático ou de loucura[255]. Mas é frequentemente associada a problemas nervosos

---

[254] *Internationale Zeitschrift für Aerztliche Psychoanalyse*, março de 1914.

[255] O que é, na atualidade, geralmente aceite. Ver, por ex., Roubinovitch e Borel, *Un Cas d'Uranisme*, *L'Encéphale*, agosto de 1913. Estes autores concluem que é hoje impossível olhar para inversão como o sintoma de um estado psicótico ou seu equivalente, embora tenhamos de reconhecer que frequentemente coexiste com estados emocionais mórbidos. Também Nacke, com a sua vasta experiência, descobriu que a homossexualidade é rara em hospícios e não tem um caráter grave; contatou com esta questão em várias ocasiões; ver, por exemplo, *Jahrbuch für sexuelle Zwischenstufen*, vol. VIII, 1906.

que podem ser muito melhorados pela prevenção e pelo tratamento, sem qualquer aspiração de eliminar um comportamento homossexual que pode estar demasiado enraizado para poder ser alterado. O invertido é especialmente susceptível a sofrer de um elevado grau de neurastenia, muitas vezes incluindo debilidade nervosa e irritabilidade, perda de autocontrolo e hiperestesia genital[256]. Hirschfeld julga que mais de 67% dos invertidos sofrem de problemas nervosos e nos casos descritos neste estudo (ver capítulo V) verificámos que os distúrbios funcionais nervosos ligeiros são muito comuns. Estas condições podem ser melhoradas por estimulação física e mental ou, se necessário, com sedativos; por ginástica regular e exercícios ao ar livre e por atividades, que sem exagerar, ocupem a mente. Podem-se obter melhorias muito grandes e permanentes com tratamentos prolongados que incluam este tipo de comportamentos saudáveis para a mente e para o corpo; as condições neurasténicas associadas podem ser removidas em grande medida, incluindo os medos mórbidos, as suspeitas e a irritabilidade que estão geralmente associadas à neurastenia, possibilitando ao invertido o regresso a uma situação saudável e tónica de autocontrolo.

Não obstante, este método não remove a inversão, mas se o paciente ainda for jovem e se a perversão não estiver profundamente enraizada no organismo, é provável que, desde que ele assim o deseje, as medidas de higiene geral em conjunto com o reenquadramento num ambiente mais favorável, possam gradualmente conduzir ao desenvolvimento de um impulso sexual normal. Caso este processo não tenha resultados positivos, devemos refletir muito seriamente antes de recomendar outros métodos mais agressivos. Moll salienta que a mera *"associação platónica com o outro sexo pode resultar melhor do que qualquer tentativa de coito por prescrição"* porque mesmo quando essa tentativa é bem sucedida, o resultado final não é, normalmente, satisfatório. Não só a prática sexual normal por um invertido lhe parece perversa, como também raramente tem êxito na

---

[256] Krafft-Ebing considerou que a associação temporária ou permanente da homossexualidade com a neurastenia é "quase invariável" por ter origem em condições congénitas e alguns peritos (como Meynert) têm considerado a inversão como uma evolução acidental a partir das fundações da neurastenia.

erradicação do instinto invertido original[257]. O que geralmente acontece é que a pessoa se torna capaz de sentir os dois impulsos, o que não é um resultado especialmente satisfatório. Pode até ser desastroso, particularmente se conduzir ao casamento, o que pode acontecer mais facilmente no caso das mulheres invertidas. A aparente mudança acaba por não ser profunda e a nova situação do invertido é mais infeliz do que a original, tanto para si como para o seu cônjuge[258].

Casamento

Pode observar-se nos casos apresentados no capítulo III que a situação dos invertidos casados (devemos, é claro, deixar de lado os

---

[257] Féré manifestou a mesma opinião, mas ainda mais enfaticamente, a respeito do tratamento geral da homossexualidade (Féré, *L'Instinct Sexuel*, 1899, pp 272, 286). Considera que todas as formas de inversão congénita resistem ao tratamento, e que, uma vez que uma mudança nos instintos do invertido deve ser considerada mais como uma perversão do invertido do que uma cura da inversão, temos razões para duvidar não só da utilidade do tratamento, mas ainda da legitimidade de o tentar. O tratamento da inversão sexual, declarou ele, está tão fora do âmbito da medicina como a visão a cores está fora do alcance do daltónico. O ideal que o médico e o professor devem apresentar aos invertidos é o de castidade; o invertido deve tentar atrelar-se a uma estrela (N.T.: deve tentar conseguir o impossível).

[258] Um médico distinto, que foi consultado sobre o caso, falou-me acerca de um invertido congénito, altamente colocado ao serviço do governo inglês, que se casou na esperança de escapar à sua perversão e nem sequer foi capaz de consumar o casamento. É desnecessário insistir na angústia gerada por tais situações. É claro que não podemos negar que tais casamentos podem, por vezes, resultar em felicidade. Nesse sentido, Kiernan (*Psychical Treatment of Congenital Sexual Inversion, Review of Insanity and Nervous Diseases*, junho de 1894) reporta o caso de uma rapariga completamente invertida que se casou com o irmão de um amigo de quem ela era próxima apenas para se manter perto da irmã do marido. Foi capaz de suportar e mesmo de desfrutar relações sexuais imaginando que o seu marido, que se parecia com a cunhada, era de facto uma outra irmã dos dois. A amizade e a estima pelo marido foram crescendo gradualmente e, após a morte da cunhada, tiveram uma filha muito parecida com ela; "a estima da mulher foi transformada de amor pela cunhada em intenso amor natural pela filha, que se parecia com a tia, e posteriormente em amor normal pelo marido, por ser pai da sua filha e irmão da sua amada". O resultado final pode ter sido satisfatório, mas esta sequência de circunstâncias não podia ter sido prevista de antemão. Moll também se opõe, em geral (por exemplo, *Deutsche medicinische Presse*, no. 6, 1902), ao casamento e procriação por invertidos.

bissexuais) é geralmente mais angustiante que a dos solteiros. Entre os meus casos, 14% são casados. Hirschfeld verificou que 16% dos invertidos são casados e 50% são impotentes e foi incapaz de encontrar um único caso de cura para a homossexualidade atribuível ao casamento, tendo encontrado muito raramente apenas algumas melhorias; na quase totalidade dos casos o impulso permaneceu inalterado. Contudo, muitas vezes a felicidade do invertido diminui, frequentemente pelo sentimento de que está a privar a sua esposa de felicidade. Um invertido que tinha deixado o seu país por recear a prisão e que se casou com uma mulher rica que estava apaixonada por ele, disse a Hirschfeld: *"Cinco anos de prisão não teriam sido piores do que um ano de casamento"*[259]. Num casamento deste tipo, o cônjuge homossexual e o normal, por mais ignorantes que sejam em questões sexuais, têm ambos consciência, muitas vezes com igual dor, que mesmo na presença de afeto, de estima e da maior boa vontade do mundo, há algo que falta na sua relação. O elemento instintivo e emocional, que é a essência do amor sexual e que brota do mais íntimo da personalidade orgânica, não pode ser criado por força de vontade, nem pode ser fingido[260].

Os filhos dos invertidos

O casamento deve ser evitado também para bem de eventuais descendentes. Por vezes, a única razão que leva o invertido a desejar casar é a vontade de ter filhos. Mas devemos referir que a

---

[259] Hirschfeld, *Die Homosexualität*, cap. XXI. Teoricamente, pode parecer que o casamento de um homem homossexual com uma mulher homossexual pode dar resultados positivos. No entanto, Hirschfeld afirma que sabe de 14 casamentos deste tipo e que a expectativa teórica não se concretizou; 3 dos casos terminaram abruptamente em divórcio, 4 dos casais estavam separados e, com exceção de 2 casais, todos os restantes lamentavam a decisão que tinham tomado. Posso acrescentar que nestes casos até mesmo a expectativa de felicidade parece pouco razoável, uma vez que nenhuma das partes pode sentir um real impulso de acasalamento com a outra.

[260] Hirschfeld também observa (*Die Homosexualität*, p. 95) que muitas vezes as mulheres sentem instintivamente que há algo de errado no amor dos seus maridos invertidos, que podem até conseguir copular, mas que traem os seus sentimentos mais profundos pela sua repugnância em tocar nas partes sexuais femininas. Como Hirschfeld ilustra com diversos casos reais (p. 84), a mulher homossexual também pode sofrer seriamente ao ser submetida a relações sexuais normais.

homossexualidade é, em muitos casos, herdada. É verdade que muitas vezes as crianças acabam por crescer saudáveis, mas frequentemente são o testemunho vivo de uma família neurótica e falhada[261]; Hirschfeld chega a afirmar que é sempre assim e conclui que do ponto de vista eugénico o casamento de um homossexual é sempre muito arriscado. Num grande número de casos, estes casamentos são estéreis. A tendência para a inversão sexual em famílias excêntricas e neuróticas parece ser o método misericordioso pelo qual a natureza resolveu um problema que, do seu ponto de vista, deixou de ter solução.

Em geral, os invertidos não desejam ser diferentes daquilo que são e a vontade de casar é normalmente passageira. No entanto, por vezes, ouvem-se pedidos de ajuda muito comoventes. Posso citar uma carta que me foi endereçada por um cavalheiro que queria aconselhar-se sobre este assunto: "*Escrevo-lhe tendo em mente a sua condição de moralista e de médico. O Dr. Q. publicou um livro em que, sem explicações, indica que o tratamento destes casos por hipnose é um sucesso. Estou ansioso por saber se a sua opinião continua a ser a que era antes. Esta nova garantia tem origem num homem cuja firmeza e refinamento moral são inquestionáveis, mas o senhor poderá compreender bem como receamos a implantação de novos impulsos no nosso eu inconsciente sabendo que essas novas inclinações poderiam perturbar as nossas condições de vida. De qualquer modo, na minha ignorância sobre o hipnotismo, temo que o esforço para obter um instinto normal me possa levar a um casamento, sem que possa ter a garantia de que esse instinto normal se mantenha estável. Escrevo,*

---

[261] Féré relata o caso de um invertido de grande capacidade intelectual que nunca tinha tido qualquer relação sexual e que aceitava uma vida de castidade; no entanto, foi convencido pelo seu médico a praticar relações sexuais normais e a casar-se porque a sua perversão seria apenas imaginação. Ele assim o fez mas, embora casando com uma mulher perfeitamente forte e saudável e sendo ele mesmo saudável exceto no que respeita à sua perversão, acabou por ter problemas horríveis com os filhos. O filho mais velho era epiléptico, quase imbecil e com sinais fortes de impulsos homossexuais; os segundo e terceiro filhos eram completamente idiotas; o mais novo morreu de convulsões na infância (Féré, *L'Instinct Sexuel*, p. 269 e segs.) Não tenhamos dúvidas de que este não é um caso típico, mas os numerosos exemplos de filhos de casamentos semelhantes, apresentados por Hirschfeld (op. cit., p. 391), dificilmente apresentam resultados muito melhores.

*portanto, para explicar a minha condição presente e para solicitar o seu
conselho. É com a maior relutância que revelo o segredo mais bem
guardado de toda a minha vida. Não tenho qualquer outra anormalidade
e não cedi até agora ao meu instinto anormal. Nunca fiz de ninguém uma
vítima da minha paixão: os meus sentimentos morais e religiosos foram
demasiado fortes para o permitir. Encontrei na reverência pelos outros a
proteção perfeita contra a impureza. Nunca me interessei sexualmente por
mulheres. Tive em tempos uma grande amizade por uma mulher bela e
nobre, sem que tenha existido qualquer desejo sexual da minha parte. Eu
não estava consciente da minha condição e arrependo-me amargamente de
a ter deixado amar-me, amor que orgulhosamente e tragicamente ela
escondeu até morrer. As minhas amizades masculinas, por homens mais
jovens, foram coloridas pela paixão, contra a qual tenho lutado
incessantemente. A vergonha que isto me causa atormenta-me a vida e
esta anormalidade horrorosa, porque agora já estou consciente dela, tem
sido inimiga da minha fé religiosa. Neste caso não se pode tratar de um
instinto de origem divina, que eu devesse aprender a usar de forma casta e
razoável por uma questão de lealdade espiritual. O poder divino, que me
deu a vida, parece impelir-me a fazer coisas pelas quais depois me
condena a sofrer, arrependidamente. Se não há nada a fazer para
remediar este problema, tenho então que gritar contra a injustiça de uma
vida atormentada entre os impulsos da natureza e o julgamento da
consciência, ou tenho que me submeter com a confiança cega de um
ignorante perplexo. Se existir uma solução, a vida deixará de me parecer
uma provação intolerável. Não estou a defender que deva sucumbir a estes
impulsos. Não duvido que é possível viver uma vida celibatária e pura.
Mas não consigo compreender como é que a amizade por homens mais
novos pode prosseguir sem ser colorida por uma sensualidade que me enche
de vergonha e de repugnância. A gratificação da paixão, normal ou
anormal, é repulsiva para a minha sensibilidade estética. Tenho quase 42
anos e sempre me afastei das atrações pessoais que ameaçavam tornar-se
perigosas para mim. No entanto, há já mais de um ano, pareceu abrir-se
um novo caminho para a minha vida infeliz e solitária. Tornei-me amigo
íntimo de um jovem de 20 anos, de rara beleza física e pessoal. Estou
confiante de que ele é, e sempre foi, puro. A sua vida moral e religiosa é
dominada pela ideia de que ele e todos os homens são parte da natureza
divina e livres do mal, por força dessa natureza. Julgo que ele é normal.
Gosta da companhia de mulheres jovens e atraentes e, de forma ligeira e*

inocente, sonha com o dia em que terá os meios materiais suficientes para se poder casar. Todos gostam dele e ele viu em mim um amigo e um professor. É pobre e tenho-o ajudado a conseguir uma boa educação. Comecei a ajudá-lo para preencher os vazios da minha vida solitária. Vi nele um filho ou um amigo que poderia animar a desolação da minha alma. Aspirei à companhia de uma natureza pura e feliz. Senti tal reverência por ele, que aspirei a que o elemento sensual em mim fosse diluído pela pureza dele. Na verdade, sou completamente incapaz de lhe fazer qualquer mal; não sou fraco moralmente, mas o elemento sensual venceu e envenena a minha felicidade. Ele é ardentemente carinhoso e expansivo. Passa os verões comigo na Europa e a ternura que sente por mim leva-o, por vezes, a abraçar-me e a beijar-me como sempre beijou o seu pai. Ultimamente tenho começado a recear que, incapaz de resistir ao desejo, eu possa secar as suas fontes de felicidade, sobretudo se for verdade que a tendência homossexual está latente na maioria dos homens. O amor que ele sente por mim faz-me feliz, mas trata-se de uma felicidade envenenada. É o pão e o vinho da minha vida, mas nem me atrevo a imaginar no que poderá resultar esta afeição ardente. Consigo prosseguir esta batalha entre o bem e o mal que se trava por causa da minha amizade por ele, mas não consigo decidir o que fazer. Afastá-lo de mim seria cruel e feriria a sua confiança na amizade humana. Sem a minha amizade ele nunca aceitaria o meu dinheiro, que é indispensável para o lançar numa carreira importante. Em boa verdade, eu poderia explicar-lhe o que agora lhe estou a dizer a si, mas o sofrimento e a vergonha não mo permitem e não vejo que daí possa vir qualquer bem. Se ele tiver uma sensibilidade homossexual latente, ao contar-lhe, poderia estar a despertá-la violentamente; se não tem, ele certamente passaria a sentir repulsa por mim."

"Se eu, hipoteticamente, procurasse tratamento por hipnose, não conseguiria antever o que a minha natureza anormal me levaria a fazer sob influência da sugestão hipnótica. Poderia fazer com que eu desperdiçasse a alegria desta amizade, sem qualquer vantagem que compensasse a sua perda. Tenho medo, tenho medo! Não poderia acontecer que eu fosse levado a afastar precisamente as únicas pessoas que me inspiram sentimentos positivos?"

"Acredite no que lhe conto. Sou um homem de muitas virtudes e uso a minha vida para o bem da cultura. Infelizmente, nem toda a cultura que me é creditada, nem todas as orações e aspirações, nem todas as decisões

heróicas e determinadas, serviram para me livrar desta inclinação terrível! O que mais desejo é o direito de amar o meu amigo, não para obter mera gratificação física, mas para o poder abraçar contra o meu peito e lhe declarar toda a ternura que sinto por ele, para ter a felicidade de poder planear a sua carreira como alguém que tem o direito legítimo e natural de o fazer. Anseio por tudo isto porque não posso ter filhos. Encerro este assunto por aqui."

"Quando li o que escrevi constatei como é tudo em vão. De facto, é possível que ao remoer sobre esta minha calamidade pessoal se amplifique em mim a sensação de que estou a pôr em perigo este meu amigo e de que poderia bastar que eu conseguisse trazer para a nossa relação as proporções adequadas de simpatia e de distanciamento para o salvaguardar do risco de afetos demasiado ardentes. No entanto, há duas coisas que me dificultam a escolha: revolto-me interiormente contra a necessidade de me isolar de todos como se tivesse peste e revolto-me contra a mácula associada à minha sensualidade. Os homens normais sabem que o seu instinto sexual não é vergonhoso, sempre que é controlado racionalmente. Eu sei que na opinião dos outros, o meu instinto é, em si mesmo, uma vergonha e uma baixeza e não estou inclinado a edificar um sistema de valores morais que se aplique só a mim. Para dizer a verdade, tenho momentos de revolta em que digo para mim mesmo que tenho o direito de ter gratificação sensual como todos os outros homens, mas logo a seguir penso que seria uma grande perversidade e toda a minha revolta se esvai instantaneamente. O desprezo por mim próprio, o sentimento de sujidade, a necessidade de me abster de ser feliz para não confessar a minha mácula, tudo isto constitui uma doença espiritual que me enche a existência de tons escuros de dor e de melancolia. Ficar-lhe-ia grato se me desse apenas algum consolo moral, mesmo sem promessas de tratamento médico."

Num caso como este não podemos fazer mais do que aconselhar o sujeito de que o melhor que pode fazer é avançar, tão alegremente quanto possível, pelo caminho que desde há longo tempo decidiu trilhar pois, por mais dolorosa que seja a sua sorte, não deixa de ter alguns aspetos positivos. Por vezes, o invertido não consegue perceber nem os homens de ideais morais elevados, por mais normais que sejam, têm uma vida fácil e que se o invertido tem de limitar-se a uma vida de amizade sem paixão, a uma vida de castidade, então não está fazendo mais do que milhares de outros homens normais têm feito, alegre e voluntariamente. Quanto à recomendação de hipnotismo para tratar um caso como este, é altamente despropositado esperar que a sugestão hipnótica possa desalojar impulsos orgânicos que se enraizaram profundamente ao longo de uma vida inteira.

A atitude da Sociedade - O horror despertado pela homossexualidade

Podemos assim concluir que, no tratamento da inversão, os melhores resultados se obtêm quando é possível, por métodos diretos ou indiretos, reduzir a frequente hiperestesia sexual e, por métodos psíquicos, corrigir e espiritualizar o impulso da inversão para que a natural perversão do invertido não cause a aquisição da perversão por terceiros. O invertido não é apenas vítima da sua própria obsessão anormal, é também vítima de hostilidade social. Entre as suas queixas, devemos procurar distinguir quais as que são originadas por cada uma destas duas causas. Quando analiso os casos que apresentei e a história psicológica dos invertidos que conheci, fico inclinado a pensar que se pudermos criar condições para que os invertidos sejam saudáveis, capazes de autocontrolo e autorrespeito, estaremos frequentemente a fazer bem melhor do que se tentarmos convertê-los em meros simulacros de homens normais. Um apelo à *paiderastia* dos tempos áureos da Grécia e à sua dignidade, temperança e mesmo castidade, poderá por vezes ser bem recebido pela natureza emocional e entusiasta do invertido congénito. Os *Diálogos* de Platão têm sido frequentemente uma fonte de grande ajuda e consolo para os invertidos. O "*amor viril*" celebrado por Walt Whitman em *Folhas de Erva*, embora possa ser de valor duvidoso para uso generalizado, proporciona um ideal saudável e robusto ao invertido que não é sensível aos ideais normais[262].

---

[262] Quase não é preciso acrescentar que o mesmo princípio pode ser adaptado ao caso das mulheres homossexuais. "*Em todos esses casos*", escreve uma médica americana, "*eu recomendaria que, sempre que necessário, se treinasse e fomentasse o senso moral e que as pessoas fossem autorizadas a manter a sua individualidade, sendo ensinadas a lembrar-se sempre que são diferentes dos outros, em vez de lhes sacrificar os sentimentos ou a felicidade. É um bom método para eles e, a prazo, poderá trazer-lhes mais simpatia e carinho do que qualquer outro rumo. Esta*

Entre os livros mais recentes, recomendamos *Ioläus: An Anthology of Friendship*, publicado por Edward Carpenter, e um livro semelhante em alemão, mais exaustivo, *Lieblingminne und Freudesliebe in der Weltliteratur* por Elisár von Kupffer. Também podemos mencionar *Freundschaft* (1912) de Baron von Gleichen-Russwurm, uma espécie de história literária da amizade, sem referências específicas à homossexualidade, embora apresente muitos autores com tendência invertida. Os *Tagebücher*, de Platen, são notáveis como diários de um invertido de grande caráter e de elevados ideais. Os volumes do *Jahrbuch für sexuelle Zwischenstufen* incluem diversos estudos sobre os aspetos estéticos e os ideais da homossexualidade.

Vários poetas modernos de grande craveira têm dado expressão às emoções da amizade exaltada ou apaixonada por indivíduos do mesmo sexo, quer se possa, ou não, designar essa amizade de homossexual. É largamente conhecido que Tennyson consagrou, em *In Memoriam*, a sua afeição pelo seu jovem amigo Arthur Hallam, tendo idealizado o universo com base nessa amizade. Os poemas de Edward Cracroft Lefroy são notáveis como ilustração para este ponto e o Sr. John Gambril Nicholson publicou em privado vários volumes de poesia (*A Chaplet of Southernwood, A Garland of Ladslove*, etc.) que revelam um delicado encanto e uma grande mestria técnica. Podemos incluir neste grupo alguns livros escritos parcial ou completamente em prosa, tais como *In the Key of Blue*, por John Addington Symonds, e as *Memoirs of Arthur Hamilton* (publicadas anonimamente por um autor bem conhecido, A. C. Benson), em que, em linhas algo platónicas, se desenvolve a ideia de que o invertido deve passar "*do amor por uma forma física bela para o amor pelo ideal de beleza*" e "*da contemplação das suas próprias dores para a reflexão sobre as raízes do sofrimento humano*".

Quanto à poesia moderna sobre homossexualidade feminina, não existe nada a não ser os volumes, patéticos na sua

---

qualidade ou idiossincrasia não é essencialmente má, se for bem usada, pode até revelar-se uma bênção para os outros e um impulso para o bem na vida do indivíduo e não diminui de qualquer forma o seu possuidor".

simplicidade e sinceridade corajosas, de *Renée Vivien* (ver *ante*).
A maioria das outras poetisas da homossexualidade feminina
cobriu cautelosamente a sua poesia com um véu heterossexual.

Os romances de inspiração mais ou menos homossexual são
agora muito comuns em inglês, francês, alemão e noutras
línguas. Em inglês a homossexualidade é, em grande parte,
velada e a narrativa concentra-se na vida escolar dos rapazes
para que pareça mais natural o caráter romântico e emocional
das relações descritas. Assim, *Tim*, uma publicação anónima
por H. O. Sturgis (1891), descreve a devoção de um rapaz por
um colega mais velho de Eton e a sua morte na juventude.
Jaspar Tristram, por A. W. Clarke (1899) é, também, uma
história bem escrita sobre a amizade, com tons homossexuais,
entre colegas de escola; nela um jovem que gosta de rapazes
que se parecem com raparigas, acaba por se sentir atraído por
uma rapariga que se parece com o irmão dela, por quem o
jovem já tinha estado apaixonado. *The Garden God: A Tale of
Two Boys*, por Forrest Reid (1905), é outro livro bastante
semelhante, um idílio encantador, delicadamente escrito. *Imre:
A Memorandum*, (1906), por *Xavier Mayne* (o pseudónimo do
autor americano que também escreveu *The Intersexes*),
publicado em Nápoles numa edição privada, é um livro de
uma classe especial; representando a paixão francamente
homossexual entre dois homens, um inglês que é suposto ser
o narrador e um oficial húngaro, elabora uma notável narrativa
de desenvolvimento homossexual que é, provavelmente, mais
ou menos verídica.

Em francês, há uma série de livros que lidam com a
homossexualidade, por vezes com simpatia, por vezes com
indiferença artística e por vezes satiricamente. Podemos
mencionar aqui André Gide (*O Imoralista* e outros livros),
Rachilde (*Madame Vallette*), Willy (a famosa série *Claudine*)
entre outros autores de maior ou menor distinção que
escreveram sobre a homossexualidade. Devemos uma
referência particular ao autor belga George Eekhoud, cujo
Escal-Vigor (o autor foi processado em Bruges, após a
publicação) é um livro com um poder especial. As histórias
homossexuais de Essebac, entre as quais *L'Elu* (1902) é

considerada a melhor, têm um caráter romântico e
sentimental. *Lucien* (1910), por Binet-Valmer, é um penetrante
mas pouco simpático estudo sobre a inversão. *Les Adolescents
Passionnés*, de Nortal, (já mencionado) é um estudo
notavelmente íntimo e preciso da homossexualidade nas
escolas francesas. Seria fácil mencionar muitos outros.

Na Alemanha, durante os últimos anos, têm sido publicados
muitos romances de cariz homossexual. Ao que parece não
são, geralmente, de caráter literário, mas são notáveis por
serem narrativas disfarçadas da realidade. Diz-se que *Aus Eines
Mannes Mädchenjahren*, de Body, é uma fiel autobiografia. Diz-se
também que *Der Neue Werther: eine Hellenische Passions-geschichte*,
por Narkissos (1902), é um caso autêntico. Outro livro que
podemos aqui mencionar é *Ein Junger Platos: Aus dem Leben eines
Entgbeistes*, (1914), por Konradin. A literatura beletrista alemã
sobre homossexualidade, bem como a de outros países, pode
considerar-se bem resumida e criticada por Numa Praetorius
nos volumes de *Jahrbuch für sexuelle Zwischenstufen*. Veja também
Die Homosexualität, por Hirschfeld, pp. 47 e 1108 *et seq.*

É por algum destes métodos de auto-tratamento que a maior parte
dos homens e das mulheres mais inteligentes, cujas histórias já aqui
resumi, conseguiram lenta e instintivamente alcançar uma condição
de relativa tranquilidade e saúde, tanto física como moral. O método
de autocontrolo e autoconhecimento, sem autorrepressão, parece ser
o mais racional para tratamento da inversão sexual quando esta é
verdadeiramente orgânica e está profundamente enraizada. É
preferível que um homem possa tirar o máximo partido dos seus
instintos naturais, com todas as desvantagens que eles aportam, do
que permanecer assexuado e pervertido, esmagado numa posição
para a qual não tem aptidão natural. Como Raffalovich e Féré têm
insistido, é o ideal de castidade e não o de normalidade sexual que o
invertido congénito deve perseguir. Pode não ser capaz de ser
"*l'homme moyen sensuel*", mas pode ter dentro de si a força necessária
para ser um "*santo*"[263]. O exemplo histórico de invertidos famosos

---

[263] A existência de uma afinidade entre a homossexualidade e a inclinação
religiosa foi referida no cap. I e é reconhecida em várias partes do mundo.
Ver, para uma discussão mais alargada, Horneffer, *Der Priester*, e Bloch, *Die
Prostitution*, vol. I, pp 101-110. Os psicanalistas também mencionaram este

mostra o quanto de bom os invertidos podem trazer ao mundo e se bem que estas considerações se apliquem sobretudo a espíritos refinados, os casos que apresentei são suficientes para demonstrar que tais naturezas constituem uma proporção considerável no universo dos invertidos. O apetite sexual primário não pode ser alterado, o que é verdade tanto para o impulso homossexual como para o heterossexual, mas não ganhamos nada por permitir que, tanto no caso das mulheres como no dos homens, esse impulso seja saciado de forma livre e descontrolada.

Quase não precisamos de mencionar que uma vida estritamente ascética não é suportável pela generalidade dos indivíduos, tanto homossexuais como heterossexuais. No entanto, não faz parte da competência do médico recomendar aos seus pacientes invertidos que vivam de acordo com os seus impulsos homossexuais, mesmo que esses impulsos lhes pareçam naturais. Em minha opinião, o máximo que o médico pode fazer é apresentar claramente a situação e deixar ao paciente a responsabilidade por uma decisão que só ele pode tomar. Forel chega ao ponto de dizer que não vê nenhum impedimento a que os invertidos construam as suas próprias cidades e casem uns com os outros se assim o desejarem, dado que as suas ações não prejudicam os adultos normais e as crianças podem ser protegidas da sua influência[264]. Tais noções estão, no entanto, muito afastadas das convenções sociais existentes para merecerem consideração séria.

> Devemos salientar que os pontos de vista que aqui defendemos não pretendem negar ao invertido o direito à satisfação dos seus impulsos. Numa Praetorius afirmou, ao que parece com justiça, que apesar da obrigação de alertar o invertido contra a devassidão sexual não natural e apesar de ser preferível a continência para os que são capazes de a observar, negar o direito a qualquer atividade sexual aos invertidos apenas impele os que não são capazes de

---

ponto; nesse sentido, Pfister, *Die Frommingkeit des Grafen von Zinzendorf* (1910), argumenta que o fundador da seita pietista dos Irmãos de Herrnhut era homossexual sublimado (ou bissexual).

[264] Forel, *Die Sexuelle Frage*, p. 528. Tais ideias são frequentemente apresentadas pelos próprios invertidos.

autocontrolo a libertar-se imprudentemente de qualquer limitação (*Zeitschrift für sexuelle Zwischenstufen*, vol. VIII, 1906, p. 726). Se o invertido tem direito a indulgência sexual também tem o dever de aceitar responsabilidade total pelas suas próprias ações e de reconhecer as opções morais da sociedade em que vive, não sendo aconselhável que se lhes oponha violentamente.

O mundo não será um lugar tolerável para os invertidos pronunciados enquanto não forem melhor compreendidos pela sociedade, o que exigirá mudanças radicais da opinião pública e mesmo da opinião médica. Um médico invertido, de caráter íntegro e com muito êxito na sua profissão, escreveu-me a este respeito: "*Julgo que a primeira coisa a fazer, que é também a mais fácil, é convencer a classe médica de que nós, os desafortunados, somos tão equilibrados mental e moralmente como os nossos semelhantes normais e que estamos até mais despertos para a necessidade de autocontrolo (indispensável sob qualquer ponto de vista) do que eles. Não é libertinagem o que desejamos, é justiça; é a crueldade e o preconceito dos costumes que desejamos abolir, não a justa indignação da sociedade contra os crimes que ameaçam a ordem social. Queremos que seja possível satisfazer os nossos instintos inatos (que não se confinam apenas aos chamados atos sexuais) sem correr o risco de sermos acusados como criminosos. Um de nós que em qualquer circunstância seduza uma pessoa do seu sexo, mas menor de idade, sobretudo quando as suas inclinações sexuais sejam desconhecidas, merece a mesma punição severa, mas não mais, que a que seria aplicada a uma pessoal normal que fizesse o mesmo a uma jovem rapariga. Por outro lado, desde que não haja nenhuma ofensa pública, não deveria existir nenhuma penalização, ou sequer censura, associada a atos sexuais plenamente consentidos entre pessoas adultas. Tais atos poderão, ou não, ser errados e imorais tal como os atos sexuais entre adultos de sexo diferente podem ou não ser errados e imorais. Mas em caso algum deveria haver intromissão legal e a opinião pública não deveria fazer qualquer distinção entre um caso e outro. É da maior importância que fique claro que não desejamos nenhum tipo de condescendência em relação a obrigações morais. Presentemente, somos vítimas de uma injustiça incrivelmente cruel*".

Temos sempre que nos recordar, e não há de facto possibilidade de esquecer, que a questão da homossexualidade é uma questão social.

Dentro de certos limites, a gratificação do impulso sexual normal, mesmo fora do casamento, não provoca indignação geral e é considerada um assunto privado. Correta ou incorretamente, a gratificação do impulso homossexual é considerada uma questão pública. Esta atitude está mais ou menos bem espelhada na legislação. Acontece, por isso, que quando um homem é apanhado num ato homossexual, independentemente da vida exemplar que possa ter levado antes e do quanto possa ser respeitado noutras circunstâncias, todos os cidadãos normais, independentemente de eles mesmos levarem uma vida de devassidão e prazer, se sentem compelidos moralmente a condenar o delinquente e a expulsá-lo da sociedade. É do conhecimento geral, mesmo sem aparecer nos jornais, que com muita frequência homens de grande valor nas suas profissões, não raramente padres, desaparecem subitamente do país ou suicidam-se em consequência da divulgação ou da ameaça de divulgação da sua homossexualidade. É provável que esta seja a causa de muitas tragédias que ficaram por explicar.

Algumas das formas trágicas pelas quais as paixões homossexuais são descobertas pela sociedade podem ser ilustradas pela seguinte carta de um correspondente (não invertido) que me descreve vários casos que observou em diversas zonas dos Estados Unidos. Os casos referidos deverão ser do conhecimento de muitos leitores mas, apesar disso, decidi alterar os nomes das pessoas e dos locais.

"Quando tinha 14 anos cantava no coro da igreja de ----, cujo maestro, um inglês chamado M. W. M., era um homem realizado, religioso, devoto, com toda a aparência de ser um cavalheiro perfeito. Aparentava não se interessar pela companhia de senhoras, não se dava muito com outros homens, mas procurava a companhia de coristas da minha idade. Visitava frequentemente as casas dos seus favoritos à hora do chá e os seus pedidos para levar o George ou o Frank em passeio ou ao teatro tinham invariavelmente o assentimento dos pais. Nunca mais me esquecerei da primeira noite que passei com ele. Começou por me fazer festas e por me acariciar, calando os meus receios com a promessa de não me magoar, pedindo-me segredo e prometendo-me incontáveis prazeres. Quando acedi ao seu desejo ou paixão, fez uma tentativa de 'fellatio'. É depravação? Eu diria que 'Não!' depois de ler a nota de suicídio que foi encontrada no seu quarto. O suicídio aconteceu depois de se saber das suas

relações demasiado íntimas com o filho do reitor que, no delírio da febre e do esgotamento nervoso provocados pela doença de São Vito, contou ao pai o que o maestro do coro lhe costumava fazer. Foi feito um inquérito minucioso e M. fugiu, desgraçado e desmoralizado, e em resultado do remorso, da implacável perseguição e da exposição pública, pôs fim à sua vida passados alguns anos, por afogamento. Na sua carta de suicídio menciona que foi educado com elevados padrões morais e que levou uma vida exemplar, com exceção deste estranho e incontrolável anseio".

"O caso seguinte é o de C. H. Era descendente de uma família com tradições, de homens inteligentes que ocuparam e ainda ocupam, lugares proeminentes no púlpito e na barra dos tribunais e era ele mesmo, um jovem e talentoso advogado. Conheci-o muito bem pois fomos vizinhos durante seis anos e colegas de trabalho. Era um sujeito pequeno e efeminado, com 1 metro e 60 de altura e 48 quilos de peso; muito míope e com uma voz débil, mas não aguda nem de falsete, era uma voz que não condizia materialmente com a bela retórica que lhe fluía da boca. Tinha servido o país como deputado na Assembleia Legislativa e foi nomeado para o Senado ao cabo de uma dura batalha política. Os seus últimos discursos e debates eleitorais tiveram lugar numa cidade que, por esse motivo, se encheu de gente. Nessa noite, H. teve que partilhar o quarto com um desconhecido, chamado E., um caixeiro-viajante. Havia duas camas no quarto. No dia seguinte, o Sr. E. contou a várias pessoas que nessa noite fora acordado por H., que se tinha ido deitar na sua cama e tinha posto a boca na sua "pessoa"; disse que o tinha ameaçado de expulsão do quarto, mas que H. caiu de joelhos, jurando-lhe que tinha sido dominado por uma paixão que até aí conseguira sempre controlar e rogando-lhe que não o denunciasse. Quando, em menos de 24 horas, os seus adversários políticos souberam destas histórias, não hesitaram em tirar partido delas para apelidar H. de segundo Óscar Wilde e para as divulgar na medida em que a lei e a decência o permitiam. Os amigos de H. abordaram-no com duas alternativas: se fosse culpado deveria suicidar-se ou sair do estado para sempre; se fosse inocente, deveria matar o caluniador. E. H. protestou inocência e, acompanhado de dois amigos, C. e J., viajaram de comboio para ----. Ao saber que E. se encontrava numa cidade, 20 quilómetros a leste, alugaram um coche rápido e seguiram por terra. Encontraram E. na estação, aguardando a chegada do comboio. H. avançou com uma pistola em riste e, exaltado, disse: "Você denunciou-me, não é verdade?" Mas, sendo míope, o seu tiro

falhou o alvo por grande margem. E. saltou para a frente e lutou com H. pela pistola, tendo sido derrubado pelos disparos de C. e de H. que o atingiram pelas costas. Morreu em poucos minutos, reafirmando que H. era culpado das acusações que ele lhe tinha feito. H., C. e J. foram condenados a prisão perpétua. Durante os 6 anos em que convivi com H. não notei nada de negativo no seu caráter nem soube de mais ninguém que tivesse denunciado nele a mesma fraqueza. Sei que a sua juventude decorreu num ambiente saudável, uma vez que H. era filho único de pais que o adoravam, que colocavam grandes esperanças no seu sucesso futuro e que conseguiram sobreviver a esta desgraça, embora com o coração destroçado".

"O caso seguinte é o do Reverendo T. W., professor da Universidade de ----. O Sr. W. é um cavalheiro erudito, afável no diálogo e eloquente no discurso, um excelente académico clássico. Foi denunciado por alguns dos seus alunos que o acusaram de (usando calão) "fazer cabeças". Ao ser inquirido pelos outros professores, confessou a sua fraqueza e disse que não conseguia controlar o seu desejo profano. A sua demissão foi aceite tanto pela igreja como pelo colégio".

"Sei de outros casos que têm características peculiares e tenho a certeza que essas pessoas não adquiriram este hábito por via das chamadas 'indiscrições da juventude' pois todos tiveram uma juventude mais saudável do que a de 90% dos rapazes que ao chegar à idade adulta não mostram nenhum desejo de se desviar das velhas práticas do nosso antiquado progenitor, Adão".

Justiniano

Dificilmente um invertido poderá conseguir atingir um estado de espírito razoavelmente equilibrado e saudável estando consciente desta atitude da sociedade. Esta é, de fato, uma das grandes dificuldades que ele tem que enfrentar e que, frequentemente, o leva a oscilar entre extremos de melancolia e de exaltação egotista. Olhamos para a homossexualidade com total e absoluta repugnância. Aprendemos a venerar Alexandre, o Grande, Epaminondas, Sócrates e outros heróis clássicos, com a tranquilidade de quem sabe que estão mortos e enterrados num passado distante e que, por isso, não afetam o nosso desprezo atual pela homossexualidade. Foi no século IV, em Roma, que foi claramente vertida para a legislação pela primeira vez, a repressão forte e moderna da homossexualidade[265]. Roma já há muito que tinha entrado em declínio; prevaleciam perversões sexuais de todos os tipos e a população estava a diminuir. Na mesma época, o cristianismo, com a sua oposição judaico-paulina à homossexualidade, estava a espalhar-se rapidamente. Os políticos desse tempo, ansiosos por despertar a sociedade em decadência, aproveitaram esse forte sentimento cristão: Constantino, Teodósio e Valentiniano publicaram leis contra a homossexualidade, tendo Valentiniano ordenado como pena as *vindices flammæ* (embora os seus decretos não fossem cumpridos estritamente). No ano de 538, Justiniano, professando terror aos terramotos, fomes e pestilências, nas quais via o misterioso "*castigo merecido*" profetizado por S. Paulo[266], emitiu um édito condenando à morte os pecadores contra natura, "*para que, em resultado de tais impiedades*" (nas suas palavras no preâmbulo da sua Novella 77) "*não pereçam cidades inteiras com todos os seus habitantes, pois a Sagrada Escritura ensina-nos que por atos desses já pereceram cidades bem como os homens que lá viviam*"[267]. Este édito (que Justiniano fez acompanhar por uma nova lei com a mesma finalidade) serviu de inspiração à legislação e à opinião pública da Europa nos 300 anos seguintes[268]. Em França, as *vindices flammæ* sobreviveram até muito tarde; São Luís entregou vários pecadores sacrílegos à Igreja para serem queimados; em 1750, dois pederastas foram queimados na *Place de Gréve*; um frade franciscano chamado Pascal foi também queimado, poucos anos antes da Revolução.

---

[265] O direito romano parece ter-se limitado à intenção de proteger rapazes. No entanto, a *Lex Scantinia* e outras leis romanas contra a pederastia parecem ter sido, geralmente, letra morta. Ver várias notas e referências por W. G. Holmes, *The Age of Justinian and Theodora*, vol. I, p. 121.

[266] *Epístola aos Romanos*, cap. I, versículos 26-7.

[267] Na prática, esta pena de morte parece ter sido, por vezes, comutada para ablação dos órgãos sexuais.

[268] Para um esboço completo dos decretos judiciais contra relações homossexuais em tempos antigos e modernos, ver Numa Praetorius, *Die straflichen Bestimmungen gegen den gleichgeschlechtlichen Verkehr*, *Jahrbuch Für sexuelle Zwischenstufen*, vol. I, pp 97-158. Este escritor assinala que Justiniano e ainda mais manifestamente, Pio V, no século XVI, separavam a homossexualidade ocasional da inversão profunda e apenas puniam os infratores recorrentes.

O Código Napoleónico

Contudo, com a Revolução teve início uma nova tendência que tem prosseguido lenta e firmemente mas que ainda hoje divide as nações europeias em dois grupos. Justiniano, Carlos Magno e São Luís insistiram na punição da sodomia por ser pecado e sacrilégio[269]. Foi precisamente por ser um crime religioso que o Código Napoleónico deixou de a punir. A lei francesa faz uma distinção clara e lógica entre crime, por um lado, e vício e irreligião, por outro, apenas se ocupando do primeiro. As práticas homossexuais privadas e consentidas entre dois adultos, sejam homens ou mulheres, deixaram de ter qualquer punição no Código Napoleónico e na lei francesa dos nossos dias. Somente em três casos, o ato homossexual cai na alçada da lei: (1) quando há atentado "*à la pudeur*", isto é, quando o ato é praticado em público ou com possibilidade de ser observado; (2) quando há violência ou ausência de consentimento, seja qual o for o grau de consumação do ato; (3) quando uma das partes é menor de idade ou incapaz de dar consentimento válido; nalguns casos é aplicado o Artigo 334 do Código Penal francês, para punir excitação ou perversão de jovens de ambos os sexos com menos de 21 anos de idade.

O estado do Direito na Europa de hoje - Alemanha

Esta forma de lidar com os delitos não naturais tem sido amplamente seguida noutros países, inicialmente por causa da grande influência política da França e, mais recentemente, pelos seus próprios méritos. Na Bélgica, a legislação é semelhante à do Código Napoleónico, como o é também em Itália, Espanha, Portugal, Roménia, Japão e em vários países sul-americanos. Na Suíça a lei é um pouco vaga e varia um pouco de cantão para cantão, mas nunca é muito severa. Em Genebra e nalguns outros cantões não existe nenhuma punição. Noutras zonas, recorre-se geralmente a uma breve passagem pela prisão quando existem acusações graves que, frequentemente, são resolvidas em privado pelos juízes. Os únicos países europeus

---

[269] A suposta ligação da sodomia com a falta de fé, idolatria e heresia pode ter influenciado a aversão à mesma que existia nas religiões primitivas, tal como sublinhado por Westermarck, *The Origin and Development of the Moral Ideas*, vol. I, p. 486 e segs.

importantes em que a homossexualidade continua a ser, *"per se"*, um delito penal são a Alemanha, a Áustria, a Rússia e a Inglaterra. Em vários estados alemães, como a Baviera e Hanover, a homossexualidade não era punida até que as leis prussianas foram alargadas, em 1871, a todo o Império Alemão e a carnalidade contra-natura entre homens passou a ser ilegal. Este artigo do Código Penal alemão (artigo 175) causou grande polémica e muitas dificuldades práticas pois, embora os termos da lei (*"widernatürliche Unzucht"*; N.T.: *"sexo não natural"*) tornem necessário incluir outras práticas que não apenas o *"pædicatio"*, nem todas as práticas homossexuais estão abrangidas: é obrigatório que haja algo semelhante ao coito normal. A opinião geral é que este artigo do código devia ser abolido; ao que parece, já houve uma comissão oficial que deu um parecer favorável à abolição e as suas propostas estiveram prestes a ser adotadas. A lei austríaca é semelhante à alemã, mas aplica-se tanto a homens como a mulheres, o que faz sentido visto que não existe nenhuma razão para punir a homossexualidade masculina e deixar impune a feminina. Na Rússia, a lei contra as práticas homossexuais parece ser muito severa, envolvendo, nalguns casos, exílio para a Sibéria e privação de direitos civis, embora na maior parte das vezes a pena não seja executada rigorosamente.

O estado do Direito na Europa de hoje - Inglaterra

A lei existente em Inglaterra é dura, mas simples. O contato carnal *"per anum"* com um homem, mulher ou animal é punível com trabalhos forçados até três anos ou com prisão até dois anos. O *"atentado grave ao pudor"* entre homens, mesmo se cometido em privado é, desde 1885, uma delito penal[270]. Esta cláusula tem sido alvo de crítica. Bastaria que a expressão *"em privado"* fosse omitida da lei para que esta estivesse a par da legislação mais justa e avançada da Europa. Devemos aqui salientar que um ato só passa a ser considerado indecente quando os que o praticam ou os que o testemunham o consideram indecente. O ato que nos trouxe a todos

---

[270] *"Qualquer pessoa do sexo masculino que, em público ou privado, cometa, esteja envolvido na solicitação, adquira ou tente adquirir os serviços de qualquer pessoa do sexo masculino para efeitos de qualquer ato de atentado grave ao pudor com outra pessoa do sexo masculino, será culpado de delito e, sendo condenado, ficará à ordem do tribunal para ser preso por prazo não superior a dois anos, com ou sem trabalhos forçados".*

ao mundo não é indecente; passaria a sê-lo se praticado em público. Não há indecência quando duas pessoas do sexo masculino, ambos em idade de consentimento, decidem juntar-se para praticar um ato de intimidade sexual em privado. Se um dos participantes decidir, posteriormente, revelar o que se passou a terceiros, está sem dúvida a cometer uma indecência, como estaria também no caso de se tratar de um ato sexual normal, mas não parece sensato permitir que a mera revelação faça com que o ato sexual em si passe a ser considerado um delito penal. Para além disso, "*atentado grave ao pudor*" entre homens significa, normalmente, algum tipo de masturbação mútua; nenhum código penal classifica a masturbação solitária como delito e não parece haver nenhuma razão para que a masturbação mútua seja classificada como tal[271]. O que temos, principalmente, que garantir é que nenhum rapaz ou rapariga que ainda não tenha atingido a idade de consentimento possa ser seduzido ou abusado por uma pessoa mais velha, ponto que está igualmente bem defendido pelo texto do Código Napoleónico. Por muito vergonhoso, nojento, imoral e indiretamente antissocial que seja duas pessoas do mesmo sexo, homens ou mulheres, consentirem em praticar atos de intimidade sexual em privado, não há nenhum fundamento sólido ou adequado que justifique que se constitua tal ato em delito punido por lei.

Uma das objeções mais fortes à proibição legal do "*atentado grave ao pudor*" em privado é o facto óbvio de que só em casos muito raros este tipo de indecência chega ao conhecimento da polícia, pelo que estamos assim a perpetuar uma lei um tanto ridícula. "*Poucas são as leis cuja violação*", como observa corretamente Moll em relação à legislação alemã, "*é tão pouco punida como a violação desta.*" O mesmo se passa em Inglaterra, como é amplamente sublinhado pelo facto de que de entre todos os casos de invertidos sexuais ingleses que registei, nem um, ao que sei, foi acusado em tribunal por esta razão.

Podemos também salientar que a legislação contra a homossexualidade não tem nenhum efeito óbvio sobre a diminuição

---

[271] Este ponto é apresentado pelo Dr. Léon de Rode no seu relatório sobre *L'Inversion Génitale et la Législation*, preparado para o Terceiro Congresso de Antropologia Criminal (Bruxelas), em 1892. O mesmo ponto é sublinhado por alguns dos meus correspondentes.

ou o aumento da sua frequência, o que é verdade especialmente no que concerne à maioria dos homossexuais, se considerarmos que uma grande proporção da homossexualidade é congénita. Em França, a homossexualidade "*per se*" já não é punida por lei há mais de um século; apesar disso continua a abundar, sobretudo entre as classes mais baixas. Embora a lei seja omissa, a opinião pública opõe-se marcadamente e quando um homem de indubitável talento vê o seu nome associado a esta perversão, como aconteceu num caso verídico, passa a ser difícil ou impossível aos admiradores da sua obra relacionarem-se pessoalmente com ele. Por estas razões não existe, entre as classes mais cultas, notícia de homossexualidade e a literatura sobre homossexualidade limita-se a casos de polícia relacionados com a prostituição masculina em que estão envolvidos estrangeiros. Na Alemanha e na Áustria, onde as leis são severas, a homossexualidade também abunda e é mais assertiva e, provavelmente, apresenta maior frequência do que em França[272]. Nestes países foram documentados muitos mais casos do que em qualquer outro país e a literatura alemã sobre homossexualidade é muito extensa, tem divulgação popular e, por vezes, é entusiasticamente laudatória. Em Inglaterra a lei é extremamente severa mas, no entanto, de acordo com os estudiosos internacionais destas questões, a homossexualidade é aí tão frequente como no continente e alguns afirmam mesmo que é ainda mais frequente. O mesmo se aplica aos Estados Unidos, embora aqui a homossexualidade seja menos visível. Não se pode, por isso, afirmar que a repressão legal tenha muita influência sobre a prevalência da homossexualidade. O principal efeito da tentativa de supressão legal parece ser o de despertar nos invertidos sexuais mais cultos a

---

[272] É um fato notável e talvez significativo que, se a homossexualidade caiu atualmente em desgraça absoluta em França, o mesmo não se passava quando a legislação era menos tolerante, nos séculos XVII e XVIII. O duque de Gesvres, como descrito por Besenval (*Mémoires*, I, p. 178), foi um invertido marcado do tipo feminino, impotente e denotando publicamente modos femininos, no entanto, foi sempre tratado com consideração. Em 1687, Madame, a mãe do Regente, escreveu que "*todos os homens novos e muitos dos mais velhos*" praticam a pederastia: "*il n'y a que les gens du commun qui aiment les femmes*" (N.T.: "*apenas as gentes vulgares gostam de mulheres*"). A tendência marcada para inversão na família real francesa, neste período, é bem conhecida.

vontade de defender empenhadamente a homossexualidade, enquanto nas mentes mais rudes é estimulada a bravata cínica[273].

Quanto à prevalência de homossexualidade nos Estados Unidos, posso citar um correspondente americano, muito bem informado:

"A grande frequência da inversão sexual nas cidades norte-americanas é demonstrada pelo amplo conhecimento que se tem da sua existência. Noventa e nove homens normais em cada cem foram abordados na rua por invertidos ou têm entre os seus amigos alguns que sabem ser sexualmente invertidos. Já toda a gente viu invertidos e sabe como são. A atitude pública em relação a eles é geralmente negativa: indiferença, diversão ou desprezo."

"O mundo dos invertidos sexuais é muito extenso em todas as cidades americanas e constitui uma comunidade distinta e organizada, com expressões, costumes e rituais próprios. Cada cidade tem numerosos pontos de encontro: algumas igrejas onde os invertidos se congregam, alguns cafés bem conhecidos pelo caráter homossexual dos seus donos, algumas ruas onde, durante a noite, um em cada cinco homens é invertido. Os invertidos têm os seus próprios 'clubes', onde se reúnem todas as noites. Esses 'clubes' são, na verdade, salões de baile, anexos a 'saloons' cujo proprietário é quase de certeza um invertido, tal como são os empregados e os músicos. Os frequentadores desses lugares são invertidos do sexo masculino (normalmente com idades entre os 17 e os 30 anos). Os 'mirones' entram com facilidade, ou mais propriamente, são bem vindos pelas bebidas que pagam em troca de companhia, mas também por outras razões. O programa principal destas reuniões inclui a atuação de alguns cantores alternada com música para dançar e muita bebida e bisbilhotice nas pequenas mesas colocadas ao redor das quatro paredes do salão. Os 'habitués' destes lugares são, geralmente, invertidos do tipo mais pronunciado, isto é, com voz e modos completamente femininos e com o caraterístico menear de ancas no andar. Embora eu nunca lá tenha visto homens vestidos como mulheres, não duvido que tal aconteceria se não fossem os regulamentos policiais que relegam tal prática para outros lugares e outras ocasiões. Você vai argumentar, com toda a razão, que a

---

[273] Disseram-me que um homem com hábitos homossexuais declarou que teria pena de ver a lei inglesa alterada, porque depois deixaria de ter prazer com as suas práticas invertidas.

polícia também conhece estes lugares e aceita deliberadamente a sua existência: com efeito, não é raro serem os polícias a indicar estes lugares aos forasteiros."

O julgamento de Óscar Wilde (ver *ante*.), com o seu mediatismo e pela natureza fundamental das questões que levantou, parece ter contribuído para consolidar e autoconsciencializar as manifestações de homossexualidade e para mobilizar os invertidos para determinadas atitudes. Diversas fontes me garantiram que assim se passou e que a partir desse julgamento as manifestações de homossexualidade se tornaram mais pronunciadas. Um correspondente escreveu-me o seguinte:

"Até ao julgamento de Óscar Wilde eu desconhecia a lei. Pensei que já tinha a questão moral resolvida, bem como a sua relação com a minha vida e a vida dos meus amigos, mas agora tive que me perguntar a mim mesmo que justificação tinha para violar a lei e para ser o impulsionador de igual violação por outros, em particular por outros mais jovens do que eu. Nunca tinha permitido que o 'dictum' da lei interferisse com o que eu acreditava ser a educação moral adequada a qualquer jovem que estivesse à minha responsabilidade. Não posso dizer que o julgamento alterou o curso da minha vida, em cuja retidão eu acreditava plenamente, mas tornou-me mais cauteloso e provavelmente mais alerta em relação à responsabilidade que tenho para com os mais jovens. Refletindo sobre os resultados do julgamento como um todo, não tenho dúvida que causou um prejuízo incalculável e que intensificou o nosso defeito nacional: a hipocrisia. Mas também acho que pode ter trazido o benefício de mobilizar todos os que, como eu, refletiram profundamente sobre o assunto, para defender, quando chegar a hora, o que consideramos certo, honrado e limpo".

Da América, uma senhora escreveu-me sobre a posição moral dos invertidos, mas sem aludir ao julgamento de Wilde:

"Os invertidos deveriam ter a coragem e a independência para serem iguais a si mesmos e para exigir uma investigação. Se nos esforçamos por viver honradamente e se acreditamos que se deve fazer o melhor possível ao maior número de pessoas possível, então não é crime nem vergonha ser invertido. Não preciso da lei para me defender, não desejo privilégios especiais, nem peço aos meus amigos para sacrificarem por mim aquilo em

que acreditam. Também tenho os meus ideais, que sempre defenderei. Não desejo mais que liberdade, e reivindico-a como direito, para exercer o dom divino de amar, o que não constitui nenhuma ameaça para a sociedade nem vergonha para mim. Que entendam de uma vez por todas que o homossexual comum não é moral nem mentalmente depravado, mas simplesmente um homem, ou uma mulher, completamente indiferenciado de todos os outros homens e mulheres. Acredito que o preconceito contra os invertidos desaparecerá e, se viverem uma vida reta e honesta, irão seguramente ganhar a estima e a consideração de todas as pessoas sensatas. Sei o que significa para um invertido que se sente isolado do resto da humanidade, encontrar um coração que o compreenda e que confie nele, mas também sei quão impossível isso é, e será, até que o mundo se aperceba destes factos ".

Mas se a lei, sempre que tentou, teve tão pouco êxito a reprimir a sexualidade anormal como teve a reprimir o instinto sexual normal, está, contudo, na origem de outro delito. O crime que designamos por chantagem ("*blackmailing*" em Inglaterra, "*chantage*" em França e "*erpressung*" na Alemanha) ou, por outras palavras, a extorsão de dinheiro pela ameaça de denúncia de alguma violação real ou fictícia, encontra terreno fértil quando usada contra os homossexuais[274]. Não basta, seguramente, remover a penalização aplicada à homossexualidade para suprimir a chantagem, como podemos verificar pela continuação da existência de "*chantage*" deste tipo em França, mas a despenalização torna o seu sucesso mais difícil.

Por todas estas razões e tendo em consideração o facto de que a tendência geral da legislação moderna, que é coincidente com a opinião de especialistas de todo o mundo, vai na direção do abandono da penalização, parece razoável concluir que tanto a "*sodomia*" (isto é, "*immissio membri in anum hominis vel mulieris*") como o "*atentado grave ao pudor*" devem deixar de ser punidos, exceto em circunstâncias específicas. Isto quer dizer que se duas pessoas do mesmo sexo ou de sexos diferentes, tendo atingido a idade de

---

[274] A chantagem parece ser o risco mais grave em que o invertido incorre. Hirschfeld declara, num interessante estudo sobre chantagem (*Jahrbuch für sexuelle Zwischenstufen*, abril de 1913), que entre os 10.000 homossexuais que conheceu quase nenhum foi condenado pela lei que penaliza a homossexualidade, mas mais de 3.000 foram vítimas de chantagem.

consentimento[275], acordarem na prática privada de qualquer tipo de relação sexual perversa, a lei não pode ser chamada a intervir. Nestes casos, a função da lei deve ser a prevenção da violência, a proteção dos jovens e a preservação da decência e da ordem pública. Qualquer critério que exceda este limite não deve constar da lei, devendo ser deixado à consideração apenas dos próprios indivíduos, de moralistas e da opinião pública.

Ao mesmo tempo, embora esta alteração à lei pareça ser razoável, o seu efeito será menor do que poderemos supor à primeira vista. Com efeito, um grande número de casos envolve rapazes jovens. É esclarecedor constatar que nos 246 casos de Legludic em França (incluindo vítimas e agressores), mais de metade, ou seja 127, têm idades entre os 10 e os 20 anos e em 82 casos, precisamente um terço do total, as idades situam-se entre os 10 e os 14 anos. O campo de ação para a lei continua ainda a ser considerável, qualquer que seja o número de casos que deixar de ser penalizado por lei para passar para o domínio da opinião pública.

É evidente, porém, que a opinião social, com lei ou sem ela, se irá pronunciar abertamente. Houve tempos em que a homossexualidade era sobretudo uma questão de população ou de religião. Atualmente já se discutem menos os aspetos económicos ou sacro-religiosos: no nosso tempo é, principalmente, uma abominação repugnante, isto é, uma questão de bom gosto ou de opinião estética e, ao mesmo tempo que é indescritivelmente horrorosa para a maioria, é proclamada como bela por uma pequena minoria. Não me interessa se este método estético de julgar a homossexualidade está intrinsecamente certo ou errado. Mas dificilmente se poderá utilizar para fins legais. Denunciar violentamente a natureza repugnante da homossexualidade e ditar sentenças em função da repugnância que ela nos causa ou lamentar-se, como parece que se lamentou um juiz inglês ao ler uma sentença, que os "*atentados graves ao pudor*" deviam receber a condenação à morte, é trazer para a discussão considerações que lhe são totalmente alheias. Os juízes que cedem a

---

[275] Krafft-Ebing é de opinião que esta idade não deve ser inferior a 16 anos, a idade em que as raparigas em Inglaterra podem legalmente consentir em participar numa relação sexual normal (*Psychopathia Sexualis*, 1893, p. 419). A idade de consentimento para relações sexuais invertidas não deverá, obviamente, ser menor.

esta tentação, certamente nunca aceitariam conscientemente que as suas opiniões políticas influenciassem as suas decisões. No entanto, as questões de gosto pessoal devem ser tão estranhas aos tribunais quanto as opiniões políticas. Um ato não passa a ser crime só por ser repugnante. Comer excrementos, como observa Moll, é extremamente repugnante, mas não é crime. A confusão que existe, até entre os juristas, entre o repugnante e o criminoso, constitui evidência adicional sobre a vantagem de despenalizar a homossexualidade simples. Ao mesmo tempo, mostra que é amplamente suficiente que se deixe no domínio da pressão social a reação às manifestações de sexualidade invertida. E assim concluímos a nossa reflexão sobre os aspectos legais da inversão sexual.

Qual deverá ser a nossa atitude em relação à homossexualidade?

Mas se não pode haver dúvidas quanto a adequação da opção de deixar para a pressão social a reação a todas as manifestações de sexualidade pervertida, ainda está por ser respondida a questão sobre até que ponto não só a lei, mas também a opinião pública corrente devem ser modificadas para ter em conta os resultados de um estudo psicológico como este que agora publicamos. É claro que a opinião pública, moldada principalmente ou inteiramente pela ideia de depravação grave, tende a ser excessivamente violenta. Qual deve ser então a atitude razoável da sociedade em relação ao invertido sexual congénito? Deve ser a de evitar os extremos. Por um lado, não podemos esperar tolerância para o invertido que assume que é superior ao resto do rebanho apenas por preferir ter prazer com um soldado ou com um polícia em vez de o ter com as irmãs deles. Por outro lado, devemos abster-nos de esmagar, com ignorância indiscriminada, sob um fardo pesado de vergonha, os sujeitos de uma anormalidade que, como vimos, são capazes de excelentes contribuições para a sociedade. A inversão é uma variação do curso normal da Natureza. Mas o choque de elementos opostos, que marca a história desta variação que geralmente comporta em si mesma mecanismos de autopunição, resulta por vezes, mas não raramente, em atividades mais nobres do que aquelas em que se ocupa a vasta maioria dos que vivem à superfície da Terra. Neste campo, a nossa obrigação deve ser apenas proteger os membros mais frágeis da sociedade de serem molestados pelos invertidos, porque se formos mais longe e procurarmos destruir o próprio invertido antes mesmo de ele ter pecado contra a sociedade, estamos a exceder o mandado da razão e ao fazê-lo, poderemos estar a destruir criações de grande valor.

E assim podemos encerrar esta discussão sobre a inversão sexual. Ao lidar com ela procurei evitar atitudes de superioridade moral que são tão comuns na literatura sobre este tema e abstive-me de salientar o quão detestável e hediondo é este fenómeno. Esta atitude é tão desadequada para a investigação científica como para a judicial e é característica dos amadores. É pouco provável que o médico que apenas sente aversão face à doença consiga socorrer os seus pacientes ou ensinar os seus alunos.

Espero que agora tenha ficado claro, para todos os leitores que me seguiram até aqui, que esta investigação é proveitosa não só para esclarecimento da sociedade e dos seus membros, mas também para aumentar o nosso conhecimento sobre psicologia sexual. Há uma infinidade de questões sociais que não podemos discutir frontal e honestamente sem possuirmos este conhecimento específico que aqui documentámos, respeitante ao papel da tendência homossexual na vida humana. Para além disso, o estudo desta tendência pervertida vai para além dela mesma;

> *"O'er that art*
> *Which you say adds to Nature, is an art*
> *That Nature makes."*

(N.T.: *"Para lá dessa arte/que dizes melhorar a Natureza, está uma arte pela Natureza forjada."*: *Conto de Inverno*, de William Shakespeare.)

A patologia não é mais do que a fisiologia operando em condições diversas. O curso da natureza continua a fluir pelo canal tortuoso da inversão sexual e sempre de acordo com as leis naturais. Não desperdiçámos o nosso tempo nesta árdua viagem: com o conhecimento adquirido estamos mais bem equipados para avançar para o estudo da questão mais ampla do sexo.

ANEXOS

APÊNDICE A. Homossexualidade entre vagabundos

por "*Josiah Flynt*".

Fiz um estudo deveras detalhado da classe dos vagabundos nos Estados Unidos, na Inglaterra e na Alemanha, mas o caso que conheço melhor é o dos Estados Unidos. Vivi lá, entre vagabundos, durante oito meses consecutivos, para além de ter passado inúmeros períodos mais curtos na companhia deles e de já os conhecer há mais de dez anos. Estive entre eles com o objetivo de aprender sobre a sua vida, em particular, e sobre a vida dos proscritos, em geral, o que só se pode fazer se nos tornarmos parte integrante das suas manifestações.

Existem dois tipos de mendigos nos Estados Unidos: os desempregados e os vadios. Os desempregados não são vagabundos genuínos; na verdade, desejam trabalhar e não sentem qualquer simpatia pelos vadios. Estes últimos são os verdadeiros vagabundos. Fazem da mendicidade um negócio (por vezes, um negócio muito bom) e não o abandonam até morrer. Whisky e *Wanderlust*, ou a paixão por vaguear, são provavelmente as principais razões para a sua existência; mas muitos são ex-criminosos, homens que experimentaram o crime e descobriram que não têm capacidade para serem criminosos. Tornam-se vagabundos porque acreditam que a vida "*na estrada*" é a que se aproxima mais da vida que esperavam ter. Têm talento suficiente para ser bem-sucedidos como mendigos, normalmente mais do que os que mendigam apenas porque são alcoólicos; sabem mais truques e são mais espertos a inventar esquemas e histórias. Todos os vagabundos genuínos da América são, no entanto, muito parecidos no que respeita a filosofia de vida e todos são igualmente aceites no *hang-out*[276]. A classe social da qual são provenientes é, geralmente, a mais baixa de todas, mas existem alguns vadios provenientes da classe mais alta, que são frequentemente tão cruéis e depravados como os seus irmãos de origens mais humildes.

No que respeita à inversão sexual entre vagabundos, há muito para dizer e não posso ter a pretensão de ser capaz de descrever aqui tudo o que vi e ouvi, mas tentarei dar uma ideia geral sobre o assunto. Todos os vagabundos dos Estados Unidos sabem bem o significado de "*relações sexuais não naturais*", falam abertamente sobre o assunto e, de acordo com o que descobri, um em cada dez pratica-as e defende-as. As vítimas desta paixão são os rapazes jovens. Os vagabundos dispõem de várias técnicas para os atrair. Um método comum é parar por algum tempo nalguma cidade e travar conhecimento com os rapazes novos dos bairros de lata. Contam a estes miúdos todos os tipos de histórias sobre a vida "*na estrada*", como se pode andar de comboio de graça, disparar contra os índios, ser *"profissionais"*, e escolhem o rapaz que lhes agrada mais. Com sorrisos e afagos lisonjeiros, dizem-lhe que só lhe contam estas histórias a ele e, passado pouco tempo, se o garoto for um sujeito adequado, corresponderá aos sorrisos, também maliciosamente. Com o tempo, o miúdo começará a pensar que é o favorito do vagabundo, que partirá com ele nas suas viagens, e começará a planear encontros secretos com o homem. O vagabundo, é claro, continua a excitar a imaginação do miúdo com histórias e afagos e, numa bela noite, passará a haver menos um rapaz na cidade. Já na estrada, o rapaz passa a ser chamado de *prushun* e o seu protetor de *joker*. A maioria dos *prushuns* têm entre 10 e 15 anos de idade, mas conheci alguns com menos de 10 anos e uns quantos com mais de 15. As leis da vadiagem obrigam todos os *prushuns* a permitir ao seu *joker* fazer com eles o que bem quiser, e temo que muitos aprendam a gostar do tratamento que lhes dão. Também se espera deles que mendiguem em todas as cidades que visitam, sendo a preguiça severamente

---

[276] O lar da irmandade. Na prática, é qualquer canto onde os vagabundos possam deitar-se mas, normalmente, é uma pensão barata, um vagão de carga ou um refúgio entre as ervas, próximo dos tanques de água das estações de comboio.

punida. Não é completamente claro de que forma se consuma o ato de relação sexual; os vagabundos apresentaram-me versões contraditórias. Pelo que tenho observado pessoalmente, penso que geralmente praticam o que designam por *"trabalho de pernas"* (intercrural), mas por vezes também se dá *"immissio penis in anum"*. Em ambos os casos, com o rapaz deitado sobre o estômago. Já ouvi histórias terríveis sobre os danos físicos provocados aos rapazes por estas relações sexuais anais.

Uma noite, perto de Cumberland, na Pensilvânia, quando viajava num vagão de mercadorias de um comboio lento na companhia de oito vagabundos, testemunhei involuntariamente uma das piores cenas que se pode imaginar. Um rapaz negro conseguiu saltar para o vagão e, quando o comboio já estava de novo em marcha normal, foi derrubado e *"seduzido"*, segundo o eufemismo utilizado pelos vagabundos, por cada um deles. O rapaz quase não ofereceu resistência e até se riu, como se já estivesse à espera do que lhe aconteceu. Na verdade, esta é normalmente a atitude dos rapazes que já foram completamente submetidos. Inicialmente resistem, querem fugir e lutam, mas os homens amansam-nos com mimos e carícias, e depois de algum tempo os rapazes parecem já não se importar. Alguns contaram-me que, nestas relações, obtêm tanto prazer como o *joker*. Até alguns garotos com menos de 10 anos me disseram o mesmo, e sei de alguns que provocam deliberadamente os seus *jokers* para conseguirem ter relações sexuais com eles. Em que consiste o prazer que obtêm, não o sei dizer, mas os jovens descrevem-no como uma deliciosa sensação nas partes, e talvez não passe disso mesmo, pelo menos para os rapazes mais novos. Os que já alcançaram a puberdade, obtêm satisfação de forma muito idêntica à dos homens adultos. Entre os homens, a prática é claramente viciante. A maioria prefere um *prushun* a uma mulher e os atos de violação são severamente condenados. É frequente ler nos jornais que uma mulher foi violada por um vagabundo, mas os vagabundos pervertidos nunca são culpados de tal crime.

Creio, no entanto, que há alguns vagabundos que andam com rapazes por escassearem mulheres *"na estrada"*. Por cada mulher no *"país da vadiagem"* existem cem homens. Que esta desproporção esteja relacionada com a popularidade dos rapazes torna-se evidente pelo caso seguinte: numa prisão onde estive detido por um mês durante a minha vida de vadiagem, travei conhecimento com um vagabundo que tinha a fama de ser um "*sod*" (sodomita). Um dia, uma mulher veio à prisão para visitar o marido que estava a aguardar julgamento. Um dos presos disse que a tinha conhecido antes de ela casar e que tinha vivido com ela. O vagabundo estava prestes a ser libertado e quis saber onde é que a mulher morava. Depois de sair da prisão, procurou-a e conseguiu ficar a viver com ela durante quase um mês. Contou-me mais tarde que gostava muito mais de viver com ela do que de ter relações sexuais com rapazes. Perguntei-lhe por que é que ele ia com rapazes e ele respondeu: "*Porque não há mulheres que cheguem. Se não conseguir por um lado, tenho que tentar pelo outro*".

É nas prisões que se assiste ao pior da perversão. Durante o dia, os presos estão à solta, em longos corredores, e podem fazer o que quiserem; à noite, são fechados nas suas celas, dois a dois ou até quatro a quatro. Se houver rapazes entre eles, são usados por todos os que o quiserem fazer. Os que se recusam a ser submetidos, são amordaçados e agarrados. O diretor da prisão raramente sabe o que se passa pois seria um autêntico suicídio para os rapazes se lhe fossem contar alguma coisa. A ignorância sobre o que se passa nas prisões dos Estados Unidos é criminosa e se as prisões fossem bem governadas tal não seria possível. Uma vez, num desses lugares, fui testemunha da luta mais feroz entre vagabundos a que alguma vez assisti; lutavam por causa de um rapaz. Os dois homens diziam que o amavam e ele parecia retribuir aos dois, por igual. Alguém sugeriu que o assunto se deveria resolver numa luta com navalhas, ficando o vencedor com o rapaz[277]. Os homens prepararam-se para lutar enquanto a multidão se reunia à sua volta para assistir. Lutaram por mais de meia hora, esfaqueando-se um ao outro horrivelmente, até que os seus amigos os separaram, receando alguma fatalidade. O rapaz foi entregue ao que ficou menos ferido.

O ciúme é uma das primeiras coisas que notamos em relação a esta paixão. Conheço alguns vagabundos que deixaram a vida ao "*ar livre*" simplesmente para garantir que ninguém punha as mãos em cima dos

---

[277] Todos os vagabundos andam com lâminas de barbear, tanto para se barbearem como para defesa própria. Parece estranho, mas conseguem introduzi-las nas prisões, porque nunca são convenientemente revistados.

seus *prushuns*. Tais relações duram frequentemente muitos anos e alguns rapazes permanecem com os seus *jokers* até se "*emanciparem*".

A emancipação de um rapaz significa a liberdade que ele alcança para "*armar uma cilada*" a algum outro miúdo, de modo a poder fazer-lhe o mesmo que lhe fizeram a ele quando era mais novo. Em regra, o *prushun* é libertado quando já se consegue proteger a si mesmo. Quando já consegue defender a sua "*honra*", passa a ser aceite na classe dos "*veteranos*" e pode fazer o que quiser. Este é o prémio com que são aliciados os *prushuns* durante a sua aprendizagem. Dizem-lhes que um dia poderão ter o seu próprio *prushun* para usarem como eles foram usados. É assim que o "*país da vadiagem*" tem sempre a certeza de conseguir novos recrutas.

É difícil estimar o número de invertidos sexuais que existe entre os vagabundos. Nem sequer se sabe ao certo quantos vagabundos existem no país. Já afirmei num dos meus artigos sobre vagabundos que, contando os miúdos, há entre cinquenta a sessenta mil vadios genuínos nos Estados Unidos. Um vagabundo no Texas, que soube desta estimativa, escreveu-me dizendo que a considerava demasiado baixa. Os jornais têm-na criticado como sendo muito alta, mas não têm bases para o fazer. Se os meus valores são, como acredito que sejam, pelo menos aproximadamente corretos, poderemos estimar que o número de vagabundos sexualmente invertidos estará entre os cinco e os seis mil, incluindo homens e rapazes.

Alguns vagabundos têm-me relatado ultimamente que os rapazes são agora menos numerosos do que eram há uns anos. Dizem que é muito arriscado ser visto com uma criança e que é mais rentável, no que se refere à mendicidade, andar sozinho. Não consigo determinar se isto significa que a paixão por rapazes é agora menos intensa do que costumava ser ou se os homens adultos passaram agora a satisfazer os seus desejos uns com os outros. Mas pelo que sei da aversão dos vagabundos por esta prática, estou inclinado a pensar que a paixão por rapazes pode estar a esmorecer. Estou certo de que as mulheres "*na estrada*" não são agora mais numerosas do que anteriormente, e que a mudança, se for real, não está relacionada com elas. E isto é o que tenho a dizer sobre os Estados Unidos.

Em Inglaterra, onde também vivi entre vagabundos durante algum tempo, encontrei pouca inversão sexual. Na Alemanha, excetuando nas prisões e penitenciárias, a inversão parece ser pouco conhecida entre os vagabundos. Há alguns judeus errantes (por vezes, vendedores ambulantes) que se diz serem acompanhados por rapazes, que são usados tal como os rapazes americanos são usados pelos vagabundos, mas não o posso confirmar pelas minhas observações pessoais. Em Inglaterra, encontrei alguns vagabundos do sexo masculino que não hesitaram em declarar a sua preferência pelos do seu próprio sexo, em particular por rapazes, mas devo confessar que raramente os vi acompanhados de rapazes; na realidade, andavam sozinhos e pareciam viver por conta própria.

É um facto digno de nota que, tanto em Inglaterra como na Alemanha, encontram-se muitas mulheres "*na estrada*", ou tão próximas dessa vida que é fácil e barato ter relações sexuais com elas. Na Alemanha, quase todas as cidades tem o seu bairro de *Stadt-Schieze*[278]: mulheres que vendem os seus corpos por quantias muito pequenas. Raramente pedem mais que 30 ou 40 *pfennigs* por uma noite, que é normalmente passada ao ar livre. Em Inglaterra passa-se quase a mesma coisa. Em todas as grandes cidades existem mulheres disponíveis por três ou quatro pence e, pelas que andam "*na estrada*", ainda se paga menos.

A impressão geral que me causaram os homens sexualmente pervertidos que conheci na vagabundagem é que são anormalmente masculinos. Nas suas relações sexuais com rapazes, adotam sempre o papel ativo. Os rapazes pareceram-me, nalguns casos, invulgarmente femininos, mas não por regra geral. No essencial, são muito iguais a todos os outros rapazes e sou incapaz de dizer se a sua preferência por relações sexuais invertidas é inata ou adquirida. Que a sua preferência é, no entanto, totalmente genuína numa grande maioria dos casos, não posso de forma alguma duvidar. Como tal, e ainda mais por ser assim, merece ser investigada mais aprofundadamente e tratada de forma mais razoável.

•

"*Josiah Flynt*", que escreveu o relato precedente sobre a vida dos vagabundos para a segunda edição desta obra, era famoso como autor, sociólogo e vagabundo. Era, aparentemente por disposição

---

[278] Esta palavra tem origem hebraica e significa rapariga (*Mädchen*).

inata, principalmente um vagabundo, papel que desempenhava na perfeição e em que se sentia completamente confortável (referia-se a si mesmo como tendo "*um rosto curtido e uma forma diminuta*"). Conseguiu, por isso, investigar a psicologia dos vagabundos e alguns dos seus livros (como *Tramping the Tramps*) são valiosos deste ponto de vista. O seu nome verdadeiro era F. Willard, sobrinho de Miss Frances Willard. Morreu em Chicago, em 1907, aos 38 anos de idade, logo depois de ter escrito uma franca e notável *Autobiografia*. Posso complementar as suas observações sobre vagabundos, sobretudo no que se refere a Inglaterra, pelas seguintes passagens de um registo detalhado que me foi enviado por um correspondente inglês:

"*Sou um homem invertido, com inclinações e gostos sexuais completamente femininos. Depois de conhecer diversos 'vagabundos', decidi procurar maior intimidade com eles e, durante cerca de vinte anos, eu mesmo fiz vida de 'vagabundo' para poder aproximar-me mais deles, tanto em Inglaterra, como na Escócia e no País de Gales.*"

"*Tal como nos Estados Unidos, há duas classes de vagabundos: os que aceitam trabalhar nas colheitas, na manutenção de estradas, etc., e os que não querem trabalhar, mas que fazem da vadiagem uma profissão. Pelo que observei nestas duas classes, 90 por cento dos vagabundos, ou para ser frontal, 100 por cento, pratica atos homossexuais sempre que tem oportunidade e, neste aspeto, não faço qualquer distinção entre uma classe e outra*".

"*Há vários motivos para que isso aconteça e irei descrever alguns. Um certo número pode preferir relações normais com mulheres mas, exceto para aqueles têm um furgão e também para o número limitado dos que são acompanhados por 'donnas', as mulheres não estão disponíveis e as prostitutas raramente permitem intimidades em troca de 'amor', exceto quando estão bêbadas. Os vagabundos têm medo de algumas doenças venéreas por obrigarem a estadias penosas no Hospital de Lock. A maioria deles são sociáveis e preferem vadiar com um 'make'. Com este companheiro de vadiagem, com quem o vagabundo dorme e descansa e se 'enfrasca' sempre que há dinheiro, a intimidade sexual acontece naturalmente e a minha experiência indica que, normalmente, no que respeita aos seus desejos sexuais, um dos dois é o macho e o outro a fêmea, mas conheci casos em que os dois podem adotar ambos os papéis. E para além disso, a prostituição masculina é gratuita, e mesmo quando ocasionalmente um vagabundo encontra um 'toff', trata-se de uma forma de ganhar dinheiro, de forma honesta ou não. Nunca conheci um vagabundo que recusasse satisfazer-me em troca da oferta de uma bebida ou de uma pequena quantia de dinheiro. Um deles disse-me que não invejava nem os 'cavalheiros nem os toffs', desde que tivesse abundância de 'bebida e de sodomia'".*

"*Um outro, que me disse que tinha andado 25 anos na estrada, contou-me que não suportava dormir sozinho. (Era um vendedor ambulante que vendia secretamente panfletos e fotografias depravadas, fingindo que vendia apenas livros religiosos baratos). Tinha 'estado dentro' e afirmou que o pior que lhe podia acontecer era não arranjar um 'make' que aceitasse ser penetrado, embora não fosse específico sobre que tipo de ato sexual estava a mencionar. Outro belo jovem, que conheci no próprio dia em que foi libertado depois de cumprir uma longa sentença de prisão por roubo e com quem passei uma noite inteira de intimidade incessante e quase brutal, disse-me que o seu maior castigo tinha sido ter estado sempre rodeado de homens sem lhes poder tocar. Outro poderoso fator de atração dos 'vagabundos' para a homossexualidade é que nas pensões baratas que eles são obrigados a frequentar, as camas são partilhadas com companheiros desconhecidos que, especialmente com tempo quente, dormem nus".*

"*Como os meus desejos sexuais se dirigem a invertidos do sexo masculino, convivi muito com eles e descobri que são o grupo de maior dimensão. Entre os vagabundos que trabalham nas colheitas ou a bordo de barcos é raro encontrar-se um 'dandy', a alcunha que eles me davam, pelo que eu era cortejado avidamente e todas as sugestões de intimidade da minha parte eram prontamente aceites. Quanto à utilização de rapazes para relações sexuais, não é comum e é muito perigosa, embora eu tenha conhecido rapazes, sobretudo os que pertenciam a vendedores ambulantes ou a ciganos, que se prostituíam, sempre a troco de dinheiro".*

"*Numa ocasião, observei o comportamento de um rapaz que desencadeou uma grande explosão de luxúria de natureza homossexual. O incidente ocorreu numa pequena cidade costeira da Escócia, na noite antes da feira. Ocorreu num 'pub' onde se encontrava um grande número de homens rudes, quase todos bêbados. A certa altura chegou um cego conduzido por um jovem de aspeto efeminado, com cerca de 17 anos, vestindo um kilt esfarrapado e que estava descalço. Tinha um cabelo claro, comprido e encaracolado, que lhe chegava aos ombros. Usava um chapéu e um casaco de tiro, em veludo, ambos velhos. Todos os olhos se voltaram para o par logo que entraram e rapidamente lhes ofereceram bebidas. Um dos homens comentou que achava que o jovem era uma menina. O rapaz respondeu: 'Queres mesmo ver se sou rapaz?', e levantou o kilt, expondo os órgãos genitais e o traseiro. Um coro de ruidosas gargalhadas saudou a exposição indecente e a sugestão implícita, e vieram mais bebidas. Então, o cego começou a tocar o seu violino e o rapaz começou a dançar, repetindo frequentemente as mesmas indecências. Foi agarrado, beijado e acariciado por um grande número de homens, alguns dos quais tentavam masturbá-lo, o que ele não permitia, mas masturbava-se ele mesmo para os provocar. Depois da hora de fecho, eu e cerca de dez ou doze homens, ficámos na sala; o velho continuou a tocar e o rapaz continuou a dançar, mas completamente nu, sugerindo que nós fizéssemos o mesmo, pelo que se seguiu uma cena erótica que só terminou quando o 'patrão' veio para apagar a lamparina".*

"Duas classes de vagabundos que conheci declaram abertamente a sua preferência pela homossexualidade. São, em geral, homens que serviram no exército, marinheiros ou homens do mar. Diz-se que 'os marujos têm uma mulher em cada porto', mas eu acredito por experiência própria que a 'mulher' é, muitas vezes, um homem. Isto passa-se com os marinheiros de todas as nacionalidades e também com os soldados. Entre estes, o ciúme é mais comum do que entre os vagabundos ordinários e se os 'dandies' dos soldados provocarem um superior (ou se forem provocados por ele), é bem provável que os dois acabem à pancada".

"Também poderia dar muitos exemplos das minhas experiências pessoais para demonstrar que os 'vagabundos' são considerados pelos homens do campo como objetos de luxúria homossexual, legítimos e complacentes, que se podem comprar".

Havelock Ellis

APÊNDICE B. As amizades de escola das raparigas

I.

As raparigas italianas designam as amizades de escola por *"flamma"* (N. T.: *"chama"*, *"fogo"*, *"labareda"*). Como explicam Obici e Marchesini, na gíria estudantil o termo designa tanto a pessoa amada como a relação de amizade em abstrato, uma amizade que tem as cores da paixão, tal como é sentida e compreendida no ambiente escolar. Em todos os colégios, a *"flamma"* é considerada uma instituição necessária. A relação é geralmente de caráter marcadamente platónico e usualmente acontece entre uma aluna interna e uma externa. No entanto, não obstante a sua aparente natureza não sexual, todas as manifestações sexuais das jovens colegiais giram à sua volta e, nos seus diversos aspetos e intensidades, refletem todas as variantes de emoções sexuais.

Obici e Marchesini levaram a cabo as suas investigações principalmente entre as alunas das escolas normais, com idades que vão dos 12 aos 19 ou 20 anos. Estes colégios são frequentados tanto por alunas internas como externas; as internas são as mais inflamáveis, mas são as externas que provocam as faíscas.

Obici e Marchesini foram auxiliados nos seus estudos por ex-alunas, que atualmente são professoras. Uma delas, uma aluna externa que nunca tinha sido objeto nem agente destas paixões, mas que tinha tido múltiplas oportunidades para as observar, escreve o seguinte: *"As 'flammae' são exatamente iguais às relações amorosas; acontece frequentemente que uma das raparigas apresenta caraterísticas masculinas, tanto físicas como de personalidade e de energia; a outra deixa-se amar, agindo com toda a obstinação (e quase poderíamos dizer, timidez) de uma jovem para o seu pretendente. O início destas relações é muito diferente do das relações de amizade.*

Não é por estarem sempre juntas, conversando e estudando, que as duas se tornam 'flammae'; não, geralmente nem se conhecem bem uma à outra; apenas se cruzam nas escadas, no jardim ou nos corredores, e o sentimento amoroso desperta devido à beleza ou graça física. A primeira afetada começa então a cortejar a outra: faz caminhadas frequentes pelo jardim quando julga que a amada poderá estar à janela da sala de aula, faz pausas nas escadas para a ver passar; em suma, uma adoração muda feita de olhares e suspiros. Depois, vêm os presentes de belas flores e os bilhetinhos entregues por alguma amiga conivente. Finalmente, se a 'flamma' mostra sinais de apreciar todas estas provas de afeto, vem a carta declarando a paixão amorosa. As cartas de declaração são longas e ardentes, em tal grau que podem igualar ou superar as verdadeiras declarações de amor. A cortejada quase sempre aceita, por vezes entusiasmada, mas frequentemente coloca muitas objeções e dúvidas em relação ao amor declarado. Só depois de muitos rogos é que ela cede e a relação começa".

Outra colaboradora, que foi responsável por atear numerosas *"flammae"*, faz uma descrição muito semelhante mas acrescenta outros detalhes: "*Pode dizer-se que 60 por cento das raparigas dos colégios tiveram relacionamentos 'flamma' e que das restantes 40 por cento, apenas metade recusou, por repugnância, este tipo de manifestações; as que estão na outra metade, são excluídas destas relações por não terem uma aparência ou um feitio suficientemente agradáveis para inspirarem qualquer simpatia*". Em relação ao início destas relações, escreve: "*Por vezes, as 'flammae' surgem antes das duas futuras amigas se darem uma com a outra, mas apenas porque uma delas é considerada pelas colegas como bonita, simpática, agradável ou elegante. A elegância exerce um fascínio imenso, especialmente sobre as alunas internas, que são obrigadas a usar roupas simples e monótonas. Logo que as internas ouvem dizer que uma aluna externa é charmosa e elegante, começam a sentir uma simpatia muito forte por ela, ficando ansiosas por conhecê-la. O almejado dia em que a conhecerão, acaba finalmente por chegar. A amada, inconsciente do tumulto de paixões que despertou, vai à escola, sem se aperceber que a forma como anda, os seus movimentos e as suas roupas, são observados atentamente das escadas, dos corredores ou dos dormitórios. Para as alunas internas, estas coisas são uma parte muito importante da vida monótona do colégio e assumem mesmo, para algumas, a forma de tragédia que, felizmente, se transforma gradualmente em comédia ou farsa*".

No decurso destas relações escrevem-se inúmeras cartas de amor. Obici e Marchesini leram mais de 300 cartas, que foram cuidadosamente preservadas pelas suas destinatárias e que, na verdade, foram o principal objeto do estudo. Estas cartas mostram claramente que as *"flammae"* surgem pela atração física e pela admiração da beleza e da elegância. As cartas das *"flammae"* estão cheias de paixão e parecem ser escritas em momentos de grande excitação e erotismo psíquico, podendo ser consideradas, como salientam Obici e Marchesini, uma forma de onanismo intelectual de que as autoras se arrependem e envergonham como se fosse um ato físico desonroso. No que se refere à ligação subjacente destes sentimentos com o impulso sexual, uma das colaboradoras escreve: *"Considero que as raparigas que se apaixonam por homens nunca chegam a experimentar as emoções que as 'flammae' sentem pelas suas companheiras".*

Obici e Marchesini resumem as diferenças entre as *"flammae"* e as amizades comuns: *"(1) pela extraordinária frequência com que as namoradas trocam cartas de amor, mesmo tendo que usar subterfúgios; (2) pela ansiedade que sentem por falarem uma com a outra, por estarem de mãos dadas, por se abraçarem e por se beijarem; (3) pelas longas conversas e pelos longos devaneios; (4) pelo ciúme persistente, com as suas múltiplas manipulações e com os desfechos usuais; (5) pela exaltação das qualidades da amada; (6) pelo hábito de escrever o nome da amada por todo o lado; (7) pela ausência de inveja em relação às qualidades da amada; (8) pela abnegação das amantes em ultrapassar todos os obstáculos ao seu amor; (9) pela vaidade com que algumas respondem às declarações amorosas das 'flammae'; (10) por terem consciência de que fazem uma coisa proibida; (11) pelo prazer da conquista, cujos troféus (cartas, etc.) preservam cuidadosamente".*

A principal diferença entre as relações *"flammae"* e as amizades é que as primeiras obrigam a exclusividade absoluta, o que pode originar ciúmes. A amizade e o amor estão, nestas relações, fortemente entrelaçados. As cartas são castas (as poucas exceções que ocorrem entre a grande quantidade de cartas analisadas não afetam a regra geral) e a pureza das relações *"flammae"* pode também ser deduzida por ocorrerem normalmente entre alunas internas e externas e entre raparigas de turmas e salas diferentes, sendo raras entre alunas que vivem em estreita proximidade. *"Certamente",* escreve uma das colaboradoras do estudo, *"as primeiras manifestações sensuais das raparigas são constituídas por excitação pura e simples, mas (em regra, como eu gostaria de pensar) a maioria das colegiais satisfaz-se por estar tão perto quanto possível da pessoa amada (de um sexo ou de outro), admirando-se ou beijando-se mutuamente ou, muito frequentemente, em conversas que não são, de modo nenhum, imorais, mas que são tipicamente muito metafóricas. O objetivo destes namoros é desvendar os mistérios mais importantes da natureza humana, os porquês e os para quês; versam as necessidades naturais que as raparigas sentem e intuem, mas sobre as quais ainda não têm certezas. Estas conversas são a ordem do dia nas escolas e nos colégios e centram-se, sobretudo, sobre a procriação, o maior mistério de todos. São um amontoado de tolices"*. Esta senhora só teve conhecimento de uma relação seguramente homossexual durante a totalidade da sua vida escolar; o par em questão era mal visto pelas colegas e não tinha outras *"flammae"*. Esta senhora conclui, dizendo que a principal manifestação de natureza sexual que observou entre as suas colegas foi uma curiosidade constante pelos mistérios sexuais e uma compulsão permanente para falar sobre eles.

Outra colaboradora, uma senhora que vivia numa escola normal, teve experiências um pouco mais amplas. Entrou no colégio com 14 anos de idade e sentiu a habitual solidão e infelicidade dos novos alunos. Um dia, quando estava pensativa e sozinha a um canto de uma sala, uma colega (a que tinha sido encarregue de lhe mostrar o colégio no primeiro dia) correu para ela, *"abraçando-me, cobrindo-me os lábios com um beijo e acariciando-me suavemente o cabelo. Olhei para ela, espantada, mas cheia de uma sensação de conforto delicioso. Foi assim que começou o idílio! Fui submetida a uma tempestade furiosa de beijos e carícias que me surpreenderam e me fizeram questionar sobre qual a razão de tão nova e imprevista paixão. Ingenuamente, perguntei-lhe qual o motivo e a resposta foi: 'Eu amo-te, fiquei apaixonada por ti logo que te vi, porque eras tão bonita e branca, e porque fico feliz e me 'acalmo' quando passo a minha mão pelos teus cabelos e quando beijo o teu rosto roliço e branco. Preciso de ter um corpo e uma alma'. Este discurso pareceu-me ser o de uma pessoa superior porque eu não entendia bem toda a sua importância. Tal como após o primeiro abraço, olhei para ela espantada e não consegui reagir a uma nova fúria de beijos e carícias. Senti que aqueles beijos não eram como os da minha mãe, do meu pai, do meu irmão ou de outras amigas; proporcionavam-se sensações desconhecidas; fiquei perturbada com o contato daqueles lábios húmidos e carnudos. Depois veio a troca de cartas e os habituais direitos e deveres das 'flammae'. Quando nos encontrávamos na presença de outras, os nossos cumprimentos eram simples, porque as 'flammae' eram estritamente proibidas. Aceitei porque gostava dela, mas também por recear os seus ciúmes do tipo 'Otelo'. Ela sufocava-me e chegava a morder-me sempre que eu brincava alegremente com as outras, e ai de mim se não a chamasse para me pentear o cabelo. Ela gostava de ver o meu cabelo solto e pousava a sua cabeça no meu ombro, sobretudo quando eu estava meio despida. Deixava-a fazer o que queria, mas ela repreendia-me severamente por eu não manifestar saudades e por não correr a abraçá-la e beijá-la logo que nos reencontrávamos. Mas ao mesmo tempo, eu ficava secretamente destroçada pela ideia de a poder perder e por pensar que talvez um dia ela viesse a dedicar todas as suas carícias a outra rapariga. Mas nunca lhe disse isso! Um dia, porém, quando contemplava uma bela paisagem com a diretora, fui inundada por uma grande tristeza e desatei a chorar. A diretora perguntou-me o que se passava e eu atirei-me nos seus braços e solucei: 'Amo-a tanto que sinto que não conseguirei continuar a viver se ela alguma vez deixar de me amar!' A diretora sorriu, e o seu sorriso tocou-me o coração. Percebi imediatamente que era uma tola e que a minha amiga estava a trilhar um caminho errado. A partir desse dia nunca mais consegui suportar a minha 'flamma'. A separação foi total; suportei corajosamente os seus insultos e até os arranhões que me fez na cara, seguidos de longos queixumes e de prostração completa. Pensei que seria errado denunciá-la e inventei um pretexto para mudar de quarto, pois ela vestia-se em silêncio e depois passava horas deitada na minha cama, chorando sobre a minha almofada. Dizia que queria absorver o meu perfume saudável e fresco. Este desejo turbulento e permanente causava-me náuseas e eu queria evitá-lo completamente. Mais tarde, soube que tinha iniciado outro relacionamento, dos que não são abençoados por nenhum rito sagrado".*

Não obstante o caráter platónico destas cartas, Obici e Marchesini comentam que existe um substrato de sexualidade emocional que encontra expressão nas conversas indecorosas já mencionadas. As *"flammae"* são *"ficções amorosas, dramas de amor sexual"*. Esta característica sobressai da frequência com que as cartas são romanticamente assinadas com nomes inventados, masculinos ou femininos.

No entanto, é possível detetar elementos de impressionabilidade sexual nas cartas. *"Na sexta-feira fomos à missa em San B."*, escreve uma aluna de uma instituição dirigida por freiras, *"mas infelizmente reparei que M. L. estava à janela. Como eu pensava que ela estava com a A., fiquei nervosíssima o tempo todo. E o pior é que estava à janela com os braços à mostra e, ao que me pareceu, em camisa"*. Sem dúvida que o mesmo se passaria com qualquer rapariga que vivesse com a sua família. Mas é certo que a imaginação das alunas internas é mais fantasiosa, pois vivem afastadas dos contatos e das observações inocentes que fazem com que as relações sociais fora dos colégios sejam mais livres e menos preconceituosas. Nos rapazes que convivem normalmente com mulheres, um rosto feminino não causa tanta excitação como a que é causada aos rapazes que vivem em colégios e que ficam, literalmente, eletrizados ao mais pequeno contato com um objeto feminino, sobretudo quando o fazem em segredo e em clima de erotismo. Tais objetos evocam uma série de devaneios indecorosos nos internos, que deixariam indiferentes os rapazes que, pelo ambiente social em que vivem, estão vacinados contra quaisquer tendências para o fetichismo erótico. A atração exercida por aquilo a que só raramente temos acesso e em torno do qual a imaginação devaneia assiduamente, a atração pelo fruto proibido, é fonte de certas tendências e hábitos que dificilmente se desenvolvem em ambientes mais liberais. A curiosidade é aguda e é multiplicada pelos obstáculos que se opõem à sua satisfação. A atração das "*flammae*" é o início desse fetichismo mórbido. Tais sentimentos, que noutras condições nunca teriam ido além de amizades comuns, desenvolvem-se assim em "*flammae*", algumas de caráter marcadamente sexual. Sob tais influências, até mesmo os sentimentos mais puros e simples são experimentados hiperestesicamente tanto por rapazes como por raparigas. As raparigas aqui estudadas perderam a noção exata do que são as manifestações simples de amizade, e julgam que o seu amor loucamente apaixonado denota uma sensibilidade requintada e uma amizade verdadeiramente profunda; confundem amizade com paixão. O seguinte extrato de uma carta exemplifica a relação de causa e efeito entre os ambientes colegiais e o desejo intenso de amar apaixonadamente: "*Meu amor, conheces bem melhor que eu a necessidade que as raparigas afastadas dos seus lares, da sua família e dos seus amigos sentem de amar e serem amadas. Podes compreender como é difícil ser obrigado a viver sem ninguém que te acarinhe*"; e a autora prossegue, proclamando que o seu amor se concentrou completamente na sua correspondente.

Embora haja um elemento sexual inquestionável nas relações "*flammae*", tal não pode ser encarado como uma expressão absoluta de perversão real congénita do instinto sexual. A frequência destes fenómenos, bem como o facto de que, ao sair do colégio para iniciar a sua vida social, as raparigas normalmente deixam de experimentar estes sentimentos, é suficiente para demonstrar a ausência de anormalidade congénita. A estimativa de frequência de "*flammae*" nas escolas normais, providenciada a Obici e Marchesini por diversas colaboradoras, é de cerca de 60 por cento, e não existe nenhuma razão para pensar que entre as professoras existe um maior contingente de pervertidas do que entre as mulheres em geral. A raiz é orgânica, mas as manifestações são ideais e platónicas, ao contrário de outras manifestações da vida escolar. O estudo não se debruçou sobre os detalhes das experiências sexuais solitárias das alunas dos colégios porque a constatação da sua existência está suficientemente comprovada. As conversas já referidas são uma medida da excitação sexual que existe entre estas colegas de escola e que é aumentada por esta via. Estas conversas, como indica uma colaboradora, eram o principal assunto do dia-a-dia e aconteciam principalmente quando a correspondência amorosa era fácil. Pode bem acontecer que a excitação sexual, travestida de sentimentos etéreos, sirva para aumentar a intensidade das *"flammae"*.

Analisadas em conjunto, concluem Obici e Marchesini, as *"flammae"* podem ser consideradas uma *"síntese provisória"*. Encontramos aqui reunidos o elemento fisiológico da sexualidade incipiente, o elemento psíquico da ternura feminina natural destas idades, o elemento envolvente favorável e o elemento social com o seu altruísmo nascente.

II.

Que os fenómenos descritos em minuciosos detalhes por Obici e Marchesini se assemelham muito aos fenómenos que ocorrem nas escolas femininas inglesas é-nos indicado pela seguinte comunicação, pela qual estou grato a uma senhora que conhece bem os colégios femininos ingleses mais modernos:

"Utilizando informação proveniente de diversas fontes, bem como a minha experiência e as minhas observações pessoais, cheguei à conclusão que as ligações românticas e emocionais entre raparigas, ligações que lhes ocupam grande parte do tempo livre, são mais comuns do que se supõe entre as raparigas inglesas, sobretudo nas escolas ou nos colégios, ou em qualquer instituição onde raparigas ou mulheres jovens vivam juntas e estejam muito isoladas".

"Tanto quanto consegui saber, essas ligações, que são designadas por nomes diferentes consoante a região (por ex., 'raves', 'spoons', etc.), são comparativamente raras nos colégios privados mais pequenos, e estão completamente ausentes nas escolas estatais ou religiosas entre as alunas das classes mais baixas, talvez porque a convivência com o sexo oposto seja maior".

"*Posso afirmar por experiência própria que num dos maiores e melhores colégios ingleses, onde passei vários anos, as 'raves' são muito comuns, apesar das disposições internas que foram pensadas para extinguir a maior parte desses sentimentos inadequados. As disposições nesses colégios são muito semelhantes às dos grandes colégios masculinos. Existem diversas casas-residência de estudantes, que albergam, em média, quarenta a cinquenta alunas. Cada casa está sob gestão de uma diretora, de elevada educação, que é assistida por uma governanta, sendo ambas completamente independentes das professoras do colégio. Cada casa tem um amplo jardim, com campos de ténis e outros; organizam-se inúmeras partidas de críquete, hóquei e outros jogos, jogos que são, não só encorajados pelas responsáveis da casa mas, também, muito apreciados pelas alunas. Cada rapariga tem um cubículo, ou um quarto separado, e nenhuma júnior (as que têm menos de 17 anos de idade) pode entrar no cubículo ou no quarto de outra sem pedir autorização, nem pode ir para a zona dos quartos durante o dia. Com efeito, faz-se tudo para desencorajar quaisquer sentimentos mórbidos. Apesar disso, tanto quanto observei, as amizades nessas casas parecem mais fortes e mais emocionais que na maior parte dos outros sítios, e o sexo é um dos principais tópicos de conversa*".

"*Nessas grandes escolas e colégios, estas 'raves' são numerosas e parecem ser perenes entre as raparigas com mais de 13 anos de idade. As meninas mais novas podem gostar de alguma outra aluna ou professora, mas de forma bem diferente. Estas 'raves' não são meras amizades no sentido comum da palavra, nem são incompatíveis com as amizades normais. Uma rapariga com uma 'rave' tem frequentemente muitas outras amigas íntimas pelas quais não sente as mesmas emoções de excitação entusiasmada que caraterizam as 'raves'*".

"*Pelo que me disseram algumas raparigas que estiveram envolvidas em 'raves' e que depois se apaixonaram por homens, as emoções são semelhantes nos dois casos, embora elas o desconhecessem ao tempo da 'rave'. Isto parece indicar a existência de uma base sexual, embora, por outro lado, ocorram casos em que os sentimentos envolvidos parecem ser apenas de ordem espiritual, uma espécie de elevação de alma associada a um desejo intenso de felicidade, um sentimento que se aproxima mais da reverência pela pessoa amada do que qualquer outra coisa, sem nenhum desejo de intimidade ou de contato físico*".

"*Em regra, as 'raves' começam de repente. Podem apresentar atração mútua ou ser completamente unilaterais. No caso das alunas, as 'raves' mútuas acontecem geralmente entre duas colegas, mas também pode acontecer que uma rapariga tenha uma 'rave' por uma professora ou por uma mulher adulta, mesmo que não relacionada com a vida escolar. Neste caso, os sentimentos das raparigas podem ou não ser retribuídos pelas suas 'raves'".*

"Ocasionalmente, uma aluna sénior terá uma 'rave' por uma aluna mais nova, mas estes casos são raros e apresentam sintomas pouco pronunciados. As raparigas com mais de 18 anos são menos dadas a 'raves' e geralmente criticam-as".

"Na escola já referida, que eu conheço pessoalmente, as 'raves' estavam muito generalizadas e quase ninguém estava livre delas. Qualquer aluna nova era rapidamente contagiada por essa moda, o que parece querer dizer que poderá ser "infeciosa". Por vezes, poderá ocorrer um período de calmaria no delírio geral por 'raves', que rapidamente dará lugar a um reaparecimento epidémico. Em dados momentos, quase todas as alunas têm 'raves' por professoras; noutras alturas, são mais frequentes as 'raves' entre alunas".

"Por vezes, uma professora é objeto de 'raves' de várias raparigas. Em muitos casos, as alunas que têm 'raves' pela mesma professora formam grandes amizades entre si, falando constantemente da sua 'rave' e dos seus sentimentos, desabafando umas com as outras, dedicando-se a demonstrações de afeto umas pelas outras por não o poderem fazer com a professora e, nalguns casos, por não o desejarem fazer, mesmo que pudessem".

"Tanto quanto tenho sido capaz de compreender, não existe obrigatoriamente atração física ou atração pela beleza e pela elegância, etc.; as duas partes poderão ter personalidades fortes, ou uma rapariga mais frágil poderá ter uma 'rave' por uma mais forte, mas o contrário é raro".

"Tenho reparado frequentemente que a mesma pessoa pode ser objeto de 'raves' sucessivas por parte de raparigas de diferentes temperamentos e de todas idades, talvez mesmo até aos 30 anos de idade. É difícil dizer porque é que algumas raparigas inspiram mais este sentimento que outras. Frequentemente, são raparigas reservadas, sem qualquer caraterística física especial, que muitas vezes desprezam e desencorajam as 'raves' e as amizades emocionais. Pode ser verdade que a maioria das 'raves' têm um fundamento sexual, mas tenho certeza de que, na maioria dos casos em que estão envolvidas raparigas jovens, tal não é o caso, e não se incorre em qualquer ato menos puro ou desejado. A maioria das raparigas continuam completamente ignorantes acerca de todos os assuntos sexuais. Mas questionam-se e falam constantemente sobre eles, sobretudo quando estão envolvidas numa 'rave', o que parece apontar para alguma relação subtil entre sexo e 'raves'. É deplorável que subsista toda esta ignorância. O assunto, uma vez descoberto, não deixa de ser objeto de conversa, e a aprendizagem acontece

geralmente de forma lamentável. Sei, por experiência pessoal, que esta ignorância e esta vontade constante de descobrir tudo têm maus resultados para o espírito e para o corpo das estudantes. Evitar-se-iam muitos problemas se as leis naturais da procriação fossem cuidadosamente explicadas às crianças pelos seus pais, e as conversas das alunas não resvalariam sempre para o sexo. A Bíblia é frequentemente consultada para tentar desvendar estes mistérios ocultos".

"'São muito mais frequentes as 'raves' por professoras do que as 'raves' entre duas raparigas. Neste caso, as raparigas não escondem a sua relação, falando constantemente dos seus sentimentos a quem quer que esteja disposto a ouvi-las e descrevendo-os em longas cartas às suas amigas. Nos casos em que a 'rave' é entre duas raparigas, é mais provável que se possa observar a existência do elemento sexual, com beijos e abraços frequentes. Quando separadas, escrevem-se longas cartas, por vezes diariamente, cheias de manifestações de amor e carinho, etc., mas surgem também referências frequentes à felicidade e ao desejo de fazer o bem, inspirados pela 'rave', que também origina muitas vezes profundos sentimentos religiosos e boas decisões. Todos os sentimentos e emoções são descritos minuciosamente uma à outra".

"A duração das 'raves' é variada. Sei de algumas que duraram três ou quatro anos, mas mais frequentemente duram apenas alguns meses. Ocasionalmente, o que começa como uma 'rave' acaba por evoluir para uma amizade sólida. Penso que raramente existe inversão sexual e que, com o amadurecimento das raparigas, as 'raves' normalmente desaparecem. Não há dúvida que as 'ravers' sentem e agem como casais de namorados e que a maioria atribui, em grande parte, essas amizades românticas entre estudantes à ausência de convívio com o sexo oposto. Se isto pode ser verdade nalguns casos, eu pessoalmente penso que a discussão sobre esta questão ainda não está encerrada. Estas amizades ocorrem também frequentemente entre raparigas que já deixaram a escola e que têm, por isso, total liberdade para conviver com rapazes, e entre raparigas que tiveram diversos namoros com rapazes, que não podem ser acusadas de inversão e que apresentam todos os comportamentos típicos femininos e domésticos".

"Para ilustrar estes pontos, talvez possa apresentar o seguinte caso: A. e B. eram duas raparigas que estudavam no mesmo colégio. Pertenciam a grupos diferentes, dormiam em quartos diferentes, nunca se encontravam em atividades de estudo e praticamente só se conheciam de nome. Um dia, por acaso, sentaram-se lado a lado para uma refeição. Ambas já tinham estado envolvidas em 'raves'; A. por um ator que tinha visto há pouco tempo, B. por uma mulher casada, que conhecera em casa dela. Sem razão aparente, começaram a conversar sobre 'raves' e 'subitamente' sentiram-se atraídas uma pela outra. A partir desse momento,

surgiu um novo interesse nas suas vidas. Viviam uma para a outra. A. tinha 14 anos de idade e B. era um ano mais velha. Ambas eram algo precoces para a idade, eram pragmáticas, cheias de bom senso, muito interessadas por desporto, boas estudantes e muito independentes, mas ao mesmo tempo com caraterísticas femininas bem marcadas e muito populares entre o sexo oposto. Depois do primeiro impulso de interesse mútuo, surgiu o desejo mais subtil de se voltarem a encontrar. Não conseguiam deixar de pensar nisso. Desejavam estar uma com a outra, sozinhas, todos os dias, a todas as horas. Encontravam-se em corredores para desejar as boas-noites e para se abraçarem. Esconderam os seus sentimentos, tanto quanto possível, de toda a gente. Tornaram-se inseparáveis e desabrochou entre elas um afeto muito duradouro e real, mas um tanto sentimental, em que existia uma certa componente sexual. Embora nesse tempo as duas fossem quase completamente ignorantes acerca das questões sexuais, entregavam-se, até certo ponto, aos seus instintos sexuais. Sentiam-se transbordantes de sentimentos e emoções que até então nunca haviam experimentado mas, instintivamente, sentiam estar a fazer algo de errado. Esforçaram-se por discutir as razões e encontrar respostas. Quando se separavam por algum tempo, sentiam-se muito tristes e escreviam cartas uma à outra todos os dias, vertendo nelas todos os seus sentimentos. Durante este período de atração ativa, as duas tornaram-se profundamente religiosas. A componente ativa da sua relação prolongou-se por três ou quatro anos e ainda hoje, após um intervalo de dez anos, sentem um enorme afeto mútuo, embora as suas vidas tenham seguido percursos separados e ambas tenham experimentado amor por homens. As duas consideram interessante o elemento sexual da sua antiga relação. Deveremos comentar, a propósito, que A. e B. são ambas mulheres atraentes tanto para homens como para mulheres, sendo B. especialmente propensa a despertar 'raves' junto do seu próprio sexo, mesmo sem que haja qualquer encorajamento da sua parte. A duração desta 'rave' foi excecionalmente longa, uma vez que a maioria dura apenas alguns meses; algumas raparigas têm muitas 'raves' seguidas e, por vezes, duas ou três ao mesmo tempo".

"Posso citar outro caso em que acredito que, se existiu uma base sexual, tal não foi reconhecido pelas partes envolvidas nem pelas suas amigas. Duas raparigas, com mais de 20 anos de idade, cruzaram-se num corredor. Trocaram algumas palavras que constituíram o início de uma amizade calorosa e duradoura. Afirmavam que não era uma 'rave'. Eram totalmente dedicadas uma à outra mas, pelo que sei das duas e pelos que ambas me têm dito, os seus sentimentos excluíam todo o desejo sexual, embora se amassem muito. Quando se separavam, trocavam cartas diariamente, mas sempre incentivando-se mutuamente a agir

*virtuosamente e, tanto quanto pude descobrir, nunca cedendo a sentimentos que não julgassem ser moralmente aceitávei*s".

"*Trocavam cartas e presentes, juras de amor eterno, envolviam-se em pequenas brigas pelo simples prazer de uma posterior reconciliação e sentiam ciúmes por tudo e por nada. Embora as 'raves' ocorram principalmente entre as alunas dos colégios, de forma nenhuma se limitam a elas, sendo comuns entre as mulheres de, digamos, menos de 30 anos de idade e mesmo em mulheres casadas em que não existe inversão. Normalmente, é claro, nestes casos não existe ignorância acerca das questões sexuais*".

"*Ainda não sei se há algo de prejudicial nestas amizades. No caso das raparigas em idade escolar, se não houver sentimentalismo exagerado e se não houver cedência ao desejo sexual, acho que as 'raves' podem fazer mais bem que mal. Mais tarde na vida, quando todos os nossos desejos e emoções estão mais fortes, tenho muitas dúvidas*".

III.

Que os fenómenos observados nos colégios femininos dos Estados Unidos são muito semelhantes aos de Itália e de Inglaterra pode ser demonstrado, entre outras, pelas comunicações enviadas há alguns anos ao Sr. E. G. Lancaster, da Universidade de Clark, Worcester, Massachussets.

O Sr. E. G. Lancaster enviou um *questionnaire* a mais de 800 professores e alunos mais velhos sobre diversos pontos relacionados com a adolescência, tendo recebido respostas de 91 pessoas com informação pertinente para a questão aqui abordada[279]. Destes, 28 respondentes do sexo masculino e 41 do sexo feminino tinham estado apaixonados antes dos 25 anos de idade, ao passo que 11 de cada sexo nunca tinham experimentado o amor, o que indica que a ausência de amor é mais comum nos homens que nas mulheres, dado que as mulheres estavam em maioria. Estas respostas eram de jovens entre os 16 e os 25 anos de idade. Dois rapazes e sete raparigas amaram personagens imaginários, enquanto três rapazes e não menos que 46 raparigas relatam amor passional pelo mesmo sexo. Lancaster comenta que, embora não seja do conhecimento geral, o amor por alguém do mesmo sexo é muito comum; não se trata apenas de

---

[279] E. G. Lancaster, *The Psychology and Pedagogy of Adolescence, Pedagogical Seminary*, julho de 1897, p. 88.

amizade, mas sim de amor forte, verdadeiro e apaixonado. É de salientar que estes 49 casos foram relatados espontaneamente, uma vez que não havia nenhuma referência ao amor homossexual no *questionnaire*. Muitas das respostas ao inquérito são tão bonitas, afirma Lancaster, que se pudessem ser integralmente publicadas tornariam desnecessário qualquer comentário. Lancaster cita algumas das respostas. Uma mulher de 33 anos escreve: "*Aos 14 anos tive o meu primeiro caso amoroso, mas foi com uma rapariga. Foi amor intenso e louco, e senti o mesmo prazer e as mesmas emoções que experimentei no meu primeiro amor por um homem, aos 18 anos. Em nenhum dos casos fantasiei estas paixões. Pelo contrário, estive sempre perfeitamente lúcida em relação às suas falhas mas, no entanto, senti toda a minha alma abandonar-se, imersa na paixão. O primeiro durou dois anos e o segundo sete anos. Desde então, nenhum amor foi tão intenso e estas pessoas, embora ainda estejam vivas, são, para mim, absolutamente estranhas*". Outra mulher, de 35 anos, escreve: "*As raparigas entre os 14 e os 18 anos de idade dos colégios ou escolas femininas apaixonam-se com facilidade pelas colegas. Não se trata de amizade. A pessoa amada é mais velha, mais avançada, mais elegante ou mais bela. Quando eu era caloira na faculdade, havia pelo menos 30 raparigas apaixonadas por uma colega sénior. Algumas faziam-no por ser moda, mas eu tinha a certeza de que a minha admiração e a de muitas outras era sincera e apaixonada. Eu amava-a porque ela era brilhante e completamente indiferente ao amor que eu manifestava por ela. Não era bonita, embora eu a achasse bonita. Uma das suas adoradoras, ao ser menosprezada, ficou doente durante duas semanas. Depois de recuperar, estava a conversar comigo quando a rapariga que nós adorávamos entrou no quarto. O choque foi tão grande que ela desmaiou. Quando cheguei ao último ano, fui alvo de olhares lânguidos, versos originais, rosas e cartas apaixonadas, escritas entre a meia-noite e as três da manhã*". Não existem relatos similares feitos por homens.

IV.

Na América do Sul foram observados fenómenos semelhantes, que foram estudados em detalhe por Mercante nas escolas religiosas de Buenos Aires e nas escolas de ensino liceal frequentadas por raparigas dos 10 aos 22 anos[280]. Mercante descobriu que a

---

[280] Victor Mercante, *Fetiquismo y Uranismo feminino en los internados educativos*, *Archivos de Psiquiatria y Criminologia*, 1905, pp. 22-30; resumido por D. C. McMurtrie, *Urologic Review*, agosto de 1914.

homossexualidade não é, aqui, aberta nem explícita e que se encontra normalmente combinada com uma predisposição para o romantismo e para o misticismo. É geralmente de tipo passivo e tão generalizada que parece constituir uma espécie de epidemia. Era mais evidente em instituições onde se dava maior ênfase à educação religiosa.

Os recreios das escolas em questão eram tranquilos e enervantes; todos os desportos ativos e turbulentos eram proibidos para que as boas maneiras pudessem ser cultivadas. Nas salas de jogos, as raparigas observavam a mais estrita etiqueta e mantinham-se disciplinadas mesmo sem supervisão das professoras. Mercante não acreditava, no entanto, que o decoro fosse mais que uma capa exterior.

Fora do horário escolar, as raparigas juntavam-se aos pares ou em pequenos grupos, pelos cantos, nos bancos de jardim, ao lado das colunas, de braço e de mãos dadas. Sobre o que conversavam, apenas se podia especular. "*Só soube das suas conversas e confidências indiretamente. Eram conversas de namorados, falando sobre os seus assuntos. Apesar do caráter espiritual e feminino dessas uniões, uma desempenhava o papel ativo e a outra o passivo, confirmando assim a opinião dos especialistas, Gamier, Régis, Lombroso, Bonfigli*".

Mercante descobriu que os pontos de vista de cada membro do casal podiam ser bastante diferentes no que se refere à questão moral. "*Uma toma a iniciativa, comanda, cuida, oferece, dá, toma decisões, considera o presente, imagina o futuro, ultrapassa as dificuldades, encoraja e incita; a outra suaviza, cede em disputas, e exprime o seu afeto com palavras doces e promessas de amor e submissão. No entanto, esta atmosfera, silenciosa e calma, está carregada de ciúmes, brigas, desejos, ilusões, sonhos e lamentos*". As fontes de Mercante asseguraram-lhe que praticamente todas as raparigas tinham as suas afinidades e que havia, pelo menos, 20 casos evidentes de namoro. A parte ativa tem a iniciativa da conquista, fazendo olhinhos, aproximando-se de forma mais íntima até que, finalmente, pede namoro. Sendo as mulheres altamente adaptáveis, as neófitas, a menos que sejam rebeldes, entram no espírito e aceitam. As raparigas que não são complacentes acabam por sofrer maior assédio porque as "*presas*" tornam-se tanto mais apetecíveis quanto maior resistência oferecerem.

Mercante teve oportunidade de observar algumas das cartas escritas pelas raparigas umas às outras. Embora noutros aspetos a formação e a capacidade das raparigas seja vulgar, no que se refere às suas paixões, falam e escrevem com um estilo e fluência admiráveis. Não é fornecida informação sobre a situação atual das relações íntimas entre estas raparigas.

ÍNDICE DE AUTORES

Dejob
Descaves
Dessoir
D'Ewes
Diaz, B.
Diderot
Dostoieffsky
Dubois
Duflos
Dukes, O.
Dupré
Duviquet

Edmonds, J. M.
Eekhoud
Ellis, Havelock
Engelmann
Escoube
Essebac
Eulenburg
Ewart, C. T.

Féré
Ferenczi
Fernan
Ferrero
Flatau
Fliess
Flournoy
Flynt, Josias
Foley
Forel
Frazer, Sir J. G.
Freimark
Freud
Frey, L.
Fuchs, A.

Galton
Gandavo
Garrod, A. B.

Gasparini
Gaudenzi
Gautier, A.
Gautier, T.
Gide
Gilford, H.
Gillen
Gleichen-
Russwurm
Gley
Godard
Goldschwend
Gomperz
Gurlitt

Haddon, A. C.
Haeckel
Hahn
Halban
Hammer
Hamon
Hardman
Harris-Liston
Hart, Berry
Heape
Hegar
Heim
Herman
Herondas
Hirschfeld
Hoche
Hochstetter, S.
Holder
Holmberg
Holmes, W. G.
Homero
Home, H.
Horneffer
Hössli
Hughes, C. H.

Ingegnieros

Jacobs
James, W.
Jastrow
Jekels
John of Salisbury
Johnston, J.
Jones, Ernest
Jones, W.
Juliusburger
Justi

Karsch
Kiefer
Kiernan
Klaatsch
Knapp
Kocher
Konradin
Krafft-Ebing
Krauss, F. S.
Kupffer, E. von
Kurella

Laborde
Lacassagne
Lancaster, E. G.
Langsdorff
Lapointe
Lasnet
Laupts,   "ver"
Saint-Paul, G.
Laurent
Laycock
Lefroy, E. C.
Legludic
Lepelletier
Leppmann
L'Estoile, P. de
Letamendi

Sérieux

Shattock

Shufeldt

Smith, Theodate

Smollett

Spranger

Steinach

Stekel

Stephanus

Strauch

Stubbes

Sturgis, H. O.

Sutton, Sir J. Bland

Symonds, J. A.

Talbot

Tamassia

Tarde

Tardieu

Tarnowsky

Tennyson

Thoinot

Tilly

Traubel

Turnbull

Ulrichs

Vanbrugh

Virchow

Vivien, Renée

Weeks

Weigand

Weismann

Weissenberg

Westermarck

Wey, H. D.

Weysse

Wheeler

Whitman, Walt.

Wilamowitz-Moellendorff

Wilhelm, E.

Willy

Wilson, J. M.

Wise

Witry

Wright, T.

Zola

Zuccarelli

ÍNDICE DE TEMAS

Selvagens,
  homossexualidade entre os
Sentimento sexual contrário,
  o termo
Seoatra
Sexo,
  a teoria do
Shakespeare
Sociedade e inversão
Sodoma
Sodomia,
  o termo
Soldados,
  homossexualidade entre os
Sonhos eróticos
Sugestão como uma causa da
inversão
Suicídio e inversão
Suíça,
  lei

Taiti
Tarn, Pauline
Tasso
Teatro e homossexualidade
Templários
Terapia de adaptação
Terapia de associação
Traje
Tratamento de inversão
Travesti
Tribadismo
Turquia,
  homossexualidade na

Udall
Ulrichs
Uranismo,
  o termo
Uranista,
  o termo

Vagabundos,
  homossexualidade entre os
Vaidade nos invertidos
Vasectomia
Vay, Sarolta
Verde,
  preferência dos invertidos por
Verlaine
Vermelho,
  preferência dos invertidos
pelo
Vinci, L. da
Virgílio
Vivien, Renée
Voz na inversão

Whisky e inversão
Whitman, Walt
Wilde, Oscar
William Rufus
Winkelmann

Zanzibar,
  homossexualidade em
Zona sotádica
  Burton

INDEX ebooks

www.indexebooks.com

A versão integral da obra está disponível nos seguintes formatos:

Impressão a pedido em papel ISBN: 978-989-8575-09-8 | **ebook .mobi** para kindle ISBN: 978-989-8575-10-4 | **ebook .epub** para iPad, iPhone, outros tablets e smartphones ISBN: 978-989-8575-16-6 | **Cada capítulo foi publicado num volume individual, que poderá ser adquirido separados: saiba mais em** www.indexebooks.com.

Onde comprar?

No nosso site (www.indexebooks.com) poderá encontrar o nosso catálogo completo de publicações bem como um formulário de contatos para qualquer esclarecimento adicional. Caso prefira pode contatar-nos por email para: indexebooks.com@gmail.com.

Como comprar as versões Kindle?

As nossas edições estão disponíveis na Kindle Store da amazon.com. Se vive fora de Portugal poderá comprar as nossas edições em português na amazon.es, amazon.it, amazon.co.uk, amazon.de ou amazon.fr. Aceda, pesquisando por nome, autor ou ISBN e descarregue imediatamente o seu ebook.

Como comprar as versões para iPad, iPhone, tablets e smartphones?

As nossas edições em formato ePub estão disponíveis para compra na **Apple iBookstore**, na Kobo em www.kobobooks.com e em www.lulu.com,. Também poderá encontrar as nossas edições neste formato em books.google.com onde tem à sua disposição pré-visualização de conteúdos e as edições grátis. Aceda, pesquisando por nome, autor ou ISBN e descarregue imediatamente o seu ebook.

Como comprar as versões em papel?

As nossas edições em papel, de impressão a pedido (print-on-demand) estão disponíveis na amazon.com ou na www.createspace.com. Aceda, pesquisando por nome, autor ou ISBN e encomende o seu livro.

www.ingramcontent.com/pod-product-compliance
Lightning Source LLC
Chambersburg PA
CBHW062150270326
41930CB00009B/1489